U0043322

意義闡釋與時間性
華嚴宗詮釋學相關哲學研究

宋　灝　著

目 次

前言

　　古代中國思想發展長久，諸種演變錯綜複雜，歷代相傳的問題意識和辯論方式豐富多元，儒道釋三大主流彼此互相挑戰、深化與互補，形成世界上獨一無二的哲學傳承。然而，在思想史同樣長久，而且參數也非常複雜的歐洲來看，特別是就歐美人文學界的現況而言，無論是中國的古代哲學遺產或是近、現代在整個東亞地區多處新興的當代思維也罷，這種來自歐洲以外的啟發和批判迄今為止尚未受到關注和重視。歐美哲學界到今日仍然無法體會到非洲或亞洲的思想資源多麼重要，其哲學潛力多麼龐大，這種外部視角多麼珍貴稀罕，以至於當今已全球化的當代思維在歐美依舊全然仰賴歐美自身的哲學根源以及思考習慣。基於這種自我拘束，無論是從歐美兩洲來看也好，還是從亞洲和非洲的現今處境來看也罷，當代思維便輕易地錯失了不少精彩的文獻以及富有哲學意義的思考經驗與思考機會。

　　有鑑於如此的現況，當代思維務必要致力脫離將歐洲以外的文明全都放入歐洲中心主義所建設的人類學、民族學博物

館。本專書的目標在於，要以歐洲哲學長久以來培養的問題意識與概念反思為出發點和研究架構，對古代中國傳承上非常傑出有創見的思潮即隋唐佛教思想，進行深入分析和批判性思考，藉以為當代哲學開啟一條通往古代中國之道路，並且擴充跨領域兼跨文化的思考場域。我相信本書所採取的進路不但在語文學、文獻詮釋這方面來看充分可靠，同時它對當代諸種省思也足以導出可觀的貢獻。無論讀者立足於歐美哲學也好，還是隸屬當代華語思維這種錯綜複雜的跨文化式脈絡甚或佛學的專業領域也好，針對各方面的視角，本研究都企圖提供新啟發。

　　本專書集中於幾篇核心文章，以其中幾個關鍵視角來探究作為中國大乘佛教傳統主要宗派之一的華嚴宗哲學基礎。但是，由於我對我所認識的現有漢學研究與佛學研究抱持一些保留，而且我的基本關懷即純哲學意圖也與其不同，因此本書致力藉由嚴謹的哲學探索以及環繞歐洲哲學實際所關切的課題為主軸，將古代華嚴宗的思想傳承應用為當代思維資源之一，也就是嘗試在嚴格的哲學標準下將該文獻引入到一個跨領域、跨文化的當代思維場域。我確實認為，只有當研究者脫離「漢學」與「佛學」這種專長領域時，只有當他借助「哲學」這種另類學門來明確化問題意識和概念應用時，也就是當研究者追求哲學式的文獻探索時，當代思維方才可能在自己尚未熟悉的道理上，例如在中國古代思想上，釋放各種真正有當代意義的哲學潛力。易言之，我固信只有當研究者明確地立足於「哲學」的立場時，他才可能以適當的方式發掘古代文獻所隱藏的深厚生活意涵。只有決心採取嚴格的哲學為介面與通道，當代

哲學方才可能從古代中國佛教之研究取得真正有哲學意義和哲學價值的洞察。這類專題研究必須從一開始便倚靠嚴謹的哲學導向，否則當代思維根本不可能對之感興趣，從而認識到此陌生資源。若沒有機會認識這個資源，便無法從一種超脫「佛學」或「思想史」的學術領域和研究興趣的哲學性視角，依循哲學本身所關懷的問題性，實質地展開取自歐洲以外的啟發。換言之，其弔詭性在於具備漢學、佛學背景的當代研究者務必要追求的是，自己必須決心立足於哲學的立場，自己的研究必須首先向歐美哲學敞開，研究者第一要力圖透過嚴謹的研究方法，將陌生思想轉成一份至少在一種較開放的跨文化式的當代思維脈絡上可能享有平等甚或重要地位的哲學資源。

　　在一般當代人文學界對古代中國思想的認知和理解裡，被漢後至北宋深刻地影響的一整個東亞思想史的佛教思潮，尤其被忽視或邊緣化。然而，在歐美哲學界甚至一般當代思維雖然認為先秦諸子百家缺乏哲學之精準性的同時，佛教傳承相較於儒道二家思想，其實明顯受不同對待。中國古代思想史、哲學史相關代表性陳述通常忽略的事實是，比起儒道文本傳承，佛教思想在某種意義下更加符應歐洲哲學的習慣和標準，因而自漢後直至隋唐發展蓬勃的佛教其實更適合在歐美與華語界這兩個不同當代學術脈絡之間搭起一座可行的跨文化橋梁。在中原早已經擁有歷史悠久的發達文化之後，從東漢開始，又復吸收外來的佛教思想，並且將之形塑成獨一無二的東亞式大乘佛教潮流。佛教不但自此七百年來籠罩著中國思想，而且之後還成為宋明理學的自然對手和哲學激發者，因此自五代以降的儒學思想之甦醒直至清末民初及日本明治維新後整個東亞文化世界

的現代復興以及當代化，無庸置疑的史實就是，佛教不但貫通這一整個東亞地區的文化史，同時也扮演非常重要的引路角色。鑒此，為了加強當代歐美哲學界與東亞哲學界的實際交流，對中國古代佛教的深切認識與批判思考不僅不容再拖延，而且只要這方面的思想傳承認真被納入考量，相關文獻以嚴謹的研究方式被探討，當代思維便可以從中汲取珍貴啟發。

這部專書的原稿是我1995年獲得德國巴伐利亞邦兩年期研究補助時，以德文撰述的研究成果，並在1997年以此在德國慕尼黑大學取得博士學位。藉此機會，茲特別向當今任教德國漢堡大學的指導教授傅敏怡（Michael Friedrich）致謝。傅教授從1991年開始在慕尼黑大學漢學系開設有關中國佛教思想的課程，內容不但精彩獨特，而且讓我從首次接觸到佛教與佛學後，深遠影響著我個人之後在學術中的發展。雖然我當時的教育養成和興趣都不是漢學而是主修哲學，卻因為這個機緣，令我不僅體會到任何對於中國古代佛教文獻的哲學詮釋勢必將面臨莫大的困難這件事情，而且歸功於傅教授的深厚知識及罕見的輔導方式，我當時也已經充分察覺到，任何對於中文文獻的哲學式解讀，在歐洲哲學這個領域上就有引發莫大突破的可能。我感激老師除了給我珍貴的刺激與傳授給我如何敏銳的批判之外，他類似跨領域兼跨文化的探險家開放精神，毫無保留地支持我學術生涯中一切違背許多學院慣性的跨科系兼跨文化的研究企劃，並以嚴格的方式鼓勵這本專書的撰寫與修繕。

再者，亦想感謝 Felix Meiner 這家歷史長久的哲學出版社以及主編 Horst Brandt 先生。要是二十幾年前沒有獲得這位主編以及出版社的肯定和協助，這部書的德文原稿不會作為在德語區

極為重要的《典範》（Paradeigmata）「當代哲學研究成果」系
列中的一冊於2000年問世。這部專書基本上是該德文著作的中
譯本，唯一不同之處是大量新增的補充說明，而這些地方涉及
哲學意義和核心問題的討論。藉著翻譯這部書，我嘗試進一步
改寫並修飾作為青年學者的我當年無法避免的疏忽與不明之
處，在不少重要段落上致力提供中文的讀者更嚴謹深入的哲學
解說，讓中譯本盡可能清楚並有學術價值。至於佛學研究資
料，二十多年來這個學門在國內外發生的進展豐富快速，如今
佛學已不再是一個作為外行的我所能夠貼切關注、掌握的研究
領域，因此本書沒有收入新佛學資料或補充說明。另外，凡原
文是中文而且在德文原稿中翻譯成德文的文獻，特別是當時以
附錄被收入法藏所著〈華嚴金師子章〉、〈十世章〉、〈華嚴
發菩提心章〉等文獻的全文德文譯本，有鑒於中文讀者的出發
點和視域不同，因此這些部分都不收入本專書的範圍。

　　最終感謝從事文字工作的內人潤飾校對本書的文字，也感
謝崔俊浩校對原稿。當然，所有的謬誤和語焉不詳還是歸於我
的不足。

　　　　　　　　　　　　　　　　　　　　2021年夏於高雄

第一章

導論
本研究的脈絡、對象及目標

第一節　在哲學平面上探討佛教思想

　　本研究出發點的主張是：一切思維從一開始就歸屬於「意義情境」（Sinnhaftigkeit），並以其作為根源和境遇。這意味著，任何思考、言說活動必然皆仰賴某種對「意義」（Sinn）的闡釋，必然都隱藏「詮釋學」的幼芽。鑒此，本專書主要目標在於推展一種「詮釋學式哲學」（hermeneutische Philosophie），藉由將詳細的文獻詮釋與哲學反思連結起來的方式，來分析並驗證這種哲學立場的特質和意義。大體來說，本研究並不將「詮釋學」之所指局限於狹義下的「文本演繹」（Textauslegung），反而是承襲海德格（Martin Heidegger）賦予此學門的廣泛意旨，也就是將詮釋學理解為「對存有意義的原本詮釋」（Hermeneutik des Seinssinnes）以及「對意義現象本身的詮釋學式省思」。所謂「詮釋學」大致是對於現實整體，

即對於一切存有者的「存有方式」、「存有之意義」、「現實如何具有意義」等課題追求哲學闡明。就研究對象和資源而言，本研究另一個關鍵主張涉及中國古代華嚴宗思想及相關當代解說。學界通常是依照一種狹義的、古典存有論兼形上學式的理論模範解讀華嚴宗的佛教文獻。[1] 然而，這樣的研究架構根本不適用。這種架構使得當代學者從一開始便錯過華嚴宗思想的主軸和優點，甚至在許多細節上產生嚴重的誤解。筆者的主張在於，只有當研究者在上述所提出的思考平面上以意義闡釋的問題為切入點時，才可能揭露、批判並調整這些謬誤，並且發掘華嚴宗思想的真實內涵。

現代佛學一般認為華嚴宗的構想就如同近代歐洲哲學一般，基本上也是一種具有理論價值的「世界觀」。一般佛學所假設的是，華嚴宗藉由各種學說所意圖推展的是一種形上學體系，當代學界也就理所當然地預設華嚴宗所提供的是有關存有、現實之整體結構的理論解說。可是，佛學界完全不或者不充分地關注的是，華嚴宗思想是對支配現實整體之「意義情境」進行哲學省思，佛學也全然忽略華嚴宗思想如何以人的存在嵌入意義情境為出發點，環繞意義現象為主軸展開其原本導向。於是，想當然爾與這些相反，本研究的基本假設在於，華嚴宗一切論述多少都關切並落實在一種有關人所處之意義情境本身的詮釋學省思，而且恰好由於華嚴宗將詮釋學思維歸結到

1　本文集中在唐代華嚴宗代表人物的哲學思想及相關文獻，排除更早已經被翻成中文的《華嚴經》本身相關研究，亦不考慮華嚴宗於後世和其他地域，特別是朝鮮與日本發生的諸種演變。

這個基礎性立場，因此華嚴宗的歷史傳承對當代哲學與當代思維隱含著重大的啟發。

　　為了驗證以上所勾勒的基本見解，本研究對華嚴宗文獻進行雖然廣泛卻非常詳細的文本分析。哲學探索與學術性演繹不同，哲學探索仰賴長久且反覆的閱讀工夫以及心智開放的省思努力，而且一旦思考者企圖對自己所推斷出的論點舉出具體根據，而將引文從文獻的上下文脈絡和大思考架構中割離時，這樣的文本演繹便不容易將研究的關鍵環節合理地重新歸結至有說服力的文本根據。尤其對於立足於哲學領域而並非屬宗教信仰或佛學領域的研究者而言，華嚴宗的古代文獻與當代的哲學詮釋者兩者之間從一開始便有思考習慣的鴻溝相隔。結果，為了充分揭露華嚴宗思想隱藏的哲學意涵及其對當代思維的重要性，本研究從事的文本闡釋不得不多處脫離現代佛學習以為常所應用的思路、觀點及研究架構，甚至也不得不在哲學基礎上對佛學提出嚴謹的批判反思，展開與現有佛學學識截然不同甚或背道而馳的論斷。即使如此，在以探索「詮釋學式哲學思考」之構造和特質來介入佛學的同時，本研究企圖的是對華嚴宗文獻展開合理的文本詮釋，以導出對現今佛學、漢學及思想史等學門都一樣有意義的學術貢獻。

　　本專書的研究對象表面上似乎是中國佛教的思想遺產，而且特別是當代歐洲學界，迄今為止對中國古代一整個佛教傳承仍感到陌生，除了漢學與宗教學之外，這個研究領域並未引發任何關注。然而，一旦研究者試圖在哲學的平面上專注唐代華嚴宗的文獻，此佛教傳承就會引起許多尚未受到充分解析的疑問，因此本研究將聚焦在這些哲學課題上。即使隋唐佛教資料

多半被認為標誌著整個東亞佛教思想的頂峰，而且現今歐美與中國之間的交流已經非常頻繁，但是該傳承固有之哲學價值卻尚未受到認真的哲學探析。有鑒於此現況，因為迄今為止該思想資源尚未得到哲學專門的研究，本書首要關懷與目標實質在於，要在宗教學一頭熱以及各種學術科系急著跨領域的兵荒馬亂掩蔽了此研究領域之前，將其開拓為一種對闡釋並對察檢哲學問題非常有幫助的思考場域。於是，要達成這個目標至關重要的任務在於，研究者應當以不同主題和問題性為焦點，致力於合併陌生的佛教思想與屬己的哲學，亦即合併佛教文獻在現今的眼光和詮釋下都同時牽涉到的兩個意義向度，進而經由批判性解讀與考察，讓這兩個向度彼此互相顯露，有當代意義的哲學思維始能實現。

　　依照學界常見的作風，許多研究者面對歷史資料時抱著自己做主的態度，將陌生的觀念與屬己的範疇直接類比，將研究對象完全還原至自己既有的識見領域。這樣一來，古代文獻及其本來足以開闢的哲學視域就被某種現成且有各種偏頗和盲點的類比所壟斷，也就是說佛教思想從一開始就屈服於歐美哲學常識，被歐美哲學常識徹底宰制。也因為這樣的學術慣性，歐美以外的思想資源原來所蘊含的濃厚哲學意涵就系統性地被遮蔽。可是，一旦研究者極力避免落入窠臼，從事華嚴宗所從事之「詮釋學式哲學思考」，探究其哲學潛力以及當代意義可能為何，他便可以發覺到：若要具體驗證近來甚為流行之有關「關係」、「關聯」這個範疇的反思，若要探索有關各種全面化之「互聯網」構想的條件與可能性，又若要讓當代理論在「全球秩序」中尋覓出一種合乎時宜的模型，針對這類重大當代課題沒有比華嚴宗思想更為適合

的理論架構。然而，恰好是從這種根植於當代意識的問題性來看，有關華嚴宗思想現有的研究努力通常忽略的關鍵是華嚴宗諸種學說首要所關懷的，並不是某種有關世界的一般「理論」體系，而是人的實際存在，亦即「實踐」。華嚴宗的思考模式並不追求某種普遍主義，華嚴宗究極著重的洞察是激烈違背笛卡兒（René Descartes）、康德（Immanuel Kant）式的「超驗哲學」（Transzendentalphilosophie）：任何思考者必然都隸屬經驗脈絡，亦即歸屬某個別「處境」（Situation），立足於某個別「視角」（Perspektive），他才得以思考。

以這種「視角主義」為出發點和主軸，華嚴宗最關切的哲學課題是，要設法令企圖超越的修行者逆向歸返到自己在世界的大聯網中「即時各自」（jeweils）所身處之立足點和視角，隨而讓此實際的視角變成修行者一切思維和實踐的實質基源。華嚴宗最原本的哲學關懷其實與佛學界常持的識見背道而馳，它嚴厲地反駁並排除任何普遍主義者有關全面化的事物聯結網絡所形成的理論構思。由於諸種在當代技術下被展開的、功能主義式的網絡構想和相關論述多半完全忽略個人因素、視角問題以及整個實踐向度，並且有傾向專制、集權統治之嫌，因此本研究企圖在華嚴宗的文獻相關詮釋上抗拒普遍主義典範的吸引力，進而在學界已習慣稱為「華嚴宗理論思維」這個主題上揭露作為其核心的視角現象，並彰顯視角性相關思考對整個實踐向度固有之意義，藉以給當代思維導出另類的思路。一言蔽之，本研究的哲學目標在於，要讓思考者逆轉返回至自己業已所在之實質處境，並讓其個人就此情境面對隱含於自己、他人及萬物存在中的問題性。

　　本研究力圖在當代歐洲哲學的視域下，來與古代中文文獻產生合理的交流，並對該文獻進行批判性解讀和探索。這種跨文化交流不得不被歸屬一個當代的思考情境和學術脈絡，為的是在此當下追求釐清與反思，而且並不單純只是為了描述、重構某個古代言論或某種佛教教義。換言之，本研究首要圖謀之所以並非對華嚴宗進行思想史探究，原因在於許多史學研究理所當然的引入各種假設，而這些暗藏於學界常識中的假設都必須重新被質疑、被推翻。無論當代佛學立足於「宗教學」、「印度哲學」也好，還是歸屬東亞地區的佛教社團立場也罷，在一般性的佛學知識為前提之下，華嚴宗思想的特殊傳承究竟能否獲得恰當的研探與闡釋？對當今的思考者而言，古老的佛教思想到底能有何種意義？中國的佛教又有什麼特色，釋家諸種歷史學說究竟展開何種哲學意涵與人生關懷？尤其是唐代，佛教思維在中原形成了何種特殊面貌？針對這類的課題，現今全世界的中國思想史、佛學研究等學門很明顯都為一種根深柢固的「歷史主義」所籠罩。2 可是，一旦研究者在這個基本框架下將一些十分普遍的假設套到華嚴宗的哲學探究上，華嚴宗思想的哲學特色便根本沒有機會明白地暴露出來。3

2　據我目前所知的研究脈絡來說，唯一較傑出的例外是佛勒（Bernard Faure）有關禪宗所發表的研究成果。他確實企圖鬆解佛學領域裡過度天真且老套的學術態度，將在其他學科中早已普遍被接受的方法與導向引入佛學領域，並且為「有關執行向度的科學」（performative science）作辯解：Bernard Faure, *The Rhetoric of Immediacy*（Princeton: UP, 1991）; Bernhard Faure, *Chan Insights and Oversights*（Princeton: UP, 1993）, pp. 145-151.

3　這種批判甚至也涉及鎌田茂雄的基礎性著作《中國華嚴思想史の研究》（東京：東京大學出版社，1965）。無庸置疑，鎌田茂雄劇烈排斥「教理

　　本研究所採取的方法，出發點是介於文本演繹和詮釋學式哲學反思之間的緊張關係，在其中尋求一種既涉及內容亦涉及方法、而且落實於意義闡釋上的思維。於是，企圖經由闡釋陌生傳承的方式，揭露並批判、反思原本屬己的理解條件。文本詮釋一旦致力於理解「陌生者」並闡明其對「屬己者」可有之意義，這樣的詮釋學工夫便轉化成對屬己者的哲學省思。本研究為何對常見的思想史進路抱持保留，甚至批判、反駁佛學與史學的現有研究成果？凡屬史學或者多處落入歷史主義的研究，它基本上不但將研究對象歸結至某種現有的一般「歷史

　　學史」的研究模式，進而要求佛學與史學必須對「思想的形成、展開、貌之原因與理由作說明」（《中國華嚴思想史の研究》，頁2：思想の形成、展開、変貌の原因と理由とを說明）。這樣的批判性角度是任何要釐清有關華嚴宗思想哲學史所不可或缺的必然條件，而且鎌田氏周到且深刻的研究方式的確讓其大作成為華嚴佛學方面的經典。然而，局限於「歷史、社會背景」來解釋「思想的變貌」（同上，頁7），這樣的方法是否都預設研究者已清楚文獻的意旨，已掌握該思想本身的哲學意涵，因此採取這種方法的研究者根本無法給內在於該思想作為哲學體系的結構與條件更深入的文獻詮釋和哲學追問？舉例說明，當鎌田氏闡明吉藏、法藏等高僧的學說時，他似乎無法避免地使用並未充分受到學術批判和作過哲學反思的、普世的當代見識，來作為自然架構與研究前提，因而他也僅只可能藉由一般的哲學用語並且仰賴於其他宗派之學說的一般佛學認知，來討論唐代高僧的諸種哲思。結果便猶如現代佛學之祖中村元一般，鎌田氏將此特殊義理簡單化約為一種「中國人的思想特色」（同上，頁64-65、135-142）。難道這樣的作風不表示一種循環論證嗎？若不是經由哲學對文獻從事批判性解讀的方法，研究者究竟有何所倚靠，以便界定某一種思想的內涵及義理？難道對某個時代之社會與政治情況的一般知識都已足以釐清該時代與該社會的思想史嗎？這樣的進路恐怕無法避免產生不少荒謬的見識。理由是，研究者若不隨時探問某套哲思、理論體系所具有的生活意涵為何，該思想便根本不可能單獨依據其歷史背景充分且適當地被理解。

觀」，而且也從一開始就將研究對象置於某種預定的「世界
觀」，即有關「現實」的某種系統性且方法性的基本認知之
下，再藉由這個一般架構設定一切「歷史事實」，來加以解說
該對象的內涵與特色。史學習慣將歷史等同於「過去的事
實」，以便重構諸種實際情況和實際事件的發展歷程。然而，
只要研究者一旦懷抱一種受詮釋學和哲學省思影響的史學態度
來看自己從事的任務，便不得不承認自己的史學探究本身受到
探究的歷史脈絡重重包圍，而且由於自己所隸屬的歷史、以及
歷史之為歷史所不可缺少的史學反思這種內在因素，其整個研
究對象方才得以成立。史學若假設「實在」、「事實」原來可
以沒有「歷史性」（Geschichtlichkeit），現實之為現實位處歷
史之前、之外，而且它同理也處於史學之前、之外，這樣的假
設就有嚴重的盲點，因而必須被質疑。

　　若所從事史學研究是認真的話，務必具體探問某個歷史事
件、歷史實情就其歷史性而言，即在歷史的整體脈絡當中，它
有何種「意義」。史學應當將研究對象的「意義」歸結到一種
詮釋學化的史學理解以及此理解本身所屬的歷史性，其研究才
得以成立。易言之，史學除了對歷史演變與因果關係的「描
述」和「解釋」之外，不能不進一步追求某種「意義理解」
（Sinnverstehen）、「賦予歷史意義」（der Geschichte Sinn
geben）。對於意義觀點是盲目的史學，是假學問的空談，它無
從賦予自己所發現的東西任何意義和合法性。另一種一樣對於
意義觀點是盲目的史學採取歷史主義的立場，它肯定歷史上一
切發生。可是，對於歷史整體甚或現實整體以及對研究者本身
的當下及其生涯，這類的研究態度其實都是漠不關心的。歷史

研究勢必對意義有所訴求，史學從一開始隸屬一種開放的意義
境遇。任何有關某個歷史對象的闡釋從一開始都根植於闡釋者
本身所面對的意義敞開，因此任何史學研究都必須將闡釋者本
身的歷史情境納入到自己的思考範圍。依據海德格，「歷史」
根本不在認知對象那裡，「歷史」原已根植於人的「歷史性地
存在」（Geschichtlich-sein），歷史首先業已是每個人實行自身
存在並且領會此存在之意義的理解場域。人之「此有」
（Dasein）僅只可能以歷史性方式關切自身存在，因而存有整體
一樣勢必為人的「歷史性存在模式」所開顯。結果，存有之意
義、意義情境本身就落實於所謂的歷史及史學的自我闡釋上。

　　史學另一個支流立足於意識形態批判或論述分析。為了反駁
歷史主義，它也收納上述詮釋學考量，環繞權力或價值觀點為主
軸，進行科學化且方法化的歷史批判。可是歸根究柢，這種史學立
場對研究者自身所身處之當代與所謂之「歷史」固有的內在關係還
是思考不充分。這種歷史批判與伽達默爾（Hans-Georg Gadamer）
的「哲學詮釋學」（philosophische Hermeneutik）截然不同，它
不足以作為當代開啟歷史所保存的生活意義，也不可能達到根植
於歷史性中原本就敞開的「詮釋學式史學省思」。伽達默爾的
「哲學詮釋學」將一切意義闡釋與哲學思考都歸結至「屬於效應
歷史的意識」（wirkungsgeschichtliches Bewußtsein），為的是不
採取任何特定的史學架構和方法，專注對歷史傳承中的意義本
身追求向將來開放的承襲和理解。依照「哲學詮釋學」，任何
狹義下的史學方法，包含意識形態批判、論述分析等歷史觀，
都先行劃分某種歷史以外的框架，也就是都先行指定一種彷彿
超越歷史的價值標準，故此這些進路無從實際掌握並承襲實際

為效應歷史所延續傳下的意蘊。隸屬效應歷史本身的史學意識與意義闡釋則與之不同，這種史學應該經由一種開放的循環式闡釋，不斷地返回到自身所在，亦即效應歷史本身，隨而對歷史傳承進行屬於哲學省思這個平面的意義闡釋。[4]

當這種辯證法式的思路連繫到歷史意義時，此思維本身是在歷史意義這個層面上分秒不離棄思考者本身的歷史性，而且此歷史性需要藉由歷史相關的意義闡釋方式不斷地重新被探索。這個目標在於，藉由「哲學詮釋學」的模式探究歷史上之意義的思考者時時刻刻致力於將現實的意義開顯出來，甚至也可以說經由歷史性思維將此生活意義在自己的存在上實際活出來。對於「屬於效應歷史的意識」而言，歷史傳承扮演中介角色，它讓人經由對歷史傳承進行辯證法式研究的方式，來省思自身存在以及現實整體的意義。易言之，存有整體的意義就是那個隱藏於歷史中的、任何史學勢必業已預設並且應當加以揭露思考的「實體性」（Substanzialität）。[5] 對「哲學詮釋學」而言，並沒有某種歷史之外、之前的存有者，它開始存有之後才進到歷史來發生演變，歷史本身反而就是存有之為存有以及現實意義所落實之唯一可能的場所，只有在歷史脈絡、歷史性之

---

4 Hans-Georg Gadamer, *Wahrheit und Methode. Grundzüge einer philosophischen Hermeneutik*（Tübingen: Mohr, 1990），pp. 304-305, 312, 346-347, 367. 中譯本：〔德〕漢斯–格奧爾格‧伽達默爾（Hans-Georg Gadamer）著，洪漢鼎譯，《真理與方法：哲學詮釋學的基本特徵》，修訂譯本（北京：商務，2007），頁407-408、417、463-464、489-491。

5 Gadamer, *Wahrheit*, pp. 307, 368-375. 中譯本：伽達默爾，《真理與方法：哲學詮釋學的基本特徵》，頁410-411、491-501。

中才可能有所謂的「存有」，現實也才有意義。

　　由此觀之，華嚴宗的文獻作為其最核心關懷所印證的似乎與某種「詮釋學化史學」所從事的意義奠建非常相近。然而，與其說這個詮釋學立場類似伽達默爾在追求生活意義與歷史文獻之間的諧調或融合，倒不如說華嚴宗詮釋學更加著重意義之為意義所隱藏的問題性，亦即更加關切人所歸屬的意義情境本身及此情境連帶來的煩惱。本書意圖闡明這種落實於詮釋學上的哲學思考，並彰顯華嚴宗如何將意義現象本身理解為「歷史性地存在」。大體來說，華嚴宗的「詮釋學式哲學思考」的對象並不是某個隱藏於歷史傳承中的意義、意義的歷史演變抑或歷史傳承為了求知者所開顯的存有意義這種課題。毋寧可說，當「詮釋學式哲學思考」對現實以及現實之意義從事反思時，所謂的現實從一開始落實在一種附帶意義的、原始的時間性處境上。此思維所追求的意義奠建不是要如同伽達默爾一般將人向歷史以及自身存在的歷史性敞開，此思維不追求保存於歷史傳承上的某種生活意義，此詮釋學式思維是要在更深刻的層面上，以歷史傳承上之意義相關的詮釋為管道，致力將人向意義本身敞開，也就是將人逆轉引回至自己業已所處之意義情境。與其說這種詮釋學式思維意圖藉由歷史來闡明現實的意義，倒不如說它所從事的詮釋活動本身其實代表現實成其為現實，詮釋活動也就等同於意義成其為意義這種發生。然而，基於意義現象就其結構所呈現的敞開情形來說，意義的發生只有藉由某種消極辯證法的方式才成為可能。消極辯證法指的是，現實、意義的發生不再可被還原至某種根源或某種實體，此發生根植於人的生活處境上，此發生落實於每個人即時各自所展開的生

活活動上。與其說華嚴宗的詮釋學思維源自並歸結到某個歷史處境，倒不如說此思想聚焦於此處境性本身。華嚴宗不僅在思考即時各自地發揮意義的處境，作為一種基礎性現象，而且也力圖經由即時各自地執行此思考的方式，實際返回至該處境。對這種執行或實行觀點而言，意義不但落實於意義闡釋這種工夫的活動上，而且意義闡釋這個活動場域涵蓋著現實的全部，也涵蓋著佛家最終所追求的修行目標。總之，在人的存在上意義闡釋這種活動本身乃標誌著一整個實行維度。

　　本文之所以以「實行」（pragmatisch）一詞取代常用的「實踐」一詞，是因為要指出：該思考模式對實踐脈絡的體悟已經非常明朗。一般哲學認為「理論」（Theorie）在先而「實踐」（Praxis）在後，也就是說某套理論思考或可能或應當導出超越單純只是思考的實踐，理論的內容為實踐所實現。然而，根據華嚴宗的基本信念，必須被強調的是：任何思考工夫業已經等於是一種「實行」。理由在於，只有當某個思維直接落實於行為上而具體被實行時，所思之意義方才成立。這表示，任何思考工夫畢竟都必須將思考者逆向引回到其業已所身處的實行脈絡，任何思考努力都從一開始就必須追求落實於實行維度而且僅只對於實行維度才成其為意義的那種意義，否則該思考便喪失一切意義而落入空談。鑒此，藉由「實行」一詞的應用，本文要避開將「理論」與「實踐」對立的這種普遍見識，要避免將「實踐」當成在理論思考已完畢之後將理論帶入某種行為的次要因素看待。

　　在上述背景下，本研究從事對古代文獻進行批判性探問，以便透過文本詮釋的方式，將中國古代思想當作一種歷史性的

陌生者、歷史上的彼處來與其打交道。為了落實此企劃，本研究所承續的是海德格有關詮釋學史學的構想。在某個思想面臨陌生思想之際，屬己者可能被隱蔽甚或喪失，但屬己者也可能藉此而被揭露真相。為了對中國佛教進行嚴謹的哲學探索，歐美哲學應當首先對自身追求徹底理解。易言之，有關外來者的詮釋必須同時也是對屬己者的詮釋。在探問「彼處」所說為何的同時，思考者還必須追問：該所說對「此處」即屬己的思維意謂著什麼？應該省思的是：我對某個研究對象所取得的認知，對我自身而言這究竟有何意義？若不如此，我對他者所進行的詮釋便未達到真正的「理解」，而我所有推出的論點最終只是盲目的空談。就狄爾泰（Wilhelm Dilthey）來說，真正的「理解」取決於理解者是否能夠經由一種逆轉和內化的方式，將被理解的對象歸結到自身生活以及自己親身所體驗的脈絡。故此，依據狄爾泰的主張，哲學和科學上真正名實相符的「理解」所依賴的始終是「對人文學真理的實用」。6 一切研究對象皆在我自身生活脈絡下才可能充實意義，任何源自歷史的意義理解也不得不從一般理解視域取得其意義，只有如此，史學的理解才具有意義。而所謂的「理解視域」，在此需要作進一步說明。

　　就本研究的哲學探討而言，關鍵性詮釋脈絡並不為「屬他者」的中國古代佛教所標誌，反而在於「屬己者」即當代人文

6　Wilhelm Dilthey, *Der Aufbau der geschichtlichen Welt in den Geisteswissenschaften*（Frankfurt a. Main: Suhrkamp, 1990）, pp. 140, 172: "Verwertung geisteswissenschaftlicher Wahrheiten."

學與當代思維，也就是在研究者自身所引入的諸種導向。換言
之，對於佛教文獻相關詮釋具有確定性的意義脈絡不局限於研
究者對於中國古代傳承所引入的基本理解，而是在於研究者對
於自身存在所引入的一般理解。對本研究而言，首要因素並不
是受詮釋之文獻所自的那個歷史環境，亦不在於印度佛教相關
學問。佛學通常無顧於這樣的基本考量，許多佛學研究者直接
關注研究對象而遺忘了自身。這樣一來，所作的等於是將某一
種傳統歸結到另一種傳統，將某個局部的歷史畫面還原至更廣
且更一般的歷史觀，以便對於範圍較小之研究對象的來龍去脈
及其獨有之特徵提供各式各樣的「解釋」。然而，除非此進路
也藉由批判反思的方式，將自身引入的假設與歷史前題納入考
量，否則它總會以盲目的、減少其認知價值的方式仰賴於其一
般的歷史觀所連帶的偶然因素。一旦被探索的主題是某套歷史
思想，此弊病則更嚴重。這樣的史學研究即使深入剖析其對象
並導出新洞察，卻只會局限在屬己的框架與自己既有的認識中
取得更多印證，而無其他哲學貢獻。這樣一來，被研究的對象
終究只能以插圖的方式來支持研究者自身既有的見識。若研究
者要認真面對而且倚靠「陌生者」來探析現實，經由一般佛
學、史學的介入方式，是根本不可能的。歸根究柢，這種佛
學、史學的一整個學問不過只是與研究者、每個人的屬己存在
毫無關聯、猶如屍體一般的「資訊」。

　　雖然我對一般佛學和思想史的進路有上述疑慮，但本書卻
並不意圖亦不可能完全脫離漢學、佛學及史學曾所鋪陳的脈
絡。只有在以這種學問為基礎，而且以一種語文學式的文獻解
讀為切入點之下，本研究所追求的哲學省思方才可能具體落

實。雖然如此，本研究重點還是在於，要透過哲學反思將現有
的學術基礎再深化，至少要讓中國思想史研究在當前人文學與
哲學界獲得更高的評估。要達成這個目標，只有當文獻的詮釋
者與思考者破除漢學、佛學等太過狹隘的視域和習性，進而追
求更開放的工作模式時，有關古代佛教傳承的研究方才可能引
起當代哲學界的認真關注。只有在當代思維不再將「古代中
國」僅僅視為猶如海市蜃樓一般的「他者」和「域外」之後，
佛教傳承才有可能以較平等的方式來促進某種文化之間的對
話，亦即跨文化思維。

　　有鑒於以上所述，這個研究所關切的並不是一個特殊的佛
教宗派與整個大思想史脈絡之間固有的關係這種課題，並不要
就思想史脈絡來解釋華嚴宗學說的佛學意涵。將諸種有關華嚴
宗思想的現有佛學見解與核心文獻對照起來，進而揭露並釐清
暗藏於當代理解中的哲學前提和哲學潛力，才是這個研究的課
題。為此，本研究是從他人的研究成果出發，然後集中在幾篇
特別有啟發性之文獻相關的哲學闡釋。與其說目標在於要對華
嚴宗思想提供一種整體解說，倒不如說本書力圖從哲學的視角
對華嚴宗思想的哲學意義和哲學基礎進行深入探析。當然，一
旦此宗派的思想樞機充分顯露出來了，讀者也會對華嚴宗在佛
學體系上的地位和特色獲得更深入的理解。

　　對這類研究企劃而言，一個關鍵條件在於，在研究者向一
個自身並未熟悉的思想敞開並與此陌生的立場進行哲學對話
時，他必須將追求理解的過程本身當成一種居中諧調的思考過
程看待。在一般學者標榜「無利害關係下的認知」時，正好因
此，他便無法反思到自身所立足之處，以致他給自己學問的哲

學價值帶來嚴重的減損。相較於這種專門學科的處理方式，凡是透過詮釋學對話被尋求的「理解」和「省思」當然就有斷裂和被誤會的風險。通常立足於此對話之外的第三者會標榜自己的研究才具備嚴謹的「學術性」與「客觀性」，會嘲笑投入所思脈絡的詮釋學研究者，說其理解僅為「主觀」，是空想臆測之談。即使詮釋學研究者這樣見笑，但反駁者之所以會反駁開放的對話省思，難道原因不就在於他早已經將自身之立場本身也引入到了研究範圍以內嗎？只不過，標榜客觀性的研究者絲毫無法意識到這個問題，他絲毫無法反思到自身及自己所歸屬的意義脈絡。然而，憑靠著盲目且虛假之「客觀性」的局外者是否可能達到名實相符的「意義理解」？還是其實這所有的研究成果不但總會附帶著研究基礎方面的不明性和偶然性瑕疵，而且也無法經由第二個步驟將這些洞察再度帶回到自身存在相關的探問脈絡。專科的研究立場其實不可能事後彌補其從一開始所缺乏的向度，亦即哲學的嚴謹性與存在意義。

　　考量這樣的方法論後，可以辨別幾種佛學立場。有的學者標榜自己擁有一種近乎「密傳」的洞察，以直覺的方式便與研究對象達成一致。即使研究對象被承認是陌生的，但若學者只是倚靠密傳而來的處理模式，而僅將此陌生性當作藉口，以便從個人宗教經驗推出獨斷類比，這樣的作法並未將他者納入到概念思考的脈絡。即使這些論點或許是正確的，但也可能全然錯過研究對象，而且這種宗教研究其實無法證成其真假如何。這樣的作法可疑之處不少，對哲學貢獻也很有限。另一種常見的作風是在「比較哲學」的名義下採取「類比」的方法，在東西各種學說、理論體系中挑出大面積的「等同」、「相似」情

形，但這其實也只不過是以毫無批判或開放思考的模式來套用
當今以歐美為主流的架構，也就是將當代學界普世所應用的範
疇、概念、議題直接套在歐美文哲以外的思想上，進而產生一
種單向解說，卻並未認真投入哲學思考。未經反思的比較或類
比不可能與他者產生交流，也不可能將屬己者藉由陌生者的資
源豐富化。以類比的方式將他者從一開始收納為己有，這表示
研究者根本未脫離屬己熟悉的意義範圍。可是，假設研究者果
真期待自古代傳承爭取啟發和洞察，他便不可以僅依賴類比想
像，而是務必要將屬己的形上學視域及其獨有之範疇和方法也
都系統性地引入自己的考察範圍。[7]唯獨透過這樣的批判思考作
為方法，研究者才有可能從研究對象那裡揭露牽涉類似的問題
意識，卻並不盡相同的探問和思想。只有經由這樣的介入，他
也才可能在「他者」那裏針對某個哲學關懷發掘與自己熟悉的
答案有著啟發性差距的另類解答。除非直覺下的類比是已先劃
分差異，以便構造一種有啟發性的對照關係，否則任何類比都
僅是偶然且沒有道理的。基於這些質疑，接著更詳細說明本研

---

7 大體來說，這樣的訴求跟隨的是海德格終其一身所關懷的基礎性思考及其
所拓開的理路：Martin Heidegger, *Sein und Zeit*, 16（Tübingen: Niemeyer,
1986）. 中譯本：〔德〕馬丁・海德格著，陳嘉映、王慶節譯，《存在與時
間》，修訂譯本第四版（北京：三聯，2012）；M. Heidegger, *Einführung in
die Metaphysik.*, 5（Tübingen: Niemeyer, 1987）. 中譯本：〔德〕馬丁・海德
格著，熊偉、王慶節譯，《形而上學導論》（北京：商務，1996）；M.
Heidegger, "Was ist Metaphysik?," M. Heidegger, *Wegmarken*, 2（Frankfurt a.
M.: Klostermann, 1996）[GA 9], pp. 103-122. 中譯本：〔德〕馬丁・海德
格，〈形而上學是什麼？〉，〔德〕馬丁・海德格著，孫周興選譯，《路
標》（北京：商務，2007），頁119-141。

究所從事的詮釋方法有何種特色和導向。

　　一旦當代研究者以實際追求「理解」的方式與中國古代傳承打交道時，他便獲得良好的機會，可以藉此將「屬己」的當代視域、哲學慣有的問題意識以及歐美思維基本導向都實際地顯露、批判、擴充。一旦研究者將取自「陌生」之文獻的學說與觀點歸結到一個活生生的意義場域，然後對「陌生者」追求真正的理解，他便應當將此理解努力視為一種哲學課題，亦應該針對自己已熟悉的思考脈絡來探問自他方而來的哲思意旨究竟為何。在此思考過程當中研究者可能遇及種種共鳴、對照及劃分。陌生的文本或許符應研究者對意義原先所期待，但文獻所說也可能產生驚奇並開啟一個簇新的意蘊。只有當研究者省思自己從屬己脈絡中對意義所引入的諸種期待和設定是否合適於來自他方的文獻，只有當他將整個文本解讀從一開始就關連到一個屬己而且是開放的思考場域時，其有關「他異者」、「陌生者」所進行的意義闡釋方才可能對屬己意義脈絡產生合理、富有意義的「理解」。如同科學一樣，當代佛學、史學、漢學都傾向於標榜一種中立且客觀的角度作為學術標準，以「科學式」的態度包裝著刻板教條的內容，這些學科對真正歸屬哲學反思的「詮釋」抱持封閉驕人的態度。仿效科學的人文學本身恰恰無法充實、滿足自己對學術認知的嚴謹性所作的承諾，因為這樣的學問從一開始就錯過並否認的，就是在活生生的意義上才能夠落實的、開放的那個原本的意義情境。一旦科學化的人文學習慣將其研究對象化約為「事實」或「與料」，它其實已經落入了一種套套邏輯而拘束了自身，因為它根本不可能從這個層面再返回到讓意義成為問題的那個原本的存在平

面。特別是面對思想史這種對象史，任何人文學的研究者必須
一直不斷地重新詢問自己：我的研究所得出的洞察究竟意味著
什麼？這些知識對誰、在什麼脈絡下為何重要並有意義？將不
出所料的是，一旦這些關鍵質問被忽略，在虛假的科學標準下
僅提供各種「歷史事實」的史學、漢學及佛學多半的確會被視
為無具體貢獻或無意義的空談。總之，只有當史學、漢學及佛
學從其狹隘的「專業」踏出來從事開放且批判性的意義闡釋，
甚至也投入跨文化思維的思考場域時，古代佛教相關研究才可
能在當代哲學界上發揮影響力，甚至也才可能有更廣泛的人文
學貢獻。

　　這種省思首先必須專注研究者自身採取何種視角和導向，
也就是必須首先釐清讓研究者自身對某個文獻的意涵與啟發有
所期待的、自己所隸屬的意義脈絡。研究者的視角從一開始確
定研究對象可能透露的主題及其可能訴說的道理，因為為了解
讀文獻，研究者先行將該資料安放於自己已熟悉的意義視域
中，而且除了文獻本身帶來的內涵之外，對於此內涵之理解一
樣甚至更為關鍵的就是研究者自身所來自之處。具體來說，對
當代人而言，古代中國佛教的文獻有可能傳達宗教信仰上的
「救贖論」或「救度論」（soteriology）。8 但若從不同切入點

8　對佛教應用取自基督教脈絡的「救度」觀念時，得要注意佛家論「涅
　　槃」、「解脫」與古代之後在中東、歐洲成形之宗教上的「彼岸救度」這
　　種理念是截然不同的。可是，由於佛教哲學，尤其是民間佛教諸種潮流都
　　不能缺乏的，是一種有關每個人最終都能爭取到的救度、解脫的承諾，因
　　此有關佛教思想的論述不可能捨棄「救度」這個價值觀。當然，「解脫」
　　一詞不等同於歐洲宗教脈絡下的「拯救」、「解救」、「超脫」

來解讀，同一組文獻亦可能說明某個哲學體系，又或者同一組文獻可能被當成史學資料看待，隨而印證某個時代的思想。易言之，同一篇文章可能開啟幾種互不相容的意蘊層面。至於哪種詮釋最為適當，答案除了有賴於文獻本身所提供的根據之外，很大的程度上取決於研究者自己所引入的價值觀與意義視域。研究者本身對文獻可能導出的意旨事先所懷抱著的期待則深入影響文獻實際所訴說的及相關詮釋。基於不同探究導向與思考背景，同一個文本所開啟的意蘊在不同解讀下必然會呈現互不相同的色調。讀者對意義的尋求必然會在受解讀的文本上反映出來，因而與其猶如庸俗的溝通理論、資訊理論一般以為某個文本是主動有所訴說、傳達，倒不如將文本的提示均當成文本對讀者及其意義視域給出的「回應」看待。然而，一旦研究者不充分關注並反思到此「詮釋學循環」（hermeneutischer Zirkel），此盲點必然會使歷史文獻的貢獻局限於僅只可能針對研究者既有的見解提供套套邏輯式的證成，以致歷史文獻其實只在扮演無另類發聲、只是沉默的資料庫或插圖的那種角色。反過來說，詮釋學循環使得任何研究者不得不落入一種弔詭的困境：他想要向他者放出目光，但其視線同時卻必然為自己的基本視域和視角所領導且拘束。

　　在詮釋者與文本相遇之際，發生的是一種充實意蘊的「摩擦」與「抗拒」，而任何名實相符的「理解」其實是由於位介於他者與屬己者之間的緊張和間距所產生。因此，詮釋者總是

　　（redemptio, Erlösung）等詞所標記的理念，因為後者屬於被積極肯定的、形上學式的彼岸觀，而前者歸結空論的消極、否定式思維模式。

身處自身連帶之意義可能性與文本對此可能之意義所展開的阻力、牽移、啟發之間，來取得所謂「意義理解」。若研究者對此詮釋學循環以及貫穿詮釋場域之裂隙僅持承認卻毫不加以反思的態度，這樣是不足夠的。面對文本的他異性，文本詮釋者不可以猶如藝術家一般標榜自己擁有一種直覺能力，藉以對文義作獨斷，即擅自任意操縱文本的訴說。但要是詮釋者為了滿足所謂客觀標準，便採取似乎是相反的方法，來確定文本的意涵，讓此意涵不再預設並有賴於任何屬主體的「意義理解」，這樣的方案則一樣違背詮釋學的弔詭任務。基於詮釋學循環為故，宛如是客觀的介面，即針對詮釋者是獨立的文義，這種客觀介面根本不存在。任何標榜客觀性的文本演繹其實從一開始就落入一種保守、對自身不明且盲目的撤退模式，以致研究對象其實如同鏡像一樣，詮釋者最終在研究對象身上僅能發現自身既有之見識，不能從縫隙、間距上取得新啟發。與其訴求詮釋者應該在文本那裡揭露某種「原義」，不如要求詮釋者明白，詮釋學首要任務是在文本與闡釋者之間揭露既有之縫隙、緊張及摩擦，進而經由文本和自身之間一直往返的省思，環繞各種值得被探究之問題性為主軸，[9] 來奠建自身與意義的關係。

在某種程度上，本研究企圖借鏡中國佛教來探討歐洲哲學，進而落實上述跨文化思維。舉例來說，本研究試圖將「法」這個基本佛教觀念連結到對「存有者」之存有方式的探

---

9 伽達默爾一直不斷地強調對於詮釋工夫，始初的提問必須具有優先性：*Wahrheit*, 368-375, 380-381. 中譯本：伽達默爾，《真理與方法：哲學詮釋學的基本特徵》，頁491-501、507-509。

問，進而將「法」與歐洲形上學上的存有觀對照起來，藉此跨文化式反思來探究諸如「現象」、「被給予狀態」、「存有」、「關係」、「運動」、「時間」、「歷史」等哲學概念的意旨。就哲學來說，這系列概念都源自某種有關存有的先進之見，都是從基本存有觀衍生出來的變異範疇。可是，值得探索的是，思考者一旦自佛教的「法」來看，這些變異範疇與存有之間的關係是否可獲得另類的理解？藉由讓某一則歐洲哲學課題與類似、卻取自作為哲學之「他者」之佛教傳承的課題互相解析並彌補的方式，立足於歐美哲學的思考者便可以更深入反思自己的重要前提及假設，甚至可以更加明白地揭露歐美哲學與某種特殊的文化脈絡和歷史發展確實有何種內在關係。尤其在海德格之後已變成歐洲哲學焦點的「對存有之經驗」，透過與古代中國之現實觀進行對照的方式，這個關鍵關懷便可以獲得嶄新且十分有意義的解析。這樣一來，對「陌生者」的批判性詮釋最終足以轉成對「屬己者」的詮釋學式批判和省思。

　　歐美哲學是在長久的歷史過程當中逐漸將某個獨特的「存有意義」整理出來。然而，哲學之為哲學所不可捨棄的開放性原則自然使得該「存有意義」的合法性成為問題，這個問題進而要求思考者在他類可能性這種敞開脈絡之下，例如藉由跨時代與跨文化的探討，將這個存有觀與其他存有觀互相對照。因此，無論是英美分析哲學與邏輯主義的超驗觀念論也好，或是海德格就形上學起源來追求「存有之思」也罷，其各自對「存有意味」之揭示都必須接受從歐美哲學脈絡以外被提出的挑

戰。10 這種跨文化式的哲學對照越嚴謹地被進行，有疑問之處
也就會越明確地暴露出來。然而，為了鋪陳讓未來不同文化處
境彼此相互了解的途徑，歐美哲學當然不可以「利用」哲學的
他者。舉例而言，不可以將亞洲的思想傳統直接收入到當今已
普世化的歐洲立場，不可以藉由歐美的史學、漢學、佛學等
「人文科學」當成理所當然的介面，來「重構」、「解釋」、
「處理」亞洲的古代遺產。如上所述，這種科學式的「重
構」、「解釋」不但過度傲慢，而且此介入也從一開始就錯過
意義之為意義，忽略、違背對意義追求「理解」這個人文學不
可離棄的核心關懷。在科學及技術理性、工具理性已不大受質
疑並將其霸權向全球伸展之際，這種普世的現代理性所來自的
歐洲思想及此思想的合法性根本尚未充分獲得考察與確證。鑒
此，當代思維其實更是應該力圖突破內在於哲學本身的歐洲中
心主義，它應當滋養開放的好奇心，應當培養一種跨文化式的
詮釋學意識，進而參照例如中國古代傳統這種非常豐富、哲學
意義深厚的「他者」，以便將此哲學資源開啟、獻給當代思
維。總之，本研究企望可以經由具體詮釋學思考的方式，為
「對存有之經驗」開闢全新且另類的思考途徑，並且在跨文化
思維這個場域上，將相關現實與人生問題的哲學省思往下續推

---

10 當海德格與日本思想進行對談時，他已曾提示這種方法論原則和潛力：
　Martin Heidegger, "Aus einem Gespräch von der Sprache," M. Heidegger,
　Unterwegs zur Sprache（Pfullingen: Neske, 1959）, pp. 83-155, esp. p. 94. 中譯
　本：〔德〕馬丁・海德格著，孫周興譯，〈從一次關於語言的對話而
　來〉，《在通向語言的途中》（北京：商務，2005），頁66-145，尤其頁
　73。

一步。

第二節　研究內容和進路

　　在勾勒哲學立場後，便可以更詳細說明本研究將採取的方法及其所涉及的內容，也可以更具體說明本研究與歐洲形上學的關係為何。在採取歐洲為視角的思考者圖謀對中國古代文獻進行詮釋時，這樣的詮釋學工作難以直接承襲伽達默爾的「哲學詮釋學」為架構。基於跨文化的間距，本詮釋學努力無法直接地設定「屬於效應歷史的意識」為出發點，因為從歐美學界的當代現況來說，只有極少數的漢學家才能合理地主張自己與東亞世界共有某種屬於效應歷史的關聯。那麼，本研究企畫的可能性與意義究竟該如何設定？

　　本研究企圖在歐美當代思維視域下探索華嚴宗的「詮釋學哲學」，因此在很多方面重要的啟發都來自海德格早期思想。為了對形上學傳統落實批判性「解構」（Destruktion），[11] 海德格追求一種「有關實是性的現象學式詮釋學」（phänomenologische Hermeneutik der Faktizität），來展開其「極端化哲學研究」。[12]

11　Martin Heidegger, "Phänomenologische Interpretationen zu Aristoteles（Anzeige der hermeneutischen Situation）. Ausarbeitung für die Marburger und Göttinger philosophische Fakultät（Herbst 1922）," M. Heidegger, *Phänomenologische Interpretationen ausgewählter Abhandlungen des Aristoteles zur Ontologie und Logik*（Frankfurt a. M.: Klostermann, 2005 [GA 62]）, pp. 346-367, esp. p. 368.

12　Heidegger, *Phänomenologische Interpretationen*, pp. 364-365. 在其第一個「哲學體系相關的宣言」中海德格說明「實是性」乃指「藉由具體將自身存在成其為時間的方式來關懷自身存在之實際生活所身處的基本動勢」（349:

雖然本跨文化式研究不可能將海德格的構想直接當方法用，但整個進路確實根植於海氏所提示的哲學課題，也就是對歐洲的哲學傳統保持批判性距離，藉以思考「形上學」的問題性。[13] 於是，在借助中國傳統這個「陌生者」並與此「陌生者」保持一定距離來反思歐洲思想時，這個探討便如同水上鏡影一般，呈現種種斷裂、反折。對「屬己者」的解構式思考是通過對他者這種迂迴或反折的理解努力而形成批判思考的。毋庸置疑的是，這方面本研究所採取的途徑與海德格本身局限於歐洲範圍以內所從事的解構工作截然不同。由於本跨文化式研究企圖揭露華嚴宗思想的哲學基礎和哲學意義，故此只有就哲學主題和切入點而言，本研究才與海德格有關人之存在即「實是性」所追求的現象學式詮釋具有親緣關係。

　　依照海德格的前例，本文將探索的是華嚴宗在詮釋佛法時賦予核心地位的「詮釋處境」（hermeneutische Situation）[14]這一觀點。首先「詮釋處境」標示華嚴宗文獻從何處發言的根源，也就是賦予華嚴宗詮釋學論述意義的那個意義情境。易言之，該文獻即使並未清楚地將其均所預設的思考前提標述出來，但有關這些文獻的哲學探究首要課題就在於，研究者務必要將隱

"Grundbewegtheit des faktischen Lebens, das in der Weise ist, daß es in der konkreten Zeitigung seines Seins um sein Sein besorgt ist"）。對海德格而言，哲學研究的淵源在於人的「此有」（Dasein），而「此有」這種存在模式的特徵就在於：在日常生活當中，每個人都藉由對自身存在的籌劃而展開某種闡明。

13　Heidegger, Phänomenologische Interpretationen, pp. 367-372.

14　Heidegger, Phänomenologische Interpretationen, pp. 346-351.

藏於該文獻所思考之脈絡中的前提和假設，即將有關「詮釋處境」的關懷，清晰地揭示出來。只不過，這種「重構」式的工作不局限於有關華嚴宗文獻的探索，由於此課題涉及任何思考從一開始所歸屬的原本處境，故此在另一個層面上，此詮釋學式重構也牽涉重構者本身立足其上的這個意義處境。易言之，藉由文本詮釋被追求的哲學重構不可能是思想史所從事的那種歷史重構。在這裡要探索的並不是該文獻本身就研究者的假設來說隱藏著何種意涵，而是當這些文本向我有所訴說時，其未明文說出的意蘊究竟為何？在研究佛教思想時，文獻的意義處境是透過一種意義反折來反映研究者自身的詮釋處境，從而開闢另一個意蘊脈絡。唯獨透過這樣的反思方式，有關文獻意涵的「重構」對哲學才有意義和價值，而且恐怕也只有當文本演繹是透過這種追問皺褶而被逆轉收回，任何對於他者的「理解」也才可能是適當且有意義的理會。唯獨當研究者將屬己的哲學探問當成關鍵的理解視域看待時，唯獨當他是針對在屬己視域中尚未被發現或尚未被充分清晰化之環節進行文本演繹時，此研究方才可能落實名實相符的「理解」。即使聽起來弔詭，但其實只有在這樣逆向對自身有所追問省思的時候，研究者才可能避免僅只為了印證自己既有之見識來「利用」他者這種套套邏輯式的弊病。唯獨如此，他才不會最終還是將受詮釋、研究之文獻僅僅系統性地還原至屬己而且是盲目的「信念」。

　　再來，既然對於屬己之詮釋處境被進行的反思最後涉及有關「存有意義」的哲學追問，因此若由海德格所鋪陳的思考場域來看，有關他者所歸屬之詮釋處境的探索必然牽涉他者「實

際生活的基本動勢」，對他者進行的文本詮釋必然牽涉他者如何領會「存有意義」以及他者對於時間體驗所展開的省思。換言之，研究者對於華嚴宗文獻務必要追求的就是歐洲哲學自古以來所熟悉的基本問題：究竟何謂「有」？與其盲目地預設，當代歐美哲學對「有」、「存有」、「被給予」等概念的理解在佛教思想上當然一樣有效，與其在最一般的存有論架構下「重構」某種華嚴宗式的「形上學體系」或「存有論」，倒不如明確地來探析華嚴宗究竟如何闡明「有」的意旨。否則對華嚴宗思想的研究即便再嚴謹不過，仍然只會使他者的陌生思維在大規模上被歐美哲學框架拘束。相反地，唯有經由一種批判性對照和反思的方式，研究者才可能最終或許從他者那裡發掘另一種基本問題意識，並且揭露華嚴宗思想真正的關懷及其與歐美哲學之關懷的不同。只有經由這種逆向追問的方式，當今從事跨文化思維的研究者才可能實際從對他者的探討中爭取新啟發，隨而反過來針對當代情況推展名實相符的跨文化式批判思維。

　　為了落實有關存有意義的追問，必須進一步探索「意義」，而有必要專門探討的就是，現實或存有一般相關的論說究竟從哪些經驗或考量爭取其固有之意義。然而，此提問牽涉到有史以來宗教與哲學所關切的，並且也於當代思維上重新浮出的議題，即牽涉時間性問題。[15] 鑑此，本研究第二個焦點將置於華嚴宗對時間性所導出的深刻思想。在華嚴宗關注「有」

15　Franz Theunis（ed.），*Zeitlichkeit und Entfremdung in Hermeneutik und Theologie*（Hamburg-Bergstedt: H. Reich, 1976）.

的問題性的同時，以非常嚴謹明確的方式被凸顯出的是，意義情境和時間性這兩個環節之間固有的本質性聯繫。華嚴宗思想將一切「有」歸結到在意義情境下「意義指引」（Sinnverweis）所發揮的「意向性」（Intentionalität）和連結作用：在任何主客對立關係之前、之外，也就是在思考者遇及所謂「現實對象」並將此現實視為現實之際，意義情境下的「意蘊」（Bedeutsamkeit）所標記的不異乎一種「關係」、「聯繫」（Beziehung）。換言之，華嚴宗思想從一開始就將之置於首要地位的，並不是某種在人、主體的對立面被預設的客觀「存有」，而是思維、言論在意義情境下針對「有」或「現實」作為「具有意義的主題」所不得不展開的意蘊本身，亦即「意義指引」這種連結情形本身。本研究力圖驗證的論點在於，華嚴宗思想環繞「有」、「無」為軸心所思考的並不是存有者是否實質地存在、真實存有是什麼這種形上學問題，「有」、「無」所標記的反而是賦予意義、奠建意義這樣的實際發生。諸種有關「有」、「無」的主張都僅局限於只要開啟同一個原本的意義情境，隨而將思維和言論不斷地引回至「意義」這個「原本發生」（Ereignis）所自的基源。對華嚴宗而言，人生關鍵問題出在意義情境：「現實」不等於是「存有者」，更原本貼切地說，一切都是「意義」。

　　有鑒於以上所述，研究者應該從一開始在一個廣義下的詮釋學脈絡下切入華嚴宗思想，將整個研究歸結到「意義闡釋」（Sinndeutung）這一觀點，並以其為主題。學界若仍然依循傳統存有論、形上學等架構來解釋華嚴宗思想，這樣的介入並不合適。本書聚焦於意義問題上，也特別專注意義與時間性的關

係。有關時間體驗的反思分為兩個段落，第一方面是從當代角度來探析時間性這個現象本身，另一方面則藉此揭開華嚴宗如何在實際講解各種教義時所關懷的時間性問題。華嚴宗的文本、言論是以開放方式在各個當下從各自不同的觀點或視角切入，一直都在重新開闢一整個意義視域。與其說這其中「時間」僅指言論順時前進這種秩序或外框，倒不如說華嚴宗思想脫離這種平凡的時間觀，進而將人對時間性所取得的切身體驗理解為讓思維和言論在各個當下都落實一整個「意義敞開」（Sinnoffenheit）與「意義動勢」（Sinnbewegtheit）中。由此觀之，時間性是意義情境所不可或缺的核心元素。

在這個基礎上另一個值得被探索的課題是「救度史」這個觀念，要闡明華嚴宗對於朝向解脫之途所導出的體會和構想。這方面重點置於每個人如何可能實際踏上救度之道這個問題。研究者得要釐清的是構想與實行之間的關係以及由思維過渡到行為這種轉換的可能性，也就是要解析華嚴宗如何依據詮釋學及歷史性這個架構，以嶄新且獨特的方式界定「理論」和「實踐」的關係。就哲學專題來說，引導本研究的主要議題是「關係」、「同中有異」及「悖論」或「弔詭」，再者是時間性敞開與意義情境的糾纏關係。本書所有佛學脈絡下的探討都環繞著這幾個哲學課題，進而試圖從華嚴宗思想中爭取到重要啟發，藉以解開這些深奧的哲學大謎。閱讀本書第二章所介紹的現有佛學研究成果後便可得知，不僅就歐洲思想史而言，「關係」與時間性標誌著哲學的大謎，而且華嚴宗的核心關懷一樣根植於這個謎題。然而，歐美思維傾向於倚靠純抽象理論，即藉由形上學與存有論的普遍原理來解答這個謎題，以至於每個

人實際所身處的歷史性情況，即個人化且時間化的經驗這類實情不再受到充足的關注。華嚴宗思想與這個趨勢背道而馳，它依循截然不同的導向來尋求一種「逆向」的路途，它以人的具體存在情境為思考主軸，就所有「統一體」（Einheit）相關的構思和論述均所隸屬的「此處」來落實一種更為實質的「統合」（Vereinigung）。歐美哲學的理性主義傾向於賦予「概念」（Begriff）這樣的思考因素一種絕對的優先性。然而，若由此觀之，華嚴宗思想所立足、所關切之處，則正好是一直被歐美哲學視為無本質可言，或者是思維根本不可及的個人與其實際的存在情境。

　　另外，以上所勾勒的問題脈絡自然也牽涉華嚴宗有關「言語」[16]本身的思維及其對言語所採取的基本態度。然而，比起古希臘語言哲學相關研究，本跨文化研究要採取的進路更複雜，古希臘語言哲學相關研究是無法直接去掌握到某種華嚴宗式的「語言哲學」的。由於歐洲與古代中國這兩個文化世界並不共屬同一個效應歷史，因此哲學習以為常的概念、範疇和劃分皆不可仰賴，研究者必須以重要概念為參數作出批判反思，將自己的眼光向截然不同的視域開關，必須將重點從概念分析遷移至「環繞言語為主軸之思維」的深層，並凸顯另類的言語思維

16　依循洪保（Wilhelm von Humboldt）所開拓的新語言哲學，本研究辨別三個層面：一、「言語」（die Sprache, le langage）作為人類發聲、書寫時所歸屬的一般表達脈絡，二、「語言」（eine Sprache, une langue）即歷史上的某個特殊語境和表達體制，三、「言說」（Rede, Sprechen, parole）即實際發生的說話活動、落實並形成於此活動當中的「話語」、「言論」或「論述」，也包含相關領會、理解活動。

及其固有之哲學意義。迄今為止，歐美人文學界普遍將言語視為類似容器一般將某個思想意涵保存下來並表達出來，又或將某個思想內涵猶如訊息一般傳遞給別人。但本研究將詳細闡明的是，華嚴宗的立場其實與這種語言哲學截然不同。故此，研究者不再可以依賴傳統語言概念，不能再運用自從亞里斯多德（Aristoteles）直至現代語言學都在支配著歐美思想的那種言語觀，也就是不可以假設言說與文字，包括華嚴宗諸作者遺傳下來的那些言論和文獻，都是對某個構思的再現式表達和溝通記號。

　　為了釐清華嚴宗在言語和思維之間所構思的互動關係，必須詳細探究華嚴宗在其講學活動上如何運用言論。其實，此探討可充分倚靠歐美言語哲學本身在二十世紀初之後發生的轉變。言語思維所指的首先是有關言語現象有所領會的思維。再來，根據海德格的名言「是言語在說話」（die Sprache spricht）[17] 也必須專注的是，思想上的抉擇和確定會沉澱到某個語言的深層，轉成某個歷史語境給具體言論所提供的基本格式與可能性，以致之後任何言說都勢必一直重新應用並肯定這個體制化的思考模式。故此，不再可以將言語當成思維的表達、再現、記號看待，而是任何思維勢必都反映著某一種語境。由此觀之，言語思維應當著重的是言語和思維之間的本質性親緣。華嚴宗就是站在這個立場來主張意義現象勢必須要落實於言語本身，在言說活動之外、之前根本無意義可言。換言之，華嚴宗激烈反對將意義和言語拆開，

17　Martin Heidegger, "Die Sprache," M. Heidegger, *Unterwegs zur Sprache*, pp. 11-33, esp. p. 12. 中譯本：馬丁・海德格，《在通向語言的途中》，頁3。

並將意義設為一種獨立的存有物這種古典形上學見識。華嚴宗認為言語的意義向度必須徹底被還原到言說上實際發生的「意義指引」（Verweis），也就是在言語現象上特別專注「發生」、「實行」這個向度。

　　華嚴宗的言語思維是在思考、言說及行為這三個平面之間凸顯一個糾纏關係，進而主張言語和言說活動並不是為了思想或其行動上的實現而服務。此獨特的言語思維不但力圖對言語現象取得理論認知，而且它也相信思考活動本身是經由意義情境來落實於言語脈絡中，思想被在各個當下具體奠建意義的言說活動所收容。然而，言說活動不可或缺的要素在於，它必須有訴說的對象，任何言說均是「對誰」，亦即對「他人」而展開的表達行為。人的實際存在並不局限於認知論下的主客對立架構，人的諸種行為從一開始歸屬人際脈絡。依據海德格，我們身處於一個融合「周圍、共在兼自我世界」（Umwelt, Mitwelt und Selbstwelt）[18]的活動範圍，隨而與外物、他人打交道，以致思想不可局限於求知作用，言說也不可局限於將內心知識外化這種功能。

　　華嚴宗的言語思維與此立場吻合，它將每一次發揮意義的言說活動以及整個承載思考的言語脈絡從一開始回溯到屬歷史的實踐脈絡。由此觀之，華嚴宗的言語思維基本上不符應某些歐美學界理所當然所下的設定和假設。對於華嚴宗而言，一切言說、言論的目標和標準根本不隸屬理論認知，一切言論反而從一開始就根植於實行平面。由此言語思維觀之，只有在個人

18　Heidegger, *Phänomenologische Interpretationen*, 352.

首先將一切思想和言論都歸結到自己所身處的實行平面之後，他才可能對思維和言語的關係取得適當的領會。由於佛家的核心關懷在於朝向解脫的修行，因此在華嚴宗的言語思維上實行自然佔首要地位。這種詮釋學式的思維和其諸種言論始終都所圖謀的是，要將信徒引上實行的路途。然而，正好是因為此言語思維聚焦於實行向度，所以針對當代思維它足以提供珍貴的啟發。本研究將此言語思維自宗教學脈絡切割出來，以便專門探析其哲學意義，也就是企圖從純哲學的角度來彰顯華嚴宗的言語思維如何與實行脈絡和歷史情境稠密地相互糾結。

　　對古代文獻從事詮釋，這個工作對言語現象相關探索很有幫助。古今的時代落差，再者、古代中文和當代歐洲哲學的語境這兩種截然不同的語文脈絡之間的隔閡，思考者這種語文學、詮釋學經驗實在十分支持對屬己的言語情境以及言語和思維之糾纏關係的反思。不少學者傾向於低估或忽略此經驗，以便將歐美學術當成一種超越式、普遍式的思考兼論述平面看待，又假設中國古代文獻有可能全然被轉譯成某個歐洲語言，也就是全然被收入歐洲的思考模式。然而，這種學術努力不但以可笑的方式違背歐洲本身早已醞釀的批判水準，而且研究者只要對自己的經驗誠實以對，他便不可以否認，在語文翻譯和意義闡釋這兩個層面上，中國古代文獻給當代歐美哲學帶來無從克服的難題。然而，譯者、詮釋者所面臨的語文學困境另一方面代表了豐富的思考資源，也因此讓「詮釋學式哲學思考」獲得具體驗證。即使當代語文學，即國學與漢學，對古代文獻都提供了通順的翻譯與解讀，但對於哲學需求而言，這些翻譯和解讀很可能沒有哲學價值，或者語文學家所產生的新文本甚

至有可能反而代表了一種嚴重的障礙。會有這些情形的問題，除了語文學傾向將未經驗證的「先入之見」毫無保留地套在古代文本上，更核心的原因則在這種專科本身所歸屬的語境及其應用語言的方式。為了提高可讀性，語文學的方法是在文字層面上充分確定文義並解除可質疑之處，這樣一來它從一開始就遮蔽了哲學的視線並封鎖追問的餘地，而且還系統性地阻止了任何開放的文本理解。原則上，語文學首先考量行文通順，以至於大量犧牲了深入思考原典意涵的機會。佛學所提供的原典譯文其實首要應當力圖透過文本解讀來扣緊並凸顯某些意義現象，也就是應該將原典的論述當成問題性導出。對哲學追求貢獻的語文學應該甘於運用一種較坎坷且暫時性的文筆，以便在轉譯工作本身當中進行各種詮釋試驗和內容反思。為了揭露文獻的哲學意蘊，當代白話文、日譯或歐美的譯文其實應當針對國學、漢學、佛學等學門習以為常所應用的處理方式保持距離並落實批判思考。基於這些專科慣性所造成的語文學基礎，哲學根本無法對佛教思想展開認真的探討。雖然要主張的並不是古代中文是一種不可及的他者，特別是對於歐美的學者，但有鑑於古代華語與歐美語言有根本的差異，尤其是對於言語現象相關的哲學思維，語文學的譯者或解讀者所體驗的折磨和困難便因此有寶貴的啟發和幫助。故學者在轉譯過程當中所遇及的難題，若能以「天真」、「老實」的態度面對，這便會讓歐美的讀者有機會對原典進行更深入的思考。與其要求譯者作的決定要配合讀者的方便，倒不如允許譯者以符合原文、卻似乎難

解的表述方式促進讀者的思考。[19]

　　由此觀之，語文學的努力如同哲學思維一般適合並且應當嘗試早在文本演繹當中落實「解構」與「批判」。此「解構」和「批判」首先所涉及的是歐美漢學甚至日本漢學本身為了解讀的方便而培養的、有關中文這個語文的語言學成見。當代漢學、語言學是以印歐語系，尤其是以拉丁語為範例，在大規模上用類比的方式來解釋中文的語法。基於這種共識其實有嚴重可疑之處，研究者應該早在文本解讀這個層面上開始將這些文法樣式引入一種系統性的考察，否則他將無法針對屬己的、深入沉澱於自己之語境中的思考習慣拉開批判與反思所需要的距離。假設果真有古代中文獨有的言語思維這回事，假設某種意義下都是「語言在思考」，探索華嚴宗文獻的研究者便不可以對這種另類的言語思維採取封閉的態度，他不可以不加以關注並思考此另類言語思維在文本的語文表達這個層面所浮出的特徵。有鑒於唐代佛教所創造的新文言模式相較於前後華語傳統具有獨立並特殊的結構，此獨創性就很值得為語文學家與譯者所注意、斟酌。佛教慣用的華語表達雖然淵源之一在於印度與中亞洲各種外語對華語的影響，但中國佛教諸哲者對教學和思考的原創成就非常高，使得直至五代發展成熟的佛教用語與其在思想上引發的突破兩者之間具有一種非常奇妙的親緣關係。鑒此，凡是有關華嚴宗思想的研究務必同時也要探討文獻的表

---

19 本書德文原稿包含幾篇華嚴宗高僧論文的全文德譯，而且在重要概念上，德譯下了不少工夫。雖然本中文書的讀者出發點不一樣，但翻譯的方法論省思牽涉更廣泛的哲學意義，因此本節留存這段討論，讓華語界的讀者了解特別是歐美佛學的情況。

達特色。

第三節　華嚴宗簡介

　　本章節最後要概略介紹華嚴宗這個佛教支流。由於本研究集中在哲學分析，因此內容局限在幾個與哲學有關的事項。關於印度佛教思想的概要有愛德華・孔茲（Edward Conze）、穆爾替（T. R. V. Murti）等學者的基礎性佛學著作。[20] 特別是後者的研究深入探究了佛教的哲學內涵，因而對中國佛教思想方面的理解極有幫助。至於中國方面一般歷史背景及華嚴宗思想的歷史角色，已經有豐富的研究成果可供參考。[21]

　　眾所周知，西來佛教是從第四世紀左右開始陸陸續續傳至

20　Edward Conze, *Buddhist Thought in India*（Michigan: UP, 1982）; Edward Conze, *Buddhism. Its Essence and Development*（Oxford: Cassirer, 1951）; T. R. V. Murti, *The Central Philosophy of Buddhism: A Study of the Madhyāmika System*（London: Allen & Unwin, 1955）.

21　Erik Zürcher, *The Buddhist Conquest of China*, 2 vols.（Leiden: Brill, 1959）; Kenneth S. Ch'en, *Buddhism in China. A Historical Survey*（Princeton: UP, 1964）; Wing-tsit Chan, *A Source Book in Chinese Philosophy*（Princeton: UP, 1963）; Fung Yu-Lan, *A History of Chinese Philosophy*, transl. by Derk Bodde（Princeton: UP, 1953）; Francis H. Cook, *Hua-yen Buddhism*（Pennsylvania: UP, 1977）; Peter N. Gregory, *Tsung-mi and the Sinification of Buddhism*（Princeton: UP, 1991）; 湯用彤，《隨唐佛教史稿》（台北：三民書局，1988）; 中村元等，《中國佛教發展史》（台北：天華，1984）; 高峰了州，《華嚴と禪との通路》（奈良：南都佛教言就會，1956）; 鎌田茂雄，《中國佛教史》（東京：岩波，1980）; 唐君毅，《中國哲學原論：原性篇》、《中國哲學原論：原道篇》（台北：學生書局，1993）; 牟宗三，《佛性與般若》（台北：學生書局，1993）。

中國的思想，也被一般民眾所認識並接納，使得佛教直至第十世紀上下於中國思想史上位居主流。在中國佛教的發展已達到頂峰時，哲學、社會、政治方面儒道兩家勢力相較微弱。雖然儒道釋之間曾有過劇烈的競爭和奮鬥，但也因此佛家的原創性更明確地透露出來。中國佛教是從早期追求個人解脫的「小乘」衍生出來的「大乘」。大乘佛教所構想的是一種普遍涵蓋一切時代及所有「眾生」的修行歷史，訴求人類兼萬物都共同朝向解脫邁進。其基本信念和核心主張在於，各個時代所有的人都要參與修行，經由漫長的歷史努力持續不斷地一起前往解脫，否則所謂「解脫」根本是不可能的。鑒此，關鍵在於「菩薩」（bodhisattva）這個理念，菩薩之道就是與某種整體歷史觀密切相關連的。菩薩指的是修行者在已達到覺悟而即將進入涅槃之際，反而放棄解脫，逆向返回到眾生所在的輪迴苦海，憫憐、陪伴眾生並敦促其朝向解脫的修行工夫。菩薩標誌著對周全解脫的期待，在圖謀解脫的道路上支持、鼓勵凡夫。

　　中國大乘佛教的特點在於，倚靠強大的原創精神，吸收並運用自印度或亞洲陸地傳來之佛經以及諸種屬「阿毘曇」（abhidharma）的解說傳統。當初多半來自西域各地的佛僧將各種文獻由梵文或其他外語轉譯成中文。在此吸收的歷程當中有哪些文獻被翻譯，又有哪些文獻被淘汰，並且基於何種考量早期高僧下了這些決定，這乃是佛學專門探究的課題。另一種問題脈絡牽涉的是：在轉譯這些文獻的過程當中，西域各種語文特色如何被轉入當時的華語？特別是透過在語言中已存在的道家思想的詮釋方式，這些傳承又如何被轉化成一種中國文化世

界的遺產？[22] 毋庸置疑的是，新興的佛教傳統從一開始為各種跨文化斷裂所貫穿，隨而在既有的語文與思想上產生了新支流。除了對佛經追求解說之「記」、「疏」等文體，更重要的還有對於傳來之文獻獨立的討論、講學的「章」這種文體。經過越來越獨立而且有創意的講說和書寫活動，唐代思想界對佛法進行富有哲學意義的闡明，將西來佛法大規模地徹底轉化，使其成為一種根植於中國文化核心處的學門。

　　至於華嚴宗，它以主要原典《華嚴經》（《大方廣佛華嚴經》，梵文原名為 Avatamsaka Sūtra）來取名。《華嚴經》很可能是較晚才於中亞地區問世的佛經，大概是將不同現有經文收入而成的文集，而且此經文傳至今日的梵文版本只有兩個部分，即《十地經》（Daśabhūmika Sūtra）和《入法界品》

22　例如中村元詳細闡述印度佛教傳移到中國文化脈絡的過程，可是他傾向於認為，唯獨屬於早期印度的佛教，即所謂的「原始佛教」，才足以代表真正的佛法，以致中村元似乎不但不注意印中二地之間語文暨思想上都有很大的差異這件事情，而且他甚至將中國吸收佛法的跨文化努力視為失敗（Hajime Nakamura, *The Ways of Thinking of Eastern Peoples*〔Tokyo: Japanese National Commission for UNESCO, 1960〕, p. 166）。特別是對於這種當代佛學界常見的看法，本文將進行批判和反駁，進而試圖凸顯中國佛教界諸作者與思想家在風格和思考方面皆各有體現的特色。藉此要證成的是，中原形成的佛教思想並非源自某種文化弱勢或跨文化誤解。諸如法藏等高僧的中文表達都驚人的敏銳嚴謹，而佛學之所以對此歷史現象採取貶低的看法，原因多半在於學界或者不充分了解更廣泛的唐代文言文以及其嶄新且豐富的表達模式，或者許多學者基於某種上古偏好、復古精神，對於佛法於漢後發生的整個中文更新從一開始就抱持蔑視和保留態度。然而，研究者基本上都應該首先採取開放的態度，藉由詳細的文本詮釋來探究隋唐佛教的論述對抽象思維所培養的新能力，並且更深入斟酌其哲學創意的厚度，方才能夠合理地評估這些新興佛教語文和佛法詮釋的優劣。

（Gaṇḍavyūha Sutra）。[23] 第一部較完整的中譯本包含六十卷，是佛陀跋陀羅（Buddhabhadra）於420年完成的文本。可是，要等至第六世紀初南國梁朝出現對這部佛經的報告與闡釋，這部經文才得為人熟知，[24] 而且此文當初主要為三論宗所研究的對象。[25] 另外，世親（別名為天親，即 Vasubandhu）早已註釋過《華嚴經》第六節〈十地品〉，這乃是有關菩薩之道的論述，影響也很深廣。由於此〈十地經論〉在508至512年間被翻成中文，[26] 可以得知直至第六世紀《華嚴經》才逐漸受到更多關注。[27]

　　對《華嚴經》闡釋歷程長達將近兩百年，而且愈來愈廣泛深刻。然而，直至武則天女皇年間，在第三祖法藏（643-712）的領導下，華嚴宗於689年才正式建立。[28] 雖然可以將華嚴宗回溯至第二祖智儼（602-668）及第一祖杜順（557-640），但在歷史局面上法藏是此宗派之真正的創辦者。第一祖杜順歸屬禪

23　詳細參考Frédéric Girard, *Un moine de la secte Kegon à l'époque de Kamakura, Myoe（1173-1232）*（Paris: PEFEO, 1990）, pp. 7-8。此著作也包含相關文獻的詳細清單以及《華嚴經》的早期傳承相關的報告。

24　湯用彤，《隨唐佛教史稿》，頁197-198。

25　湯用彤，《隨唐佛教史稿》，頁199-200。

26　湯用彤，《隨唐佛教史稿》，頁198。

27　有關《華嚴經》早期傳入中原的歷史考察可以參照木村清孝的《初期中國華嚴思想の研究》（東京：春秋社，1978）。

28　有關法藏這個重要人物可參考：鍵主良敬、木村清孝，《法藏》（東京：大藏出版社，1991）；吉津宜英，《法：「一即一切」という法界縁起》（東京：佼成出版社，2010）；Chen Jinhua, *Philosopher, Practitioner, Politician: the Many Lives of Fazang*（Leiden: Brill, 2007）, pp. 643-712.

宗，但也支持對《華嚴經》的解讀活動。29 不過，佛藏華嚴部
中相傳為杜順所著的論文，現今為人懷疑是否為他所撰。30 法
藏著作為數大約四十篇，傳至今日還留下一半左右。31 法藏展
開佛法相關的教學努力是在朝廷上，基本上也是他才賦予了華
嚴宗思想本研究所聚焦的這個哲學意涵濃厚的狀態。含有八十
卷的《華嚴經》第二次中譯工程於695年開始，這同樣歸功於法
藏。法藏這個思想家不僅將梵文這種與華語截然不同的語言結
構以及文本的原義問題在一定的程度上都納入自己的思考範
圍，32 而且對西來文獻推展開甚為獨特的詮釋學工夫，同時他
也是在整個政治界和思想界都扮演過重要的角色，33 以便在當
時的社會上落實理論思維與教學實踐之間的密切聯合。

　　繼承法藏的第四祖澄觀（738-839）之後，第五祖宗密
（780-841）的創見在於，他將禪宗與華嚴宗這兩個宗派的思想
和教學實踐充分地融合起來。宗密不再將禪的宗旨局限於打
坐、冥想等活動，反而尋求禪的理論意蘊，同時又根據法藏的
構想，著重於詮釋學作為修行模式，力圖在理論層面上解析禪
與詮釋學這兩種導向的親緣關係。針對佛教分派已更加明確化
的晚唐時期，宗密將第三祖的基礎性工作及其實質的效應充分
展開。宗密這種努力完全印證本研究的主張，即華嚴宗對詮釋

29　湯用彤，《隨唐佛教史稿》，202。
30　石峻編，《中國佛教思想資料選編》，4卷10冊（北京：中華書局，
　　1983），第2卷第2冊，頁1。
31　至於法藏的著作目錄可參考湯用彤，《隨唐佛教史稿》，頁207-210。
32　湯用彤，《隨唐佛教史稿》，頁206。
33　鎌田茂雄，《中國華嚴思想史の研究》，頁107-149。

活動作為修行工夫的創見。不過，華嚴宗的影響之後很快就消失了，直至宋後在朝鮮與日本方才見到復興。34

　　由於華嚴宗在中國佛教思想史上宗派形成較晚，因此它可以將之前既已成形的諸種支流以整合的方式全都收納到自己的立場。基本上，華嚴宗可以被回溯到赴西域取經、從事翻譯工作並建立法相宗的玄奘（600-664）。這意味著，華嚴宗思想一個重要淵源就在於中國的唯識宗和印度的瑜珈行佛教（yogācāra）。一般認為這流派標榜的是一種意識哲學，而且此立場的確深刻影響華嚴宗、尤其是法藏的思維，以致不少學者會將華嚴宗以簡直歸類為「觀念論」、「唯心論」，但這個見解令人置疑。本書雖然不能詳論這些歷史脈絡與思想上的連結，但經由釐清華嚴宗的詮釋學基礎的方式，本研究還是將華嚴宗的思想與純意識哲學式、觀念論式的立場劃分開來，與此同時揭露不少與窺基（632-682）賦予法相宗思想之成熟樣態的實質交集，35 這是意外收穫。基於本研究追求的新理解，不管在論華嚴宗或其他潮流時，學界都應該對「唯心論」這個名目

---

34 Steve Odin, *Process Metaphysics and Hua-yen Buddhism. A Critical Study of Cumulative Penetration vs. Interpenetration*（Albany: State of New York UP, 1982），pp. XIII-XIX, 54; Girard, Myoe, pp. 1-108.

35 有關這個問題脈絡可以參考若干研究成果，不過由於這些研究者並未對自己所採用的哲學前提與哲學架構加以批判反思，因此下列資料是有頗明顯的缺點：Whalen W. Lai, "The Defeat of Vijnaptimatrata in China: Fa-tsang on fa-hsing and fa-hsiang," *Journal of Chinese Philosophy* 13（1986），pp. 1-19; Whalen W. Lai, "The Meaning of 'Mind-only' (wei-hsin)：An Analysis of a sinitic Mahayana Phenomenon", *Philosophy East and West* 27（1977），pp. 65-83; 牟宗三，《佛性與般若》，上冊，頁261-281。

的廣泛應用有所批判與反省。屬於同一個脈絡還有法藏常引的
《大乘起信論》。此原典最大的啟發來自「如來藏」以及將人
之詮釋活動與世界中所有發生皆合併的「一心」相關學說。法
藏將整個思考活動與歷史性修行工夫並不都歸結到某種涵蓋一
整個存有的「意識」，他將詮釋學所面對的意義情境，亦即將
意蘊的層面，視為思維與修行均所歸屬的根源。而《大乘起信
論》正是提供這種非常基本的思想轉向關鍵的根據。36

　　再來，經過三論宗與其代表人物吉藏（549-623）所追求的
「中道」，可以將華嚴宗連結到譯經高僧鳩摩羅什
（Kumārajīva, 344-413）及其學生僧肇（383-414），隨而最終
將其回溯至印度的中觀派（Madhyamika）以及有名的「邏輯學
家」龍樹（Nāgārjuna，活躍於西元150年之後）。37 藉由對任何

36　尤其葛樂各利（Peter N. Gregory）多處強調，「如來藏」相關的學說對華嚴
　　宗思想的形成則有決定性影響：Peter N. Gregory, "What Happened to the
　　'Perfect Teaching'? Another Look at Hua-yen Buddhist Hermeneutics," Donald S.
　　Lopez（ed.）, *Buddhist Hermeneutics*（Honolulu: UP, 1988）, pp. 207-230;
　　Peter N. Gregory, "Chinese Buddhist Hermeneutics: The Case of Hua-yen,"
　　Journal of the American Academy of Religion LI, 2（1983）, pp. 231-249。基於
　　「如來藏」說，葛樂各利主張華嚴宗是持一種「存有論式的本質論」
　　（Gregory, "Chinese Buddhist Hermeneutics," 242: "ontological essentialism"）
　　或一種「絕對的唯心論」（Gregory, "What Happened to the 'Perfect
　　Teaching'?," pp. 212, 219, 222: "absolute idealism"）。不過，至少由法藏來觀
　　之，對《大乘起信論》的這種簡化是可質疑的。葛樂各利似乎落入歐美的
　　形上學習慣，著重實體概念，以致他無法貼切地解讀華嚴宗文獻本身。依
　　據法藏所言，其實不難以反駁學界對「一心」說通常所提出的意識哲學式
　　解讀。

37　Richard H. Robinson, *Early Madhyamika in India and China*（Madison: UP,
　　1967）; Walter Liebenthal, *The Book of Chao. Translation, Introduction, Notes,*

論斷進行否定的方法，中觀派或「空宗」試圖思考「一切皆空」的原意，並企圖倚賴一種在論述和思考上都起作用的「之間」為管道通往解脫。尤其《肇論》表現的講學方式標誌著一個重大轉變，讓中國佛家不再以闡明經文的註解模式為標準，反而透過言說的方式直接追求實行上的效用。之後中國式的佛教企圖藉由一種超越純所說之意涵的言論方法實際引導讀者和佛徒。光就文獻而言，雖然這種涉及言論方法的「層面轉換」難以確切地驗證，但毋庸置疑，這種講學上發生的變更正好標記大部分中文資料均所呈現之詮釋學和教學特徵。

最終，對華嚴宗思想扮演引發角色的是天台宗，[38] 特別是其非常有創見的立宗祖智顗（523-597）。智顗的思想超越三論宗，透過所謂的「判教」為方法，他將所有佛教之外的學問以及所有佛教以內的支流都彙整為一種具有敏銳歷史意識的整全

Appendices（Peking：Catholic University, 1948）; Ichimura Shohei, "On the Paradoxical Method of the Chinese Madhyamika Seng-Chao and the Chao-Lun Treatise," *Journal of Chinese Philosophy* 19（1992）, pp. 51-71; Ichimura Shohei, "A Determining Factor that differentiated Indian and Chinese Madhyamika Methods or Dialectic as Reductio-ad-absurdum and Paradoxical Argument respectively," *Journal of Indian and Buddhist Studies* 33,2（1985）, pp. 834 -841; Dale S. Wright, "The significance of paradoxical language in Hua-yen Buddhism," *Philosophy East and West* 32,3（1982）, pp. 325-338; Hans-Rudolf Kantor, "Textual Pragmatics in Early Chinese Madhyamaka," *Philosophy East and West* 64, 3（2014）, pp. 759-784.

38 有關天台宗如何營構自己的傳承史及整個佛教的發展史，陳金華進行細膩的批判性研究：Chen Jinhua, *Making and Remaking History. A Study of Tiantai Sectarian Historiography*（Tokyo: The International Institute for Buddhist Studies, 1999）.

體系。藉由評論現有學說並將其收入自己之「圓教」的方式，智顗從一開始讓佛法落實在一整個歷史過程及闡釋傳統上。智顗圖謀的是，要通過歷史的整體努力，以一種歷史性的「重估」、「改寫」方法，將所有現有教義和學說轉成最高最完整的、屬己立場的成分。智顗的判教方法最終形構成他自己的「一乘教」。這樣一來，智顗將大乘佛教的核心理念，即所有時代一切眾生的修行努力都必須被連繫成為一個共同的、歷史性的修行過程這種構想，推至成熟的頂峰。39

　　判教體系所標誌的批判精神和對歷史性整體的敏銳意識，這兩個特徵甚至在華嚴宗思想第三個重要啟發者，即禪宗，也留下深刻的印跡。以「教外別傳」為口訣，禪宗對所有論述和教義都持保留或矛盾態度，也就是批評說，現有學說所標榜的權威對實際修行毫無實效。透過極致敏銳的歷史意識，禪宗力圖將修行者引入其業已所身處之境遇，以便讓其達到一種落實於即時各自之時刻和處境的覺悟。就華嚴宗與禪宗對歷史與處境均所展開的深入專注而言，這二宗派的思想有本質上的親緣關係，因此將兩者以「理論」與「實踐」、「教」和「行」等刻板概念來劃分，這樣的普世見識完全不妥當。若由禪宗在各個當下的境遇上追求「修行」這種觀點來看，華嚴宗追求一種包容歷史整體的詮釋學，進而將修行落實於此詮釋學努力上，這樣的立場其實比起一般學界所認為，乃更加貼近禪宗的立

---

39 本書第三章第六節詳細討論智顗的判教方法對華嚴宗思想之影響。有關判教方法的基本理念和思考模式可參考David W. Chappell, "Hermeneutical Phases in Chinese Buddhism," Lopez, *Buddhist Hermeneutics*, pp. 175-205, esp. pp. 183-184。

場。再來，禪宗的修行觀也區分「頓悟」與「漸悟」，以利深入影響所有佛教支流有關修行之道的構思。不同宗派皆所關切的關鍵問題乃是：修行者始初如何可能實際進入修行活動？他如何可能體會並具體實行可稱為「跳入覺悟」這種轉換？依循海內曼（Robert K. Heinemann）的精彩研究及其推展的結論，不可以將有關「修行活動與修行目標之間的時間關係」（Zeitrelation zum Übungsziel）這個核心課題簡單地留給理論思維之外或之後被進行的、一般所謂的「冥想工夫」（Meditationspraxis），這個時間關係反而早就已經被視為內在於「教」或思考的工夫脈絡本身的關鍵環節。[40] 海內曼此論點是本書藉由對華嚴宗時間觀和歷史觀的分析將詳細討論的核心議題。

　　基於主題與解說方便的考量，針對此歷史背景本研究集中在法藏所撰三篇代表性論文，詳細探究〈華嚴金師子章〉、〈華嚴發菩提心章〉（別名為〈華嚴三昧章〉）以及〈十世章〉，另外也參照華嚴宗其他文獻[41]為佐證。本研究意圖彰顯的哲學內涵，透過法藏能夠獲得最深厚完善的表達。故此，主要倚靠法藏著作的這個進路未必導致華嚴宗整體思想的簡化。通常學界會大量引述片段為根據，但由於法藏的思維與其論述都

---

40 Robert Klaus Heinemann, *Der Weg des Übens im ostasiatischen Mahayana: Grundformen seiner Zeitrelation zum Übungsziel in der Entwicklung bis Dōgen* （Wiesbaden: Harrassowitz, 1979）.

41 指的是收入石峻所編《中國佛教思想資料選編》以及高楠順次郎等編寫的《大正新修大藏經》（東京：大正一切經刊行會，1928〔＝T〕）之華嚴宗文獻。

為一種精緻的策略及對系統性的講求所支配，因此一般學界的擷取習慣恐怕只能產生反效果，而正好在最值得引起哲學專注探析的文本內涵上，這個學術風氣時常造成隱蔽。只有當研究者對傑出的文獻進行整體分析時，每一篇文本針對整體構思各自所鋪陳的介入及其所採取的獨立視角方才會暴露出來。有鑒於佛家慣用的講學方式，又有鑒於本研究特別企圖依據文本結構和思考的進展來彰顯華嚴宗如何著重於「意義動勢」，因此考察這幾個文獻的整體構成則非常重要。

　　另外，由於本書不是對華嚴宗的佛經詮釋進行佛學式的探究，而是著重獨立的論文及其哲學意涵，因此《華嚴經》本身不予討論。本書專注研究的對象是深入思考自印度傳來的教義，卻同時非常明確地根植於在地思想傳統的那種文獻。本研究採用的文獻不是以註解方式扣緊經文，這些文獻各自都凸顯頗獨立的思維。因此，極力要避免的是，依照佛學的慣性以某種可回溯至早期印度佛教的「正統」為出發點，藉以解釋之後在中國問世的文獻。與之相反，本研究局限於獨立的中文佛教傳承，以這些文獻的歷史、文化脈絡作根據，發掘其獨有的哲學內涵。佛學界傾向於讓印度佛教與中國佛家兩者對此傳統導出的闡明以互補的方式彼此互相解釋，多少也都將華嚴宗思想歸結到《華嚴經》，但是這卻導致中國佛教思想的多元性和特質被忽視。基於佛學界某些基本見識，迄今為止諸如法藏等身處中原之思想家的創見並未被發現或重視。42

---

42 本研究對於現有佛學抱持保留和批判態度。引發這種導向的一個關鍵根源在於少數日本學者，尤其是鐮田茂雄的研究。鐮田氏明文強調要探討的是

　　總之，本書的主要探索脈絡訂定在華嚴宗的詮釋學思想，尤其是法藏有關意義情境與時間體驗所展開的省思。與其跟隨著現有佛學研究採取一種存有論和形上學架構，倒不如先將通常根本不被關注的、為此理論架構所預設的基礎盡量梳理清楚，進而再對華嚴宗思想導出全然不同的解讀方式。只有如此，不管對立足於佛教與佛學，或者隸屬歐洲哲學的研究者而言，華嚴宗的佛教立場才可能獲得合理且富有哲學意義的闡明。為了具體討論這種問題意識與這個批判性立場，同時也為了更詳細說明華嚴宗教義的特色，下一章將介紹現有研究成果以及佛學有關華嚴宗所描繪出的畫面。

中國佛教的獨立特質（鐮田茂雄，《中國華嚴思想史の研究》，頁3、5-6）。另外，石井公成承襲吉津宜英來提示，特別是法藏，比起其他經文，他其實更少引述《華嚴經》本身（石井公成，《華嚴思想の研究》〔東京：春秋社，1996〕，頁345）。整體看來，佛學若通常將中國的華嚴宗密切歸結到《華嚴經》，這樣的介入應只是一種方便的學術假設，因為例如法藏所引用的經文資源顯然多樣而且複雜，尤其其最重要的依據根本不是《華嚴經》，而是其他文獻，例如《大乘起信論》。

第二章

回顧有關華嚴宗的研究成果

第一節　前記

　　乍看之下，有關華嚴宗思想的現代研究大部分歸功於日本
學者，而近大約五十年來才有歐美、尤其是北美學者開始關注
此領域。於是，就量而言，佛學專科研究很明顯超過牽涉哲學
的探討。一般思想史研究，特別是歐洲方面，似乎迄今尚未開
始將中國佛教認真當成哲學場域看待，華嚴宗思想更是不為人
知。不過，這個事實也並不出乎意料之外，因為甚至是漢學的
基礎性資料都沒有收入華嚴宗，或以它是不充足為藉口僅僅敷
衍這個主題。在歐美漢學、哲學資料看來，中國佛教與印度佛
教是不同的，中國佛教只是負面的，它根本沒有參考價值。[1] 於

---

[1]　例如福克（Alfred Forke）由歐洲古典傳統的角度論中國思想史的大作《中
　　世紀中國哲學史》（*Geschichte der mittelalterlichen chinesischen Philosophie*
　　〔Hamburg: De Gruyter, 1964〕, pp. 366-371）中有關華嚴宗的討論，除了稍
　　微談及宗密的《華嚴原人論》之外，其餘一字不提，甚至馮友蘭與陳榮捷
　　都只概略提及華嚴宗思想，參：Fung Yu-lan, *History of Chinese Philosophy.*

是，正式以華嚴宗為主題的研究可分類成兩種導向。第一種是在對於思想史、理念史的基本關懷下，尤其歐美不少作者對佛教信仰體現近乎祕教、密契主義的心態，但整體看來，他們對佛教思想本身卻保持相當大的距離和陌生感。日本與中國方面歸屬這個思想史導向的資料雖然數量不多，但參考價值是有的。另一種則是佛學這個專科領域，特別是日本方面大部分研究都隸屬其下。不過，這些資料多半亦不能滿足哲學的期待和需求。[2]

　　第一種研究者越是局限於史學視野，對哲學反思便越封閉。而第二種研究者令人產生的大疑惑是，已經明文力圖釐清華嚴宗之「哲學體系」的佛學研究者仍舊承襲東亞佛教傳統歷代相傳的信念，歐美若干學者甚至不由自主地為某些所謂「正

Vol. II, The Period of Classical Learning, transl. by Derk Bodde（Princeton: UP, 1953），pp. 339-359; Wing-tsit Chan（transl. and compiled by），*A Source Book in Chinese Philosophy*（Princeton: UP, 1963），pp. 406-424; William Theodore de Bary/ Wing-tsit Chan/ Burton Watson（eds.），*Sources of Chinese Tradition*（New York: Columbia UP, 1960），pp. 369-370.

2　早期入門著作有坂本幸男的《華嚴教學の研究》（京都：平樂寺書店，1956）、石井教道的《華嚴教學成立史》（東京：中央公論社，1964）以及上文已提及鎌田茂雄的《中國華嚴思想史の研究》。中村元編的論文集《華嚴思想》（京都：法藏館，1960）不提供更深的理解。鈴木大拙的《華嚴の研究》（京都：法藏館，1955）不但根據《華嚴經》解釋華嚴宗的教義，而且也包含一些有關中國佛教與印度佛教之差異的啟發。近來問世的研究成果較多元，各自採取不同焦點，例如以上已提木村清孝的《初期中國華嚴思想の研究》與石井公成的《華嚴思想の研究》。另外有木村清孝的《中國華嚴思想史》（京都：平樂寺書店，1992）、鍵主良敬與木村清孝合著的《法藏》（東京：大藏出版社，1991）以及鎌田茂雄、上山春平合著的《無限の世界觀：「華嚴」》（東京：角川書店，1996）。

統」的見識，即佛教常識所拘束。不止日本佛學家，歐美學者也一樣，他們都傾向於賦予《華嚴經》絕對權威，所以他們多半將華嚴宗高僧本身所撰寫的文字僅只視為依附經文的註解。換言之，由於佛學家過度倚靠宗教傳統本身一代復一代營構的經文詮釋，以至於難以適當的方式衡量華嚴宗獨立所推展的哲學貢獻。歐美佛學界甚至並不反思和批判源自現今日本與韓國宗教圈的影響，以致這種被認為是理所當然的研究框架嚴重地誤導或遮蔽有關唐代華嚴宗及其文獻本身的探索。在宗教基礎上，佛學界多少都僅只企圖直接對古代高僧的「原來意圖」進行天真的重構，完全忽略當代研究者務必同時也得要衡量自身所立足之處。

再來，除了對取自歐洲哲學傳統的一些基本理論架構和術語名詞之外，佛學界不但很高程度上依賴迄今仍舊活躍在中韓日三個東亞地區的宗教傳統，而且當代佛學間接地又仰賴漢學、日本學等語文學這一百多年間所營造的「亞洲」畫面及其所蘊釀的翻譯和論述習慣。然而，對於這兩個淵源與構造都錯綜複雜之跨文化世界的組成，以及對於自己所預設的這個基礎，[3] 當代佛學多半毫無反省和體悟。結果，由哲學來看，這種博學式的研究成果疑點不謂不多，這種「盲目」的學問甚至有時候會導出很明顯是錯誤的論斷。有鑒於不少學者不能夠或不願意捨棄某種傳教、祕教主義式的熱情，故本研究有必要將所

3　有關此當代情況可參考拙文〈歐洲漢學與跨文化思維〉，收錄於楊雅惠主編，《垂天之雲：歐洲漢學與東／西人文視域的交映》（高雄：國立中山大學人文研究中心，2018），頁49-80。

有參考資料奠基其上的宗教信仰與漢學背景都納入考量。鑒此，接著只要更詳細討論原則上致力對佛教傳統本身保持批判性且學術性的距離、或至少明文提出這種包袱的現有研究成果。由於本研究力圖與華嚴宗文獻進行一種哲學對話，故適用參考的資料局限於思想史或概念史相關並呈現系統精神的參考資料。對哲學思考有幫助的現有著作並不多，而這其中面對華嚴宗很明確地採取當代歐洲思維這種架構和視角的探討迄今仍是缺失的一塊。

第二節　華嚴宗思想作為形上學體系：普遍主義、整全觀、總體論

尤其是北美學者傾向從一開始就將華嚴宗思想當成一種「形上學」，即一種認知世界的理論體系看待，而且總是理所當然地或明文或暗地裡假設該思想代表一種「存有論」。[4] 根據

4　例如張澄基（Garma C. C. Chang）自頭至尾環繞「存有」（Being）的問題來展開其對華嚴宗教義的解讀（Garma C. C. Chang, *The Buddhist Teaching of Totality*〔Pennsylvania: UP, 1979〕）。同樣，庫克（Francis H. Cook）、克里里（Thomas Cleary）以及歐丁（Steve Odin）等學者也都將華嚴宗思想理解為一種有關「存有」（Being）與「萬物」（things）的理論體系（Cook, *Hua-yen Buddhism*, pp. 6, 10-11, 50-51, 63. Thomas Cleary, *Entry into the Unconceivable*〔Honolulu: UP, 1983〕, pp. 18-19. Odin, *Process Metaphysics*, p. 5）。甚至牟宗三是以「存有論的圓教」為明目，將對華嚴宗思想的整個討論歸結到「存有論」的架構，以便將此宗派的特色理解為一種形上學總體論或一種有關佛陀之「在己」真理以及一切現實之圓全狀態的理論體系（牟宗三，《佛性與般若》，頁553-554、560）。然而，若由海德格來看，上列學者對「存有論」的定義非常古典，而且他們都局限於海氏所謂「存

這種立場，華嚴宗將諸種個別存有物、存有者都理解為萬物的總體，也就是主張現實整體為每一件存有者全所包容。對這種存有論式解讀，在本文第四章將詳細闡明的教學比喻「因陀羅網」影響特別深。依據學界的共識，此隱喻所構想不異乎：在每個單子身上，現實的總體都映射出來。由此觀之，華嚴宗的世界觀似乎如此：透過現實作為一個關聯組織的方式，一切個別單元的總體全部都為任何一個單元所充分包含，以致所有差異性皆消失，而存有整體等於是一種一元論式的同一性整體。學界多半會以「總體論」（totalism）或「整全觀」（holism）等概念來命名這個「構思模型」（model）。5 至於此構想的根據，學界是以標記原本之關聯性的「緣起法」為論證，又以諸個現實單元之間都有「相容相通」、「無礙」這種華嚴宗常提的情形為佐證。

　　庫克（Francis H. Cook）的基礎性著作是以「關係」

有者論」這種傳統形上學脈絡下，以致他們都不會探問「存有者」的「存有」本身究竟意味著什麼，更何況再更深入思考華嚴宗所瞄準的，是否果真為「存有」這個歐洲概念所涵蓋。

5　陳榮捷是以「一且全哲學：華嚴宗法藏」（The One-and-All Philosophy: Fa-tsang of the Hua-yen School）為標題，來解釋華嚴宗所在乎的是，萬物要藉由「相容相攝」（interpenetration）與「相互同一化」（mutual identification）達成「完整和諧」（perfect harmony）（Chan, *A Source Book in Chinese Philosophy*, p. 407）。至於類似的解讀也可以參考 Cook, *Hua-yen Buddhism*, pp. 15-16，以及 Chang, *The Buddhist Teaching of Totality*, pp. 23-24, 117-118, 135-139。尤其是後者將華嚴宗思想勾勒為一種「總體論相對主義」，但「總體」一概念並非充分清楚。雖然張澄基標榜自己對數多引文所追求的都是一種嚴格的哲學解讀，但其實他的導論缺乏哲學反思，只提供華嚴宗諸祖的生平以及幾篇原典的擷取英譯。

（relation）這個範疇為出發點，藉由因果關係闡明華嚴宗的總體理論。[6] 首先庫克主張，華嚴宗針對印度佛教所導出的突破在於，華嚴宗將涅槃與輪迴均融為一體，印度佛家反而只不過是透過兩者共享的一種超越的第三者即「空」（śūnyatā）為中介，其才可能將涅槃、輪迴這兩端視為一致。[7] 換言之，依照庫克在中國佛教對印度思想所構造的新詮釋之下「空」這個基本理念發生積極的改寫，使得「空」為「緣」，即「互聯情形」（interrelatedness）所取代。[8] 在這方面本研究贊成庫克的看法：中國佛教整體從消極否定轉向肯定的立場，收納現實固有之「積極」一面，即「實際性」，而且許多大乘的論述者顯然都非常關切此基本轉向。庫克統通是依據「部分」和「全部」的關係來理解形式上的「互聯情形」，將這個觀點闡釋為差異者的同一狀態，並將華嚴宗的核心關懷勾勒為「總體論觀點」（totalistic view）。[9] 不過，庫克所忽略的不僅是就其構造形式而言，此基本的關係即「總體」必然所倚靠的各式各樣的模態，[10] 而且他也忽略被連繫的兩端，也就是從意涵與價值而

6　卜德（Derk Bodde）為馮友蘭《中國哲學史》所作的英譯本在大程度上都已經依照類似的先入之見在詮釋馮氏所言，所以卜德將華語原文的「緣起」於關鍵處都譯為「因果關係」（causation）（Fung, *A History of Chinese Philosophy*, vol. II, pp. 339-359）。由此觀之，第一個開闢以因果關係為綱要之理解的，應該是卜德而不是庫克。

7　Cook, *Hua-yen Buddhism*, p. 53.

8　Cook, *Hua-yen Buddhism*, p. 48.

9　Cook, *Hua-yen Buddhism*, pp. 15-16.

10　這些模態是「相即」、「相入」、「相受」、「相攝」、「相容」、「六相」等所標誌的學說。

言，在各個當下則仍然標記著的差異以及彼此相反的意涵。11
尤其是對法藏的思想而言，整合中的差異性具有關鍵意義。毋
庸置疑的是，所謂「互聯情形」的確代表一個核心理念。可是
一旦此觀點被還原到一個取自歐洲哲學的圖式，也就是幾個不
同環節在部分和全部之關係下成立的那種存有論式的同一狀態
的時候，這樣的詮釋便不甚合理，因為華嚴宗從未在「存有」
這種普遍層面上討論各種關係模態。本研究從不同切入點來探
索在華嚴宗思想中扮演主角的「緣起法」，進而企圖以嶄新的
方式闡明貫穿並承載所有一切現象的「因緣情境」或「關聯情
境」（Bezüglichkeit）12 這種觀點。

11　例如「真」與「俗」、「色」與「空」、「理」與「事」、「體」和
　　「用」之間的因緣關係並不表示這些對立項目都完全相同，都能在同一概
　　念下組成某種單純的「總體」。

12　「關聯情境」一詞可以充分標記「緣起」說的原義：任何事物或發想的基
　　本「被給予方式」（Gegebenheitsweise），亦即任何實物或意識內容的湧現
　　從一開始都勢必源自某種「關係」甚或某種「關聯脈絡」，它方才能夠成
　　其所是。於是，務必要注意的是：在「關聯情境」上並且僅只是藉由「關
　　聯情境」才可能湧現、「被給予」的內容始終是為此關聯所貫穿、支配，
　　只有在關聯下該內容才是「某事某物」，於「關聯情境」之外該內容反而
　　根本無處可居，可存在。易言之，「關聯情境」總是先行於任何從中湧現
　　而被給予之內容業已開始發揮作用，被關連起來的諸種端緒，在「關聯情
　　境」之外則根本毫無獨立的存在可言。與此相反，依據一般「關係」概
　　念，有某種關聯是將兩個或兩個以上現有的、獨立存在的單元或存有者以
　　「事後」的方式加以連結起來，使其成為關係下之「兩端」。基本上，這
　　就是哲學術語 Relation 與 Relationalität 所指的意涵。那麼，為了強調就關係
　　理論而言，「關聯情境」具有優先性或基礎性，德文所方便應用的是
　　Bezüglichkeit一詞，而在承載著關係下諸端的「關聯情境」，即
　　Bezüglichkeit這一觀點，與一般「關係」概念下的「關聯狀態」即
　　Relationalität這種構想之間劃出分界。基於此考量，所以本文使用「關聯情

再來，一旦庫克將支配一整個存有現實的「互聯情形」化
約成「因果關係」這種較狹隘的關係類型時，一旦他認為「互
聯情形」指的是萬物在共時性平面上普遍具有的「相互依賴」
（interdependence）13 時，對於時間性本身的追問便從一開始就
被遺忘和掩蔽，以致一切相關問題，例如海內曼所謂「修行活
動與修行目標之間的時間關係」在這種前提下不再可能獲得釐
清。庫克違背共時性而將存有描述為生成，14 並且將此動態情
形回溯到不同「角度」之間的轉換。15 這樣一來，他既然都已
經將流變的現實歸結到一種近乎詮釋學的情況，為何不再進一
步解釋此特殊的生成觀？歸咎於庫克一開始未釐清其預設的存
有論架構以及「互聯情形」的含意，因此他無法對華嚴宗思想
的詮釋學達成明確的覺察。16 歸根究柢，庫克彷彿始終還是捨
棄「過程」這個歷時性觀念，以便達成重新落入形式上成立
的、抽象的「同一性」觀點，而且此同一性似乎又將印度的、
涵蓋所有一切現實之「空」當成摹本，導致他違背了自己本來
的論斷，也就是違背更加「積極、肯定式的」（positive,

境」而不用「關係性」、「關聯狀態」等語彙，以盡量辨別屬存有論架構
的「關係」以及帶有華嚴宗思想特色的「關聯情境」即 Bezüglichkeit 這兩
種截然不同的理念。

13 Cook, *Hua-yen Buddhism*, 14; Francis H. Cook, "Causation in the Chinese Hua-
yen Tradition," *Journal of Chinese Philosophy*, 6（1979）, pp. 367-385.

14 Cook, *Hua-yen Buddhism*, p. 11.

15 Cook, *Hua-yen Buddhism*, p. 13.

16 同樣的評斷也對克里里所寫、包含一系列英譯原典的專書有效。即使克里
里對華嚴宗的詮釋學立場似乎已經取得初步的洞察（Cleary, *Entry into the
Unconceivable*, pp. 18-20），但在他勾勒華嚴宗思想的內涵時，他並未確切
地將其所隱藏的哲學問題揭露出來。

affirmative）華嚴宗已經成功地脫離了消極的「空」這個主張。[17] 庫克主張「不變的不異乎此動態過程本身」，[18] 而且他將此觀點當成華嚴宗思想所瞄準的最高洞見看待，以致他根本不再追問，諸如「動態過程」、「不變」等觀念必然預設的時間差異的起源和道理。假設沒有任何時間差異可言，如何能夠想像所謂的「動態過程」、「角度轉換」及「生成」？而且，庫克自身不就強調華嚴宗的「進步」恰好在於此宗派是從抽象思維返回到具體現實，也就是聚焦某物某事實際上發生的流變嗎？一旦學者將華嚴宗思想依照同一性哲學的典範理解為一種「總體論」，在此架構下成佛之道所代表的「悖論」根本無從被解析。庫克無法探究、解決的悖論或吊詭就在於此：研究者若依循靜態理想來構思成佛一事，此事一邊業已實現於一種共時境界及存有整體的統一體之中，另一邊與成佛一事密不可分的是，若其是菩薩之道的話，這就表示眾生尚未成佛。只有當眾生通過一種生成動態，即通過歷時過程及無限階段邁進之時，其才可能成佛。[19]

　　不少學者毫無反思地將「因果關係」這個範疇直接套用在華嚴宗由「緣起法」衍生出來的關聯情境這一觀點上。然而，要是這樣一來被構想的統一體不但超出時間以外，而且也是藉由諸種緣聯而落實於生成、流變之中，並且涵蓋所有的一切，但這種構想令人難解。為了解決此統一觀的悖論來借助「因果

17　Cook, *Hua-yen Buddhism*, p. 63.

18　Cook, *Hua-yen Buddhism*, p. 104: "it is, in fact, this very dynamic process itself which is immutable."

19　Cook, *Hua-yen Buddhism*, p. 113.

關係」這一範疇，是根本不合理的，因為因果關係的意旨取決於屬歐洲的時間概念。值得更深入探問的正好是該總體統一介於靜態和動態之間所呈現的悖論，而且由於在華嚴宗思想相關詮釋上時間觀顯然扮演核心角色，因此關鍵在於，研究者不得不針對佛教思想處理時間體驗的方式，重新來反思自己這方面被引入的時間觀及其蘊含的前提。同理，由於歐洲哲學環繞「存有」具有絕對同一性這種理念，它鋪陳一種一元論式的形上學，因此研究者應該對這個可稱為歐洲式的「部署」（dispositif）也抱持保留態度。至少在華嚴宗的文獻裡，有關「同一與差異」這個概念，可以看到一種完全另類的思考模式。總之，即使整體看來庫克追求的研究進路尚算合理，但研究者難以避免的困境在於，庫克將其稱為華嚴宗的「願景」或「世界觀」（vision），彷彿被當成一種密契主義看待，[20] 以致其固有的哲學意涵因此被忽略。就時間性悖論這個問題而言，庫克的詮釋以及類似的論述顯然都還有所不足。

　　另一位華嚴宗專家是歐丁（Steve Odin）。雖然他引入一些新的觀點，他是第一個明文追求系統性之哲學解讀的學者，但他的研究一樣倚靠歐美哲學的基本範疇。歐丁的訴求值得贊同支持，當代研究者應當超過純屬佛學、思想史的關懷，令更廣泛的學界都關注華嚴宗思想，的確也應當將中國佛教思想當成哲學的對象來認真探索。然而，研究者不得不警惕歐丁的獨斷弊病。透過歐丁這種封閉的研究方式，凡是真正的哲學問題都不可能獲得適當的處理。以上已經說明，本研究核心關懷之一

20　Cook, *Hua-yen Buddhism*, p. 88.

在於要尋找一種比起目前常見、停留於膚淺認識的學問更為深入且合理的研究模式，隨而讓當代哲學界實質地關注東亞的哲學傳承。僅僅依賴二手資料和流行論述都不能和取自哲學原典的深入理解相提並論，亦不如立足東亞古代思想來批判、反思歐美哲學這種嚴謹的跨文化式思考。接著將更詳細以歐丁為例來討論這種進路的優劣，而且此反省並不只對他一個人有效。

　　歐丁主要打算證成的論點是：為了解釋普遍化的關聯性這種觀點，懷德海（Alfred N. Whitehead）提出的「歷程形上學」（process metaphysics）要勝過華嚴宗所持的關係概念。依據懷德海，因果系列上的諸多單元彼此互相發生「非對稱式的、累積式的穿透」（asymmetrical, cumulative penetration）。對歐丁而言，這種理念比起所有一切單元以「對稱且超出時間以外的方式相互串通」（symmetrical, atemporal interpenetration）的構想更合理，更有說服力。歐丁的論證在於自由和預定之間的對立關係，他堅持最終為經驗科學所驗證的新鮮事情為可能的，亦即世界有「創造性」（creativity）這種現象。[21] 在庫克與張澄基（Garma C. C. Chang）都提出了華嚴宗思想與懷德海哲學之間的交集之後，歐丁企圖以懷德海的歷程形上學為立足點，來對華嚴宗思想進行批判性分析。[22] 依據歐丁的主張，這兩個立場雖然根植於相同的基本設定，但懷德海不僅能解釋連續性，

21　Odin, *Process Metaphysics*, pp. 77-78.

22　Odin, *Process Metaphysics*, p. 4。有關此議題另外也可參考：Winston L. King, "Hua-yen Mutually Interpenetrative Identity and Whiteheadian Organic Relation," *Journal of Chinese Philosophy*, 6（1979）, pp. 387-410.

而且能充分解釋中斷現象。23

　　歐丁很明顯地仰賴歐洲的形上學框架，將華嚴宗的立場理解為一種否定歷程、以同一性哲學為導向的理論體系，也就是斷定華嚴宗思想宗旨是一種涵蓋一切存有者的總體統一。如同庫克一樣，歐丁將因果關係當成關鍵範疇看待，24 藉以凸顯華嚴宗與懷德海立場的相反，推斷華嚴宗是藉由「整全的預定論」（total determinism）企圖消解因果關係。25 此論點實在頗為弔詭，而且歐丁又放棄庫克所提的、意義較鬆的「互聯情形」（interrelatedness）這種觀念，來將文獻中的「緣」直接等同於一種存有論式的「相互串通」（interpenetration）。26 這樣一來，一元論下的總體統一這種觀念就歸屬一種脫離歷史而將一切時間點均同等起來的、純精神性的境界。27 可是，歐丁之所以假設華嚴宗所構想的就是這種靜態世界觀，其理由和根據究竟何在？就文獻來說，只有解讀方式粗糙簡略，才會得出歐丁的假設。

　　為了證成自己的主張，歐丁的注意力集中在法藏的論文，但其出發點顯然屬於傳統佛教立場，即韓國佛教圈。於是，歐丁不僅將華嚴宗歸結到密教，而且他也將榮格（Carl Gustav Jung）有關佛教意識論曾作的評估以及懷德海理論的神學含意

23　Odin, *Process Metaphysics*, p. 5.

24　Odin, *Process Metaphysics*, p. 2.

25　Odin, *Process Metaphysics*, p. 4.

26　「相互串通」為庫克所用的觀念。庫克此說法試圖將因果關係構思為時間中的一種「橫向」關係（Cook, *Hua-yen Buddhism*, pp. 68-70）。

27　Odin, *Process Metaphysics*, pp. 2, 23-25.

都當成詮釋華嚴宗思想的基礎，甚至還另外借助西田幾多郎對於一種「真正為國際性之形上學」（truly international metaphysics）所作的努力，隨而標榜自己大有突破。28 再來，歐丁斷定佛教的「唯識論」與胡塞爾（Edmund Husserl）對「能思」、「思索活動」（Noesis）所進行的分析有一模一樣的結構，因此將華嚴宗有關「理事無礙」的「願景」當成一種知覺現象學理論看待。29

　　歐丁對華嚴宗諸種學說所導出的解說仰賴繁雜的根源，但關鍵在於，他從一開始就將因果關係理解為華嚴宗思想的主軸。根據超脫「實體」概念的懷德海理論，歐丁主張華嚴宗推展的是一種「有關當下現實的既微觀亦宏觀式的構想模型，而且根據此構想，時空的一整個連續脈絡在每個時機則全部都在場，並且每個時機充盈著時空連續脈絡的全部」。30 易言之，

28　Odin, *Process Metaphysics*, p. 12.

29　Odin, *Process Metaphysics*, p. 39. 歐丁不僅將許多繁雜的哲學論述和思考架構都先視為全然相同之事，然後非常雜亂的進行比對，意圖凸顯各種可能的類比與交集，甚至還引入取自量子物理學的知識、海德格對「任讓情境」（Gelassenheit）的論述以及道家與禪宗等脈絡的諸種標語來支持自身論點（Odin, *Process Metaphysics*, pp. 40-48）。這種流行作風雖然看來很有當代性，也很有創見，但就細節來說，歐丁的談論實在近乎天真無知。難道將相干與不相干的全都混淆起來，就是「東西比較論述」（East-West comparative discourse）（Odin, *Process Metaphysics*, pp. 40-48）了嗎？自蘇格拉底（Sokrates）之後，有任何哲學課題是可以透過「論述」達到解析嗎？

30　Odin, *Process Metaphysics*, p. 2: "a microcosmic-macrocosmic model of actuality in which the entire spatiotemporal continuum is present in each occasion and each occasion saturates the whole spatiotemporal continuum."

所有個別的因果關係全部都融合成為一種身處於超出時間以外的永久當下而形成存有總體的統一情形。[31] 歐丁這種文獻解讀很明顯有嚴重的片面性，因為他在標榜此永久的當下時，完全忽略法藏與其他高僧對時間維度所進行的省思其實具有決定性這件事情。《華嚴經》的確記載「海印三昧」比喻，這個比喻構想所有一切現象全然相容相通，而且「因陀羅網」以及法藏所發明的、四面以及上下均設鏡面的映射室閣，這些比喻似乎與「海印三昧」吻合，這讓歐丁與多數其他學者一樣，都輕易地承襲對這些比喻以通俗的方式解讀，以便簡單地將這些比喻當成代表華嚴宗的總體論學說看待。[32]「海印三昧」所構想之完美的畫面是：在完全平靜的海洋水面上萬物得以淨然反映，亦即全部映射在覺悟者自身處。然而，此見解將華嚴宗一整個學說化約成僅只是經文中的一則隱喻，這過度地簡化華嚴宗思想，徹底錯過其核心觀點及其獨立的哲學意涵。因此，歐丁將諸種作為教學方便門來協助思考的「隱喻」、「比喻」或「想像」都直接當成「存有論構想」、「形上學理論」看待，以致華嚴宗對佛法所展開的過程性、流動性詮釋，亦即層次豐富且極為靈活的那種闡明工夫被他化約成抽象的理論主張。歐丁以這種方式最終順利地推斷出，依據這個佛教立場，萬物終究還是具有客觀同一性，現實整體被內部毫無差異的「總體」所容納。

　　再來，甚至在歐丁為懷德海哲學作辯解時，違背自己對哲

31　Odin, *Process Metaphysics*, p. 3.

32　Odin, *Process Metaphysics*, p. XVIII.

學嚴謹性所作的訴求，他的論述沒有達到任何「批判性探究」
（critical study）[33] 必須滿足的標準。舉例來說，關於佛教關鍵
問題的因果假設，說明「因果關係」究竟意味著什麼是非常必
要的。懷德海解除這方面之疑問的方式實在有些莫名其妙。他
主張的是，每樣事件包含兩種端緒：第一是物理因果關係下負
責「成長」（concrescence）的一面，另外是自由範疇下負責
「有創新綜合」（creative synthesis）的一面。於是，依循懷德
海的構想，藉由某種奇妙的平行設置，這兩個面向融成一體，
但其一面還是必須屬於「過去」，而其另一面則屬於未來。[34]
可是，時間本身如何將因果兩面結合起來的這個緊要環節，歐
丁的報告卻一個字都沒有提出。另一個非常模糊的議題是：歐
丁究竟打算如何借助懷德海來破除持存實體這一概念的壟斷？
假如所有「事件」都會「透過發生性的自我組成簡直地來浮現
到（超出時間以外的）當下實在，並且又復滅盡」，[35] 那麼問
題難道不就在於：一個不歸屬任何時間脈絡的「當下實在」
（actuality）還能夠具有何種意義？難道時間性只處於某一個事
件在因果關係下的「自我組成」之內，而根本無外在性和連續
性嗎？在生生不息地一直重來自我組成的「現實」上，也就是
事事以重疊方式相容相通的這種情況來說，為了讓思考者本身
能夠觀察到此情況，懷德海不得不預設另一種屬於心理活動並
在此後設平台上起作用的時間框架。唯獨在這種假設下，歐丁

---

33 Odin, *Process Metaphysics*, p. 3.

34 Odin, *Process Metaphysics*, pp. 85-87.

35 Odin, *Process Metaphysics*, p. 118: "simply emerge into actuality（*outside of time*）through *genetic self-constitution* and perish."

有關自我組成、浮現及滅盡之構想才會是合理的。否則，與其說正在浮出的是因果關係下某個事件，倒不如說觀察者唯一可能驗認到的是某種處於瞬間中、卻「永久不變」的同一情形罷了。由此觀之，懷德海的構思彷彿並未超越對華嚴宗學說現有的、本來可質疑的那種同一性哲學式的普遍理解。歐丁不但錯過了好機會，以經由對華嚴宗文本的精準解讀來考驗懷德海對於「關係」的本質以及「時間性」所持的看法，而且也並未成功地應用懷德海的理論作為反駁華嚴宗的論證。36

　　另外，基於同一性理論的假設，歐丁將修行方式與修行途徑都歸結至修行始終要達到的成果，以至於忽略了法藏著重的教學處境，也就是忽略了實際的教學活動對於激發體悟以及對於從「理論」過渡到「實踐」的進展所具有的關鍵性。37 傳統佛學對「理論」下的「解」與「禪」下的「行」多半持過於簡

---

36 庫克曾經試圖以有意思却亦有哲學弱點的方式反駁歐丁：Francis H. Cook, "The Dialogue Between Hua-yen and Process Thought," *The Eastern Buddhist* 17/2,（1984），pp. 12-29。

37 有關這個基本疑問，可以參考歐丁對朝鮮高僧義湘之「海印圖」的解說方式為佐證。歐丁主張圖中之「道」起迄兩端可以彼此互相對換（Odin, *Process Metaphysics*, XVIII）。雖然這幅圖示明文描繪觀者必須經歷的一條「路途」，但歐丁居然斷定，根據華嚴宗有關「中道」的學說，「佛」和「法」，亦即修行的機會和萌芽以及修行成果這兩端處於同一個位置。令人驚訝的是，依據歐丁所引述的文獻，義湘本身反倒明文將始、終兩端分開，並稱其為「兩個位置」（two positions）。也只有這樣，修行歷程之頭和尾兩端之間的時間落差才能成立，才能賦予修行者得要經過的「路途」合理的基礎。相反地，歐丁若將圖中之途徑從一開始還原到一種同一性哲學式的公式，藉以標記某種真實情境，這樣反而完全跳過仍在生成、發生當中的、實際的修行歷程。

化的共識，將兩者分成修行努力的頭和尾。[38] 但恰好是這個共識，使得歐丁完全忽視華嚴宗的詮釋學所蘊含的實行向度，因而無從認定此實行向度的關鍵性。歐丁不但並未看透華嚴宗思想奠基於詮釋學這件事情，而且他也不明白整個思考架構屬實踐脈絡而根本不遵循「形上學」的導向。

　　簡言之，主要是這兩種嚴重的錯誤判斷帶來以上所勾勒的若干誤解。[39] 日本學者木村清孝已曾提出這個關鍵，他強調法藏的學說唯一所關切的是作為一切業報脈絡下之修行之出發點

---

38 Odin, *Process Metaphysics*, p. 54.

39 若要將這種誤解回溯到日本的佛教、佛學傳承並不困難，因為日本早已以具體詞語「教」、「教學」取代中文論述常用之「解」，並以意涵狹隘、泛指各種打坐、冥想方式之「行禪」、「坐禪」取代早期的「行」。這種通俗誤解使得敏銳的葛樂各利將佛教以非常刻板的方式分成兩種立場。一種是指涉「諸種學說的研究與詮釋」（study and interpretation of the teachings），即標記文本方面之學問的「教」，而另一種則是「將這些教義經由個人實踐便實現出來」（personal realization of those teachings in practice）的「禪」（Peter N. Gregory, "Sudden Enlightenment Followed by Gradual Cultivation: Tsung-mi's Analysis of Mind," P. N. Gregory〔ed.〕, *Sudden and Gradual. Approaches to Enlightenment in Chinese Thought*〔Honolulu: UP, 1987〕, pp. 279-320, esp. p. 280）。學界通常將「教」依照歐美行動理論上最為普遍的「二階構想」化約成單純屬學院的求知努力。然而歸根究柢之後，會發現恐怕是因為當代學院下語文學、史學本身所處的情況引發出這種見識。另外，詹密羅的論文雖然重要，但亦未離棄傳統的這種簡化判斷：Robert M. Gimello, "Li T'ung-hsüan and the Practical Dimensions of Hua-yen," Robert M. Gimello/ Peter N. Gregory（ed.）, *Studies in Ch'an and Hua-yen*（Honolulu: UP, 1983）, pp. 321-389; R. M. Gimello, "Early Hua-yen Meditation and Early Ch'an. Some Preliminary Considerations," Whalen W. Lai/ Lewis R. Lancaster（ed.）, *Early Ch'an in China and Tibet*（Berkeley: UP, 1983）, pp. 149-164。

或「因」的菩薩實踐，也就是輪迴以內的「修行途徑」本身。
理由在於：「果」的一面，即成佛的圓覺境界，根本不是言語
所可及，以致「因果不二」這種同一情形仍然只是從「因」即
業報輪迴這邊才可被看到。木村清孝賦予因果問題的闡釋頗為
合理，根據他的看法，法藏根本不力圖於描述某種位在覺悟之
後的、形上學式的、消解一切差異而達成統一的「世界觀」，
法藏唯一可能在乎的課題反而是，信徒如何可能經過業報輪迴
而通往那裡，亦即有關修行途徑和修行方式本身的問題。40

　　整體來說，歐丁研究的弱點源自他與佛教傳統絲毫不拉開
距離，承襲東亞佛學所蘊釀出的、而且歐美佛學多半直接套用
的那些簡化和成見。唯一調整此弊病的辦法大概在於，研究者
得要從事細膩的文獻解讀並且對傳統見識進行考驗。另一邊，
研究者首先應該評估歐美哲學的範疇、概念及價值標準究竟適
不適合運用在華嚴宗思想上，而對此問題歐丁一樣無所省思。
依照學界常見的作風，歐丁將中文的「緣」等同於「因果關
係」，又將「法」視為當代流行用語「事件」（event）。於
是，歐丁似乎依循歐洲哲學傳統而認為，華嚴宗非要關切「自
由」與「創新」等議題不可，隨而從一開始就斷定華嚴宗根本
不可能正好針對這些歐美哲學課題追求理論反駁。41 另一個類
似的問題涉及華嚴宗為了界定關聯情境之形式結構而引入的
「六相」。歐丁將這「六相」直接還原到歐美存有論有關整體

40　木村清孝，《中國華嚴思想史》，頁136、140-142。

41　Odin, *Process Metaphysics*, pp. 4, 77.

與部分的論述，[42] 又絲毫無保留地將「實體」概念套用在佛教的見解上。[43] 總之，歐丁的專書多處引起讀者強烈的疑惑：歐美哲學果真理所當然對全球各個世代普遍有效嗎？難道任何思想不都會受某個語境的影響和拘束嗎？歐丁一方面「介於懷德海式的歷程形上學與華嚴宗思想之間，要透過一種綜攝的諧調觀點，在思辨論述的普遍化層面上促進一番東、西對話」。[44] 可是，另一方面他又提議研究者應當運用懷德海的理論作為一種「詮釋框架」（hermeneutical framework），進而「透過當代西方概念來徹底重釋華嚴宗佛教思考的特質」。[45] 這種構想難道不隱藏嚴重的自相矛盾嗎？如果整個研究從一開始便被置於如此片面性的條件下，對他者的「理解」並且與他者的「對話」仍然有可能嗎？

第三節　隸屬觀念論的解讀

除了同一性哲學式的詮釋之外，或與此糾纏的還有另一種解讀，亦即將華嚴宗思想回溯到佛教運動上所謂「意識哲學」、「觀念論」、「唯心論」等潮流，特別是唯識論傳統及法相宗。大部分學者很明確地仰賴歐洲的「純所思」或「本

42　Odin, *Process Metaphysics*, p. XIII.

43　Odin, *Process Metaphysics*, p. 2.

44　Odin, *Process Metaphysics*, p. IX: "to establish an East-West dialogue between Whiteheadian process metaphysics and Hua-yen Buddhism at a generalized level of speculative discourse within the unity of a syncretic harmonization pattern."

45　Odin, *Process Metaphysics*, p. IX: "to radically reinterpret Hua-yen Buddhist thought patterns in contemporary Western terms."

體」與「現象」、「主體」和「客體」等對立關係為理論架構，藉以理解華嚴宗思想上「理、事」、「體、用」等對立觀點。[46] 除了通用佛教觀念之外，[47] 這種理解方式的關鍵根據在於文獻將「心」視為精神與意志的所在。甚至中國思想史大師牟宗三系統性地運用取自歐洲的觀念論式架構，藉以闡明華嚴宗的「形上學」。然而，這樣的趨勢很弔詭。借助同一性哲學，牟宗三將所謂的「佛心」視為一種超越的本質基源，進而將其分成本質性「在己存有」（An-sich-Sein）以及次要的「現象」這兩種狀態。於是，存有在歷史上的展開根據法藏就應該被理解為：「一」這個環節自行現身於雜多事物中，或者說「一」本來就顯示雜多事物。[48] 牟宗三的論述所仰賴的根源很明顯地在於「真實理型」與「現象」這兩環的柏拉圖（Platon）式的劃分，又在於主客二存有界的康德式相反對立以及黑格爾

---

46 陳榮捷將「理、事」翻成「原理、事實」（principle-facts），又將「體」翻成「實體」、「本體」（substance）（Chan, *A Source Book in Chinese Philosophy*, pp. 410-413）。同樣的，卜德將馮友蘭文稿上的「理、事」譯為「原理與物／物質」（principle and things/ matter），又將「體」譯為「實體」、「本體」（substance）或「真實本質」（true essence），也依照歐洲哲學上「現象世界」（phenomenal world）和「絕對精神」（absolute mind）的對立關係解釋這些觀點（Fung, *A History of Chinese Philosophy*, vol. II, pp. 341, 346, 351）。關於這類相同的立場亦可參考Cleary, *Entry into the Unconceivable*, p. 24以及Odin, *Process Metaphysics*, p. 10。

47 「阿賴耶識」（ālaya-vijñāna）、「如來藏」（tathāgatagarbha）的學說影響力甚為廣泛，都根植於心性論而營構一種最高之圓覺成佛的境界。然而，學界通常忽略的範疇性問題牽涉的是這個「心」、「識」與歐美哲學上的「意識」是否同異。

48 牟宗三，《佛性與般若》，頁502、508、519。

（Georg Wilhelm Friedrich Hegel）的「絕對精神」這一理念，以致牟宗三乃就歐洲觀念論的立場，依循歐洲意識哲學的模式，解釋法藏為可稱其「現象主義」的學說。[49] 然而這樣一來，由於取自歐洲哲學的偏見為故，從一開始即被排除、封鎖的就是本研究所追求的詮釋學架構。對於此觀念論式的解讀，「海印三昧」比喻同樣具有領導意象的作用。牟宗三將此隱喻依照形上學、存有論解釋為「佛法身法界」的標誌，他亦將此意象所呈現的無限互容相通情形視為，在所有眾生擁有之「佛心」中真實存有乃實際現身。[50]

　　然而，研究者首先不得不追問的是，該「心」在其本質來說與歐美哲學上的「意識」、「精神」、「心靈」[51] 等歐美概念究竟是否一致？一般學界所採用的意識概念源自心理學，而且包含狹隘的人類學前提。此意識概念不適合應用於層次豐富、錯綜複雜的佛教意識論上。一旦要思考的是主體意識、個人經驗和超越個體之佛理之間的相屬關係時，也就是一旦要思

---

49 牟宗三，《佛性與般若》，頁565。同樣，當陳榮捷將「相」解讀為「現象」（phenomenon），並用「透過物質來現身之空」（emptiness manifesting itself through matter）這種譯文時，他所使用的語言也都標記某種「現象主義」（de Bary, *Sources of Chinese Tradition*, p. 370）。卜德譯馮友蘭時，甚至主張華嚴宗思想代表的是一種「客觀觀念論體系」（system of objective idealism），他的精神則是「所有現象界之現身的基礎」（basis for all phenomenal manifestations）（Fung, *A History of Chinese Philosophy*, vol. II, p. 359）。

50 牟宗三，《佛性與般若》，頁528。

51 英美學界習慣將「唯識」、「唯心」等詞語都依循當代心靈哲學的常識直接譯成consciousness-only、mind-only，導致中西雙方之間的文化落差與思想出入從一開始而且系統性地被隱蔽。

考眾生和佛之間的救度史聯繫時，取自歐洲哲學傳統的「主體意識」、「個人意識」這些概念從一開始就要被質疑。再者，務必要加以檢查的是：研究者若依據柏拉圖式的分界將認知對象平均分配到不同存有層面，即分配到「理型」或「理念」和「現實物」，藉以引入一種價值區分來討論華嚴宗論「有」的方式，這樣的通俗辨別合適嗎？本書試圖彰顯的是，研究者只要仔細閱讀文獻，對於這種與歐洲形上學、認知論直接作類比的學術習慣便不得不起疑。本書反對這些現有立場，並企圖證成：與其應用意識哲學式的進路，倒不如以「詮釋學」與「意義現象」為導向。

　　高峰了州在其專書中也採取觀念論為研究架構，但多少已意識到此問題。他強調華嚴宗與禪宗都仰賴同樣的原典，尤其是《華嚴經》與《大乘起信論》，[52] 這使得兩派學說雖然概念不同但仍有共同構造。作為「圓教」的華嚴宗雖然收容禪宗的「頓教」說，但兩者的核心觀點在於，兩者都將「因」和「果」，即「當下」和「過去」、「未來」，均匯合在一個瞬間的統合之中，[53] 也就是兩者都將普遍的「佛心」歸結到個人、個別的「心體」，[54] 進而在「一心」中尋求所有一切現實的整體統一。[55] 由此觀之，高峰了州將華嚴、禪二宗的思想都當成一元論式的主觀觀念論看待，強調修行目標在於某種超出

52　高峰了州，《華嚴と禪との通路》，頁67、77。
53　高峰了州，《華嚴と禪との通路》，頁31。
54　高峰了州，《華嚴と禪との通路》，頁89。
55　高峰了州，《華嚴と禪との通路》，頁93。

時間以外的「永恆」。56 不過，高峰了州所提出的理解大概奠基於禪宗的實行關懷。此出發點與歐美學界所採用的純形上學式觀念論是有所不同的，這也並非沒有道理。華嚴、禪兩派的學說確實有某些共同要素。可質疑的只是，華嚴宗思想果真如高峰了州和牟宗三皆所假設的，環繞「佛心」這一理念為主軸，即實際將「佛心」置放於個人意識而視其為解脫之所在嗎？不是至少該進一步探究：修行者從此往彼的道路究竟如何走的？

第四節　「頓悟漸修」的問題：華嚴宗有關實踐與歷史的思想

　　這個時間觀問題，尤其是聚焦於「華嚴禪」的諸種佛學流派，57 都不得不面對這個問題性。高峰了州的研究相當深刻且有啟發性，但其弱點正好出在其主題，也就是說他尚未充分地釐清華嚴宗對於修行實踐採取的基本態度這個關鍵課題。難道華嚴宗與禪宗唯一的差別在於禪宗追求一種直路，而華嚴宗反

56　高峰了州，《華嚴と禪との通路》，頁72。

57　有關這個課題可以參考吉津宜英所寫有關禪宗思想在華嚴宗以內所扮演之角色的史學專書《華嚴禪の思想史的研究》（東京：大東出版社，1985）。吉津宜英集中於宗密所創辦的「華嚴禪」，以便從禪宗的視角來探索華嚴宗的學說，並推斷宗密的核心理念在於「本來成佛」，也就是佛學界命名為「原始覺悟」（original enlightenment）。令人稍覺遺憾的是，吉津宜英並未展開剩餘的一個課題，即修行者進行修行工夫與他從一開始業已達到修行目標兩者之間所有的一種關鍵性的時間張力或時間弔詭。

倒加強理論思考作為中介嗎？難道只有華嚴宗才考慮到由於眾生所處的謬誤皆源自某種「理論」或某種與理論相似的「見解」，因此唯獨華嚴宗才特別著重將理論思考當成居中諧調的場域，藉以治療眾生之錯誤見識嗎？高峰了州即使承認華嚴宗確實有「圓教」這種完整的實行向度，[58] 但至少由哲學的角度來看，高峰氏卻沒有將「頓悟」與「漸修」之間固有的悖論加以解釋。此悖論在於「頓悟」中湧現之所有一切的整體統一觀依然得要落實於覺悟之後或為了準備更深入覺悟而從事的修行工夫，以致所謂「頓悟」始終還是必須經過時間而展開一個「漸修」的歷程。正好有鑒於修行者在「頓悟」下身處於一種弔詭情境，因此法藏學說的關鍵環節就在於不可超脫的時間體驗及其對修行、覺悟所固有之意義。然而，這個時間性問題正好就被高峰了州忽略。[59]

在上一節提及的「觀念論」基礎上，時間性弔詭大概只能如此被理解：主體可以藉由一種「意識轉化」達到一種置於自身意識以內的後設平面，使得意識主體一瞬之間便獲得輪迴與涅槃渾然融合的這種境界，而且此刻正常支配著意識流的心理學時間則暫時不再起作用。然而，由於此覺悟瞬間顯然不可能維持多久，而且在菩薩之道上修行的信徒根本不可能圖謀將這種單一個人意識上發生的覺悟當成最終目標，固此覺悟者勢必會重新落入輪迴與涅槃之間的差距和張力，他也就會重新歸回到修行之道，通過歷史繼續從事其修行工夫。此基本矛盾，亦

58　高峰了州，《華嚴と禪との通路》，頁72。

59　高峰了州，《華嚴と禪との通路》，頁32、34-35、94、96。

即「頓悟」與「漸修」之間的時間性弔詭貫穿整個華嚴宗思想。由於哲學考量，本書將此弔詭命名為「實行上的二元情境」（pragmatische Zweiheit），它指的是：有關整體統一的完整觀念與身處於自己所發想之外的思考者本人，兩者之間固有一種裂隙及緊張。在此內在間距、落差的一邊有在瞬間覺悟下湧現出來的統一觀念，而另一邊則有面對現實進行闡釋並有所追求、因而產生此觀念之人實際所歸屬的存在處境，而且修行者確知自身之所在仍然外在於自己在一個瞬間當中所形成之觀念。

　　有鑑於這種特別是意識哲學與觀念論式的研究架構連帶而來的、而且是無從解決的難題，本研究的主要任務在於，在一般認為華嚴宗從事一種同一性思維之前提底下，探索這個「實行上的二元情境」究竟有何意義。高峰了州雖然探討了華嚴宗可稱謂「理論」所蘊含的實行向度，但在其談論中這個核心問題，亦即下文將詳細陳述的海內曼稱之為「修行活動與修行目標之間的時間關係」的這個問題並未獲得十分的關注以及解答嘗試。換言之，此課題牽涉人之實際存在情況，而且要解答的問題是：各種屬於某種理論脈絡的「構想」與存在本身落實其上的「歷史情境」，這兩個層面之間是否有某種內在於「理論」、「構想」本身的連繫，讓修行者經由「理論」思考的方式，便在自身的歷史處境這邊實際引發決定性的轉化？

　　除此之外，針對高峰了州的研究方法還有一則疑問值得一提。他首先將華嚴宗學說化約到幾個標語一般的項目，特別是「一心說」，以便更順利地將華嚴、禪兩派各自之所圖都視為一致。高峰氏很明顯借助宗密的居中立場，逆時地來闡釋法藏

更早所蘊釀的學說。可是這樣一來，不充分受到觀注的是，法藏的思想本身在宗密之前業已經是順著自己獨有的途徑向實行向度突破，法藏這種轉向與更加明確地立足於禪宗傳統之宗密的構想則有所不同。法藏的策略根植於教學所隸屬的詮釋學場域，某種意義下可說，法藏的「實行轉向」也就讓其歸返到「理論」本身的內部構造。法藏並不借助禪宗，而是透過一種加入詮釋學式思考和教學上的「實踐」來彌補「理論」的欠缺。鑒此，有必要更深入解析的課題是，對於法藏佛法相關理論思考以及意義闡釋本身究竟有何種整體意義。法藏不但十分肯定人之原本的存在處境，而且在他來看，為了讓修行者經由詮釋活動本身展開此「理論」本身固然包含的實行向度，為了釋放落實於意義闡釋本身身上的效應，修行者個人的存在處境就必須是一切努力的出發點和焦點。然而，高峰了州僅依循宗密提出的觀點是，華嚴宗思想上的實行一面在於個人經過修行而返回到自身獨有的具體自我即個人之「心」，藉以投入普遍之「佛心」。至於法藏詳細闡明「解」與「行」之間的內在糾纏，高峰了州根本不關注此關鍵項目。換言之，高峰氏一整個解讀仍然受限於對「行」的一般見識，以致他不能將此實行向度歸結到詮釋活動本身作為華嚴宗獨特的修行模式。引起此誤解的主要因素大概源自於佛學常識，學界習慣以某種黑白對立方式將唐代佛教上的「實踐」、「修行」直截地等同於「禪」、「冥想」、「打坐」，以至於研究者從一開始便將華嚴宗與禪宗視為對峙，並在此前題下致力凸顯兩個宗派之間的交集。

　　葛樂各利（Peter N. Gregory）在上文已提及的專書以及詹

密羅（Robert M. Gimello）三篇重要期刊論文[60]基本上都會引起讀者類似的疑問。葛樂各利的佛學著作史學背景濃厚，他詳細陳述宗密如何討論一般被歸類於觀念論的法相宗及當時的禪宗。他特別說明佛法內涵即「解脫」與引導向解脫之中介「方便」（upāya）、修行和教學這兩種基本角度之間有何種關係，而且他很合理地強調「為了理解中國佛教詮釋學之論述，這便是一個核心問題」。[61]不過，當葛樂各利將「頓悟漸修」解釋為「覺悟後的落實」（postenlightenment actualization）時，[62]他似乎也一樣斷定，華嚴宗的宗旨就在於一種觀念論式的意識轉化。葛氏沒有發覺到的是，信徒若構思某種覺悟後才成形的觀照對象，即某種超出時間以外的整體統一，這種超越相關的思想本身還是必須依賴內在於詮釋學式的修行努力，還是必須在教學的歷史性展開當中發揮作用，該構想本身才可能在教學上成為一種「方便」。[63]同理，葛樂各利和詹密羅皆曾關注到，中國佛教是以「性宗」的名義積極肯定輪迴，也就是從龍樹的

---

60 Robert M. Gimello, "Apophatic and Kataphatic Discourse in Mahayana. A Chinese View", *Philosophy East and West* 26/2（1976）, pp. 117-136，以及上註75已提及的 "Li T'ung-hsüan and the Practical Dimensions of Hua-yen"和 "Early Hua-yen Meditation and Early Ch'an"。

61 Gregory, *Tsung-mi and the Sinification*, p. 103: "a problematic central to understanding the problematic of Chinese Buddhist discourse."

62 Gregory, *Tsung-mi and the Sinification*, pp. 153; 218.

63 同樣的，木村清孝也主張華嚴宗「「法界」觀門」是觀照式的修行模式（木村清孝，《初期中國華嚴思想の研究》，頁343-345）。雖然著重華嚴宗之實踐關懷是合理的，但這種「觀照」說其實也引起類似的疑問與反駁，原因是被觀照、構想的內涵與追求此觀照、構思的修行努力這兩個層面之間的連結不清楚。

否定辯證法轉向著重「肯定訴說所具有的救度價值」（salvific value of kataphasis）。[64] 然而，由於兩位學者很明顯是從形上學架構來解釋此歷史轉向的意義，[65] 因此他們為了以「積極肯定」的方式將實際情況納入考量，便不再進一步探索華嚴宗的教學方法究竟如何因應於實行需求而改變「積極肯定」的一整個意味。在此，新出現的立場是「肯定式言論」，而這個立場所導出的重要結果在於，積極受肯定的「佛性」必須透過嶄新的實行模式落實於每一個修行者實際所處的當下情況。故此，研究者務必要對所謂「肯定訴說」及其固有之詮釋學性質進行更深入的探索。「肯定訴說」這一概念的意涵其實模稜兩可：當某內容被訴說時，此訴說不僅在抽象的存有論平面上肯定該內容的存在，而且訴說一舉本身還進一步以指向的方式將該內容帶到聆聽此訴說之人的眼前。鑒此，本書將詳細討論的是，華嚴宗並不將「肯定訴說」局限於某種理論構想，而是賦予它牽涉實行活動的意義和效力。[66]

64　Gimello, "Apophatic and Kataphatic Discourse in Mahayana. A Chinese View," p. 119.

65　Gregory, *Tsung-mi and the Sinification*, p. 212. 另外又可參考Dale Wright, "Language and Truth in Hua-yan Buddhism," *Journal of Chinese Philosophy* 13（1986）, pp. 21-47。

66　在詹密羅談論「肯定訴說」的詮釋學作用時，雖然他似乎在鼓勵這方面的研究，但同時他也劃分偏重「實踐」的李通玄與著重「理論」的思想家法藏兩人之間原則上的隔閡（Gimello, "Li T'ung-hsüan and the Practical Dimensions of Hua-yen"）。克里里早已經採取類似的看法主張華嚴宗的論說所圖謀的，是「激發思考」（provocation of thought）（Cleary, *Entry into the Unconceivable*, p. 18）。牟宗三以別的理由批評華嚴宗純理論性的「分解說」、「分析」，並且斷定華嚴宗所缺乏的就是實踐上的落實。對牟宗

最終，海內曼的專書貢獻更大，因為他是唯一個真正將華嚴宗對實行問題的關懷放置在適當的光線下的研究者。海內曼分析東亞大乘佛教三大宗派，即天台宗、華嚴宗及禪宗，試圖系統性地釐清上述時間悖論，也就是思考修行者如何可能一方面在完整的覺悟中早已經進入所有一切的整體統一，但另一方面為何卻又必須在覺悟之後繼續修行的這種弔詭。就海內曼而言，修行必須被理解為一種一直不斷地重複發生的成佛活動，使得不斷發生的成佛形成一種在各個瞬間當中都業已為完整的事件次序，以便解除漸修、漸悟這種觀念本來所呈現的歷史相對性。易言之，與其說修行者是以某種外在目標為導向而致力向外、向上超越，倒不如說修行者是經由一種猶如「逆轉收回」一般的修練模式，多次重複實現一種一直以來業已內在於自身存在本身的成佛原理。[67] 此見解與高峰了州對「頓悟」與「漸修」的關係所提出的解說有一些類似，與葛樂各利所主張的，即信徒的洞察落實於修行活動上，也很相近。可是，關鍵差別在於，海內曼明文強調修行目標全部內在於每一個分別的修行步驟，以便取消時間關係，也就是消解修行工夫與某種超越各個當下之修行活動的目標之間的間距。與此相反，其他兩位學者所持的見解與一般佛學界對大乘佛教之理解互相吻合，他們論斷：由於任何既已完成之覺悟總有不充足之殘餘，因此所有初步的覺悟都仍然必須經過漫長的歷史過程被延續、彌

三而言，只有天台宗才會達到理論和實踐兩面融合這個救度理念的高峰（牟宗三，《佛性與般若》，頁502-503、519）。不過，整體看來，對於華嚴宗所追求的詮釋學方法，這幾位學者至少已有所察覺。

67　Heinemann, *Der Weg des Übens*, pp. 69-70.

補，直至修行者最終真正地、完整地達到圓全的解脫。

　　當然在文獻看來，這兩種見識都非常合理。對於這個有啟發性的爭議，也就是有關「內向解脫還是超越解脫」這個問題，本研究企圖展開更深入且具體的理解。在思索答案之時，考量的是：兩種學說皆有不合理的環節，而且這些環節皆與其所倚靠的哲學基礎有關，兩種學說的基礎都具有讓對方存疑的嚴重盲點。雙方都不進一步追問「時間」這個範疇的意涵，尤其不充分思考，在人之存在上，時間體驗根本不能跳脫或避開這個實況。如上所述，從常見的立場來看，華嚴宗思想被闡明為一種觀念論體系，以致前往解脫的道路不得不被解釋為一種意識轉化。由此觀之，覺悟經驗標記的是：意識主體對現實的客觀統一這種義理產生全面化的發想，讓意識自我與此構想內容短暫地融合起來。在主體達成覺悟之際，意識活動可以超越意識主體的有限性和時間性，讓妄見下本來具有差異的現實也包含整個時間排序，全部被這個統合觀照所收容。這個思考發生在意識的後設平面上，因此它可以超脫意識活動的時間流。只是，若由外在的觀察者來看，在覺悟者的意識以內發生融合的時候只是一瞬之間，而時間亦不會停頓在這一瞬間，它依然繼續行進，而且在這瞬間達成覺悟的意識主體本人在此瞬間過後，便又復返回到時間流中以及其歷史脈絡，也就是恢復正常的、胡塞爾所謂的「內時間經驗」。修行者其實身處在這樣的二元情況下：覺悟在瞬間發生統合，它即使在意識中已解除任何差異性及整個心理時間，但由於意識主體的「實際存在」並不局限於純意識我，反而仍被現實歷史所拘束，因此該主體必然同時會重新察覺到現實的差異性和時間性。依據這樣的解

釋，研究者難以不將覺悟視為在內時間經驗上僅只出現一種短暫的斷裂或停頓，但這種意義下的覺悟並不是一整個現實的消失以及一整個人的絕對超越、解脫。仔細一想，所謂「覺悟」要是僅只被認為是這樣一個「意識轉化」，也就是一種短暫的意識體驗，那麼「覺悟」其實與「想像」、「幻覺」沒有什麼不同。關鍵問題仍然在於，覺悟者究竟為何會重新落入歷史世界，並從事「漸修」？

　　由大乘佛教的立場來看，這根本不是可能的。「覺悟」不可能是一種短暫地脫離時間性的「意識體驗」、「意識轉化」。「覺悟」當中發生的融合並非是沉默的、似乎是「意識已死」的石木狀態。換言之，在覺悟當中，主體甚至主體的意識根本不會超脫世界與時間，覺悟反而必須落實在歷史和現實以內。與其說覺悟者在瞬間中脫離現實和時間，倒不如說覺悟者是針對一整個現實以及針對自身所歸屬的時間性處境形成一種嶄新的態度，並以嶄新的方式將自身連繫到世界，投入世界，進而成為所謂的「菩薩」。由此觀之，以上所勾勒的意識哲學式且觀念論式的解說應該是不恰當、不充足的，而且這個方案甚至也不足以破解海內曼以「頓悟」和「漸修」的時間緊張為主軸所關切的謎團。這些弊病的根源很可能在於幾乎所有的研究者都預設意識哲學為理所當然的架構，不假思索便依照德國觀念論或胡塞爾的現象學來假設修行者首先總是透過其意識活動將自身關連到某種客觀現實。可是，為了更貼切地理解佛教，尤其是華嚴宗的立場，對這個基本理念甚至可以說是信念，則必須抱持疑問，要從截然不同的時間觀來切入整個討論。對心理學下的時間體驗與存有論或宇宙論所持的時間觀，

亦即對所謂「主觀時間」和「客觀時間」之間的模糊關係一定需要進一步的思考。只有當研究者從一開始就嚴謹地辨別支配著人生的、海德格所謂的「時間性」（Zeitlichkeit）與一般時間觀下的「時間」（Zeit）之後，才可能從任何涉及海內曼稱為「修行活動與修行目標之間的時間關係」的這個實行上之大謎的探索方法中，發掘合理且有哲學意義的道理。

　　甚至海內曼也一樣，沒有充分思考自己所引入、預設的時間概念。他多處論及大乘佛教關於通往解脫之道的構思中所隱含的時間性弔詭，即時間順序發生顛倒，或者說時間流濃縮成單一的一個瞬間。因此，他堅持強調，任何超出時間之外的、瞬間覺悟中實現的統一觀都必須與經過歷史時間被展開的修行工夫和修行途徑相同，而且除了漸修之外，別無其他通往解脫之道。就此，海內曼也凸顯出一整個修行目標必須內在於修行過程的這種悖論情況。[68] 依據海內曼的設想，華嚴宗的宗旨為：置於個別當下的修行階段與解脫這個最終的修行目標之間的時間差異本身，是在實際修行活動的每一個當下都一直重新被解除，也就是說，「成佛」是內在於修行活動當中的每一個當下所發生的事情。[69] 這也就表示，時間流的排序應該是在每一個當下業已消解而轉成了時間的整體統合。

　　然而，這種設想其實是以獨斷的方式否認每個人對自身存在之時間性實際所取得的體驗。不可超脫的時間性弔詭在於，

68　詳細可參考海內曼探討華嚴宗、天台宗的菩薩階序以及日本高僧道元之禪宗思想上的循環修行運動：Heinemann, *Der Weg des Übens*, pp. 105-107, 134-136, 154-156。

69　Heinemann, *Der Weg des Übens*, pp. 70-71。

即便一整個時間性都被每一個瞬間全部所包涵，但此情境同時連帶的也是「時間落差」，即「此刻」與「未來」和「過去」所固有的差距以及時間性的原本敞開。研究者要主張的似乎是：即使修行者身處於歷史中的某一個個別當下而達到解脫，但此解脫還是必須是一種超出時間以外的整體統合，而在「漸修」內發生解脫之際，超越歷史的統一觀與解脫這種屬於歷史範圍的突破本身，這兩個相反的「視角」會合為一體。然而，這種主張不就正好導致對基本時間之差異的忽略？此設想不就等於是一種跳過時間問題的神祕主義嗎？在這一處海內曼又陷入了意識哲學的循環：即使修行者本身在經歷修行活動當中身處於歷史範圍中個別不同的當下，但由他自身看來，他自己根本不意識到自身是一個正在追求但尚未到達目標的修行者，若由內部來看其修行工夫本身，他時時刻刻處於業已等於是超出時間、歷史以外的覺悟。只有在外在觀察者的意識中，才有「修行活動與修行目標之間的時間關係」及其連帶的弔詭。可是，這樣時時刻刻身處於覺悟、解脫之中的修行者究竟為何還要持續其修行活動，而且他如何還可能有「時時刻刻」和「個別當下」可言？

　　海內曼本身並未提供這種觀念論式的循環性解說，雖然他討論道元思想的方式指向更為複雜的構思，但他還是弔詭地忽略了時間性，亦即有密契主義之嫌。鑒此，海內曼所運用的時間概念更是需要詳細被探析，研究者才可能確定這樣的時間觀是否妥當。在這裡必須嚴謹地思考的是：大乘佛教上「時間性」究竟意味著什麼？修行活動與修行目標這兩個環節之間的時間關係到底是何種關係？就時間性而言，究竟該如何理解個

別修行階段與整體修行目標之間的關係？該如何解釋超越時間的可能性為每一個當下所包含這樣的主張？為了延續海內曼的探討來解答這些疑問，關鍵似乎在於，研究者首先要假設華嚴宗學說根本不等於是一種有關解脫的「理論」，華嚴宗也並不將解脫的實際落實交給某種「日後」的修行實踐，而是「覺悟」之所獲得從一開始就必須不異乎修行工夫的內在因素。可是，這樣的假設不就像一種套套邏輯或循環論證，從一開始便假設最終要推出的觀點？針對這個悖論和謎團，必須對華嚴宗的詮釋學方法實際所講求的環節更加專注，研究者方才可能看透時間性如何不但支配著修行者的修行活動，而且與詮釋工夫本身也有密切的關係。為了解析修行活動與修行目標之間的關聯，「時間性」究竟為何會是關鍵問題之所在。故此，本研究必須澄清那些根植於完全另類時間觀的佛教學說的弔詭，證明佛家對時間體驗採取的領會和策略與歐美哲學的時間概念截然不同，方才有可能解答尤其是由海內曼所揭露並初步釐清的大謎。

第五節　開放的思想史探索

　　有鑒於以上對於隸屬存有論、同一哲學、意識哲學等領域的現有華嚴研究所提出的不少疑問，又由於當代研究者對取自禪宗傳統的實踐概念也無法不抱持保留態度，因此本研究試圖對華嚴宗文本進行一種更加開放的詮釋學省思，進而證成華嚴宗思想就是以詮釋學為基礎和導向的。本書不企圖推展一個完整的哲學體系，而是要開拓一條新的而且有哲學意義的進路，

超越不能令人滿足的現有解說，並經由具體的文本探究，探索
華嚴宗思想的主軸和核心何在。以這樣的方式來介入的一個起
源在牟宗三、機梅落、葛樂各利等學者曾已預設華嚴宗的立場
是有詮釋學特色的，而另一個出發點則在高峰了州、海內曼等
人所觸及的實行問題，亦即有關修行之歷史性以及時間概念的
反思。

　　然而，一再值得注意的是，就其基本性質而言，佛家的
「言論」並不歸屬於歐美哲學和科學的求知脈絡，也就是所謂
「理論」。佛家的一切言說活動從一開始就追求並著重教導及
實行上的效應。即便某些思想與相屬論述似乎提供各種「理論
命題」，但所有的講學論述自始至終其實不異乎一種「方
便」，它只是為了要具體引導身處於某個特殊歷史處境的信
徒。佛家所有的「論述」所對應的，是在即時各自的情境裡發
揮居中諧調的這種作用。既然實行向度如此深入地支配著整個
思維以及所思考的內涵，對於諸種觀念和構想的性質，這究竟
意謂著什麼？閱讀佛教文本和閱讀自笛卡兒、康德直至維根斯
坦（Ludwig Wittgenstein）等歐洲哲者之「論文」的這兩種閱
讀，其方式必須是截然不同的。課題之一是，藉由歷史上被展
開了的而且具有歷史性的解讀努力，佛教言論究竟展開何種時
間維度？當讀者掌握某個思想內涵時，此事意味著什麼？論述
的鋪陳以及文本的結構本身都蘊涵著時間性，而且對於讀者的
首要關懷，亦即「實行」，這種內在於文本的時間性又表示什
麼？

　　為了開啟此研究場域，本研究將依據胡塞爾為前例而採取
一種「懸擱」（Epoché）為方法，進而在肯定、尊重佛學共識

的同時，盡量將現有華嚴研究所導出的見識暫時「擱置一旁」。不可以從華嚴宗的文獻來尋找某種類似形上學、存有論、整全觀、觀念論等哲學體系，而是從一開始就應該對文獻懷抱開放的詮釋態度。在一方面，揭露古代文本隱藏的一些迄今尚未被發現的重要啟發，而另一方面，引導本研究的思想史假設：華嚴宗學說以法藏為代表，是一種包容一切思考與實行工夫的「詮釋學哲學」。故此，依據華嚴宗文獻首要必須揭示的不異乎就是具時間性的詮釋處境本身，而此詮釋處境的基礎性和其意義也必須得到解析，否則華嚴宗的教義根本沒有機會被當成哲學思維看待。而且基於上述各種疑惑與悖論，華嚴宗諸家學說很難撕下「宗教」、「密契主義」的標籤，如此華嚴宗思想仍會被當代哲學歧視。

若從這個脈絡來參照唐君毅的研究，啟發和幫助其實不小，因為他似乎也關切類似的詮釋學兼史學省思。唐君毅《中國哲學原論》中從事一種理念史介入，而其選擇的哲學架構頗為開放，也正好是這個開放性讓唐氏在細節上達到可觀的精準性。雖然他也無法完全避開某些佛學成見，但從他所鋪陳的學問意識、所運用的研究方法以及所導出的研究成果來看，他是以開放的詮釋學方式來闡釋中國古代傳承的文獻。這樣的進路，在今日看來仍然還是最可行，並且最能夠有所收獲的。對本研究具有啟發性的是上述已經提及的《中國哲學原論》中〈導論篇〉以及〈原性篇〉、〈原道篇〉中討論佛教的部分。比起以上所勾勒的諸多學術成果，唐君毅的研究對中西之間的人文學和哲學交流貢獻更大，其原因是唐氏對歐洲哲學的涉獵匪淺，而且他對中國古代傳承認知之深也無可異議。再來，姑

且不論唐氏自身學問之厚薄，他懷抱哲學關懷，不斷地針對華語界的當代處境和歷史局勢，賦予中國傳統一個當代意義，這個貢獻絕不能被忽略。唐君毅當然也是從新儒家的立場來為中國傳統作辯護和辯解。雖然這方面可疑之處並不少，然而若從歐美的當代角度來看，唐氏還是實現了一種獨特的多元敞開，使得其見解變成豐富的參考資料。雖然歐美的讀者必須首先將唐君毅取自古代中文傳承的觀念及其獨有的思考模式轉移到歐美的當代視野和語境，才能發覺其著作所隱藏的珍貴洞察，但可以斷定的是，唐君毅的研究在很高的反思水準上提供許多重要啟發，讓當代讀者充分領會到當代思想上中文的歷史資源同時具備的多層意蘊及陌異性質。

　　鑒此，一旦某種文獻解讀不再局限於類比式的談論或概念性思辨，一旦研究者反而藉由各種辨別和理據對文獻上的核心觀點追求哲學理解與哲學思考，唐君毅便足以對於這樣的研究發揮莫大用處。舉例來說，只有唐君毅是明確地闡明僧肇賦予「般若」的後設性質。依據唐氏的推斷，「般若」就是在能思精神與所思對象之間的詮釋學互動這種後設平面上起作用的環節。[70] 同樣地，在討論吉藏的「中道」時，唐君毅彰顯「中觀」所蘊涵的實行向度，並揭示吉藏如何從靜態且無關係範疇的實體論、本體論立場過渡到一種環繞詮釋活動和關係為主軸而被展開的思維。唐氏精彩地闡述「佛性」這個最高概念如何發生更改，以形成無實體、本體而僅為實行所組成的「中

---

70 唐君毅，《中國哲學原論：原道篇二》（台北：學生書局，1989），頁22、32-33。

道」。[71] 在華嚴宗的詮釋學哲學上，唐君毅倚靠敏銳的問題意識，以便將類似的關鍵洞察進一步展開出來。雖然甚至唐氏也尚未對下文將講詳細討論的「原本詮釋處境」提供系統性的闡明，但在一個不屬歐洲哲學的論述脈絡和語境卜，他至少已確切地說明，華嚴宗思想為何是以一種普遍化的詮釋學為主軸，為何它根本不隸屬存有論這個哲學脈絡。[72] 奠基於本章以對現有研究成果的批判作為出發點，下一章將承襲海內曼與唐君毅的啟發，以法藏的〈華嚴金師子章〉當做文獻依據，具體地來解釋以上所勾勒的問題性，並為本書的核心探索鋪出理路。

---

71 唐君毅，《中國哲學原論：原道篇二》，頁100-104、121-124。
72 唐君毅，《中國哲學原論：原道篇二》，頁290-291、297-298、322。

第三章

〈華嚴金師子章〉的
佛教內涵及其哲學詮釋

第一節　針對直觀講學

　　〈華嚴金師子章〉[1] 相傳是法藏為了講解其學說給武則天女皇所撰。本章將聚焦在幾個關鍵項目，以此文為依據來介紹華嚴宗教義的概要，進而凸顯引導本研究的問題性。法藏這篇文章既短又密集，蘊含著華嚴宗思想的所有觀點，嚴謹且系統性地闡述各方面的學說。由於其作者意圖提供一種可以直接掌握具體畫面的直觀，因此隱匿了思考綱領與所有錯綜複雜的前提，令這篇文章特別適合作為入門教材。

　　首先，有一件事情值得哲學的讀者特別注意：如上一章所說明，華嚴宗的學說通常被當成一種有關現實或「存有」之整體本質的理論體系看待，[2] 又或者說它依照歐洲哲學的典範被視

1　T45，1880，663b8-667c24。
2　對此牟宗三可以做證，他簡直以「存有論的圓教」勾勒此學說（牟宗三，

為一種「形上學」。[3] 本書目標之一是要批判這種偏重純「理論」的趨勢，進而從華嚴宗文獻發掘足以印證華嚴宗根本不追求某種「理論思維」，而是關懷實行的問題。法藏這篇短文深刻地影響歐美學界對華嚴宗的理解，[4] 而且乍看之下，此文的確吻合歐美讀者對「哲學體系」的期待。故此，研究者必須對自己知識和哲學養成連帶來的框架抱著加倍警慎與反省的態度，也就是不應該從一開始就預設法藏所彰顯的是一種「形上學理論體系」。仔細看來這篇文章並不進行任何問題化，因此若要單憑據此文來掌握法藏思想的基礎和淵源，是不合適的。相較其他文獻，這篇文章正符合當代學者的需求這件事，也正是它誤導學界的原因：此文似乎以非常簡約的方式介紹一種體系，它似乎在宣傳有關這個世界的形上學理論，描繪華嚴宗的「世界觀」。姑且將這些問題放置一旁，〈金師子章〉雖然並未十分明確地透露本研究所企圖驗證的論點，但這篇文章的內容和思路的確最適合將讀者引入華嚴宗思想的深層。

　　在〈金師子章〉一文中法藏所採取的策略不但很特別，而

《佛性與般若》，頁553、560。

3　可以庫克、歐丁等人著作上常見用語「華嚴形上學」（Hua-yen metaphysics）為證。

4　例如陳榮捷收入其基礎性書籍的兩篇譯文之一就是法藏的〈金師子章〉（Chan, *A Source Book in Chinese Philosophy*, pp. 409-414），而馮友蘭〈金師子章〉的譯註可以直接替代對華嚴宗教義的整體解說（Fung, *A History of Chinese Philosophy*, vol. II, pp. 339-359）。另一本資料集中這篇陳榮捷的英譯一樣代表整個華嚴宗思想（de Bary, *Sources of Chinese Tradition*, pp. 370-373）。張澄基的英譯（Chang, *The Buddhist Teaching of Totality*, pp. 224-230）又是歐丁所大量引用的根據。

且非常精彩。若是說這篇文章鋪陳出一種「世界觀」，這種印象不會完全沒有道理，因為法藏提供給教義的闡述處處落實於具體的意象和想像之上，作者借助具體的現象來類比抽象的概念，整個義理便蛻變成各種直觀、觸手可及的畫面。針對抽象思維，以黃金為材料打造的獅子雕像這尊視覺對象並不僅只擁有次要地位，這頭黃金獅並不是象徵，也不是標記一般純粹精神性意涵的比喻，在整個閱讀當中，讀者都必須全神專注眼前的或者想像中的金獅雕像本身。法藏所提出的意旨，句句都是一種聽者或讀者直接可見、可想像的樣貌，使得聽者和讀者不由自主地透過自己正在凝視的獅像，召喚出、看出一切義理。在講學的進展當中，猶如「畫中隱藏的面龐」一般，實質的金獅子逐次顯露各式不同的樣貌，亦即佛家所謂的「相」。

　　依據收入《宋高僧傳》第五卷的〈法藏傳〉所記載，就是這種獨特的直觀體驗，讓武則天女皇終於領會了華嚴宗的教義。當時武則天一直不能明白法藏最精彩的觀點，迫不得已法藏只好借助設置在宮殿門外的金獅子像為例，逐步引導武則天去體悟。[5] 然而，難解的問題在於，獅像與論述內容在直觀下所釋放的意蘊樣貌與思維上的抽象意涵這兩個層面之間，類比關係究竟有多密切？這有多重要？雖然本文在這一處暫時還不能直接切入此課題，但有鑑於整篇文章的營構，至少從一開始可以肯定，金獅子像不僅如同「插圖」一般，此畫面本身代表的並不是一種可有可無的佐證。法藏的企圖似乎是，不讓感官體驗僅只是一種教學手段。為了激發聽者或讀者的領會，法藏採

5　石峻，《中國佛教思想資料選編》，第2卷第2冊，頁303-304。

用一種非常紮實的方式來鋪陳一種「直觀試驗場」，讓視覺例證本身成為整個論述的綱領和準則。那麼，這個「直觀試驗」到底讓我們察悟到什麼？

第二節　「十門」與文章的構造

　　〈金師子章〉的第一段將整篇分成十個項目，而且透過十個步驟展開申論則是華嚴宗常用的方法。6 選擇「十」這個數目並非偶然，除了在一般數學十進制上以及在大乘佛教某些傳統教條分類法上的重要性以外，在《華嚴經》中十這個數字也有特殊作用，因為經文的核心章節是〈十地品〉，而〈十地品〉彰顯修行者為了修成菩薩、修成佛首先所必須通過的十個階段。「十」牽涉的議題是，修行者在理論上領會成佛之道以後，如何能夠實際踏上該道路。力圖修成菩薩的信徒藉由這個分成十段的構思，讓自己所體悟之事落實在自身的修行活動上。因此華嚴宗有關救度之道的構想與藉由十段圖式展開言論的這兩個層面的關係是密不可分的。7

6　例如杜順著的〈華嚴法界觀〉、智儼著的〈華嚴一乘十玄門〉以及法藏著的〈華嚴經旨歸〉、〈華嚴經海百門〉、〈華嚴一乘教義分齊章〉、〈華嚴發菩提心章〉、〈流轉章〉均呈現同樣的結構。

7　天親對此重要經文曾所作的註解（〈十地經論〉，T26，1522，123a1-203b1）對中原地區吸收《華嚴經》非常有幫助。有關「十地」說的重要性，天親說：「十地者是一切佛法之根本」（T26，1522，129c13）。於是，置在修行者起初投入通過十個階段朝向解脫的歷程之際的「初」愈來愈被視為成佛的關鍵所在，因為第一階段已經包含一整條成佛之途。易言之，「十地」說其實牽涉上文提出「修行活動與修行目標之間的時間關係」以及時間性悖論。下文將深入討論相傳是法藏所撰的〈十世章〉，因

　　基於結構相關的考量，法藏賦予十個階段這種圖式一種哲學基奠。就一般形式而言，此圖式依賴辯證法，其基本組成是：將某個議題先分成三種看法，然後再將此三個項目又各分成三項，來形成九個相互糾纏而非獨立的觀點。在此基礎上再衍生出將這九項綜合起來的第十個觀點。最後這總合前九個觀點的第十項所標記的，是法藏在同一與差異之間的邏輯關係所取得的基本體悟。換言之，法藏應用十這個數字，並非為了置設某種條理秩序，而是為了在一套構想的內在結構上揭露跨越差距的連繫。藉由十階圖式，法藏所構思的是一種整體關聯情境，而且這個情境僅可能被理解為一種「動勢」（Bewegungsgestalt），即持續的「發生」。這表示，法藏有關整體統合所營構的理念所指的根本不是存有論上的整體統一這種概念，而是一種相互關係下產生的層次進展，然後一直不斷地重新被築構而逐漸湧現的整合情形。有關這種動態秩序的構想或是以單純模式，或是以十乘十成一百的方式支配著華嚴宗大部分的思考路徑，[8] 而且基於十乘十為一百的重疊方式可得知，十階圖式所代表的其實是一種無限前進的原理，正如法藏所說：「略約十門以顯無盡」。[9] 本書第六章會依循法藏有關時

　　為該文是以非常觸目的方式將時間性弔詭與十數連結起來。另外，至於十地的歷史意旨可參考法藏在〈華嚴經問答〉給的說明：T45，1873，603b28-603c7。

8　本書第七章第三與第五節會詳細討論的是，印度中論者所應用的「四句」圖式被轉換成經過十個步驟前進的思考模式（例如法藏的〈華嚴發菩提心章〉中「第九多事存泯門」：T45，1878，655c4-655c16；法藏的〈華嚴經問答〉：T45，1873，603b28-603c7）。

9　法藏，〈華嚴一乘教義分齊章〉，T45，1866，483c7-483c8。

間性的分析專門討論這種統合構想的性質和優點。

　　依據十階圖式，在某個想法或某個意義闡釋陸續地經歷十個階段的進展當中，步驟和步驟之間都發生意涵上的聯結，這裡所經過的十個逐次邁進的思考或論述階段，是在每一個步驟當中從新的觀點重新連繫到所有其他曾已被思考或論及的內涵，甚至以隱蔽的方式連結尚未被思考、提及的那些剩餘的內涵。根據〈法藏傳〉所記載的歷史背景，或許可以將此短文視為一種教義總括論，又或者是作者為了以口說方式來詳細說明而作的備註講義。雖然這種看法並不會不合理，但與其說這篇文章很明顯地不同於依據學院習慣分別列出各項綱要的大綱，毋寧說此文企圖藉由非常精彩的營構，讓讀者引發一層復一層往深處前進的領會，令讀者漸續被引入到活生生的思考工夫裡去。讀者千萬不可以誤會〈金師子章〉的結構，不可以誤以為作者以條列方式分別闡釋不同教條。法藏的闡述不斷地重新返回到同一個具體的談論對象，即眼前的金獅子像。他不但不是條列出獨立的論點，也不是順著同一種思辨線索推演某個綜合義理，而是以重疊、深化的邁進方式去進行申論。依循十階圖式的意義，此思考過程的整體統合應該是以如下的方式被理解：法藏所鋪陳的整體構想為種種縱向與橫向的交錯連結所貫穿，而層次逐次敞開這件事情便促使聽者和讀者的領會朝向愈來愈深的意蘊邁進。於是，文章的結構最終使得讀者超越文本範圍，進而自發地延續法藏以金獅子像為例所推展的統合思想。不斷地在支撐並促進對該統合之流動領會的環節並不是一種理念，而是置於聽者或讀者眼前或想像中的、形成單純意象的金獅子像。法藏所撰的大部分其他文章被類似的申論和教學

方法支配著，法藏的目標總是在於以篇幅簡短、陳述完整有頭尾的文本激發讀者，讓讀者領會與思考時不再是封閉的，而是敞開與流動的。

「勒十玄第七」這一段[10]能夠驗證說明作者的策略。在這一段討論中，作者將有關金獅子像的不同看法和見解一步一步地互相對換，而且這其中作者並不將眼前的獅子樣貌，即將雕像的整體狀態剖析成不同局部焦點，反而他逐次提出的一切描述全都牽涉眼前的一整尊獅像。烘托著第一和第十項的就是這一尊金獅子的整體，而在開頭和結尾兩項之間，也就是在思考發展當中，作者不斷地將話題以循環方式引回這個可見的整體現象，卻同時也將可見的樣貌及諸種相關闡明逐漸往深處推進。表面看來，談論層次和談論對象數次被交換的這個手段印證的是：第一、三、五、六、八、十個項目所瞄準的，是黃金與「獅子」的整體現象，而第二、四、七項則著重於獅子肢體上的各個不同區塊。在論述上金獅子像經過十個階段展開的闡釋則形成一個整體道理，而且這個整體道理內部呈現反覆跳躍的動態。

於是，在思考運動的流向僅僅是一步一步地往前的閱讀過程和理解活動當中，並無任何具有必然性或因果論式的理路在支配、引導著閱讀與理解的歷程。法藏的陳述方式似乎在邀請讀者隨時可以逆向，跳回原點重來一次。文本結構之所以會產生這樣的印象，其原因在此：整個討論過程當中有各種意義不斷地湧現出來，使得讀者的解讀與思考活動逐漸往深處邁進，

10　T45，1880，665a19-666b5。

此效應正好歸功於不同看法之間的對照關係，而這個內部的關聯會一直不斷地召喚各種逆向回憶。賦予眼前對象物以深厚意蘊的是，在個別不同的觀念之間一直不斷發生的交錯與對換。與其說作者要彰顯的意義在於積累所有個別意涵後而形成的總合，毋寧可說，整篇文章的意義落實於獅像這個置於直觀下的整體本身。於是，在個別陳述每一點的過程當中，受闡釋之視覺對象的整體總合只有通過循環式的思考方才可能顯現成形。由於法藏闡述的總結彷彿又回到起點，因此第十項這一段便達到了另一種界定層面，藉以重新來談第一項曾經發揮過的觀念。閱歷過十個觀點的讀者最終似乎又返回到金獅子像本身單純的外觀，卻已取得一種更複雜的領會，使得他對此外觀的看法與闡釋之間產生反轉遊戲。在讀者再次面對整體雕像之時，於其思維中有一種想像遊戲一直繼續著。只不過，依循第十項所言，這個遊戲現在歸屬觀者本身的「心」，而不再涉及雕像本身。觀者當初所凝視的是獅子雕像這個外相，而現在這件物品的樣貌被歸結到「唯心迴轉」。[11] 在當代哲學語境來看，研究者難免將這句話理解為一種在「意識」上發揮作用的動勢。[12]

---

[11] T45，1880，666b3。

[12] 「心」大致指的是人在自身最內裡處對各種意蘊追求「領會」與「理解」，因而亦可說「心」讓人與華嚴宗思想上為關鍵觀點的「義」打交道。同時「心」也標誌朝向救度修行努力的樞機，也就是使人「主動」渴求解脫的動機根源。鑒此，與其以先定的「意識」概念解釋法藏所謂之「心」，倒不如嘗試從華嚴宗思想所鋪陳的大脈絡思考並重估「心」、「意識」等觀念的哲學意味。學界若將佛家言「心」簡直詮釋為歐美哲學所謂「精神」、「意識」或「心靈」，恐怕是不妥的。在歐洲的歷史語境下，「精神」、「意識」、「心靈」等概念附帶太多屬於認知論與意識哲

　　與其說第十個階段提供的是最高深的總結，倒不如承認，讀至此處，讀者只不過重新再面對一個新的對照關係，即實質存有與意識流這種二元對立關係。第十個階段甚至邀請讀者，在作者論述至此所引發的思想演變為前提之下，於自己的想像中重新來玩味金獅子可能體現的各種不同樣態。前九項提出的看法並非被第十項及第十種觀點所解除、否定，前九項亦並非無價值或無效，第十個階段的洞察旨在囊括之前所有的觀點，進而將整體引進新的闡釋架構。一旦讀者為了深化自身領會再度閱讀整篇文章而再次經歷金獅子像的十種界定時，他將會從「最高深」的見解出發，然後一重複一重地思考置於「唯心迴轉」下金獅子的意象，來體悟「唯心迴轉」在不同闡釋視角下可能具有的意旨。

　　不過，就思考內含來說，這其實表示，在第十項中所導出的意義整合是一種十重式的統合情形，這種「統一」觀其實是作者從起初至最終都從被凝視的獅子像那裡所衍生出來的觀念，而且由於這個論述立刻又超出統一觀點，因此「統一」觀

學的假設。雖然如此，馮友蘭、卜德根據法藏言「心」的推斷：〈金師子章〉主軸在於「現象世界」（phenomenal world）與「絕對精神」（absolute mind）的對立關係（Fung, *A History of Chinese Philosophy*, vol. II, p. 351），因此獅子上黃金象徵的是「純所思」（noumenon）或「本體」，而獅像則代表「現象」（phenomenon）（同上，頁341）。同理，馮友蘭、卜德又倚靠佛學習以為常的前例及歐洲存有論立場來解釋「色」即梵文rūpa：「色」標記精神落實於物質並且顯示自身（同上，頁345-346）。因此他們毫無保留地以柏拉圖與黑格爾為範例，將法藏的學說歸類於「客觀觀念論體系」（system of objective idealism）（同處，頁359）。本研究的企圖是更深入反思正好是這種以盲目的「類比」為方法來開啟的中國古代思想學術風氣。

念只不過指涉自身之所自，即金獅子像本身。換言之，第十種闡釋激發一種獨特的循環動勢。在介於某個對象物本身以及該物在闡釋下「作為某物」這兩個觀點之間，思考者不得不取得一種原木的落差經驗。作者顯然意圖將此基本詮釋學經驗轉換成為一種思考方法，加以制度化此「詮釋學縫隙」及此「之間」。作者不再推出有關事物本質的究極、真實的知識，而僅僅是在闡釋某思考對象時，在所得出的若干界定之間拉開一種對照距離。作者的企圖可以說是讓讀者順著這個詮釋學經驗，促使讀者不斷繼續發生「意義運動」。

此處已可充分明白的是，與其說〈金師子章〉有某個要描述、界定的主題，倒不如說此文始終被闡釋工夫所支配，其構造是一個詮釋學式的構造。法藏這篇文章的整個意旨關鍵並不在於文中所言的，即有關某個認知對象之真實情況的論斷以及各種教條命題，其重點反而在於讀者的闡釋活動這個過程本身。故此，研究者必須試圖將作者所預設但未明文論及的詮釋學基礎十分明白地揭露出來，藉以對這類文本真正所關懷、所思考的並所彰顯的，都爭取更加貼切的理解。接著將針對此任務，再來收集其他相關根據。

第三節　關聯情境作為基本理念

由於「講學」相關的考量，法藏於這篇文章當中採取佛家對萬物之顯現以及現實一般的體悟作為出發點。彷彿有獨立存在的一切現象其實都被一個原本的情況所貫穿支配：「緣起法」，即一種「關聯情境」。在〈原人論〉一文中宗密將「自

然」、「物化」等主要道家理念理解為：每件個別事物都在毫無因果關係下完全由於自身而獨立出現。接者宗密劃分道家的「自然」說與自己學說上具核心地位的「緣起」理念：

> 又言萬物皆是自然生化非因緣者，則一切無因緣處悉應生化，謂石應生草，草或生人，人生畜等。又應生無前後，起無早晚，神仙不藉丹藥，太平不藉賢良，仁義不藉教習，老莊周孔何用立教為軌則乎？[13]

「緣起」所標誌的、原本的關聯情境究竟意味著什麼？乍看之下，「有」、「事」等字與「存有者」、「現象」等哲學用語相似，但其實佛家所稱的「法」、[14]「有」、「事」所指的，根本不同於具有獨立存有的「存有者」這種歐美哲學單元。沒有任何「法」、「事」、「有」可以從其他的「法」、「事」、「有」所共同組成的大脈絡中被切割出來，以就其特質來獲得單個的、獨立的界定。宗密在〈註華嚴法界觀門〉一文中如此說明「緣起法」這則基本理念的意旨：

> 略有三重。除事法界也。事不獨立故。法界宗中無孤單

13　T45，1886，708b9-708b13。

14　基本上梵文dharma的中譯「法」指的是某個「現實物」或某條「規則」、某種「規範」，但也隱藏非常深奧的抽象意旨。雖然佛家的「法」到某種程度後它就涵蓋歐洲哲學以普遍概念「存有」所標記的思想範圍，但它未必隸屬「存有論」這個獨特的思考架構和邏輯遊戲。

> 法故。若獨觀之。即事情計之境。非觀智之境故。[15]

由「法界」最高標準來看，不但根本無「事」可言，因為事事
不能各自獨立，而且也沒有任何法、事物是猶如歐洲哲學上個
別的「存有者」一般，可認定其「單獨」所具備的獨有特質。
再者，這類看法都僅為「情計」，即毫無「觀智」地倚靠事物
的愚蠢臆測所產生之謬誤。在〈華嚴經旨歸〉中法藏一樣斷定
「諸法無定相」，[16] 也就是說任何事物根本不是其所是，任何
事物都仰賴超越該事物本身的整體關聯，它才可能是其所是。
這個原理是普遍有效的，沒有任何事物不是藉由「緣起」這個
關聯情境為中介，它方才能作為如是這般的事物而出現。易言
之，佛家完全違背了歐洲哲學最為高之原則的「同一律」，佛
家主張：根本沒有任何事物「是其所是」。

　　一旦思考者將「緣起」這個理念當成基本思考模式使用，
並且擴大其有效範圍，這個理念便能讓思考者透過辯證法對於
任何思考對象都衍生種種抽象觀點，正如取自法藏〈華嚴經義
海白門〉的一段文字所述：

> 九定主伴者。謂塵是法界體無分齊。普遍一切。是為主
> 也。即彼一切各各別故是伴也。然伴不異主。必全主而成
> 伴。主不異伴。亦全伴而成主。主之與伴。互相資相攝。
> 若相攝彼此互無。不可別說一切。若相資則彼此互有。不

15　T45，1884，684c4-684c6。

16　T45，1871，594c26。

可同說一切。皆由即主即伴。是故亦同亦異。當知。主中亦主亦伴。伴中亦伴亦主也。[17]

一旦有關某事之有的兩種相反觀念均成立，思考者其實早已必須預設並肯定，這一組正反觀念之間有一種原本的關係在發揮作用，使得正反猶如「主」、「伴」在互動下彼此相互收容、包含。由於組成一切事物的就是這種關係本身，並由於這個關係等於是現實的原本情境，因此法藏明文地將這個關係當成思考者對現實所形成的詮釋、理解方式，即當成某種「義」看待。在〈華嚴經明法品內立三寶章、流轉章〉法藏有言：

　　第二別解者。此生及滅各開之為二。前念滅中二義。一滅壞義。二引後義。後念生中有二義。一依前義。二背前義。[18]

任何事物不但被局限在僅於某關係下代表一個環節，而且各個不獨立的環節其實都等於是一種觀點，也就是依循不同闡釋方式各自被揭露出來的一種「義」。這樣一來，「義」或觀點其實成為基礎性單位：在任何涉及某事某物的思維「將該物視為某物」之時，它便勢必建立並賦予該事物某個意涵。易言之，各種「義」都標記思考針對所思對象所採取的某個「視角」。

　　上述幾則引文已充分明白劃分華嚴宗有關「關係」所進行

17　T45，1875，632c20-26。
18　T45，1874，618a20-618a23。

的探索。於是這裡要特別強調「緣」這一理念，也就是每樣事物或思考對象所身處的關聯情境。「緣」並不隸屬「存有論」，這個基礎性觀點反而根植於詮釋、言說活動所展開的「意義」脈絡。故此，研究者從一開始不應該問「某事物為何物」，針對詮釋學基礎該問的是：處在「緣」，即處在關聯情境這種居中諧調場域上的種種意義環節，其實質的身份和作用究竟為何？為什麼要這麼做的理由是，在關聯情境上任何「有」的出現不但從一開始就涉及此「有」是何種「有」，即涉及它如何被闡釋、其是何意義下之「有」這種問題，而且「有」的這個顯現又牽涉這種後設追問：這個「有」如何「確實」、「實際」作為「有」而湧現出來，使得它不再是「無」？換言之，任何「有」的出現僅只等於是某種「意義」的湧現。不過，即便此「意義」不是一件實質的「存有者」，但它卻亦不可直截地被否定為「無」，它仍是思考者不得不面對的某個「湧現」或「現象」。

〈金師子章〉一文將讀者以非常簡單的方式，藉由一個易解的現象，引入到「緣起有」這個觀點，而且與其說作者所述僅止於抽象地推展整個現實，即一切「事」、「法」、「有」全部都是關聯情境下之「有」這一論點和學說，倒不如說他將此觀點很具體地置放在讀者的眼前，因為整個討論從頭至尾仰賴直觀可及的「現象」為根據。由於「緣起有」此學說極為關鍵，所以「明緣起」一節必須被仔細參詳：

　　明緣起：謂金無自性，隨工巧匠緣。金喻真如不守自性，匠況生滅隨順妄緣。遂有師子相起，喻真妄和合，成

阿賴耶識。此識有二義，一者覺義，為淨緣起，二者不
覺義，作染緣起。起但是緣，故名緣起。經云：諸法從緣
起，無緣即不起，即理事無礙門，同一緣起也。上句示
緣，中句辨起，下句總結。然釋此初章，非獨撫起信申
義，亦乃採下文為準。[19]

作者一開始斷定金獅子像上的黃金不是獨立的存在，也沒有特
殊的性質，作為獅像質料的黃金依賴工匠的手藝，只有是金工
的技巧才讓黃金這種材料轉變成獅子的樣貌，黃金於獅像完工
時才獲得明確的特性。假設眼前果「有」金獅子可言，此
「有」其實屬於獅子作為獅子而獨有的「相」，亦即此「對象
物」（Gegenstand, Objekt）所顯示的樣貌，此「有」並不指向
無任何形狀的物質本身之「有」。又假設只有黃金材料而無獅
體形狀，觀者就根本無法說清楚自己眼前所見到底是什麼樣的
對象物，究竟「有」何物。易言之，金獅子像、金獅子這個對
象物之「有」等於是「緣起有」，這種「有」是從造形這種關
聯情境源起，此「有」並不等於是黃金這種物質占據空間位置
而「存有」。

　　此處「性」與「相」這兩個觀念應該更詳細地被分析。[20]
當然，引文比喻中「金」所指的，乃是眼前這尊獅像所呈現的
黃金材質，也就是這個物質雖然落實可見的形狀，但這並不雷

---

19 〈金師子章雲間類解〉：T45，1880，663c10-663c18。

20 有關佛學方面的語意與翻譯史研究可參考陳一標所發表的、非常細膩的研
　　究：陳一標，〈《大乘莊嚴經論》漢譯作「相」的 lakṣaṇa 和 nimitta 的研究
　　——以三性說和幻喻為中心〉，《正觀》第99期（2021/12），頁5-62。

同於金屬本身。再者，「自性」在這裡所指涉的與歐洲哲學常論的「實體」（substantia）或「本質」（essentia）這樣的概念意涵截然不同。「自性」並不指可見、可觸摸的「金」或作為「金屬」的黃金性質。作者所關切的根本不是金屬本身具備的「本質」、「性質」，他瞄準的始終是我們正在凝視的「金獅子」這個具體現象。對觀者而言，獅像的特質在於，獅子的樣貌即「相」從一開始便替代了不可見的「性」。可是，就視覺而言，「相」和「性」之間的界線並不是固定的。重點在於，若有某種可供辨認的樣貌，亦即「相」，在直觀下這個「相」便會掩蓋或取代某個思維可及的「自性」。然而，由於佛教脈絡下的「相」流變多樣，因此在直觀下轉成各種「相」的「性」並不適合與柏拉圖的「本質理型」（idea）這樣的存有論範疇相提並論，不適合研究者借助「實體」、「本體」、「本質」等概念來理解佛教的「性」。21 反過來說，當然也不可以將源自意義闡釋的「相」視為雷同於那個被加上某個現象的、理想化或抽象的、自柏拉圖至胡塞爾具有先驗哲學地位的「本質外觀」，即「艾多斯」（eidos）。大致來說，佛家所言的「相」並無典型或先驗意義，反而完全隸屬經驗脈絡。所謂「相」指的是某事物在業報脈絡中針對歷史性經驗即時地獨立於其他而顯露出的個別面貌。與這種顯露相反，任何「本真存

21　例如庫克應用「本質」（essence）（Cook, *Hua-yen Buddhism*, p. 63），而歐丁、葛樂各利、卜德、陳榮捷等譯者均選擇漢學慣用的「本性」（nature）（Odin, *Process Metaphysics*, p. XIX; Gregory, *Tsung-mi and the Sinification*, p. 212; Fung, *A History of Chinese Philosophy*, vol. II, p. 341; Chan, *A Source Book in Chinese Philosophy*, p. 409）。

有」正好不可能實際顯現，基於這樣的概念根本不可能有任何樣貌、外觀，因此凡像歐洲哲學所謂「本真存有」或「艾多斯」一般的本質觀念在佛教脈絡裡，這種本質觀念反而畢竟會被界定為「無相」。[22] 那麼，由於「性」這個觀念在法藏的論述裡被歸結到「相」，因此「性」與「相」這兩個專用名詞的哲學意涵必須更詳細地被探析。

佛教專用名詞「相」的梵文是 lakṣaṇa，意即「徵兆」、「特徵」。特別在與唐代聲韻情況不同的現代發音下，「相」與「象」、「像」同音，與「現象」、「樣貌」等意思也自然有連結，而且語意上又近於「形」即「形體」、「形象」。[23] 不過，上古代已經開始以相較於「象」或「形」更為抽象的方式使用「相」字，而且特別是在「相馬」、「相人」等詞中「相」也當動詞使用，指的是「查」、「審視」。[24] 再來，字源學與字意學相干、讀音卻不同的還有「相互」、「相對」的「相」，也就是猶如觀看與外觀彼此相生之「相」。若將此意涵納入考量，便可以斷定佛教意旨的「相」是：首先，某種意義下作為名詞或概念的「相」不但意味著某個對象物在審視者的眼光下透露出來這種「顯現」，而且也指該對象物被審視眼光當成某物看待的這種闡釋界定。另一方面，「相」標誌一種對立關係，或者也指自己身處於對立關係下所遇及的「相面對

---

22 參見「顯無相第四」，T45，1880，664a22-664a28。

23 「相」與「形」甚至可能組成「形相」這種複合名詞：澄觀，〈華嚴法界玄鏡〉，T45，1883，672b2、672c24、679a3、679c29。

24 李福臻主編，《中文大辭典》，10冊（台北：文化大學，1985），「相」條。

之物」。有鑒於「關係」作為此詞基本語意的關鍵，便可推斷，讀四聲、當名詞用的「相」不可能指某物具有的「屬性」，它不可能標記某種與觀看活動無關的、絕對的「存有特質」，更何況指某種「組成元素」。[25] 如此一來，以「符號」、「記號」、「標誌」[26] 等觀念來理解佛家的「相」便更為貼切。再者，基於以上所提出的第一種意涵可進一步推斷，與其視「相」為某對象物上的局部顯現，倒不如說「相」一般都指對象物顯示的某個整體面貌。在本研究領域來看，與其將「相」理解為有雙重意涵的「特徵」或太過抽象的「記號」，倒不如將「相」理解為附帶特某種殊意義的「形態」、「樣貌」。某件事物之「相」就是該事物作為「對象」，它在直觀和詮釋下所呈現的特色和界定，亦即它「作為何物」顯露這種現象狀態。由於某物之「相」與觀看及意義闡釋，亦即與「將某物視為某物」這個詮釋學情境密不可分，故法藏得以主張，眼前可見的金獅子像這種樣態與黃金這個質料兩者是全然融合為一體，根本不可分離。[27]

　　至於佛家所論的「性」，在古代「性」指某種事物獨有的恆性，即生物尤其是人天生所屬的「種類」或其所具有的「狀

---

25 故此以「個性」（Chan, *A Source Book in Chinese Philosophy*, p. 409: character）、「性質」（Fung, *A History of Chinese Philosophy*, vol. II, pp. 344, 355: quality）等概念翻譯「相」是不合適的，「面相」（Fung, *A History of Chinese Philosophy*, vol. II, p. 341: aspect）才是比較好的翻譯。即使在嚴格的哲學範圍內，aspect 一詞彷彿缺乏概念性，但它在形上學的遺產內並不深重，這是這個名詞的優點。

26 Odin, *Process Metaphysics*, p. XVIII: mark.

27 T45，1880，664a24。

態」、「性質」。28 就字源學而言，「性」是從「生」字衍生出來的，為了辨別兩個讀音和語意，戰國之後「生」字才加了「心」部。古文「性」字僅區分每個人先天既有之「本性」與生活經驗、教育等因素帶來的特色，並不標誌某種存有論式的普遍範疇。「性」並不是依附某物即可變的「屬性特質」，「實體」、「本質」、「本體」（ousia, hypokeimenon, eidos）等概念才是標記某物持存不變的「存有性」來源。理由在於，中文這個「性」字不牽涉歐洲哲學上的「純所思」（noumenon），即普遍理型與置於感知下的「個體現象」（phainomenon）這兩個範疇之間的形上學兼認知論劃分。29 再來，一旦佛教開始應用中文之後，尤其儒家常論的「性」字發生了相對主義式的鬆解與改寫。法藏在〈金師子章〉中對「性」字的用法足以印證此事。

　　「自性」一詞譯自梵文 svabhāva，即「屬己狀態」。30 乍

---

28 唐君毅，《中國哲學原論：原性篇》（台北：學生書局，1989），頁27-
　　33；徐復觀，《中國人性論史：先秦篇》（台北：臺灣商務印書館，
　　1990），頁5-6。

29 有關歐洲的「性質」、「本質」概念，唐君毅曾作簡略卻有啟發性的分
　　析：唐君毅，《中國哲學原論：原性篇》，頁24-27。

30 佐佐木現順分析印度早期阿毘達磨教，強調svabhāva與 dravya 所標記的
　　「實體」概念應該被區分清楚。Svabhāva 是動詞 bhū-/ bhāv- 即「生成」的
　　衍生，故它指「經由生成方式而來的狀態」，但不意味著某種「不變的絕
　　對獨存狀態」，而且 sva- 這個前綴詞明確地表示「自性」是從一個「相
　　對」的關係中衍生而來的。總之，與其說 svabhāva 指如此這般的、固定不
　　變的、本己的存有「本質」，毋寧可說 svabhāva 主要意味著某物「由自身
　　而來」這種情況，以轉義標記某物的獨立存在或該物本身（佐佐木現順，
　　《仏教における時間論の研究》〔東京：清水弘文堂，1974〕，頁122-

看之下，〈金師子章〉一整個文本脈絡似乎在假設「性」的地位高於「相」，因為「性」指涉一種原始單元，而「相」則是一種次要的、藉由關聯情境產生的環節。可是，若從兩個環節共同組成的脈絡來看，「性」並不標記某種出生既有的、不變的元素，它一樣標記一種顯現的特徵，在某種意義下「性」甚至與「相」一樣，都涉及某個「樣貌」。此「性」不是歐洲哲學意義下之「存有者」所不可或缺的「本質」，這裡的重點在於「性」針對直觀所透露的現象狀態以及「性」在詮釋努力下展開的意蘊。基於某件被觀看的對象物與凝觀下的闡釋所產生的詮釋學聯結，該物便附帶類似「烙印」一般的標誌，而這種自詮釋而來的烙印、標誌賦予了該物一種暫時有效之「性」，這個「性」只有在一個即時各自的意義視域下才能充實本質性意涵。[31] 換言之，某件事物如何被闡釋，該事物也就實際上具有如此的「本質」，它就「是」如此這般的事物。某物所謂的「性」不僅是一種可以被看視的面相，而且這個「性」甚至必

123）。可是，由於這些論斷顯然歸屬印度的思想架構以及梵文的詞源學，因此中文「自性」情況未必與它相同。中文「自性」近乎「自然」，它明顯牽涉某種「屬己」、「從己」的情形，首要並不在標誌「獨立存有」這種理念。佐佐木現順在別處有相關眾賢（Samghabhadra）與龍樹對 svabhāva 的運用，它的陳述與「自性」詞意比較吻合：「自性乃是與他物有別而屬於自己的這種存在狀態」（同上，頁262：「自性は他と区別された自己におけるありかた」）。

31 唐君毅也是以類似的方式闡明佛家用語「性」的思想特色（唐君毅，《中國哲學原論：原性篇》，頁178-319）。唐氏不但發現在純中文的大乘脈絡中，特別是在僧肇的思想上，此觀念有一種詮釋學向度（同上，頁213-216），而且華嚴宗思想上「性」與「義」之間的親緣關係他也清楚的看見（同上，頁281-282）。

須先被凝觀下的闡釋所「看出來」，該「性」才成為「性」。某物所謂「性」僅是為意義闡釋所揭露而被視為「性」的這種樣態。假設為了對「性」取得恰當的理解，思考者必須將「性」首先回溯到對象物在詮釋脈絡下顯露的諸種「相」。理由是：事物具有僅屬自己、什麼都不倚賴的那種「自性」，這樣的主張實在不可思議。任何被視為「性」的面相總是隸屬於一個事先已經被闡釋、賦予意旨的「現象」。某種意義下任何「性」必須是一種「相」，因為「性」只不過是在詮釋架構下藉由關聯情境被烙印在事物上來標誌「性」這樣一個環節。甚至落實於各個眾生、似乎該超越這種詮釋學相對化的「佛性」也不例外，所謂「佛性」不過只是「佛性」這個標誌從信徒的思考視域和詮釋工夫當中浮出的「現象」。

「約三性」一節中有一段關於天台宗論「三性」的解說，[32]其中清楚地闡明「性」與「相」之間的親緣關係以及「性」這個理念的用法。至於「三性」這個觀點，研究者一樣必須從上述詮釋學架構來切入。法藏所提出的若干「性」可以簡單地理解為金獅子像在直觀下分別所體現的、各自附帶不同意涵的幾樣面貌。只是「三性」所指涉的三種樣貌不是獅像上的局部現象，而是三種涉及整體現象的樣態，每一種樣態都勾勒一整個對象在凝觀的闡釋下所實現的對象化模式。這段申論與在「關係」這個基本範疇上講「六相」是不同的，「三性」相關說明立足於另一個脈絡。「三性」可以被理解為任何「法」即事物如何充實其「有」的三種範疇或模態。「三性」說不牽涉

---

32 T45，1880，664a6-664a20。

「有」作為「緣起有」，即一切「有」皆源自關聯情境這個觀點，「三性」說所評論的是對金獅子像所有不同闡釋均所假設的存有狀態本身。在這一段中的問題是：我們眼前觀看的金獅子到什麼程度才算是實際存在？在它身上可以辨別出三種不同的「存有性」或「實際性」，而且這三種狀態的「有」輕重各異。

　　面對金獅子但抱著「遍計」[33] 這種態度的觀者或許會誤以為自己既然在看一個獅子的樣貌，這一定表示自己眼前真有一隻獅子。然而，此「有」其實僅只靠印象與感覺，它局限於「情有」，而毫無疑問地肯定「有」獅子這種心態等於是愚蠢且錯誤的發想，亦即「妄情」。另一個觀者對於眼前這尊獅像的「有」或許會採取「依他」觀點，也就是會認為獅像並非一隻真實的獅子，此對象物僅為「似有」，因為若沒有諸如工匠、金屬材料、光影等外加因緣，自己眼前根本不會有這樣一個獅子樣貌出現。由此角度來看，獅子的「有」不過如同「鏡影」一般是一種幻覺，本來此獅子現象「都無自性，唯是虛相」。在某物以獅子樣貌出現之際，觀者肉眼可見的其實僅為一種「顯像」（Erscheinung），但並非是透過顯像顯示自身的「實物」（reales Ding）。而另一方面對於觀者而言，眼前又確實有某「物」可見，那裡的確有所「有」。即使「金獅子」根

---

33 「遍計」為梵文 parikalpita （parikalpana）的中譯詞，指的是大家對萬物實際存在的一般肯定，認為凡屬現實的就等於是「有」，參：William Edward Soothill, *A Dictionary of Chinese Buddhist Terms*（London: Kegan Paul, 1937），「遍」條；中村元編，《佛教語大辭典》（東京：東京書籍，1982），「遍計」條。

本不是獅子，但觀者又不能主張這個物件全然不存在，他還是看見光下發亮這塊黃金的「有」。金屬散發的色澤乃是「有」，而且觀者若僅聚焦於這個面相來分析自己眼前所見，推斷出「金性不變。故號圓成」並不會不合理。易言之，即使觀者所見僅為某種「顯像」，至少此「顯像」之所以可能「顯現」必須源自某種實際情況，此實際情況必須是存在的，也就是說，必須「有」這種「顯現」的可能性與「顯現」這個發生。以故，無論在光下帶著某種顏色而顯露之內容究竟為何物，又無論它到底是真還是假的，若從觀者的凝觀體驗來判斷該「有」，便還是可以肯定確實「有」此觀看體驗以及其所涉及的「顯像」，而且從這個層面看來，「有」的確是「圓成」的。

　　金獅子不是具備三種「性質」，只是從三種不同角度，基於三種意涵不一致、猶如「性」一般的基本存有狀態，而在三種意義闡釋下金獅子則被視為各自不同的「有」。甚至「有」之為「有」呈現的三種範疇性模式即「三性」，因而仍然根植於詮釋學的關聯情境。體現「三性」的金獅子像或者歸屬某種「情」即「認為」，或者它關連到獅像以外的因素，又或者獅像整體被視為倚靠材料即黃金而出現的「顯像」。至少在這種隱喻意義下，黃金可被當成是獅像的一個「性質」。根據這三種關聯情境，觀者可以在金獅子像上發現「有」的三種範疇性意旨。然而這表示，比起任何存有上的「本性」，比起任何「本質」或「本體」更關鍵更原本的，就是「緣起有」即關聯情境這一觀點。在法藏論及似乎屬於存有論脈絡的「有」以及此「有」的現實性時，他其實將重點移至這個「有」之以多種

方式透露的、承載意義闡釋的關聯情境。

　　作者多處強調獅像「無自性」，因為一切可見的對象物都源自各種「因緣」，即本研究所稱的「關聯情境」。這究竟意味著什麼？說到這裡，關聯情境與「因果關係」這兩種截然不同的觀點務必要先嚴謹地劃分開來。獅子樣貌、現象在眼前的「緣起」在關聯情境下出現，乃源自外來因素。在「無自性」之黃金與獅子「相」之間發生融合之際，觀者得要將眼前的金獅子像回溯至製造獅像的工匠。工匠用金屬冶製獅像的形貌。這種「因緣」不就是一般所謂的因果關係嗎？乍看之下，「緣起」的「起」指的便是這種造形工作。[34] 然而，法藏真的是在描述這種物界、物質上的因果關係與這種成形過程嗎？

　　以這樣的因果典範為基礎的解讀，在這方面馮友蘭、卜德的詮釋是典型的例證。[35] 有賴於有關「因緣」，即梵文分成 hetu 與 pratyaya 兩詞之中譯文的一般佛學共識，兩位學者理所當然地假設，金獅子像不異乎於一件「藉由因果」（through causation）產生的物品，所以以黃金命名是主要原因即「因」，塑形工匠則為次要條件即「緣」。可是，這樣詮釋不會太簡單嗎？而且不會自相矛盾嗎？一來，研究者至少要衡量馮友蘭大概依循梵文 asvabhāva 的原義將中文「無自性」理解為「無獨立存有」的意思。然而，在這種前提之下「無獨立存有」的環節如何就足以扮演「主要效因」的角色，進而引發「因果效應」？再來，此理解方式顯然採用可回溯到士林哲學甚至亞里

34　T45，1880，663c10-663c12。

35　Fung, *A History of Chinese Philosophy*, vol. II, p. 342。

斯多德的古典分類法，即辨別「物質原因」（causa materialis）
和「形式原因」（causa formalis）。這種分類法只有在金獅子像
首先被當成歐洲哲學意義下的「存有者」看待時，才是恰當、
有效的。可是針對佛家所謂「法」或「事」，即佛教空論視域
下的諸種「現象」來說，此存有論框架適用嗎？法藏以「三
性」的名義所談論的，是金獅子像這個「實物」嗎？他所瞄準
的難道不是直觀者以及闡釋者所面對的「現象」？

　　法藏的「三性」說不牽涉形上學、存有論脈絡，它反而是
一種著重實行向度的詮釋學哲學。為了證成此主張，研究者要
更深入探索「緣起」之所指，也要盡量具體地凸顯，將此觀點
歸結到「因果關係」的普遍理解中時必須被質疑的環節是什
麼。除了倚靠語文學、佛學考量為佐證之外，本研究特別承襲
平川彰的啟發。[36] 本書建議的文本詮釋源自這樣的假設：即使
在早期佛教、尤其是印度傳承上，所謂「緣起」有可能曾被歸
結到宇宙論脈絡，即使學界多半認為緣起說所涉及的是歷史時
間下發生的自然生成與自然演變，但至少在華嚴宗思想上，緣
起說是徹底脫離宇宙論的時間觀的。華嚴宗的緣起說是在詮釋
活動所營構的思考場域上展開「關係」這個觀念，即「關聯情

---

36 依據平川彰的提示，「緣起」一觀念不指某種猶如歐洲因果範疇一般的
　「法則」，它反而在「生成」、「死亡」、「有」及「無我」之間組織一
　種關聯情境的「法之真理」（平川彰，〈原始仏教における法の意味〉，
　平川彰博士還暦記念会編，《仏教における法の研究：平川彰博士還暦記
　念論集》〔東京：春秋社，1975〕，頁31）。換言之，「緣起」說所關切
　的根本不是現實諸「法」、「有」的積極奠建，而是要消極地來分析諸
　「法」所體現、在某種意義下呈現的「被給予方式」本身，也就是要將該
　「有」之為「有」的模態給時間化、動態化。

境」的原意。

　　在早期中國佛教上，「緣」一字通常與「因」併用，例如有關「二十因緣」的學說，而「因緣」這個複合詞有幾種不同意涵。歐美與東亞佛學界一般將此「二十因緣」解釋為因果關係普遍所包含的不同因果範疇或效應面相。依據早已成為佛學常識的解釋，「緣」指涉諸種外來的或偶然的條件，而「因」則指內在的或必然的效因，以致「緣起」一詞通常被譯為「有條件之生成」、「有所依賴而興起」（dependent origination）。雖然學界對此理解從來不曾質疑，[37] 但是這個解釋還是應該要被反對的。為了達到以下三種目標，本研究嘗試以「關聯情境」一詞來掌握緣起說的意旨。其一、要強調諸種事物或現象之間全都有一種原本的關聯情況在支配著一切「有」，在此關聯情境之外、之前根本無所有，也就是只有基於關聯情境，各

37　舉例來說，陳榮捷翻譯應用的是「經由有所依賴而興起的方式成為存有者」（coming-into-being through dependent origination）（de Bary, *Sources of Chinese Tradition*, p. 370）。特別是在北美佛學研究上，宇宙論兼因果論的闡釋方式最為普遍共識，而且對理解華嚴宗思想，因果論最為關鍵這一件事是絲毫不被質疑的。雖然庫克提出「緣起」這一觀點已脫離古典因果論及其直線式的時間觀（Cook, *Hua-yen Buddhism*, p. 14），但甚至是庫克都將「相互依賴狀態」（interdependency）、「相互串通」（interpenetration）這些替代概念仍舊理解為「因果互換狀態」（intercausality），也就是說他終究還是將此現象歸結到宇宙論上的因果論來作為思考架構（同上，頁68-70）。歐丁將「因果效應」（causation）視為華嚴宗思想的核心關懷，以致他將代表現實、事物的「法」依循現代立場直接理解為因果關係下演變出來的「事件」（event）（Odin, *Process Metaphysics*, p. 2）。日語、華語研究者雖然基於接受歐洲式哲學訓練，一樣傾向於採用因果論框架，但這方面的學者對華嚴宗的「緣起」說的意旨還是體現比較多樣化的理會。

件事物或現象才足以成為「有」，才可能「是其所是」。其二、不能假設此關聯情況隱含任何必然法則，也不可猶如歐洲因果論一般去分辨「主要效因」與「次要的、伴隨著的條件因」，以此在緣起觀上一樣地去區分不同「依賴程度」。其三、關聯情境涉及的只是關係下湧現之「有」、「被給予」如何「湧現」的模式，至於此「有」、「被給予」是否涉及「實物」在宇宙論、時間論下實質地「興起」、「成為存有者」，「緣起」根本無法對這些作出斷定。某事物或現象之「有」雖然一般被看成是該物在物質脈絡下所生成、凝聚成實物的這種存在狀態，但對這種「有」所含的意味，也可以十分合理地採取另一種見解：某事物之「有」或許僅只表示該事物是「作為某物」而「湧現」在眼前，它只不過作為「現象」而落入凝視和闡釋的視域罷了。某個「現象」的「有」主要是等於「作為詮釋對象而被給予」的這種意思，但一個「現象」未必是在物理學與因果論的平面上標記這件實物的實質存在。

　　關鍵在對「起」字的應用。若研究者將此「起」從一開始還原到宇宙論與一般時間觀下的「生」、「成」這種狹隘的意涵是不妥的。「起」字所標記的是某個現象作為現象而湧現，「起」、「有」均指「對象狀態」：由於某個現象「起」而「有」，人便得以將此現象「視為某物」，並對它進行意義闡釋。只有以這樣的方式解讀「起」字時，研究者才可能解析「緣起」、「因緣」相關的學說。一旦研究者將緣起說化約為因果論，他不但過度簡化了此觀念，而且也誤解其核心意旨。「緣起」這個觀念標誌著一種關聯情境，而且這個關聯情境並不是因果關係本身，反而諸種因果論卻又不得不以它為前提。

因果論者都必須預設「關係」的概念，他們方才可能推斷某個事件是經由「因果效應」這種特殊連結而被另一件事所引發。凡是依賴因果關係而主張兩件事之「有」的思考者都不得不在兩件事上「發現」或「設想」那個隱藏於其個別所具之「有」的關聯性。被任何「有」從一開始所包含的一般「關係」是因果關係的潛在樣態。只有當兩件事情之「有」從一開始附帶著「關係」這種向度，只有當此「有」是從「關係」中浮出的「有」，思考者才可能將這個基本關聯性進一步解釋為「因與果之間的效應關係」。理由是，只有在某個「有」從一開始自一種關聯情境湧現，它才可能不局限於「某個有」這種意涵，進而對於專注此「有」的思考者而言，「有」就不再僅只意味著「存在」，而且也標記「因」或「果」這種作用。

由此觀之，「因果關係」究竟表示什麼？依據歐洲宇宙論、存有論上的「因果法則」，任何存有者或事件都是時空下生成、被引發的，此事必定都有其所依賴的彼事作為其先在條件。根據一般常識這意味著，在一個效因產生一個效果之際，被產生的效果必然是由實體和屬性所組成，否則此效果就沒有特質，思考者也無法「界定」此效果並將其回溯至某個固定的效因，以致整個所謂的「因果關係」立刻消解而轉成一種不確定的、偶然的關聯幻想。再來，邏輯學所關注的因果關係是例外。一般為了辨別引發條件與被條件所引發的事情，思考者會從前後時間次序來取得判準。由於因果法則相關的詢問通常是從受引發者逆向回溯其起源，因此思考者假設只有受引發的環節才實在、「在場」，引發它的原因和條件反而都已經落入「過去」。最終，斯賓諾沙式的理性主義會將因果關係安放於

時間以外，並將其理解為一種邏輯學的推演關係，但大多數哲者還是將因果關係歸結到宇宙時空下的自然演變，也就是將此觀念歸結到在目的論下持續不斷且積極地產生實物或事件的那種「效應關聯」。38

　　若要依據這些定義反駁將「緣起法」還原到「因果關係」這種荒謬的詮釋並不難：佛教緣起觀牽涉的是某個「有」及其所歸屬的關聯脈絡，但對此「有」及其關聯脈絡的基本設想與歐美哲學的若干前提和假設不吻合。哲學首先從存有論角度來假設的是，某事某物的「有」意味著某個積極可被界定的「實體」或「狀態」。在此基礎上哲學便衍生「關係」、「轉變」、「運動」等存有論模態。然而，佛教從一開始採取了相反的立場，首先將「緣」、「關聯情境」這一個反對存有論的觀點設為出發點，而且也賦予此關聯情境一種消極的意涵，以便依循相反策略推出與因果論背道而馳的結論：正好基於任何「有」僅只是「緣起有」，而且「緣」所標記的關聯情境本來無「存有」、「實體」或「狀態」可言，故此任何依賴虛空關聯情境而湧現之「有」就不可能具有現實存在。就佛教而言，任何「有」並不標記著源自某個原因而實質地成形之事，反而正好基於「緣」即關聯情境，任何「有」其實「本空」。依據歐洲哲學，若所有事物凝聚成積極可被肯定的「存有者」，這是歸功於因果關係。佛家的推斷恰恰相反，它以解構「積極存有」這樣的觀念來主張：任何「緣起有」，任何源自關聯情境

38　Joachim Ritter（ed.），*Historisches Wörterbuch der Philosophie*（Basel: Schwabe 1971-2007），Kausalgesetz、Kausalitätsprinzip 等條。

而湧現之現象根本不存在。正好因為佛家看透了一切「有」都不得不源自某個「關係」，因此「有」的事實性被徹底解除。總之，緣起說不是猶如因果論，要為某個「有」提供充足的「存在理據」。恰好相反，緣起說所關懷的乃是，要破除萬物之「存在」相關的迷惑，要認清凡「有」僅為「似有」而並非「實有」、「真有」。即使緣起說與因果論有某種程度上的相似性，但佛教思想與歐美哲學雙方基本導向截然不同。對於思考者而言，難道此理論差異不比表面上的相似性來得重要嗎？既然佛教對於歐美因果法則的理論基礎持徹底否定的態度，佛學界的「緣起有」為什麼仍然可以與宇宙論、存有論的因果理念相提並論？

　　佛教不但否定「存有」，而且也否定「演變」。有關此雙重否定，〈金師子章〉內啟發不少。法藏雖然對於在眼前顯現的獅子樣貌說「有師子相起」，[39] 但他立刻又將此論點收回，說「起但是緣故名緣起」。[40] 即使眼前的獅子彷彿是一件有樣有貌的實物，但此獅子的「有」其實根本不等於實質的「有」，而僅只是有限、有條件的「有」。「緣起」這個環節嚴重地損害眼前呈獅子外貌的那件物品，妨礙觀者將它視為「實物」。另外，作者應用常見說法，言「緣生假有」，[41] 即源自緣的「有」均為虛假的「有」。可是，不可以把這句話的整體意涵拆開，好像一邊有一個「緣生有」作為某種意義下的

39　T45，1880，663c12。
40　T45，1880，663c15。
41　T45，1880，664c6。

「真有」，即「某物」，而另一邊還有所謂「假有」這種真相。凡經由「緣起」而出現的現象，雖然可以主張其為「有」，但此「有」的存有模式本身就是「虛假的」。故此，「緣起」下出現的現象與任何「真實」、「實質」[42] 之「存有者」截然不同。

另外，「說無生第五」[43] 這一節所反駁的看法如下：某人或許會在「正見師子生時」，便將工匠塑形獅像這回事視為新的事物誕生一般的發生，他也許真的以為這隻獅子有「產生」、「生成」這種來源。對於這個誤會，作者用金獅像的材質黃金來斷定，現實根本無「產生」、「生成」。由於獅像「但是金生」為故，因此工匠其實根本沒有製造一件新的物品，眼前只是一塊黃金而已。鑒此，研究者必須以新的方式理解法藏賦予「起」一字的意涵：即使工匠有所「生產」，但其實根本沒有任何新事物是因此開始存在的。理由是，眼前可見之「金獅子」的存在始終不多不少僅僅是一塊黃金這種物質狀態，眼前的黃金並未發生任何實質的轉化，所以法藏說：「上句妄法隨緣。下句真性不變」。[44] 作者宛如詭辯派一樣任意更換角度，是故他才能如此推斷。然而，這套申論目標在於，作者要讓聽者和讀者明白，在緣起說這個脈絡下根本無「發生」可言，只有因為視角轉換，觀者才會認為在黃金轉成獅像之際有新物被「產生」。

---

42 通常「假」字的相反為「真」或「實」。
43 T45，1880，664b1-664b12。
44 T45，1880，664b1-664b2。

　　由此觀之，便可以確定「明緣起第一」重點不可能在生產
與成品之間的因果關係。易言之，有關「緣起」的第一節已經
嚴重地違背一般讀者所期待，法藏不談金獅子像被形造這種歷
史事件，所討論的反而是觀者實際在凝觀的獅像作為觀看對象
時所顯示之「有」，亦即此「現象」本身之「有」所意味著
的。「現象」如何是「有」這個議題與該對象物本身是否
「有」這種存有論課題毫無關係，「現象」之「有」相關的探
問不隸屬於宇宙論、存有論等領域，也不被歸結到物質上發生
「生成」、「演變」這種思考架構，因此「現象」之「有」與
某實物於因果關係下成立而為「有」的那種「有」根本無關。
法藏當成討論對象所瞄準的，不是一般認為是藉由因果效應被
產生的雕像亦或落實於一塊黃金上的獅子樣貌。至少就法藏所
凸顯的佛教意旨而言，若要依照歐洲哲學的實體論將被凝觀、
闡明的「現象」看成是獨立的「物品」或「製品」，則根本不
適合。讀者當初太天真，被一種存有論偏見所誤導，以致如此
解釋自己眼前所凝觀的金獅子像。

　　無論思考者從佛教的緣起觀與歐洲的因果論各自所隱含的
前提來看也好，還是他從兩套學說分別推出的結論來看也罷，
這兩種思考架構有著非常根本的差異：一來，依照因果論的假
設，被某個效因引發的效果必定等於是一件獨立的存有物或事
件，否則思考者無從界定該效果是藉由何種原因和條件成形
的。然而，佛家關注的「法」或「事」是直觀下的獅子像這個
現象，其「有」根本不符合因果論、存有論的定義標準，此現
象根本沒有物質上生成、轉變、獨立成物品或事件這種狀態。
二來，「緣起有」與歐哲借助因果關係來肯定某事物實質成立

的論述剛好相反，「緣起有」這一觀點剛好讓佛家系統性地懷疑、否定某事某物的積極存在。歐洲哲學最高尚的存有論信念與一種原本的實證主義都奠基於存有之為存有所不可或缺的「實體」、「本體」、「本質」。甚至因果論也不會震動、損害這種信念，因為總有第一個發生者或促動者，即「太初」（archē）或「第一原因」（causa prima）作為穩固的「實體」、「本質」來保證因果關係下所有存有物和事件的實體性、本質性及積極性。然而，佛教所執剛好相反，一旦某個「有」被看透為「緣起有」，此體悟就會讓思考者徹底否認「實有」這種理念。有鑑於此結論上的對立情形，研究者究竟要如何將緣起說還原到因果論？更妙的是，學界早已承認佛教思想在系統性地否定任何「實體存有」，[45] 但同時大家還是無顧於這個關鍵差異，盲目地將「緣起有」與因果關係硬視為一致。

在華嚴宗思想上的「緣起有」以一種獨特的「雙重狀態」取代因果關係下生成的「實物」。自「緣起有」來看，諸種現象雖然並無獨立的、本己的性質，但依循視覺情況，各個現象還是呈現某一個樣態與某一種意蘊。現象的顯露源自觀者的詮釋活動，一個樣貌等於是一種看法，亦即一種闡釋該現象並對其「立義」（Auffassung）的方式。然而，即使有各種詮釋、意義脈絡下的「樣態」來替代固定的「實物」，但各種現象樣態似乎都還是捨不得「自性」，一個「現象」在某種程度上仍標記著一種「有」。只不過，與其說「緣起」這個觀念是因為要依據因果論來為某個現象的存有提供積極的存在根據，倒不如

---

45 Cook, *Hua-yen Buddhism*, pp. 15, 104; Odin, *Process Metaphysics*, p. 2.

說緣起說關切的是一個原本的關係狀態所連帶來的消極意義：某個現象根本不如其所似，因為其「有」僅為「緣起有」，唯獨在關聯情境下它才暴露此「有」。在〈華嚴一乘教義分齊章〉一文中法藏如此說明這個論點：

> 答聖說緣生以為空者。此即不異有之空也。何以故。以法從緣生方說無性。是故緣生有者方得為空。若不爾者無緣生因。以何所以而得言空。是故不異有之空名緣生空。[46]

為了體會「有」本來是「空無」、「非有」這種道理，思考者必須首先體悟到一切「有」僅為「緣起有」。將「空無」和「有」這兩種意旨連結起來的，就是「緣起有」這一觀點。以故可得知，〈金師子章〉以「緣起」這個名義所主張的根本不是：由於獅像有「緣」被工匠作成，所以其存在狀態不等於是「獨立存有」。法藏要凸顯的反而是：雖然眼前那尊金獅子像的確體現獅子這種樣態，但是這個樣態不能代表黃金的原始性質，這個樣態的出現只能歸功於工匠的冶煉，故此「金獅子」這個現象自頭至尾其實只是被因緣、關聯所中介而烘托出的現象，歸根究柢觀者眼前所見的僅為工匠的營造工夫這種意義下的現象而已。易言之，一旦觀者不將其眼前所見視為一隻獅子，亦不將雕像僅只看成一塊黃金，便能在直觀下同時取得「金獅子」以及「工匠緣」這兩種「立義」。

　　法藏意圖借助「金獅子」，即呈現獅子樣態的金像來顯露

46　T45，1866，501a3-501a7。

的道理是：假設果真有此現象，此現象的「有」是作為「緣起有」而與現象內容同時透露出來的。換言之，雕像的「有」僅是一種「相對」的「有」，因為金獅子的獅子樣貌原來不是屬於黃金這種質料，獅子的樣貌只不過是一種透過工匠作為因緣而「起」的、湧現的現象。觀者於此意義下所面對的現象與金像這件製品本身並不相同，這兩個思考對象之間反而會裂開一種關鍵性差距。鑒此差距，作者的論點根本不是，此「雕像物」是為某個條件、效因所引發之成果。如果法藏在獅子像身上要彰顯的是某種「相對性」，此「相對性」所涉及的議題便不會是宇宙論、存有論下的「相對存有」，法藏的相對觀牽涉的反而應該是直觀下之「現象」作為「現象」所附帶的「意涵」。

　　在上述哲學批判為基礎之下，便可以引入「緣」字相關語文學和佛學考察為佐證。最簡單的疑問出在此：假設華嚴宗所關注的現象真是因果關係、因果效應這種議題，那它為何不直接應用佛教傳承本來在「業報」名義下常談的「因果」一詞？〈金師子章〉第六節言「因果歷然」，[47] 所指的顯然是一個有前後時間次序的情況。至少「果」一字指向農業對種子成熟所取得的經驗，故可知「因果歷然」這個說法的確牽涉「演變」、「成長」這種觀念，亦即效力與效果之間的連繫。佛家所謂「因果」的確是標記著某事某物的兩種狀態雖跨越時間差距仍彼此相互隸屬的情形，而這兩種狀態也就被廣義下的因果關係連結起來。既然如此，法藏為何在提出基礎性觀點時不採

47　T45，1880，665a8。

用「因果」一詞呢？「因」和「緣」[48] 基本上屬於同樣的意義
脈絡，而且文中「因緣」這個複合字偶爾也出現。[49] 可是，法
藏很明顯地將重點由「因」移至「緣」，而且當他要闡明其學
說最根本且關鍵的觀點時，他居然只單用「緣」一個字。假設
猶如多數學者所主張，法藏果真要討論因果關係，他為何在
「明緣起」這個標題下不直接應用意旨甚為明白的「因果」一
詞？[50]

　　至於這個疑問，依據佐佐木現順的語文學考察，梵文
pratyaya 或巴利文 paccaya，即中文「緣」的來源，在早期佛教
上早已取代 hetu 即「因」，使得阿毘達磨的註疏傳承環繞
「緣」為主軸而形成新的思想體系。[51] 雖然可以如此解答涉及
傳承史的課題，但這樣一來，不僅印度思想與中國吸收、改寫
印度思想這兩個歷史脈絡之間的差異不再被納入考量，而且任

---

48 一般來說，「緣」指「次要條件」、「附帶原因」、「機會」，而「因」
　　則指「主要原因」、「必然原因」、「實質原因」、「效因」、「起
　　源」。

49 T45，1880，663b8、664b14、664b16。

50 在〈華嚴策林〉一文中法藏也說：「因果二位。同一緣起」（T45，1872，
　　598a15）。據此可得知，「緣起」指的是業報道德論上作為「因」與作為
　　「果」的兩個事件都從中湧現的基本場域。緣起說解釋如何「有」一個
　　「因」又「有」一個「果」，解釋的也就是這兩個事件之「有」作為
　　「有」是如何得來的。「因」和「果」如同任何事件一樣隸屬涵蓋一切
　　「有」的整體關聯，所以「因」、「果」之浮出都等於是「緣起有」。不
　　過，雖然這篇文章完全反映法藏的思想，但因為其用語特色，它或許是某
　　位後代作者、甚至可能是某位日本作者所撰，因此不足為證。

51 佐佐木現順，《仏教における有の形而上学》（東京：弘文堂，1949），
　　頁112-113、115-116。

何語詞上的更換在意義上也很可能導出變遷，但佐佐木現順的
闡明並未讓此意義遷移變得更清楚。即使原先印度佛家討論的
的確是某種意義下的因果關係，但佛法明顯經歷了諸種落實在
不同學說、觀念上的演變，而且一旦西來佛教傳入中土，此意
義轉變就更加深刻。日本與歐美佛學時常採取的研究方法在
於，從對印度佛教的語文學考證來爭取對中文文獻「正確」的
詮釋，52 但尤其在有關「緣」的「因果論成見」上可以發現，
此學術慣性其實是一種非常有問題的簡化。既然印度佛教自
hetu 至 pratyaya、paccaya 的歷史演變和概念轉移已經發生，既
然中國佛教也隨之以意涵相近的「緣」來取代原來為主角的
「因」，進而在「緣」這個名目下推展佛學誤以為仍屬「因果
論」的學說，在此研究者應該往下追問的是：這樣的歷史演變
對哲學而言究竟意味著什麼？特別是，當華嚴宗用「緣」、
「緣起」時，難道其所關注的情況與原來的「因果」依舊相同
嗎？多數佛學家彷彿都對此毫無疑惑，直接地假設、肯定此相
同性。

　　語文學如何解釋「因」、「緣」這兩個字的意義和差別？
「緣」一方面是：借助、運用某種工具、方式或中介，為了某
個目標赴某處。另一方面，在不同讀音下「緣」又指衣服或其
他物件上的邊緣。53 根據翁有理（Ulrich Unger）的分析，在佛
教之前的古文「緣」有「沿著走、跟隨、經過、經由、藉由」

---

52 鈴木大拙已曾批評這種作風（鈴木大拙，《華嚴の研究》，頁169）。

53 李福臻，《中文大辭典》，「緣」條（主要根據是《說文解字》）．

等意涵。[54]「因」、「緣」兩字意涵相近是不可否認的，只是「緣」字牽涉的是，通過空間或經由某種管道連繫到某事物這樣的情況，而這種關聯多數也預設一種運動，而且「緣」所標記的，不是該運動的出發點，而是其經過或繞道的路線。這個運動所瞄準的第一個目的稱為「緣」，以便其次再追求另一個對象、目標。[55]「緣」所標記的連結方式是：某個行動主體是與外在於自身、和自己有間距的另一個環節發生連結，意思是，有某個「偏遠」或「對峙」的因素被收入自己的行動範圍中。凡是「面積」都有邊緣才能成立，服裝也都有邊一樣，「緣」這種關聯牽涉某個意義上可與整體分別但卻是有必要的依附環節。鑒此，與其用在嚴格意義下指向因果關係之必然性的「依賴」、「原因」、「條件」等概念來勾勒「緣」字的意旨，倒不如依據「經由關係為中介連結到某物」這種說法來闡釋「緣」字。為了標記某個行動上可能是必然、至少是可靠的基礎和出發點，指某個行動所立足、仰賴之處，即某行動直接預設的要素，「因」字比起「緣」字更為適合。於是，「因」字也標誌「邏輯理據」和「理由」。[56]

54　Ulrich Unger, *Glossar des klassischen Chinesisch*（Wiesbaden: Harrassowitz, 1989），「緣」條：entlang gehen, folgen; auf dem Wege über, 'via', vermöge。

55　例如《孟子・梁惠王上》有「緣木求魚」，《荀子・正名》「緣耳而知聲可也」。

56　李福臻，《中文大辭典》，「因」條；Unger, *Glossar des klassischen Chinesisch*，「因」條：「靠」、「趁機會作」、「依循」、「故此」（sich stützen auf; eine Gelegenheit/ Chance ausnutzen; demgemäß, deshalb）。另外，梵文 hetu 由字根 hi-，即「催動」（to impel）（佐佐木現順，《仏教における有の形而上学》，頁115）。依據此主動意涵，hetu 似乎比起中

　　只要詳細探究被錯誤地歸類於因果論的緣起說，此學說本身其實也隱含一些啟發，足以印證「緣」意味著關聯情境。一方面歐洲因果論詢問的是：「過去」有哪個或哪些必然或充足的條件，使得某件當下在場之事或事物可能在場。佛家論「因果」時，反向在關懷的反而是：某個當下行為會在何種業報脈絡下引起哪些未來後果。佛家藉以揭露每個人對當下行為務必要擔當的道德責任。佛教所謂「因果」牽涉的是人的存在，亦即個人於救度史上追求的修行努力所承擔的業報負擔。佛家根本不關切存有者一般的客觀存在條件這種課題。再者，佛教因果論重點在於要凸顯某事，尤其是業報脈絡下的個人生活，如何被多樣關係所拘束。[57] 另外，佛教業報、因果說下的「因緣」一詞並不局限在某一個被隔離的、單純只是組成某個存有者的效應關係上，而且特別是自「因緣」一詞以來逐漸流行的緣起說反而標誌著一種蘊含諸多不同性質之因素的組織，不一致的若干連結共同重疊糾纏所形成的、篇幅廣泛的整體關聯。這種因緣組織蘊含的各類環節只有極少數才可能合理地被歸類成歐洲式因果關係的這種效應法則。[58] 猶如佐佐木現順就早期

　　文「因」更符合歐洲的機械性因果觀。即使可以當動詞理解「因」字，但就此字的內在邏輯而言，「因」其實指被動一面，是指「獲得所倚靠」。

[57] 佐佐木現順，《仏教における有の形而上学》，頁131、145。早期中國佛教界有關「更生」、「結生」問題的討論，例如鄭鮮之（字鄭道子）的〈神不滅論〉，已經充分印證這種基本導向。

[58] 為了大致勾勒「緣起」即基本關聯情境中的十種面相，佛家經常運用公式一般的列法，提出「六因」和「四緣」：「能作因」、「俱有因」、「同類因」、「相應因」、「遍行因」、「異熟因」；「因緣」、「等無間緣」、「所緣緣」、「增上緣」（佐佐木現順，《仏教における有の形而

因緣說所揭示的，此學說的意旨明顯脫離歐洲因果論之宇宙論、物理學式的界定範圍。[59] 特別是歐洲因果論所預設的時間次序這一理念以及某個關係中「附加條件」與「有所仰賴」之間的明確劃分，佛教因緣說到某程度則捨棄這些觀點。舉例來說，重要的、法藏也常提的一種「關係」範疇是「同時相應緣」，此互相連結的模式就是以雙向交換這種觀念徹底否定因果法則不可或缺的固定效應方向，即「因」和「果」之間的先後順序。[60]「同時相應緣」令人想起叔本華（Arthur Schopenhauer）對康德有關「相互效應」（Wechselwirkung）的論說曾所作的嚴厲反駁。[61] 不但是「相互效應」更何況是「同時相應緣」這類觀念顯然與歐洲的古典因果觀不吻合。

不過，佛教因緣說在某方面並不全然脫離時間性，涉及關聯情境的許多範疇性界定仍然保存時間差距。[62] 即使某些文獻彷彿排斥宇宙論式的時間差距，也企圖捨棄一般人的時間觀，[63] 但法藏深入思考「以時間性模式存在」（Zeitlich-Sein）如何在

上學》，頁112）。就此清單來看，這其中大概只有「能作因」似乎較符合歐洲所謂「因果關係」，其他類型頂多只能說是標記某些「關係」所呈現的「特色」或「面相」，並不足以掌握「因果法則」這種情形。

59 佐佐木現順，《仏教における有の形而上学》，頁110。然而，甚至佐佐木氏卻將「緣」又歸結到一種與宇宙論相似的架構，以致用德文 Werden，即「生成」來描述「緣」如何拘束某事物的存有狀態（同上，頁160）。

60 佐佐木現順，《仏教における有の形而上学》，頁119-121。

61 Arthur Schopenhauer, *Die Welt als Wille und Vorstellung*（Zürich: Diogenes, 1977），vol. I, pp. 562-567.

62 佐佐木現順，《仏教における有の形而上学》，頁119。

63 例如法藏在〈流轉章〉一文中對是否實質有「當下」這回事提出質疑：T45，1874，619b2-619b10。

詮釋活動上發揮作用，同時賦予了時間性非常關鍵的地位，這在下文將詳細闡述。只不過，歐洲因果觀不可能同時涵蓋出於時間之外的以及歸屬時間框架的幾種不同面相。

反過來看，某種出於時間次序之外的「相互效應」這個觀念也不適合單獨引導一整個華嚴宗思想相關的詮釋。易言之，研究者不應該將因緣說或緣起說簡化到僅屬存有邏輯而毫無生成現象的「相互依賴」這樣的單一觀點，不應該透過某種有關「時間上之橫向關係」（horizontal relationship in time）[64]的構想來解釋一整個因緣說。佛教有關關聯情境的學說肯定不容易理解，但至少可以肯定的是，這套學說顯然企圖以更廣泛的方式在所謂「有」之中凸顯以多樣意義發揮作用的、原本的關聯情境，而且此關聯情境首先而且主要所隸屬的是詮釋活動這個實行脈絡，關聯情境基本上牽涉對各種「有」之意義的詮釋學領會。既然「有」之為「有」勢必有賴於某種對此「有」之意義闡釋，關聯情境也就標記著這個意義闡釋原本所身處的場域。每當思考者面對著某個「有」的時候，他都已經賦予這個「有」一個如此這般的存在模式，使得該「有」其實等於「闡釋下之有」。一旦某個「有」被當成具有某個意義而湧現之「現象」看待時，該「有」就其意義而言是呈現各式各樣的關聯作為居中諧調。為發揮諸種意義連結之關聯情境所產生之「有」就等於是處於眾多因緣下之「緣起有」。總之，佛教上的「緣起有」與歐美因果論者所假設，倚靠實體而積極地存在的「實物」、「存有者」截然不同。雖然歸屬詮釋脈絡的「緣

64　Cook, *Hua-yen Buddhism*, pp. 14, 70.

起」觀念包含一般宇宙論式的因果關係在內，但千萬不可將其整體全都化約到「因」和「果」之間的效應關係。以上所述只是要將「緣起法」學說的基本目標和架構清楚地顯露，以奠建華嚴宗思想「詮釋學」研究場域的基礎。[65]

第四節　空無

由於眼前的金獅子像只是「緣起有」，因此它並無「自性」，唯一具「有」的就是獅子這個樣貌。可是這個樣貌也只是「假有」，獅子樣貌並不是個實體，它不具真實存有，因此歸根究柢眼前的現象是「空」的。〈金師子章〉的「辨色空第二」[66] 是藉由直觀情形來闡明呈現某種外觀即「色」這個

---

65 舉例來說，為了理解有名的關於「舍」，即房屋比喻的概念，便不可以採取存有論、宇宙論式的立場，唯一適合的立足點只有詮釋學邏輯：只有藉由椽等組成零件的結合，一間房屋才成形，但所謂的「椽」這塊木頭也只有裝在房子上才會成為「椽」。故此，「椽」與「房屋」兩者都不會獨立出現，兩者均只是「緣起有」。闡明「緣起有」的這則例證彷彿是就一種邏輯學式的共時性來思考某物的各種「意涵」，而並不是在談該物的實質生成或存有。這段討論也自然提出「六相」作為各種「意義」關係上的範疇（法藏，〈華嚴一乘教義分齊章〉：T45，1866，507c29-508b1）。同理，常見「一多」之間的轉換構思與「十門」條列方法，這些思考兼論述模式都在應用數字與數字之間固有的邏輯關聯來闡明各種項目，即各種「意義闡釋」或「觀點」內的多樣因緣關聯（例如法藏，〈華嚴一乘教義分齊章〉：T45，1866，503b24-504a22）。依照這些方式被闡述的諸種例證雖然只有隱喻價值，但這個闡述模式本身始終以各種「詮釋學視角」為出發點。假如佛家要解說的是歐洲式的因果關係，難道不會找到比「椽」與「舍」更適當的隱喻意象嗎？

66　T45，1880，663c20-664a4。

「有」與根本「空」之間的關係。「空觀」是佛教最古老的傳統之一，而緣起說既肯定、鞏固卻同時在鬆解「空觀」。倘如因呈現某種外觀而被認定為「有」的某個現象源自關聯情境，此現象便必須以另一種方式來被看待，也就是原先被認為是「有」的那件顯現出來的事物其實必須被看成是「虛空」、「虛無」的。此刻眼前之現象式的「有」轉成與「空」有稠密親緣關係的「無」。一旦修行者體悟呈現如此這般之外觀的現象只是在某種關聯情境下才成為「物」及「有」，該事物便不再可能被視為實質是「有」，它反而是「空」。其理由在於，還有許多其他事物，即許多其他可能的現象，因為緣起的關係而屬於該事物、該現象，因此這個現象所標誌的根本不是原來被關注的那個獨立實物，反而標記「不在場者的在場」：由於該現象依關聯情境所牽涉的其他物件都不在場，因此明顯在場的這個「事物」其實是空的、不在場的。於是，關聯情境所展開的牽連脈絡是無限開放的，以致沒有任何事物即現象實際就是其所是，一切其實是空的、虛無的。任何「實有」都只是在某個假設下湧現出來的「有」：若無他物，此物亦不可得「有」。一切事物之「有」其實僅是虧欠他物之「有」，一切皆是假借之「有」。

　　大乘佛教將此觀點擴大，系統性地否定任何「實有」、「實在」之可能。這種作為思考方法的否定是應用「四句」邏輯，進而藉由所謂的「歸謬法」（reductio ad absurdum）解除任何有關「有」的積極主張：首先思考者依據詮釋學在意義與受詮釋對象之間被預設的詮釋學差距以及此差距所標記的基本詮釋學關係來對某個現象或思考對象提出「有」和「無」這兩種

相反意義闡釋。例如說，由於眼前金獅子像的確有獅子樣貌，因此可得說它是「有」，但由於它是一尊雕像而並非真實的獅子，所以觀者若要說那裡毫無獅子可言，則金獅子就等於是「無」，這樣的主張也不是不合理的。再來，依據這個前提，這兩則相反的闡釋均成立，「亦有亦無」的結論便可以合理地被推出。不過，由於這樣的悖論不合乎常識，也由於這個推斷內有矛盾，因此觀者最後還是只能保守地推出「既非有亦非無」這種結論。這樣一來，「四句」邏輯否定的是「或是或不是」這種單純的二元邏輯，根據基本詮釋學差距來凸顯思維無從解除的模稜兩可，即一種根本的「相對情境」、「雙重情境」。

「四句」邏輯最早是印度龍樹所創造的思辨方法，但中國僧肇、吉藏等思想家環繞「中道」為主軸，賦予了重要的更改，以便讓天台宗與華嚴宗在中國佛教思想之黃金時代將這個思辨方法的否定模式轉成一種詮釋學手段。在中國佛教思想的發展當中，原來是追求有關某物之實際存有之公式化斷定的「四句」邏輯逐漸轉成一種在意義闡釋時使之模稜兩可的操作方法。易言之，在「一切皆空」這個核心命題上發生一種鬆解與撇開，讓佛家主張：某物即便只是「緣起有」，即使它只是在一種廣泛的關聯組織下才可能湧現出來，即使該物的「實質存在」被諸種因緣居中諧調而減少，但在某種意義下它仍然算「有」，並不全然落入「空無所有」這樣的絕對否定。藉由一種詮釋學式的相對主義，尤其是以華嚴宗思想作為方法而克服的否定，「空無」不再被視為是與現實相關的最高真理或價值，即「現實本已為空無」這種道理不再被提出。在詮釋活動

本身所代表的關聯情境，即在諸種意義闡釋這種因緣組成的諧調場域上，「空無」不再被假設為一切「有」之實際根底，空觀變成中介和承載體。藉由這個歷史框架，便可以再更詳細探詢法藏文章的第二節究竟瞄準何種宗旨。

乍看之下，讀者或許認為第二節要闡明「材料」和「形式」、「形象」這種關係，而且「形象」似乎是主題。去除「材料」即黃金之後，金獅子像的「形象」，即獅子的樣貌就立刻被消滅了。相反的，「材料」一樣只是透過其所呈現的「形象」，它才可能被接觸到。依據亞里斯多德所言，作為任何存有者之基礎性成分的「材料」或「質」和「形象」或「本質外觀」、「艾多斯」這兩個環節是相互依賴的。然而，法藏要闡明的果真是歐洲哲學這則存有論原理嗎？讀者當然可以將金獅子視為古典意義下的「存有者」。然而，作者兩處導出的總結是：我們眼前所見的某種意義下是「空」和「色」亦即某現象、樣貌之間的「關係」本身。這則結論所透露出的，不就是完全不同的導向嗎？歐洲哲學所謂「材料」難道可以與「虛無」，例如虛空空間這種觀念，相提並論嗎？閱讀至此已可充分明白的是，這是一種普遍有效的提醒：在當代的學術平面上非常理所當然地被引進來的歐洲哲學典範其實會將中文文獻的當代解讀導向錯誤，遮蔽了文本的原義。

依據主題可以確定，法藏所瞄準的不是獅子這件物品的存有論身分，這段申論所涉及的是一則古典佛教教義，即凡是「實有」這種現象均附帶「空無」這一向度。由此觀之，唯一會令讀者稍感驚訝的是「色」字。與「空」相對峙之「色」歸屬可見的顯像、表達以及諸種詮釋學意蘊這種範圍。「色」原

來是梵文 rūpa，即「容貌」、「形象」、「實物」的中譯詞，佛教上「色」另此也標誌「紅塵」與「肉體」、「肉慾」。不過，華嚴宗並不特別著重「色」字的道德意旨，反而從一開始就賦予這個觀念相當抽象的詮釋，來讓「色」與「相」二個觀念連結起來。「空」字是梵文 śūnyatā 的中譯，卻時常被中國思維原來應用之「無」所替代。與「空」、「無」相對峙的是「實」或「有」。

　　文中的「色」果真可與某去除「材料」或「物質」（hylē, materia）之後的存有者唯一殘餘的「形象」、「本質外觀」或「艾多斯」這種概念相提並論嗎？這一段為什麼難以理解的原因之一在於「色空」[67] 一詞本身，因為這個詞彙在文法上不清楚它究竟指「色與空」還是指「屬色之空」又或是指「作為色之空」。唯一似乎可以確定的是，此處「色空」應該像複合詞一般，「色空」並不是一個例如「色乃空也」這樣完整的句子。然而，法藏文筆簡約精準，像這樣的用法也不會不可能，[68]所以任何文本解讀就必須倚靠上下文脈絡以及直觀下的現象為根據。

67　T45，1880，663c25、664a1。

68　假設作者這裡要依據龍樹的名語來主張「色即是空」（龍樹，〈大智度論〉，T25，1509，198a3、450c3），照理「色空」之前會有一個「謂」字而不該有「名」字。於是，觸目的是，法藏似乎僅只引述龍樹所言的一半，而漏掉後半部，亦即「空即是色」。再者，即然法藏有意不說「即是」或「即」，他也就不明白地提示「色」和「空」之間究竟有何種關係。或許正好是為了藉由一種文法上的模糊情形來排除對此名語的普世理解，法藏便故意如此簡化該引文。據此例證可見，就言語表達和思考方式而言，針對傳統法藏則都保持距離，隨而導出重要的創見。

那麼，我們眼前到底看見了什麼？金像的獅子樣貌究竟在何處？獅子這個樣貌是摸不著的，它既不是銘刻在黃金上，也不是一張獅子畫像的細膜套蓋在這塊黃金上。這塊黃金唯一所有僅為「金體」，即金塊本身。金之所以名為「體」不是因為它借用獅子這種形體，也不是因為它是占據空間的物體或存有體，理由反而在於，黃金或者說黃金在比喻中所代表的環節，此環節基本上扮演如同「身體」一般的角色，類似「機體」、「肢體」[69] 一樣，「金體」整合、囊括這個現象的所有面相。再者，雖然就歐洲哲學的理解方式而言，「金體」本身不得具有任何「形式」、「形象」、「外觀」，但由於獅子的「樣貌」正好一樣不實在，因此就此現象來說，「金體」這個環節反而成為唯一的「有」。由此觀之，觀者所凝視的情形等於是一種「色與空」，亦即在「形態與空無」之間被展開的關係。

---

69 依據翁有理的分析，「體」字既可當「名詞」，亦可以當「動詞」用，「體」或指「內部有結構的全體」、「肢體」、「機體」、「四肢」、「部分」、「結構」、「形狀」、「個性」等意思，又或它指「化為身體而存在」、「內化」、「容納」、「整合」、「賦予秩序」等動詞一般的意思（Unger, *Glossar des klassischen Chinesisch*,「體」條：Körper [als gegliedertes Ganzes], Gliederbau, Organismus; Glied[maßen], Körperteil, Teil; Struktur, Gliederung; Gestaltung, Ausprägung, Charakter; verkörpern; in sich verkörpern; gliedern, organisieren; eingliedern）。在佛教脈絡下「名詞」和「動詞」兩種用法都重要，因此為了避免經由某種很容易發生的「形上學替代」（metaphysische Substitution）以「實體」、「本體」（Substanz, hypokeimenon）等歐洲概念詮釋中文「體」，務必要記著中文「體」有主動一面。再來，「體」多處與「用」對峙或合併用，以便組成下文會更詳細說明的、迄今在整個東亞哲學術語上仍然發揮作用的「體用」這一理念。

作者似乎否定金獅子像這種現象實際有樣貌，但他同時彷彿卻肯定黃金為實物。難道這不吊詭嗎？

　　讀者一開始或許傾向於依照歐美哲學區分「形式」與「材料」的範例，將「色」、「形態」分配到「獅子」，又將「空」分配到「黃金」。可是，這是錯誤的看法。理由是：黃金呈現的獅子樣貌僅為「虛」、「不有」，因而至此整個構想與歐洲哲學將無材料之「形式」當成「純粹觀念」之理解似乎吻合。不過，根據這樣的理解方式扮演「材料」這種角色的「金體」如何既會是「空」，同時卻又「不無」呢？「不無」不就是某種意義下的「有」嗎？讀者或許會認為，「材料」和「形式」這兩個存有論元素都不能獨立存在，兩者必須合併起來才能組成某件「存有者」。不過，在法藏的文章裡找不到任何積極被設立之「實有」可言。眼前可見的金獅子像根本不代表一隻真實的獅子，故整個現象從一開始就被命名為「幻有」。[70] 結果，法藏的比喻不論是「材料」還是「形式」雙方面都既是虛假、空無，但卻又不能說這隻金獅子根本不存在。鑑此，「色空」所標記的否定違背所有根植於存有論的觀看習慣。讀者即使一開始或許以為，可以從作者敘述金獅子像這件物品，從「師相」和「金體」便取得論證，但仔細一想，這樣的預測只不過是天真的，與文本實際所言不吻合，法藏討論的根本不是亞里斯多德在辨別「形式」和「材料」時所瞄準的那種實物客體。

　　那麼，是否認清「顯現」與「本真地存有」這兩個觀念的

70　T45，1880，664c4。

對立關係就有幫助？至少柏拉圖式的「顯像」（phainomenon）
與「純所思」（noumenon）這種二界對立的構想肯定不適用法
藏詮釋「色空」。理由在於，柏拉圖式的思考架構一樣涉及實
質的「存有」而從一開始排除「虛無」、「不存在」這種觀
點。依循柏拉圖式的形上學立場，即便個別顯像並無完整之存
有甚或是假像，但其本真的存有核心，即其理想化的「本
質」，仍然可以被積極地理解為真實存有，因此虛假的「顯
像」不可以簡直地稱為「空」、「無」。然而，研究者一旦依
據歐洲的存有論傾向賦予「空」某種猶如「真實本質」一般的
積極價值時，[71] 這種架構便已經誤導了佛教的核心想法，也就
是經不妥當的「哲學物化」將存有論式的「格位替身」
（hypostasis）套到佛教之「空」上。

　　對於屬「性宗」脈絡的思想，也就是天台宗與華嚴宗，要
特別小心。在此支流上「性」彷彿扮演相較來說是積極的角
色，而且在一些重要意義脈絡下此「性」似乎取代關鍵概念
「空」。即使可說在這個思潮上發生的是一種「積極轉向」，
但若將所謂的「佛性」簡直地還原至存有論式的「本質」或
「純所思」，毋寧依據「空」字的本義，猶如葛樂各利與詹密

71　例如庫克似乎就落入歐洲這種思考慣性，因為他主張在中國有一種「積極
　　的」（positive）相互關聯狀態取代印度的空觀，並推斷：由於萬物皆有
　　「虛空的本質」（empty essence），所以皆有「同一個本質」（identical
　　essence）（Cook, *Hua-yen Buddhism*, pp. 48, 63）。易言之，庫克非常理所
　　當然地應用「積極」、「本質」等取自歐洲形上學傳統的概念，完全忽略
　　佛教空關的內在弔詭。

羅曾所提議的，[72] 將「性」、「佛性」視為一種發揮作用的「場域」。由此觀之，佛性說與空觀兩者的區別在於，「佛性」指的是詮釋活動本身在向救度之途上產生的一種中介因素，而且此中介因素是一種動勢，以致它與某種本質性作用有一些相似，它不再等於是絕對的空無。

　　與其將色空說歸結到存有論，進而推出一切皆「本空」這類的獨斷論點，倒不如將「色空」當成一種詮釋學策略看待。這表示，詮釋活動本身是以「色空」這個名義一直不斷地設置一種辯證法式的「對立關係」，隨而從中取得詮釋視角、詮釋觀點。文章第二節所企圖的是，要將有關「一切皆空」的基本信念轉換成這樣的觀點：即便萬物皆空無所有，但將萬物闡釋為「空」這種理解之所以成為可能，有賴於各種詮釋活動當中受詮釋的對象還是呈現「色」，即代表某種「樣貌」和「立義」。唯有當萬物作為「顯像」和「現象」，也就是唯獨當其以各種面貌即「色」顯露時，佛家經由「色」作為居中諧調所推出的「空」才有意義。然而這樣一來，「空」便已經移到另一個論述層面，「空」不再指涉萬物的性質，此「空」反而標記涵蓋所有一切詮釋活動的「場域」。在「色」引發空觀之際，「空」其實讓「色」作為「色」而顯露出來，「空」也就讓「以某種樣貌顯現」這種事情發生。只有透過「色」和「空」之間產生交流、交換的方式，只有在萬物以萬物的樣貌業已出現時，在萬物針對觀看與闡釋活動體現「色」這一面之

---

72 Gregory, *Tsung-mi and the Sinification*, p. 212以及Gimello, "Apophatic and Kataphatic Discourse in Mahayana. A Chinese View," p. 119.

時，「空」方才成為「空」而起作用，也就是此刻「空」才獲
得佛家認為是貫穿一切事物之根源的這種意義和地位。

　　在〈華嚴策林〉一文中法藏說明「色空」所標記的是一種
詮釋學關係：

> 色依空立。空約色明。互奪則二義必亡。互成則兩門
> 俱現。現時即隱。故觀色而常空。空時即顯。故觀空而恒
> 色。色既非色。空亦非空。互有力而互無。互相成而互
> 奪。故無生之義遂彰。由相成。故緣起之門乃現。色無自
> 性。舉體全空。空無自體。舉空全色。[73]

就「觀色而常空」與「觀空而恒色」這兩句話可以得知，
「色」、「空」所指的都不是某物或某種狀態，而是某種「觀
點」，亦即詮釋活動當中湧現的某種「面相」。研究者不該將
空觀歸結到「萬物均擺盪在幻象與真實空無之間」這種論述架
構。若從空觀的否定意旨和其另外對救度獲得的「積極」效力
來看，空觀反倒是在「色」與「空」之間的詮釋學關係或意義
關聯上發揮實際的作用。「色」和「空」都是針對「緣起有」
而各自代表一種基本的意義闡釋，而且經由一種關聯情境，即
詮釋學的、意義的關聯情境，這兩種相反意義闡釋乃彼此相
屬。重點在於這兩種相反闡釋或觀點之間產生的意義關聯本
身，而不在於某種被假設的「空無」作為終極環節。雖然當初
「緣起有」這一觀點似乎只是為了證成而被提出，某物既然無

73　T45，1872，598a28-598b5。

「自性」而且僅只具有某個「相」，因而其「有」其實非「實有」，但此處「緣起有」，即關聯情境這種觀點，已經非常清楚地透露出其詮釋學意旨。易言之，藉由色空說，華嚴宗思想徹底捨棄關切實物的存有論立場，它推展的是詮釋學的立場。為了更深入理解華嚴宗在佛教這一脈絡開拓的新架構，研究者顯然必須先解析該思維的詮釋學導向的意味。74

第五節　「六相」

「括六相第八」75 在介紹有關「六相」的學說。「六相」標誌在詮釋活動這個關聯情境下產生的六種基本意義觀點。上文「師子相」所謂的「相」指涉某物落入「色」這個現象界所呈現的形態、樣貌，也就是它在觀者、闡釋者的眼光下代表的整體意蘊。然而，作者在此處透過「六相」分別界定任何樣態所附帶的六種意蘊面相。「六相」標記著所有對象之「有」作為「緣起有」呈現給闡釋者的六種基本意涵，而且因為是「緣起有」，所以這六種詮釋觀點勢必超越個別對象本身，而牽涉一整個意義所自的關聯情境。「六相」中每一個意義面相其實涵蓋並牽涉一整個大的、有關所有詮釋對象的詮釋場域。任何被關注的對象附帶一種通常不被關注的「意義背景」，而且不

---

74 有關「色」與「空」的關係作為一種「詮釋學」式的關聯也可以參考：法藏，〈華嚴發菩提心章〉：T45，1878，652a5-652c27；澄觀，〈華嚴法界玄景〉：T45，1883，672c20 - 676a7；宗密，〈注華嚴法界觀門〉：T45，1884，684c20 - 687b3。

75 T45，1880，666b7-666b16。

同意義面相是由不同角度各自都涉及這個意義整體。任何對象都會按照不同面相，在不同視角下，顯露其在關聯情境中與其他對象固有的意義連結。易言之，當某物被當成某物看待時，除了某種內容界定之外，「將某物闡釋為某物」這一舉還隱含另一種範疇性意蘊，而此意蘊牽涉的是該物原本上與其他物和其他意義闡釋所具有的相屬關係。「六相」標記的是組成意義關聯情境基本上具備的六種類型，而且其中任何一種都猶如範疇一般，與某物各自具備的特質，即與它固有的個別意涵同道而來。總之，六相說所回應的問題是：在意義闡釋下某種特殊樣貌，例如「獅子」蘊含哪些組成性因素，這些組成性因素當中尚未被專題化的、指向其他意涵的又有哪些？換言之，六相說彰顯六種基本詮釋學範疇，而正好藉由環繞這些詮釋學範疇為主軸，使華嚴宗思想能夠推展「緣起有」即關聯情境這個核心觀點。

　　具體來說，當觀者掌握金像的獅子樣態時，這種觀點和意義闡釋稱為「總相」，因為一隻獅子的樣貌包含其四肢，以形成一具整體。一旦觀者分別關注如四肢一般可分開識別的「五根」時，[76] 他所面對的獅子樣貌則不再是「總相」，而各樣不同部塊的樣態稱為「別相」。在「別相」觀點下，觀者所專注的是獅子「總相」中的各種特點。再來，當觀者不再瞄準「獅子」這個整體意涵時，當他另從「別相」中看出的這具雕塑上所有的部塊都在「緣起」這個前提下被工匠打鑄成「一體」

76　T45，1880，666b8。此處「五根」可以理解為組成獅子，並使得獅子成為獅子這個整體樣態的諸種不同部塊。

時，觀者便又再專注涉及所有部塊、是所有部塊共同隸屬的模態，也就是看出「同相」。反過來，在觀者暫時忽略此可見的獅子樣貌就是一個整體現象時，在他遺忘「總相」和「同相」之際，他的凝觀就暫時脫出整體印象而僅聚焦在獅子軀體上的某一個區塊，例如只注意鼻子或尾巴或其他細節。此刻，「金獅子」這件對象物又出現另一種範疇性模態，即「異相」。可是，若觀者在各件部塊的特色中都看出「金獅子」這個整體樣態和整體意涵，若他在每個細節上都看出個別部塊的相屬狀態與關聯情況，他便會從不同焦點來組成單一的一具完整的獅子軀體，以這個方式他又會獲得「獅子」這種視覺內涵，但是這種意義下的現象不再是「總相」而是「成相」。最終，當然觀者反過來也可能僅分別專注不同部塊而根本不會發現自己眼前就有一個整體現象，即一整隻「獅子」。某種意義下，看不見整體現象與整體意涵會讓整隻獅子這個樣態粉碎瓦解，故此這樣的觀點與這樣的意義闡釋稱為「壞相」。

　　只有經由類似上述的反思過程，這段文字所牽涉的範疇性平面及其所隱含的、非常密集的意旨才會充分清楚地暴露出來。只要讀者以對金獅子像的直觀體驗為引路線索，只要他扣緊「相」即「可見的樣態」、「知覺可得的意涵」這個現象介面，他便會徹底領會「相」作為普遍且抽象的「範疇」所代表的意味：「相」隸屬詮釋學脈絡，指的是一種「意義闡釋」、一種「賦予意義的模式」。這段文字彰顯的是，同一件對象物，即「獅像」這個外觀、樣貌在直觀下產生的幾次意義轉換：面對同一尊雕像，觀者有時這樣看，又有時那樣看。然而，不同樣態，亦即不同「看法」、「闡釋方式」個別所代表

的意旨，在不同介面下都揭露關聯情境此基本情況。一來，所有的看法都將觀者以不同方式歸結到同一個現象及同一件對象物。再來，這個豐富多樣的現象、對象關係從一開始在每次的直觀和意義闡釋當中就已經發揮作用。這意味著，在直觀活動落實於任何一種現象、對象關聯上時，所有不同範疇性看法或隱或現地都一同湧現出來。在觀者集中於某一種特殊的「相」之時，其他五種「相」也都潛藏在這一個看法中，以致六種基本觀看、闡釋模式即「六相」其實彼此都相互連繫。由於「六相」中任何一種看法只不過是該對象物在關聯情境為前提下所體現的一種「樣態」與一種「意涵」，因此這些看法都彼此相互歸屬。只要觀者依循任何一個範疇性看法凝觀並闡釋某個現象，其他範疇性看法便都也生效。若觀者從來無法以「總相」這種整體印象看待其正在凝觀的對象，那麼「別相」這種剖析式的看法根本不會成為可能。鼻子、尾巴等「異相」都預設「同相」，否則鼻子、尾巴等處根本不可能被領會為屬於一隻「獅子」的鼻子、尾巴。當觀者並不馬上明白此對象物究竟為何物，而稍後才明白並設立「成相」時，此突破其實源自某種意義下為「失敗」的直觀經驗，亦即「壞相」。「六相」的內在連繫若是反向地來思考，當然也會成立。

　　「六相」這六種基本看法的共同點和關聯在於，六種範疇都源自觀者對所見之對象物從不同角度進行的直觀和意義闡釋，也就是說一切「樣態」都根植於觀者不得不實行的詮釋活動中，否則觀者根本無所見，亦無「現象」可言。因此可得知，「六相」不但不是標記六則教條，而且所指涉的也並非個別不同的對象物，「六相」皆指向同一個對象和現象。「六

相」標誌著觀者對同一件直觀對象或現象所進行的、各自不同
的意義闡釋，也就是觀者每當以不同眼光看某個對象或對某個
現象而有不同發想時，他早已經是透過不同方式來領會、詮釋
自己所見、所構思的內容。六種「相」分別都源自觀者進行的
同一番闡釋活動，「六相」的根源也就在於觀者可以採取個別
不同範疇性介入或「意向」看待或構想某個對象。然而，正好
是同一番闡釋活動這種原本的關聯情境，使得詮釋者可採取的
三種基本「意向」之間不但內部產生辯證法關係，而且這三種
基本「意向」之間必然有意義上的連結。

　　對歐美哲學而言，上述第一種對立層面乍看之下頗為熟
悉，它彷彿牽涉「部分」和「全部」之間的關係。或許甚至可
以在「一具多」[77] 這個「總相」和「別相」的對立上，依據存
有論邏輯額外分出「差異性」和「同一性」為另一種範疇性關
係，而且這大概就是很多現代學者對六相說理論意旨所持的見
解。例如歐丁推斷：

　　　〔…〕每一對對照特徵標記著某個全體（即『格斯
　　塔』）與其諸種作用性部分之間固有的關係。[78]

可是，以上所描述的情形果真雷同形上學、存有論或功能主義
在整體與部分之關係上的構想嗎？難道法藏勾勒的「六相」都

77　T45，1880，666b8。

78　Odin, *Process Metaphysics*, p. XVIII: "[…] each pair of contrasts signifying the relation of a whole （i.e., a Gestalt） to its various functional parts."

隸屬「空間」範疇，都歸結於某種空間方位這種觀念嗎？易言之，法藏所陳述只是將物體與物體連繫起來的這種單一關聯構思嗎？難道他不是分別瞄準幾種不同關聯情境嗎？法藏所應用的獅像、獅子軀體四肢等環節若放在古典存有論來看，確實都為空間中之實物，但法藏所陳述的觀點不都僅只是比喻、隱喻嗎？

學界一般所採取的存有論式解讀之所以值得被質疑首先是因為「成」與「壞」這種似乎屬於發生論的範疇為何會在有關「全部」和「部分」的存有論邏輯下出現？再者，雖然學界所謂的「同一性」（identity）這個基本範疇與所謂的「全部」性質相同，「總相」、「同相」、「成相」仿佛都暗示到某種「實體」或「本體」觀點，但這樣的整體單元仍然被法藏還原至「緣起有」這種關聯情境，甚至等同「實體」這樣的範疇都一樣瓦解於關聯情境的大相屬交織之中。這種觀點難道不奇怪嗎？法藏這樣的陳述豈不嚴重地違背、侵犯存有論最為基本的信念和原理？

文章第一節闡述佛家對「緣起有」所取得的體悟，也就是任何事物或現象只是在一個原本的關聯情境下才可被「認為」並可「說」它代表如此這般的「有」。然而，為了充分領會華嚴宗思想上關聯情境這一觀點的多樣闡釋，研究者應當首先將自己的立足點從存有論領域遷移到一個更廣泛的思考架構，即詮釋學的領域。一旦學界局限於因果關係這個觀念為解釋「因緣」、「緣起有」等教義之唯一可能性，那麼學界已經離棄了解析六相說意旨的基礎。六相說並不代表有關部分和全部這種存有論關係的學說，它反而是藉由不同範疇性類別來闡明關聯

情境這個根本的詮釋學現象。為了對此主張取得論證，可以將
「六相」與「勒十玄第七」[79]一段所討論的、有具體內容的關係
互相對照。這樣看來依照歐美同一性哲學的作風將六相說理解
為存有論分析就不適合了，因為有關「十玄」之陳述主題很明
顯不是某物在存有論視角下具有的特質，反而是某物針對闡釋
者所呈現的各種理解可能性。一般既然認為「六相」所標記的
就是某種「關係」，那麼為何不將六相說跟第七節陳述的「十
玄」即十種深奧情形和諸種「意義」上的關聯情境連結起來？
再者，法藏接著討論囊括五大歷史宗派的判教說，他從關聯情
境這個觀點來推展歷史的統合，讓讀者透過眼前的金獅子像直
接「看出」整體統一，也就是從中取得猶如圖像一般的具體印
證，而不停留在抽象的邏輯推理平面上。研究者若由這些文本
情況與以上所提的疑問與考量來思索「六相」這個教義，他便
不再可能否認的是，六相說並無其他意圖，六相說只是要彰顯
任何關於金獅子像的凝觀和闡釋所源自的詮釋學式關聯情境。
以上敘述再對因果論下解讀華嚴宗的緣起說這種當代佛學共識
提出理論上的質疑。一旦學者將某些理論假設暫時擱置一旁，
便可充分明白，對於這個基本的疑問，甚至連〈金師子章〉這
麼短的文本都有不少根據。

79　T45，1880，665a19-666b5。

第六節 「判教」的義理

　　為了將佛教有關「緣起有」以及關聯情境的洞察自狹隘的歐洲式因果觀解放出來，並且為了具體印證此學說所具有的廣泛意義，焦點便要移到歷史，把歷史作為最大的關聯情境。華嚴宗雖然基本上承襲天台宗思想上早已發展成熟的「判教」體系，但法藏卻賦予判教方法一個重要的轉向與更新。〈金師子章〉「論五教第六」[80] 這一節的主題是佛教諸種基本教義在歷史上曾所經歷之演變以及所有宗派學說之間的連結。作者藉此步驟也揭露出各個議題與所有其他議題之間固有的辯證法關係。於是，經過不同歷史階段的思想發展，一種整合性教學脈絡成形，而使得個別不同議題、論點之間本來固有的時間差距和前後次序被意義上的相屬情況消解。

　　在這種佛法傳承相關的整體詮釋當中，華嚴宗本身所持的見解，亦即修行者最後可能完成內涵最為深厚的「一乘圓教」[81]這則教義，與法藏之前提列的諸種學說，甚至還包含華嚴宗本身所反駁的立場，都有積極關係。換言之，「一乘圓教」的立場一方面將所有其他學說都作肯定並收納，但另一方面此收容也等於是一種超越和捨棄。理由在於，正好在整個佛法傳統以法藏的觀點為中介而被諧調、整合之際，所有他異學說其實是持續積極地生效的，其他各個宗派的立場都轉化成為法藏教學裡起作用的方便門，即一種他可以借助、應用的切入點。由於

80　T45，1880，664b14-665a17。
81　T45，1880，665a15。

「一切即一」和「一即一切」82 這種方法論原理，不同甚至彼此相反、敵對的學說其實都各自具有其道理與合法性。當法藏說「萬象紛然。參而不雜」83 時，這種不混雜的相屬情況表示諸種學說彼此都有內容和意旨上的糾纏關係。由一乘即華嚴宗來看，在「情盡體露」、諸種學說「混成一塊」84 之時，先輩諸種錯誤見解自然流入華嚴宗所代表的「一乘圓教」。諸種學說之所以既可被接納亦要被破除的原因在於「一乘圓教」這個立場所標誌的，本來是整合歷史的全部的宏觀。依循這樣的思考方法，法藏就可以在自己的構想中給他人的學說分配其各自該有的、最為合理且適當的位置和意義。

　　「一乘圓教」所追求的是一種涵蓋一整個歷史的統合理念，尤其是從《華嚴經》中華嚴宗取得了一種針對這個統合理念的教條式理據，藉以擴延天台宗的判教觀。華嚴宗相信這篇經文是佛陀最晚的現場講教記錄，因此華嚴宗認為它最完整、最能總結佛陀所有於其他地方和其他時間所講述的佛法真理。在佛陀對向救度之道路所作啟示的推展歷程來說，此經文並不局限於僅只代表某一個時段，此文是「即攝一切時」。85 所有佛法都為《華嚴經》所總括，此經文彰顯一切佛陀所言的真實義理。透過「判教」這種教學手段，一代一代陸續問世的佛教學說均被收入到一種普及史的版圖。這種歷史觀將不同等級分別列出，以便涵蓋諸種就地位、意義、作用各有不同的學說，

82　T45，1880，665a6、665a8。

83　T45，1880，665a4。

84　T45，1880，664c27。

85　T45，1866，483c13。

藉以證成自己的學說以及自身所立足的觀點最為圓全。自己的
教學實踐是經由不同佛法相關的現有詮釋,也就是通過一步又
一步爬梳歷史的方式被展開。「一乘」這種有關救度史的理念
包容一切宗派和學說,而且一乘說不但企圖在理論上解釋、合
理與合法化所有其他立場,而且一乘說甚至也力圖在教學和修
行的實踐平面上藉由繞道其他學說而解除將一整個佛教運動史
分成小、大、一等「三乘」這種傳統識見。

　　在此判教架構下法藏與天台宗的範例劃分出距離,他鋪陳
一種神妙的、可稱為「逆向」或「逆轉」的歷史觀。法藏強調
自己所採取的立場其實被之前的歷史見解均所包容,華嚴宗自
身所著重的觀點其實早已經落實於諸種佛法傳承以及所有傳統
教學活動。[86] 然而,在此評估下,天台宗所持的一乘論也被歸
類於有所不足之「邪說」,因為天台宗,尤其是智顗的一乘理
念,與真正普及的大乘救度史這種構思仍有差別,天台宗的判
教方法就其涵蓋面的完整性而言仍有漏點。由於篇幅有限,本
節只能簡短地勾勒華嚴宗有關判教方法的思想,然後就判教理
念的核心處揭示普遍有效的「原本詮釋處境」(hermeneutische
Grundsituation)。對於華嚴宗,救度史所訴求的普及性則提供
哲學一種基奠,而且此救度承諾鞏固於一個非常獨特的教學模
式和實際的修行活動,它並不僅是某種教條而已。那麼,「一

---

86 有關錯綜複雜的判教說及其思考體系可參考法藏〈華嚴一乘教義分齊章〉
　　(T45,1866,477a6-509a3)。另可參考 Liu, Ming-Wood, "The P'an-chiao
　　System of the Hua-yen School in Chinese Buddhism," *T'oung Pao* 67(1981),
　　pp. 10-47; Liu, Ming-Wood, "The Three-Nature Doctrine and its interpretation in
　　Hua-yen Buddhism," *T'oung Pao* 68(1982), pp. 181-220。

乘」這個理念究竟意味著什麼？

　　一方面，華嚴宗將自己的見解與之前發展出來而仍有不足的歷史潮流劃分開來，為自身營構所謂「別教」[87] 這種專有立場。基本上華嚴宗以「一乘」的需求為出發點，來闡明諸種歷史宗派的學說各自所具有的地位及原義，因為「彼三乘等法。總為一乘方便故。皆名一乘」。[88] 這樣一來，整個既有的佛教傳承首先被整合成一種歷史宏觀，然後這個傳統被當成自己學說的自然「資源」來運用，也就是說其他學說都轉成自己學說的自然成分。由此觀之，華嚴宗成為讓他人的學說完全顯露其本來所暗藏的真實意旨之獨特的「別教」。[89] 而另一方面，華嚴宗的「一乘」其實並不局限於「別教」這種身分和作用，其一乘觀同時也應被理解為「同教」，也就是說歸根究柢此特殊立場根本不立足於其他學說之外、之上，若實際看待「一乘」，它的立場與其他立場並無不同或傑出之處。「一乘」所追求的「圓教」即使標誌超越傳統「二乘」、「三乘」的教義，但華嚴宗同時卻借助一乘理念，力圖引發一種有關歷史現況的、「處境主義」（situationism）式的逆轉，透過諸種傳統學說來展開自己的學說。

　　華嚴宗之學說的特質和獨有義理關鍵在於，自己所採取的立場與其他立場之間凸顯出一種歷史性親緣。華嚴宗倚靠自己

87　詳細參考法藏的〈華嚴一乘教義分齊章〉「一乘別教」一段中有關「分相門」的闡述：T45，1866，477a20-478b24。

88　T45，1866，478c20-478c21。

89　更詳細可參考含在法藏〈華嚴一乘教義分齊章〉「一乘別教」中一段有關「該攝門」的闡述：T45，1866，478b24-478c11。

在詮釋佛法上所隸屬的處境，並且透過自己所提出的教義內涵和實際效力，讓其他宗派的教義重新實現在自己的處境上，就是在自己的立足點和意義脈絡下這個宗派恢復並落實其他立場各自固有的道理。這樣一來，華嚴宗使「一乘圓教」成為宏圖的構想，讓信徒藉由一種詮釋學式的視角主義為方法，來囊括佛法一整個傳承史和救度史。[90] 雖然「別教一乘」與之前各個立場拉開距離後，賦予了佛家共持教義一個專屬自己的特殊闡釋，但同時不可忽略的是，任何「別教一乘」式的立場早已經與其所排除的他類立場有著根源上的辯證法關係，所以反過來也必須承認，或隱或現烘托此觀點的其他各觀點都蘊含「別教一乘」。故此，有關這種歷史逆轉，法藏提出的這樣的斷定是合理的：「一乘垂於三乘。三乘參于一乘」。[91] 歷代發展出來的「三乘」若參入最高的「一乘」，而「一乘」反過來則早已根植前時之「三乘」中。結果，一旦思考者因此更換角度由「同教」立場來看「三乘」，他便自然可主張，就其歷史意義而言「三乘」其實不異乎都是「一乘」：「彼三乘等法。總為一乘方便故。皆名一乘」。[92] 其他諸種學說的教義內涵及其對救度史所具有之意義一直以來都已經根植於其在救度史上均所嚮往的「一乘」，所以三乘諸學說「悉從一乘流」。[93] 就內容而言，「別教一乘」所代表的最高觀點其實推翻、顛倒歷史上

---

90 更詳細可參考法藏〈華嚴一乘教義分齊章〉中「同教」有關「該攝門」的闡述：T45，1866，478c11-480a4。
91 T45，1866，478c18。
92 T45，1866，478c20-478c21。
93 T45，1866，478c23。

的淵源關係，因為就「同教」立場而言，此最高觀點早已經與一整個歷史傳承融為一體，使得諸種傳統學說原已達到並標誌「一乘」中的「圓教」。法藏說明：

> 初則不壞權而即泯故。三乘即一乘而不礙三。後則不異實而即權故。一乘即三乘而不礙一。是故一三融攝體無二也。問若爾二門俱齊。如何復說有權實耶。答義門異故權實恒存。理遍通故全體無二。[94]

雖然諸種宗派所持紛紜，雖然所有流派對佛法的解說的確皆有出入，但其實在歷史演變上最晚出現的學說所仰賴的實質教義自然不得不與之前諸種學說皆為一致。從統一觀點即「一乘」來看，即使諸種學派為主軸所環繞之「理」相同，但基於教學必須將各種歷史處境均納入到教學方法這種考量，講學者不得不「權宜」地應對各種不同情況以及佛家所謂的「機會」，故各代法師「永恆」會在歷史上面臨不同教學需求，而不同切入之「門」便自然派生出或「一乘」或「三乘」等不同立場與視角。

　　雖然天台宗似乎早已形成周全的判教構想，[95] 但在法藏承

---

94 T45，1866，479c18-23。

95 對天台宗的判教構想導出最深入且篇幅最龐大的探討是牟宗三（牟宗三，《佛性與般若》，下冊，頁575-671）。有關判教方法的歷史淵源可以參考 Peter N. Gregory, "The Teaching of Men and Gods: The Doctrinal and Social Basis of the Buddhist Practice in the Hua-yen Tradition," Gimello/ Gregory, *Studies in Ch'an and Hua-yen*, pp. 253-319。

襲此範例時，他另外達到兩種目標。第一，他將整個佛教思想
史整合到自己就個別不同處境展開的、在每個當下涵蓋歷史整
體的講學實踐之中，使得諸種現有學說都成為可行之方便門。
一言之，透過他的判教構想，歷史上個別不同的思維樣態本身
都獲得實質的肯定，而不再僅只為最終的「一乘圓教」所「揚
棄」（aufheben）。第二，藉由這種視角主義，法藏反過來使得
自己所立足之特殊學說脫離任何個別立場固有之可攻擊性，他
賦予自己的立場一種既內在又超越的地位，使其成為整個歷史
上最為深厚的意義淵源。理由是，在華嚴宗諸種學說基於其特
殊內涵做獨立之「別教」的同時，這些學說本身又復歸屬另一
個平面。在歷史脈絡下華嚴宗的學說皆讓修行者同時也看透這
個雙向道理：原則上所有宗派的所有學說均為一種統一情形所
貫穿，但由於修行者不得不從個別不同的視角來觀之，故諸種
學說必然都呈現個別特色。諸種學派的差別不再內在於這些傳
統立場本身，而僅源自每當修行者對這些流派的宗旨致力爭取
領會時，都不得不採取個別不同的視角。只有華嚴宗對於判教
方法的應用，才讓修行者將「一乘圓教」逆向收回至個別不同
的傳統立場，進而在自身即時各自所身處之歷史情境上落實諸
種傳統學說的個別內涵。華嚴宗徹底體悟這樣的基本道理：由
於「一乘」上任何教學活動都受限於自己的歷史處境，因而甚
至「一乘」所有的洞察還是不得不隸屬某種個別化的、特殊的
「視角」，連「一乘圓教」都無從超越、超脫內在於任何教義
和任何體會的局限性與視角性。基於此突破，華嚴宗的詮釋學
企圖捨棄在傳統上發展出來的、作為特殊教義的一乘觀，進而
藉由內在於所有教義的意蘊本身之救度史既已營構的這個實際

的統一體，徹底廢除任何專屬所謂「一乘」的立場。

　　就教義而言，華嚴宗增加「圓教」這一觀點，以便跟其他支流中所有的立場拉開一種細微的距離，但此差距僅只在於，與其說該「圓教」代表一種獨立的見解，倒不如說此「圓教」不過只是一種在大乘佛教的整體救度史上發揮作用的「催動力」。「圓教」意圖讓修行者面向「詮釋學史」敞開，而且闡釋佛法的歷史發展本身就為此敞開所支配。基於此敞開，傳統上所有的意義闡釋便可以從靜態的「立場」轉成動態的「意義發生」。藉由「圓教」這種歷史化觀點，華嚴宗作為「別教」所占據的特殊立場就可能一樣為判教體系下所展開的「詮釋學工夫」實際所收容。易言之，置於「圓教」上的華嚴宗別教得以全然融入佛教運動在歷史上所代表的「意義發生」。華嚴宗構想一種全面化的、普及的、歷史性的「詮釋學工夫」，不僅要涵蓋大乘一整個救度史以及所有支流對佛法各自所導出的意義闡釋，而且也收納所有流派向救度各自所鋪陳並實際踏行的道路。華嚴宗經由判教方法所達到的突破關鍵在於，從事判教思考的「一乘圓教者」必須針對一整個詮釋佛法的歷史採取嶄新的「態度」。96 由於華嚴宗思想將實際的救度史全然收入到，環繞諸種「教義」為主軸並在諸種不同歷史處境上一直以來被展開的闡釋努力本身，故此華嚴宗的「圓教」必然完全融

---

96 任何局限於僅以教條解說為判教模式的闡述不足以充分解析「一乘」的意義。即使吉津宜英導出極為詳細深入的學術探究（吉津宜英，〈法藏の一乘大乘への批判について〉，《印度學佛教學研究》，38：1〔1989〕，頁225-231），但他還是無法看清楚正好就是這個關鍵，即華嚴宗將對於歷史的詮釋態度本身加以「歷史化」。

入於「一乘」經由歷史演變所產生的整體意義。「圓教」似乎
是最高的、華嚴宗獨有的見解，但實際上「圓教」並不超出
「一乘」所標記的歷史整體，「圓教」這個立場全然融入於歷
史傳承本身。所以就其具體內涵而言，「圓教」不異乎個別歷
史上曾已被提出的、有片面性的學說。唯一細微的差距出在
「圓教」態度上所引發的轉化，透過此態度轉換，所有傳統立
場和學說都被徹底地「處境化」，也就是說個別不同傳統教義
終於獲得一個實質的立足點和根底，這些教義終於可以落實於
修行者即時各自且實質身處的歷史處境，並在救度史上引發實
際效應。藉由賦予「圓教」嶄新意義的方式，華嚴宗具體展開
實行維度，繼而超越天台宗基於判教體系對諸種教義所採取的
普遍見解。97

---

97 由於牟宗三並未發現華嚴宗之詮釋學所具有的實行維度，由於他僅局限於
教義來彰顯華嚴宗的「理論體系」，而且也由於他很大一個盲點是源自他
引入歐洲式的形上學為自然詮釋架構，所以對他而言，天台宗的「一乘」
這個理念勝過華嚴宗的一乘說。依據牟宗三，天台宗有關涵蓋整個歷史發
展之判教體系所形成的構思優點在於，天台宗是藉由每個人業已實現之佛
性，即藉由「性具」這種觀念，它在介於理論體悟和實踐上之間的「心
止」達成實際的整合。華嚴宗的教義卻缺乏「性具」這種基礎，因而華嚴
宗永遠無法實際掌握到歷史，即實際達到「心止」（牟宗三，《佛性與般
若》上冊，頁503、519、556-572；下冊，頁575-576）。然而，關鍵恰好在
於，華嚴宗所謂的「理論」並不局限於單純僅涉及理論思考的「教義」，
華嚴宗的詮釋學思維即使形成一種「理論」，但此「理論」作為「理論」
都已收納「實行」這個層面。華嚴宗透過判教構想所推展的，並不如牟宗
三所預設，它不只是一種理論性見解，華嚴宗的判教思維本身更是促進敞
開的動態發生，亦即無根基的詮釋學工夫這個實行活動。華嚴宗的判教說
所導出的逆轉收回反而讓判教這個繼承天台宗的構思對一整個佛教史，即
「一乘」的救度史整體發揮更深且更強的整合功能。用牟宗三的關鍵詞言

　　篇幅簡短的〈金師子章〉一文雖然不足以充分闡明從判教思想裡衍生出來的實行維度，可是有關「落實於歷史實行之詮釋學」這一觀點，即有關華嚴宗的綱領理念，該文還是提供了重要啟發。「論五教第六」一節同時也意圖對「關係」範疇在華嚴宗思想中為什麼扮演重要角色這一點提出了根據，說明普遍有效的關聯情境如何具體落實於詮釋學對佛法所進行之意義闡釋，並闡述華嚴宗自己所推出的學說如何連繫並蘊含著諸種傳統學說。華嚴宗所代表的「一乘圓教」不但是針對現有「五教」或超越現有「五教」而開啟一個新的修行場域，而且「一乘圓教」同時也借助現有「五教」來落實一個動態的歷史整合。

第七節　「原本即是……」與時間境遇：「理」和「事」

　　就文中若干暗示已可得知，「勒十玄第七」[98]這一節以「十玄」的名義深入探究的主題其實是「理事無礙」、「事事無礙」、「重重無盡」等命題所標記的道理。尤其美國佛學將此觀點視為華嚴宗思想的總論。修行者要經由「理」和「事」以及「事」與「事」這兩種關係明白「重重無盡」[99]這個基本情形。然而，作者並不是要替這個原理辯論，他反而讓讀者、修行者就眼前的金獅子像直接察覺此現象。研究者勉強可以將

之，華嚴宗將「性具」從形上學的圈套解放出來後，將佛性具體落實於意義的發生場域上，也將其落實於即時各自地湧現的各個修行處境上。

98　T45，1880，665a19-666b5。

99　T45，1880，665b10、665c13、665c27、666a5、666b1。

「理、事」這一組觀點理解為「抽象境界和具體境遇」。由於
凡「有」皆為「緣起有」，亦即凡「有」均有賴於一種關聯情
境而湧現，在此普遍有效的關聯情境為前提之下，「理事無
礙」所指涉的道理便是：現象界的「現實」本身以及闡釋工夫
從「現實」所歸納之抽象的「原本即是…」這兩個思考層面之
間必須產生交流。而「事事無礙」這個命題所標記的道理便接
著被推演出來：基於「理事無礙」，所有事物或現象本身在同
一個層面上也是彼此相互容攝。在任何一個事物或現象上，修
行者其實可以甚至應當看出所有其他事物、現象。那麼，佛教
專用的「理」和「事」這兩種思考環節究竟意味著什麼？這些
命題所標誌的，究竟是何種糾纏關係？其為何如此關鍵？

　　「理」這個古代思想上的核心字源與「吏」相通。[100] 這個
字用來指涉書寫活動所留下來的「筆線」之前，「理」字的原
義先是指雕刻玉石並賦予它某種有結構、秩序之形狀的這種
「整理」活動，又指這種「處理」結果，即玉石上出現的「文
理」本身。[101] 從語文學來看，翁有理列出的這些基本意涵：
「整理」、「次序」、「內在於萬物的秩序」、「事物的根
底」、「理念」、「線條」、「劃線」、「文理」、「綱
領」。[102] 至於「理」字在中國哲學上扮演的角色則非常豐富多
樣，而且以歐洲式概念為基礎的研究者恐怕無法充分明瞭此

---

100 王力，《同源字典》（北京：中華書局，1982），「理」條。

101 李福臻，《中文大辭典》，「理」條。

102 Unger, *Glossar des klassischen Chinesisch*,「理」條：ordnen; Ordnung, die innere Ordnung der Dinge, das den Dingen Zugrundeliegende, die 'Idee'; Linie, Zeichnung, Muster; Richtlinie.

「理」。值得注意的是，比起自然成長或玉工造成的「文理」這種意涵，「理」這個觀念更為重要的意旨源自其作為「動詞」的應用，也就是「有意地整理」這種工作，而使得「理」從中衍生做「名詞」的意涵，即此整理工作為模範或目標所瞄準的「文理秩序」及此秩序所隱含的意蘊向度。就佛教而言，通常「理」字必須和「事」字一起詮釋。「理」指的是隱藏於事物中的某種「原來是……」、「原本即是……」的結構性層面，也就是某種發揮整理、釐清作用之動態的「關聯組織」。不過，內在於事物的這個「關聯組織」本身不會暴露出來：「理無形相。全在相中」。[103] 換言之，佛教上的「理」必須完全落實在時間流和感知下的「事」，它才會成立。鑒此已可得知，「理」並不指某種置於萬物之外、之前或之上的「最高存有者」（summum ens），某種外在於物的「原理」、「太初」（archè）。「理」是以難解的方式直接貫穿萬樣事物，在事物身上凸顯一種意義上的關係，即某現象與其「原本即是……」這種意蘊的連繫。與其說「理」字所標記的是「真實在己存有」，毋寧可說「理」是在人實際接觸到的世界與歷史當中開啟意義視域，即賦予人與事物、現象之間的關係某種意義。[104] 總之，「理」是一種既具有意蘊卻亦落實於時間上而產生「聯結」的發生。

至於「事」字的主要意涵，翁有理列出這些：「為某人做事」、「使用」、「服務」、「任務」、「事情」、「事

---

103 澄觀，〈華嚴法界玄鏡〉，T45，1883，672c24-672c25。
104 唐君毅，《中國哲學原論：導論篇》，頁21-89。

物」、「實情」、「事務」、「所作為」。105 總之,「事」字指進行低層、苦勞的事務,即操作物件以及此操勞所瞄準的目標或其所導出的結果。「事」字可分成兩種基本意涵,即落實於「事物對象」、「物品」、「實物」以及「經由某個歷程有所實行」。無論如何,中文之「事」字反正不意味著歐美哲學所謂「存有者」。就華嚴宗對「事」字的應用而言,「事」標誌帶著諸種「相」即「意涵」的「紅塵」,也就是在歷史上直接被人接觸到的生活世界。「事」與「世俗」意涵相近,都涉及在人與事物之間被展開的勞動關係,即人處在救度史上而尚未達成解脫的「苦海」。在佛教語境來看,「事」雖然指某種抽象概念,指某種「界域」以及隸屬此界域的事物在時空下呈現的一般樣態,但是「事」這個觀點同時也指生活場域的整體,也包含每個人在不同處境上所面臨的個別事情。再來,要特別注意「事」的雙重意涵,除了指某物或某時間裡發生的事件之外,在佛家語境上之「事」字從一開始都就連繫到「理」即「原本即是……」這個另類層面。因此「事」字標記的就是某個觀察或論述所聚焦的第一個觀點或層面,而這個層面從一開始預設還有另一種觀點或層面,即「理」、「原本即是……」。易言之,雖然歐美哲學不得不將所有思考對象轉成抽象概念,同時法藏的思維和陳述本身也體現向普遍化、向概念化的努力,但在有關「事」的論述背後發揮作用的是非常實

---

105 Unger, *Glossar des klassischen Chinesisch*,「事」條:(jemandem)dienen; einsetzen, verwenden(Dinge); Dienst, Dienstgeschäft, Geschäft; Sache, Sachverhalt, Angelegenheit, Beschäftigung.

質且豐富的經驗脈絡，所以任何「事」從來都不可能完全落入純理論思考下的「概念」這種身分。甚至在「理」與「事」的對峙和聯繫當中，這兩種環節並不平等、均質，除了內涵上的差異之外，還有一種層次、等級上的差別，「理」與「事」的關係所標記的是一種貫穿整個詮釋學脈絡的、原本的「縫隙」，亦即「抽象」和「具體」、「思考」與「實行」之間的落差或隔閡。

　　眾所週知，胡塞爾以及整個現象學運動在「意義」（Sinn）上最為專注的是「……作為……」這個原本的意義結構（Als-Struktur von Sinn）。支配著任何「言語」（Sprache, langage）、「言說」（Rede, parole）、「思考」（denken）以及「體驗」（erleben）等平面的意義結構標誌著哲學自古迄今所探索的大謎的這個主張，並不言過於實。依照這則原理，現象學推出的基本觀點是「意向性」：當意識我有所體驗、思考、訴說時，它勢必環繞「將某物視為某物」為主軸，針對該「現象」或「意識內容」設置某個「意義」。只有透過某種「立義」（Auffassung），意識才能接觸到並掌握所謂的「現象」，意識不得不在現象上「看出」、「取出」某種「立義內涵」（Auffassungsgehalt）。然而，這種現象學設想所隱藏的，不異乎是詮釋學的基本構設：當我「將某物視為某物」時，我真正發生的事情其實是，我「將某物就其意義闡釋為某物」。貫穿著我一切言說、思考、體驗等場域的情形就是一個原本的「意義闡釋」。然而，任何意義闡釋不可或缺、超脫的是「……作為……」所標記的「詮釋學差距」（hermeneutischer Abstand）。

　　由此觀之，華嚴宗對「理事無礙」這個教義的領會非常明朗地暴露出來。依據理與事之間有「無礙」這種關係的學說，在現實上包含兩種界域，而且兩者是相互串通的。對此目前可暫時作出的概略說明如下：「理事無礙」類似上文闡述的「色空」關係，只不過相較於「色空」，「理事」關係更為根本，所涵蓋的現象脈絡更為廣泛。「理事」與「色空」這兩組概念都預設一種闡釋活動作為其應用基礎，兩組都根植於依循一種意義闡釋上的二分法，從而某個觀察者或思考者便將某個現象或者視為「色」又或者視為「空」，將其或視為「理」或視為「事」。即使思考者採取一種反形上學、否定超越本質的立場而主張「無自性」，即使他將現實全然還原到「相」或現象這種身分為前提，但由於所有思維的由來總是對某個對象進行意義闡釋，而且由於任何意義闡釋與其對象之間總有一個原本的隔閡，即詮釋學差距，因此思考者還是不得不從諸種「相」即現象的意蘊內涵本身當中看出「理」和「事」的對立兼聯繫。「理」與「事」各自以不同闡釋內涵瞄準同一個現象脈絡，即現實萬物或佛家所謂的「法」。依據法藏言「物具理而為事」[106] 可得知，「理」或「事」都不表示某種孤立的對象物，這兩個觀念所標記的反而是某個闡釋活動從不同角度瞄準某件對象的意蘊內涵時所依賴的意義視域。易言之，「理」與「事」這兩種觀點的對立關係基本上指向闡釋者一直不斷地在體驗的詮釋學差距本身。

　　在對任何對象最一般的看法下，該對象勢必或者揭露為

---

[106] 法藏，〈華嚴策林〉，T45，1872，597b9。

「理」，又或者它被歸類為「事」，被歸結到「事」這個闡釋平面。在思考者、闡釋者「將某物視為某物」時，他不得不或者偏重「理」或者偏重「事」，隨而賦予該對象不同意義或身分。於是，由於法藏通用「通」、「無礙」、「無盡」等運動語彙，便可推斷「理事無礙」這個學說所牽涉的是一種動態連結和一種持續的發生。「理」、「事」這兩種闡釋觀點之間產生的反覆過渡和反覆轉換不僅時時刻刻都「通暢」，即「無障無礙」、[107]「融通無礙」，[108] 而且此詮釋學式的意義翻轉更是「無盡」的，思考者、闡釋者一直在介於「理」與「事」這兩個基本觀點之間不斷地重新進行交換。單獨憑據這些細微的暗示已可充分確定的是，「理」和「事」之間的關係反正不可能被理解為兩種「存有層面」之間的對立關係，「理事無礙」也不可能意味著一種靜態的「同一性」或「整體統一」。若要將「理事無礙」當成兩種相反單元在某種更高之統一中融為一體這種辯證法情況來理解，是不貼切的。下文會更詳細討論「理」和「事」之間這種複雜的、運轉的互換。在這之前先要排除常見的誤解，「理事無礙」這個動勢不可以依照「一體兩面」這類的典範解讀。特別是美國佛學所提出的整全觀或總體論，它是在同一性哲學的架構下推展一種觀念論式的解讀，這些學者多少都陷入隱藏於觀念論邏輯中的存有論偏見，因而過度簡化甚或全盤忽略法藏的詮釋學思維。

　　為了勾勒自己的論點，法藏提出著名的比喻「猶天帝網

---

107 T45，1880，665b23。
108 T45，1880，666a20。

珠」。[109] 雖然法藏本身的構想並沒有借助這個比喻更深入闡明「重重無礙」的意思，但第一祖杜順對此比喻卻提供了一段非常有啟發性的分析，讓讀者、修行者實際被引入因陀羅網的鏡像光景之中。杜順的闡釋方式其實已充分揭露華嚴宗思維的整個詮釋學部署。因此，下一章的重點會進行對當代佛教界濫用的「因陀羅網」、[110] Indra's net 這個比喻作詳細的分析和解讀。茲僅概略描述此構想。根據印度傳說，天王因陀羅宮殿大門上懸掛著一個網絡一般的帳簾，在網帳上的每一結都帶著一顆晶亮的珍珠。為了具體說明「無障無礙」、「重重無盡」的情形，華嚴宗時常運用這張珍珠網簾當成隱喻例證，讓信徒想像這樣的畫面：一整個周圍世界全都反映在所有的珍珠上。於是，每顆珍珠反映的內容不但包含所有珍珠的外觀，而且每一顆珍珠呈現的總體鏡像也收容這一顆珍珠及其正在顯現的總體光景本身。在任何一顆珍珠上顯現的鏡像，除了第一個層次的總體光景之外，這個鏡像包含了無限重疊：在整個宏觀鏡影中某一個細微珍珠上又復呈現為出發點的這個珍珠本身及在其珠體上透露出來的微觀光景，所以鏡像的內部產生一種重疊情形，即第二層次上的鏡影。結果，其將自身又再反射到自身的反映，這種情況就導致無窮無盡的重複，也就是經由無限極微化的方式形成一種無限重複的整體光景。然而，恰好在「重重無盡」這種總體光景顯露之際，某種意義下整個鏡影畫面便從內部開始活動起來，整個光景彷彿是朝向無限渺遠逝去。

---

109 T45，1880，665c27。
110 T45，1880，666a1。

　　透過此鏡影構想，修行者似乎可以具體直觀到「理事無礙」與「事事無礙」這兩個關鍵教義。可是，讀者從一開始必須注意的是，法藏明文說在「理」、「事」之間就不同層面被展開的「重重無礙」僅為「猶如」[111] 因陀羅網中的光景。物與物之間產生「重重無礙」，僅是一則隱喻，此具體構想並不類似歐美形上學在設想一種實質的總體統一。此隱喻被當成教學管道應用，但並非雷同於某種「理論體系」。作者將此比喻安排在文章的中央一段而並未賦予它總結的位置，光就這一點已可確定，將因陀羅網這則比喻解讀為整個華嚴宗思想之完整版的這種佛學共識根本不妥當。為了避免落入這樣的誤解，得要特別強調此構想只是一個「隱喻」，它只是鋪陳某一種看法，而且之後讀者必須再過渡到另一種看法。依照華嚴宗的詮釋學習慣，諸種觀點或者彼此互相同等，或者可以假設，若法藏一文中的整個教義安排是愈來愈深入的話，那麼排在因陀羅網這一則比喻之後的議題與觀點之地位應該還在其上，所以「天帝網珠」所標記的構想根本不適合被當成總結整個華嚴宗思想的最高「願景」看待。

---

111 T45，1880，665c27。

第四章

因陀羅網與統一願景

第一節　杜順論因陀羅網

　　佛學界不大有爭議的是，華嚴宗的核心教義在於一切「存有者」最終都可以被統一，大家接受張澄基、庫克等學者的斷定，認為華嚴宗所推廣的就是一種形上學式的「總體論」。至於這種整體統一究竟該如何理解，學界多半根據非常受歡迎的因陀羅網比喻來作解釋。鑒此，本研究若要考證、批判學界這種源自同一性哲學的見識，若要反駁萬物與存有整體「真實地」合為「同一」時個別物也隨之就消解於統一體之中的這種結論，最好的方式顯然也是從因陀羅網比喻去切入此議題。主要必須探問的是：華嚴宗究竟為何運用因陀羅網比喻，並且此構想究竟顯示了何種教義？就該比喻而言，可稱為「統一」或「統合」的理念究竟扮演著何種角色？本研究要證成的主張是：與其將隱喻中的光景所描繪的統一情形當成一種既已完成的「形上學真理」看待，倒不如說有關「統一」的構想其實牽涉一種不斷地必須經由實行活動而被帶出來的「整合」、「統

合」這種發生。

　　只要仔細分析因陀羅網比喻所標誌的反射構想，便可以充分確定，法藏於〈金師子章〉一文中多處提及的「重重無盡」[1]並不局限於僅提示這樣的道理：在珍珠網絡中宇宙全部在內部發生無限次重複，此神奇的鏡影超過人所能想像。這常見的解讀方式是被歐美形上學之同一性邏輯所誤導的。鏡影隱喻未必是為了在總體論下彰顯一個與觀者自身全然為同一個世界的光景。與其說此隱喻所構想的是這種封閉的整體狀態，倒不如說此隱喻企圖藉由闡釋過程來引發一種有無限敞開的動勢。華嚴宗思想的焦點根本不在此自我反射構思就某種邏輯原則而言所可能代表的總體觀，而是藉由此構思來專注任何現象作為現象即任何顯像、顯現所不可或缺的基礎。華嚴宗特別關切的是此全面化的鏡影構想在視覺場域上所揭露的「裂縫」，而此縫際所標記的不異乎前述所提的詮釋學差距。易言之，此縫際所牽涉的情況如下：存有論、邏輯學的共時性與經由想像活動這個歷時過程才實際成形的鏡影構造，這兩種觀點其實分成兩種不同的「視角」與「投入程度」。在共時性和歷時性之間透露出的是一種錯綜複雜的、全部為基本落差所支配的糾纏關係。

　　為了徹底解析這意味著什麼，首先來斟酌杜順於〈華嚴五教止觀〉[2]一文結尾處有關因陀羅網比喻所作的說明。第一祖分別列出五道「門」，即對此教義的五種詮釋觀點。最高觀點是「華嚴三昧」，而這其中之最終第三段的主題為「顯法離言絕

1　T45，1880，665b10、665c13、665c27、666a5、666b1。

2　T45，1867，509a26-513c10。

解」。[3] 在討論現實現象界中的「一多」、「有無」等關係之後，杜順最後提出這個課題：修行者究竟如何能夠達到如此被構想的「法界」，也就是修行者如何能夠實際「投入」這一節所探討的構想？為了說明「緣起之法即空無性」，[4] 杜順環繞「多法互入」[5] 這個道理為主軸，根據「帝網天珠重重無盡之境界」，[6] 給修行者介紹通往最高體悟的具體途徑，亦即「入方便者」。[7] 杜順擔心的似乎是，面對「前諸法同時即入，終始難原，緣起集成」這種結尾構想的修行者會落入「見心無寄」[8] 這種窘境，隨而會迷路而根本無所得。故此，杜順借助因陀羅網比喻，藉以揭示一個甚有突破性的觀點。

第二節　因陀羅網是有關一切存有之統一體的隱喻？

杜順經典中有關因陀羅網的詳細描述兼闡明包含自「然此帝網皆以寶成」至「一成咸畢」[9] 的一段文字。接著作者明文解釋，因陀羅網的光景僅只局限於一種隱喻構想，此比喻只是一種教學方便，因而這個完美的構想並不足以全然彰顯「法界」的真實情形：

3　T45，1867，512c9。

4　T45，1867，513a3-513a4。

5　T45，1867，513a25。

6　T45，1867，513a25-513a26。

7　T45，1867，513a2。

8　T45，1867，513a26-513a27。

9　T45，1867，513a28-513c4。

　　　　如斯妙喻類法思之。法不如然。喻同非喻。一分相似
　　故以為言。何者。此珠但得影相攝入。其質各殊。法不如
　　然。全體交徹故。[10]

　　比喻和實質情況的不同在於，此比喻僅達成「影相」這個
層面，也就是說即使所有單元在「顯像」的層面上彼此相容相
攝，但依照佛法所有單元反而必須達到再更進一步的「全體交
徹」，所有現實單元必須就其整個「體」相互交徹才行。針對
這種批判，一般讀者大概會反問：作者不是一開始就肯定一切
物始終畢竟隸屬於單一個「統一體」嗎？杜順的論點不就在於
「一即一切」，也就是在於存有整體全部落實於任何一個單元
中並在個別單元身上與此單元合為一體，即形成完整的統一
嗎？因陀羅網構想之所以展示無窮無盡的鏡影現象，難道不就
是為了以隱喻的方式描繪萬物在邏輯共時性下均所歸屬的存有
整體這種意象嗎？此構想難道不就等於說，歷史演變被收入一
種在時間之外的靜態統一體，即本質上所有一切單元都在單一
個單元中全然現身在場？難道「同時頓現無前無後」、[11]「諸法
同時即入」、[12]「於一珠中同時頓現」[13]等說法上的「同時」與
「頓現」不就明確地強調此共時性論點嗎？看來，華嚴宗學說
的頂峰果真如同學界所斷定，即一種解除任何差異性並達成完
整同一的、存有真理相關的形上學理論。彷彿一切果真於一之

10　T45，1867，513c4-513c6。

11　T45，1867，513a19。

12　T45，1867，513a26。

13　T45，1867，513a29-513b1。

中業已並存，一切皆全然相同，一切皆是「同一個」。

　　乍看之下即使如此，但這就表示末段出現的論點適合引導一整個有關因陀羅網比喻的解讀嗎？莫非不是倒過來從鏡影構想來解讀其結論則更為妥當？前一章在反覆討論的、涉及存有論與形上學的老問題於此處又再浮出。然而，務必要更詳細探究的課題是：有關統一體之問題杜順究竟帶出何種啟發的？而且此比喻是藉由何種方式導出此啟發？比喻中的神妙統合光景到底如何形成？難道杜順主張此統一體本來從一開始就存在，在真理看來從未曾有差異、二元、雜多等情形？不過，若要這樣理解，我們大家，不管是已覺悟者還是凡夫，是佛教徒還是教外，難道誰不從一開始就業已經參與一切萬物的總體統一嗎？這樣一來，一切有關此統一體的講學不就是多餘的嗎？還是毋寧可說，整全的同一性只是在現實的某一個平面，即本質、真實存有上有效，對我們目前所在卻無效？就該平面來說究竟有何物是「同一」，而且它與何物同而為一呢？我們在比喻光景中所觀照的同一性僅涉及「存有者」，即我們的對象界嗎？還是此同一性也包含觀照者，此完美的構想也收納我們自身，它也十分包容如此這般地身處於我們具體所在之歷史存在中的我們自身？對於這類重大疑惑，學界其實一直以來都無法導出明確的答案，甚至可以說，大多數學者從一開始避免面對這個難題：修行者該如何看待因陀羅網比喻所展開的光景？修行者該如何將此構想實際收入到自身朝向覺悟、救度、解脫的實行努力之中？

　　至於珍珠網比喻的主題為何，答案很明確：隱喻光景涉及

的是涵蓋所有對象物、現象的「境界」，[14] 即自最深入察覺中
湧現的「法界」[15]（梵文 dharmadhātu）。因陀羅網以隱喻的方
式展開的是對救度有決定性的「法界」：現實的真理在於所有
一切的總體統一。然而，研究者不得不更仔細探詢此隱喻光景
直接牽涉的究竟是何種「境界」，即「有界限的區域」。那
麼，作為「光景」而顯現的「境界」必然是與正在關注此光景
之「觀者」有關的界域，這就是某種包圍著「觀看之我」或鋪
陳在「觀看之我」面前、而且隸屬此「觀看之我」的「對象
界」。在佛教語境上「境界」一般標記著「對象物的界域」。
對此，務必要暫時將近代歐洲形上學、認知論、意識哲學以及
心理學架構懸擱起來，將「境界」聚焦於對救度史所具有的
「倫理學」及「實踐」意義。其實「境界」和「法界」二詞意
涵相近，可以將這兩觀念共有之「界」字都回溯至梵文 dhātu 來
理解。繞道梵文原義的相關考察，或許有助於對因陀羅網比喻
的解讀。

　　依據語文學考察，印度佛教上 dhātu 既指「原因」亦指
「（萬物的）本性」。中文翻成「法界」的複合詞 dharmadhātu
則意味著「（超越現象界之）千事萬物的原因或性質」，又意

14　T45，1867，513a22-513a26。「境界」一詞等於梵文 artha，意味著「領
　　域」、「區域」、「界域」（Soothill, *A Dictionary of Chinese Buddhist
　　Terms*, 「境」條：sphere, area, realm）。

15　T45，1867，513a2。「法界」一詞意味著「（或「本質」或「現象」方面
　　的）事物一般」、「某種基礎性的、一統的、精神性的現實」、「一切事
　　物的基底或原因」（Soothill, *A Dictionary of Chinese Buddhist Terms*, 「法
　　界」條：things in general〔noumenal/ phenomenal〕, a unifying underlying
　　spiritual reality, the ground or cause of all things）。

味著「萬事萬物的（整體）區域」亦或「宇宙」。[16] 由此觀之，因陀羅網所展示的光景彷彿就指向「超越現象界之事物的原因、本性」亦或「宇宙」本身。那麼，這些「事物」、「對象物」，即「法」或 dharma 究竟為何？近乎中文譯詞的語意，一般會將梵文 dharma 理解為「法則」、「律法」、「學說」，又或者將其詮釋為「存有元素」、「如物品一般為獨立的特徵」、「流動狀態」等意涵。[17] 依循另一種詮釋，dharma 意味著「諸種認知對象」，[18] 但這種理解更明顯地仰賴於歐洲哲

16　至於詳細說明可參考Lambert Schmithausen, "Der Nirvana-Abschnitt in der Viniscayasamgrahani der Yogacarabhumih," *Veröffentlichungen der Kommission für Sprachen und Kulturen Süd- und Ostasiens der Österr. Akad. der Wissensch. Sitzungsber. d. Philosoph. - Historisch. Klasse*, 264. Bd., Heft 8, 2. Abhandl.（Wien 1969），Anm. 116, 145-147。然而，dhātu 一詞的詞源和語意與中譯用的「界」字顯明不大有關係。首先，「界」標記兩塊地之間的「劃分界線」、某領域的「外界」抑或此「領域」本身（李福臻，《中文大辭典》，「界」條）。學者提出「原因」、「礦」、「元素」（同上：Ursache/ Mine/ Element）等意涵來解釋有關梵文 dhātu，這些與中文「界」字都無關，而且「界」字絕對不附帶「萬物本性」或「萬事所遵守之規則」這種意蘊。受佛教影響的中文「界」字頂多有類似「源區」、「眼目或求知活動所關注的本質性對象」等抽象化意旨。總之，中文「界」字直接引發的聯想和觀念與梵文 dhātu 相當不同。

17　參考 Lambert Schmithausen 的說明，載 Ritter, *Historisches Wörterbuch der Philosophie*, dharma條：Recht/ Gesetz/ Lehre; Daseinselement（e）/ verselbständigte, dinghaft gedachte Eigenschaften/ unbeständige Zustände。佛家「法」字有類似的意味：「具有存有」、「承載屬己的屬性／萬物」（Soothill, *A Dictionary of Chinese Buddhist Terms*,「法」條 : has entity, bears ist own attributes/ all things。

18　參考Erich Frauwallner, *Die Philosophie des Buddhismus*, Berlin: de Gruyter, 1994, 65: Gegenstände der Erkenntnis.

學。愛德華・孔茲（Edward Conze）明文辨別屬「倫理學」的意涵以及屬「存有論」的意涵，將 dharma 解釋為「特徵」、「超越現實」、「宇宙的法則秩序」、「客觀真理」。[19] 於是，這些語意詮釋都將梵文 dharma 這一概念分成單數和複數兩種不同層面。僅可揣測的是，依據原始的理解，種種各自不同事物或者都屬於「法」的大體，或者其均為「法」所產生，又或者該「法」就具體地落實或反映於個別事物上，以致後來「法則」、「律法」這個原義逐漸演變成個別「事情」或「實物」這個意涵。[20]

　　然而，在研究者藉由歐洲哲學的存有概念來詮釋梵文 dharma 的時候，他如何避免違背佛教的原義？如何避免落入將 dharma 這一概念標記為某種「持存狀態」甚或某種「實體」這樣的假設？看來，迄今為止學界根本尚未注意到此難題。梵文 dharma、中文「法」的意蘊都擺盪於「個別存有者」和既為流動卻又十分實在的「一般現實」這兩個層面之間。鑒此，這一概念的難解與他異性是否可能凸顯「存有」本身固有的雙重統一情形，而且此統一體是否正好被因陀羅網這個比喻所落實並顯露？若由這種挑戰性視角來看，對 dharma 的歐洲式詮釋通常著重複數的意涵，即如物體一般出現的種種「元素」，反而忽略更為原本的「法則」、「律法」這種只有單數意涵的面相。

---

19 Conze, *Buddhist Thought in India*, pp. 92-96: mark, transcendent reality, order of law of the universe, objective truth.

20 至少 Schmithausen 似乎暗示到這樣的詞源學連結（Ritter, *Historisches Wörterbuch der Philosophie*, dharma條）。

除非文獻特地以「佛法」這個名目來論述佛陀的學說，[21] 否則學界傾向於忽視中文「法」的原義。中國佛教方面研究者毫無保留地承襲這些佛學常識，也更加明確地呈現這種存有論偏頗，以致此研究與佛教某些基本信念發生完全無法澄清的矛盾。學界或者將中文「法」直接逆向「譯」成 dharma，而且也根本不加以釐清此概念的內涵，抑或是「法」被當成單純的「存有者」（being）、「物」（庫克：thing）看待，又或者「法」被現代化而被翻成「現象」（phenomenon）、「事件」（歐丁：event）。而承托這些語意詮釋的，其實就是歐洲存有

---

21 對此觀察，一本科普書籍對佛教上之 dharma 所給的解說足以充當佐證。在《世界哲學史》中，作者漢斯・約阿西姆・施杜里希（Hans Joachim Störig）似乎參考古希臘原子論，以便將「無數諸法」（unendlich viele Dharmas）稱為「組成一切存有者之最原本的成分」（die letzten Bestandteile, aus denen alles Seiende zusammengesetzt ist），而且 dharma 是「無生命的」（unbelebt）（H. J. Störig, *Kleine Weltgeschichte der Philosophie* 〔Frankfurt a.M.: Fischer, 1987〕, p. 55）。複數的「存有論」意涵完全取代單數的「倫理學」意涵，而且這種見識甚為普遍，讓一部《哲學辭典》也同樣如此解釋 dharma：「組成一切有成或毀之事物的、時時刻刻消滅的原本存在因素」（Georgi Schischkoff（ed.）, *Philosophisches Wörterbuch*〔Stuttgart: Kröner, 1991〕, dharma條：die elementaren, jeden Augenblick vergänglichen Daseinsfaktoren, aus denen alle vergänglichen Dinge zusammengesetzt sind）。落實於這種「物」上的似乎是具有「存有」的現實以及「認知對象」。另外，早期幾筆研究成果已如此理解 dharma，這對日本佛學影響特別深刻：Magdalene Geiger/ Wilhelm Geiger, *Pali Dhamma vornehmlich in der kanonischen Literatur*（München: Verlag der Bayerischen Akademie der Wissenschaften, 1920）；Otto Rozenberg, *Die Probleme der buddhistischen Philosophie*〔Heidelberg, 1924〕；Theodore Stcherbatsky, *The Central Conception of Buddhism and the Meaning of the Word "Dharma"*（London: Royal Asiatic Society, 1923）.

論的基本概念，即「存有者」或「具備存有的現實」，而且所謂「存有者」又復還原至具有物體的「實物」這個典範，[22] 所以佛家的「法」就轉成置於主體的認知官能下的「客體」。這種理解方式顯然反映近代形上學的現象主義，也就是將存有這個「客觀世界」歸結到「主體性」。

　　上述觀察雖然錯綜複雜，但若研究者在這樣的佛學基礎上解讀因陀羅網比喻，確實難免會推出這樣的結論：既然該隱喻彰顯「法界」，又既然「法」指涉類似「存有者」的觀念，比喻光景似乎就反映存有者的真實情況，作者要指示的似乎就是，萬物在其本真性體看來相同，任何一個「物」從一開始與所有其他「物」毫無差別，每個存有者就與存有者全體合為一體。萬物猶如珍珠鏡影一般為一種關聯情境所承載，使其形成完整的統一體。至少在客觀存有、對象物這個「境界」來說，隱喻光景描繪出來的這則道理是有效。易言之，修行者藉由因陀羅網這個構想能體悟到客觀世界的本質，他透過直觀得到的

---

22 就歐洲存有論的起源來說，「存有」這個概念所呈現的擺盪情況似乎與梵文 dharma 的雙重意涵相似。巴門尼德斯（Parmenides）不但應用動詞「存有」（einai），亦用名詞化分詞「存有者」（eon），而且歸根究柢他將「存有」本身又復還原至「存有者」來作為「存有」的典範，將「存有」設想為一種實物一般的「球體」。甚至柏拉圖也一樣，他將某種如物體一般的性質，也就是將涵蓋一切理型之範本即「善」（agathon）或「一」（to hen）所固有之同一情形視為存有本身的基源。直至海德格以「對存有之遺忘」這個名義來對此情況進行批判思考之前，歐洲哲學的存有概念一直都處於這種矛盾和模稜兩可。然而，佛學界似乎毫不顧慮一百年以來海德格及其追隨者針對存有論之大弊病所提出的質疑和反駁，大多數學者繼續天真地使用早已「過期」的哲學架構，並將這種天真見識套在陌生的佛教傳統上。

就是完美的同一性及具體的總體統一。至少歐美詮釋者都如此
解讀這個隱喻。23

　　然而，因陀羅網比喻顯露之「法界」的「法」之意涵是否
確實雷同歐洲哲學的「存有者」？隱喻光景果真代表一種「形
上學」，即有關存有真相的理論體系？佛學界難道不是只是為
了配合歐洲哲學一向對名實相符的「哲學」、「形上學」訴
求，才會形成這樣的類比關係？這種類比或許僅只是方便研究
者思考。可是在這個基礎上思考者果真能貼切地掌握杜順的思
想嗎？還是剛好相反，這種類比在大規模上誤導研究者？將梵
文 dharma 譯成「法」字這件事早已經該提醒研究者：「法」這
個字意思若是單一個整體的「法則」、「規範」、「榜樣」，24
它就只符合 dharma 在單數用法下的詞義。那麼，至於 dharma
第二個意旨，也就是 dharma 在「存有論」下的複數用法，意涵
則如何呢？人類設置法律、規範，使其作為律法而存在、生
效，也就是在實踐領域上該法做「實有」而引導人的行為。印
度方面學者若將佛教 dharma 譯為「諸種（超越世界的）現有
物」（L. Schmithausen:〔überweltliche〕Gegebenheiten），這樣
的詮釋彷彿與中文「法」有交集。某種程度上或許真的可以主
張，「法則」指涉一種猶如形上學的實有物一般持存且有效的
環節。那麼，這不就等於是一切「存有者」就其存有之形上學

---

23 Cook, *Hua-yen Buddhism*, pp. 6, 15-16, 63; Chang, *The Buddhist Teaching of
　Totality*, pp. 165, 255; Odin, *Process Metaphysics*, pp. 2-3, 23-25。這些研究不
　但對「海印三昧」與「因陀羅網」都非常理所當然地採取同一性理論式的
　解讀方式，而且藉此也斷定華嚴宗一整個教旨。

24 Unger, *Glossar des klassischen Chinesisch*,「法」條：Gesetz, Norm, Vorbild。

法則而言所固有的本質嗎？凡是與存有者打交道的思考者似乎一定要以存有者的永恆本質為準則。由此觀之，dharma、「法」、「存有者」在不同文化脈絡並且對不同讀者的確意味著同樣的事情。結論彷彿只可能是：中國佛家將存有者的存有理解為某種具體有效的「法則」，因而用「法」去說「存有者」。

　　然而，這種跨文化的循環思辨導致哲學範疇發生大混亂。Dharma 意味著「諸種（超越的）實有物」，又意味著「諸種法則」，而中譯「法」顯然從中只取一部分意涵。「法則」和「存有者」、「現實物」意味截然不同。中國佛家比起印度佛家難道更自然地將「現實」視為「法則」嗎？還是說，中國的思想家只認識法則的實情，卻根本不關切某種普遍化的「存有狀態」？不過，自古以來中國思想不會不關懷萬物的「被給予狀態」，即「有」與「無」這個課題。鑒此，為何佛教譯者選擇「法」而放棄「有」？莫非他們從一開始根本不是在存有論脈絡下理解 dharma 一詞？嚴格來說中國是否從來沒有探索「存有者之存有性質」這種「存有論」傾向？常見的哲學詞語「有」甚至根本不指歐洲哲學所謂「存有者」或「存有」？

　　疑惑越來越多，唯一可以確定的是，甚至有關「法」的語文學研究還是無從解答隱喻的主題究竟為何。或許不應將該隱喻光景當成「存有」的「同一性」看待，隱喻所描繪的或許只是「某物」與其他「物」之間的「相屬」情況，亦即關聯情境。所謂「法」究竟如何「有」，它如何「被給予」？「法界」光景中諸「法」果真如歐洲哲學上的「某物」一般具備「存有」？要是反過來從杜順所描繪的相屬情形來思考「法」

與「某物」之間的關係，會不會更恰當？

　　玉城康四郎所提出的論點是唯一與佛學共識稍微不同的啟發。[25] 根據有關釋迦牟尼覺悟的印度文獻，玉城氏指示 dharma 並不標記某種形上學單元，此概念涉及的反而是救度史上的實際歷程。[26] 佛家論 dharma 時唯一的基礎在於，「主體」必須在每一個歷史當下對覺悟重新取得即時各自的「經驗」，[27] 而且也只有當 dharma 落實於此實行局勢時，它才變成「現實」。[28] 依據玉城氏所給的合理闡釋，dharma、「法」不是指某種超出時間脈絡的、「客觀性的」現實或實體，這一個詞所標誌的反而是歸屬某個視角並且在救度史上發揮意義的這樣的環節。玉城氏還特別強調，將「實行」當成 dharma、「法」的意蘊來理解，這個洞察不局限於小乘佛教，甚至大乘佛教也立足於此見

25　玉城康四郎，〈仏教における法の根源態〉，平川彰博士還暦記念会，《仏教における法の研究：平川彰博士還暦記念論集》（東京：春秋社，1977），頁41-75。

26　玉城康四郎特別反駁Theodore Stcherbatsky 和Otto Rosenberg有關印度 dharma概念所發表的研究成果，也就是指責他們稱為dharma的是以歐洲中心主義的方式假設有某種如同積極的存有者一般、卻是理想化而且不屬歷史的替代單元。玉城康四郎企圖以「有」和「空」之間的弔詭對照、亦即以身處救度史的實行處境所代表的過程，來補充dharma的理論概念（玉城康四郎，〈仏教における法の根源態〉，頁43-45、60-61）。

27　當然，歐洲術語「主體」不適合用在佛教脈絡下，也不適合扮演諸法的根源。本文接著將解釋的是，與其依循意識哲學及其主體性理解佛法，倒不如從「詮釋活動」談起，並環繞「意義的發生」來推展有關救度史和實行問題的探究。

28　玉城康四郎，〈仏教における法の根源態〉，頁48、51、56、60-61、64、70、74。

解。[29] 就此已可得知，「涅槃即輪迴」這種名語的意旨並不如歐美學者所假設，它並不主張輪迴升高等級，以便獲得恆久不變這種形上學價值。此名言所主張的反而是，佛教的最高「法界」反過來落實在輪迴上，涅槃必須實現於輪迴之中才行，修行者也只是經由此岸、歷史上的實行努力，他才可能將涅槃收入輪迴。與普遍形上學式誤解相反，玉城氏甚為明確地解釋該如何探究華嚴宗思想上的「法」：研究者應當專注「法」的實行向度，進而解析「法」這種「現實」所自的救度史。由此切入，我們可以對網絡鏡影所展示的相屬情況追求更深入且貼切的理解。現在可以重新詢問，杜順的文獻到底提供何種啟發。

第三節　因陀羅網中的光景

杜順借助因陀羅網比喻要說明的是「緣起法」這則義理。[30] 諸種「法」根本「無自性」，唯獨在彼此相屬關聯的居中諧調下，諸「法」各自便是其所是。故此，諸「法」其實彼此互相容攝。在諸「法」彼此相屬相容之際，彼為此而此為彼，[31] 以致諸「法」均無故定性質可言。若由一般「性」字在哲學上之所指來看這種論點，「法」表示「一無所有」。不過，在為關聯情境所形成之統一下，諸「法」各自仍有差異，「彼」與「此」各自具有各自的「相」。辨別被統合的諸「法」有兩個要素，即空間中的對立位置以及各個單元各自呈現的樣態。整

29　玉城康四郎，〈仏教における法の根源態〉，頁55。

30　T45，1867，513a3-513a4。

31　T45，1867，513a7-513a9。

合者不異乎在個別單元與所有其他單元之間發揮作用的關聯情境本身。那麼，這樣的情況究竟還能叫做「統一」甚或「同一」嗎？莫非這個鏡影構想有兩個層面，即「本質」一層和「顯現」一層？杜順強調，諸「法」全都融合為一，卻又各自截然不同。研究者可以滿足於這種弔詭、矛盾的總體統一論嗎？杜順本身又如何處理此兩難？

「彼此全體相收」[32] 一句中的「體」與「用」密切地相關連。可是，一旦研究者依照習慣將此處的「體」字解釋為「物體」、「實體」，這則命題彷彿就表示，「彼」與「此」亦即「這裡」和「那裡」，這兩處全然合為一，因為這裡這件實物和那裡那件實物，兩者其實皆屬於「同一」個整體。結果，兩者本來是「同一件物」。杜順似乎在主張，若由毫無差異的、單一個「本質體」來看，一切存有者全然融合而僅只形成單一個統一體。本來「一切皆一」，所有差別僅局限於「顯像」而不涉及「本質」。解讀方式若是如此，那麼不過就是同一性哲學的習慣在佛教文獻中又回復自身面貌罷了。

上述詮釋非常理所當然地假設，存有者的「存有」隸屬邏輯學的共時脈絡，「存有者」如同「實物」一般占據固定空間位置而於某個當下現身在場。至於時間維度則可被忽略，此定義從一開始就將時間凝聚成停止於共時性的永恆當下。依據這個單純的想法，當某物在某時、某處「存在」的時候，它與自身具有「同一性」。於是，既然在因陀羅網此構想中所有單元都只有單一個「體」，亦即凡「有」都在同一個本質性處所上

32　T45，1867，513a10。

「現身在場」（Anwesendsein, to be present），故此一切「有」皆為同一個「有」。這意味著什麼？歐洲邏輯學奠基於「同一律」之上，而且此思考原理是歐美哲學直接從一個被空間化的存有概念所衍生出來的基本信念。可是，難道此原理不就是一種毫無用處的套套邏輯嗎？同一性觀點只局限於滿足一個用意，即為了界定某個存有者的特質而提供普遍性奠定基礎。只有在思考者要界定置於空間下之實物的在場狀態時，同一律才會起作用。易言之，只有當所有思考對象、意識內容、觀念事先業已被當成占據空間方位的實物來處理，同一律邏輯才會有效。猶如巴門尼德斯（Parmenides）曾經發現，只有透過同一律，某個思考對象才可能被定為「存在」。然而，「存有」這個概念果真局限於僅只涉及「如同空間下的物體」那種現象嗎？或者亦可如此質問：從「空間下的存有物」演推出來的同一律果真對任何現象都有效？不但「存有」，而且任何有意義的思維內容都不得不被同一律所支配？

　　「一己」、「與己為一體」、「即一狀態」（Selbigkeit）這個概念其實有幾種意涵。首先，有關某物之「同一」的主張必然預設某種「差異」、「雜多」為前提，說它是「同一」物才合理。某個存有者是其所是，它與自身具有「同一性」，是因為它與其他存有者有所差別，某個存有者的「同一性」也就附帶與其他存有者的差異性，猶如某處被占據的空間方位取決於其與他處的差別。凡是同一者勢必排除某些具體的他異者。同一性概念與差異性概念之間必然有邏輯關係。再來，同一性與差異性之間還有另一種實際的連結，因為「某物與某物相同」這種斷定絕斷了任何剩餘的差別。

　　由此觀之，某物「具有同一性」與某物單純地「存在」這兩種情況彷彿不盡相同。任何存有者與自身具有同一性，只有「同一者」才可能具備「存有」。可是，凡所「有」果真為「同一者」嗎？任何「一統」、「合一」勢必等於是「同一」這種情況嗎？依據杜順文中「彼此全體相收」一句來說，某個整體中部分和部分之間的「相收」所指的未必雷同於「同一性」之所指。根據這句話，有雜多「不同」的單元透過某種方式被連繫起來。在幾個單元藉由某種相屬情形彼此互相被結合之際，結果並未必是所有單元皆「合為一」，以致僅剩下單一個單元。換言之，依照杜順所言，諸種個別不同的單元並不等於是同時都占據同一個空間位置，否則諸種個別不同的單元從一開始根本無差別，不可被區分，而且它們從一開始必須都是單一的一個單元，所以根本無「整體」和「部分」這種關係可言，以至於斷定「一切合為一」、有「統一體」這些說法也毫無意義。

　　就「整體」與「部分」這種關係的邏輯來說，整體中不同部分並不為「同一者」，諸個部分不但彼此不相同，而且與「整體」之為「整體」亦不相同。理由在於，無論「整體」涉及的是一種邏輯觀念還是一種實際情況，「整體」概念的涵蓋面必然大於其所蘊含的各個「部分」。雖然實際「有」該「統一體」，即使某種意義下此「統一體」與自身保持「同一性」，但除了其所包含的部分以外它顯然另無他物可言，亦無其他空間方位讓它占據。因此可得知，「同一性」與「有」兩概念之所指並不盡相同。因此，將統一體視為「存有者」並不合理，去除其蘊含之部分之後，此統一體的「存有」不再可能

被設想。然而，反過來說思考者似乎也無法避免藉由「存有者的存有」，亦即藉由「作為同一者而存在」這種觀念來設想任何思維對象。只要某物「是」某物，它就與自身具有「同一性」，而且當兩物彼此相同時，意味著兩者其實僅為單一件物。「存有」概念是從這樣的架構取得定義的：在邏輯共時性下，某物於空間中現身在場時，它充實「同一」這種狀態。但經過一種循環思路，某物「具有同一性」這卻又僅只意味著該物出於時間長短之外，並在空間中作為實物而現身在場。故此，凡是推斷「某物具有同一性」這種推斷，或者是針對某個整體中不同單元相互歸屬來主張此歸屬就是「同一狀態」這種荒謬無意義的結論，又或者「某物具有同一性」這一斷定，這些推論的意旨根本都不超過「存有者乃存在」與「某物總是其所是」這種套套邏輯。

那麼，憑據以上能否如此主張：因陀羅網比喻中的珍珠在透過鏡像產生「差異者統合」時雖然確實「有」這種「合一」，但此「合一」本身不等於「某物」，則它根本無「存有」？「存有」若果指「作為存有者而存在」並且「具有同一性」，該「合一」便的確不「存在」。若以歐洲的「存有」概念為基礎，就根本無法構思網絡光景那樣的「統一體」，這種「統一體」勢必落入「假像」、「幻像」這種身分。隱喻構想所描繪的光景等於是一種在不揚棄差異性為前提下所暴露出來的統合情形，這僅為「現象」上有差異者發生彼此相容相通這種「宛如」情形。歸根究柢，此構想十分矛盾且弔詭。由於鏡像光景保存差異性，因此不可將此現象命名為「同一性」，但訴求此統合雖然無同一性卻仍然當做「存有整體」，這種自相

矛盾的「存有」並不合理。鑒此，研究者無法而且也不應該以
「同一性」、「差異性」等存有論兼邏輯學範疇為出發點，來
解讀杜順有關此比喻所作的闡明。除非研究者假設杜順或者是
亂說或者是以「密契主義」的方式違背常識，否則研究者就必
須撤回自己原先所下的詮釋判斷，不能再堅持這個比喻在彰顯
宇宙、存有之整全統一這種道理。於是，研究者必須體認的也
是，迄今為止歐美哲學的思考邏輯統通所依賴的是以實物占據
空間位置為關鍵特徵的「存有」概念。然而，一旦研究者從有
關「有」的另一種觀念來讀此比喻，他還是可能鋪陳一條與歐
美的存有論邏輯頗為不同的思路。要捨棄不適當的「同一
律」，隨而重新探析杜順究竟如何構思不同單元之間產生的
「相屬」和「統合」，以便揭露「視角下的統合」這種觀點。

　　杜順有關「法界」之統合的總論如下：

　　　　如是相收彼此即入。同時頓現無前無後。隨一圓融即全
　　收彼此也。[33]

乍看之下，這種統合觀念確實歸結邏輯共時性，它離棄歷史演
變這個脈絡。只要不同單元彼此互相合一，此刻統合既已完
成，此統合狀態也就是頓然成立的統一，它不是某種逐漸成形
的結合、整合過程。然而，關鍵在「彼此」一詞。統合光景中
究竟有何物與何物彼此相屬相融？隱喻畫面牽涉的是「法」，
而且此構想讓諸「法」以獨特的方式進入彼此相互關連的情

33　T45，1867，513a18-513a20。

境。此相屬狀態奠基於一種空間差距之上，即它有賴於「彼此」即「這裡」和「那裡」的這種對峙關係，而且與其說「彼此」是單純地連結兩個單元的觀念，倒不如說「彼此」標記著一種複合觀念，它意味著一個身處於此處的「我」以及身處於對面、彼處且屬於「我」的「你」。「彼此」標誌「不同者相互歸屬」這種情況。[34] 一旦研究者將文中之「彼此」解讀為「此物」和「彼物」，該詞的原義立刻就被遮蔽。要是設想「此處」有的是「某物」，「彼處」有的又是類似的「物」，則兩件物作為物本來是同等、對稱的，兩處可隨便移動、對換。若基於此設想，比喻構想下的兩件物所具備的差別則局限於「彼」、「此」各自指涉不同的空間方位而已。可是「彼此」的意涵更精準地標誌這種情形：任何觀看活動勢必連帶一種「立足點」和「視角」以及與此視角並不是對稱的「對面」、「對象」，「彼此」也就意味著，以某一個視角為出發點所瞄準之對象視域，出發點與對象兩者之間本質上固有的「不平等」相屬關係。舉例而言，「彼此」指涉某個正在發言的人與某個在聆聽的人之間的不對稱、不平等關係，或者也標記思維的「能思」與「所思」之間的這種不對稱、不平等關係。

　　依據杜順所言，此反射光景根本不將擺在觀者眼前的兩件

---

34 「彼此」與「彼我」、「我與他」等觀念有親緣關係，而且凡用「彼此」來指向某個所在關係時，所指都等於「本方與彼方」或「此岸和彼岸」這種相屬、互連情形。換言之，觀點與出發點並不為旁觀者、第三者所定，「彼此」一詞必然包含一種自我反射和固定的視角，「此」所標記的一定是思考者與發言者本身。

對象物融合為一體，受統合的反而是觀看的「眼點」，即正在觀看的觀者本身，以及其在此視角下所瞄準的對象界，即被凝觀的視域。此處已可推斷：在觀看、設想、論及這個統合之際，「我」與我的「對象」當然彼此相屬。故此，「我」與「他者」若在反射光景下宛如產生「會合」，這就是在一個視角處境當中成形的「會合」，但這不表示觀者與其所見之間實質地發生全然無餘的「融合」。杜順根本不在談存有者與存有者之間發生的融合，而且他的構想根本不涉及兩件實物或對立單元，他陳述之焦點反而置在隱藏於「反射」的「觀看」情境本身。杜順專注、關切的現象是在觀者與其所見雙方之「間際」上發生的「顯現」本身。如此解讀該隱喻不會過於其原義嗎？未必。依照普遍的解讀方式有兩件事物在此構想下融為一體，也就是在毫無時間歷程的前提下，兩者一瞬間就完成此合一。可是，「彼此」一詞明顯違背這樣的詮釋方式，因為「彼此」根本不意味著「位於某處和位於他處的兩個物件」。鑒此，必須重新追問的是：這個隱喻構想究竟如何是彰顯某種統合光景？整個統合光景是否有賴於一個投入具體視角的觀看活動及其處境？

　　杜順之所以在闡明「法界」的真實情況時提出因陀羅網比喻，原因在於此構想乃「猶如」[35] 該真實情況一般。杜順企圖藉由此想像工夫將修行者實際引入到「法界」。將比喻做為一種「方便門」來引路，藉以讓修行者實際「入法界」。[36] 以此

35　T45，1867，513a25。

36　T45，1867，513a2。

可得知，在隱喻光景中所謂的「法」並不指珍珠本身，而且鏡影現象也並不類似於模型一般來「再現」在哲學語境下令思考者當成「存有者」看待之「法」的「存在實況」。與其說杜順提供的是一種完美的形上學理論體系或一種有關世界真相的解說，倒不如將此隱喻視為一種實行上發揮作用的引導路標。

閱讀至此已可以充分明瞭為何杜順在文章的結尾處特地強調，隱喻之為隱喻是因為此構想與現實有差距，而且這個差距是關鍵性的。這段引文上文已經引過一次：

> 如斯妙喻類法思之。法不如然。喻同非喻。一分相似故以為言。何者。此珠但得影相攝入。其質各殊。法不如然。全體交徹故。[37]

文中隱喻光景所展示的只是一種「影相攝入」，而此現象並非等同於諸「法」實質地、徹底地相容相通這種存在情形。值得細膩探索的問題在於：珍珠作為實物的「質」與諸「法」所謂「全體」果真在同一個論述層面上？其果真標記同樣的觀念，即存有者的「存有」？還是不如說在「法界」中發生的統合錯綜複雜且多元，它必然超越任何比喻所能表現，以致不可以將因陀羅網的珍珠本身直接等同「法界」的「法」？比喻中的「影」當然也根本不能代表珍珠本身。

杜順運用此隱喻時所瞄準的根本不是一種有理論作用的「世界觀」。與其說世界的真相在因陀羅網的鏡影構想「之

37　T45，1867，513c4-513c6。

中」透露出來，倒不如說「透過」、「經由」此比喻光景，作
者顯露出一種情境。此隱喻是一種「有效應」的隱喻，它是一
種教學手段，即佛家所謂「方法便用」、「方便」。因陀羅網
不奠定某則理論主張，以凸顯世界的真相。這個隱喻構想「有
所執行」，它催促、引發聽者的想像活動以及修行者的實行工
夫。隱喻光景的重點不在於某種與整體相關的理論洞察，此光
景讓修行者體會的反而正好是「實行」這個場域。全面化的鏡
影所環繞的是佛教所力圖開啟的實際效應，整個構想所關懷就
是「方便」問題：教學如何可能將教義具體落實在救度史的路
途上，講學者如何能使修行者從其各自所處的所在，就其「即
時各自的」處境，來投入朝向解脫之途？假設因陀羅網之喻標
記一種有關統一體的構想，此構想如何足以在實行層面上實際
「發揮作用」？換言之，核心問題不在於「所說」有何意旨，
關鍵反而在於這個比喻是「如何說」，也就是它如何給修行者
營構一個實質的實行場域兼實行機會，並將其實際引入到此情
境。為了解答這些疑問，必須再仔細考察鏡影光景究竟如何成
形。

　　珍珠網中的光景顯示「法界」的無限之深，即「重重無
盡」、[38]「重重無有邊際」。[39] 其重點在於諸種「法」彼此「互
入」。[40]「互入」並不表示萬物實體相容相通，彼此互容相攝的
反而僅為鏡像，即作為「顯像」而被凝觀的「影」。在整個鏡

38　T45，1867，513a25。

39　T45，1867，513b4-513b5。

40　T45，1867，513a25。

影交織當中，所有珍珠所呈現的外觀、顯像彼此「相影現涉入」，[41] 即「影相攝入」。[42] 為了描述此情形，作者原先用「即」[43] 字說「一珠即十方一切珠」甚或「一珠即是十方一切珠」，[44] 但此方便的說法實在容易引起誤解，因此他接著更仔細說明珠珠彼此「互入」的意味。然而，甚至第一種說法，即用「即」字的描寫，未必猶如乍看之下所想像的簡單。在華嚴宗的論述上「即」字比「入」字意旨更深厚且抽象，「即」字不僅表示空間中的「臨近」或「觸及」，也指涉一種「跨越」、「過渡至」。「即」字的意味是「跨過而成為」、「過渡以便成為」。當某物投入別物，當它與別物「會合」時，兩者「即為」一物，也就是在詮釋者的眼前該物「作為別物而顯示自身」。如上已所提，「即」字牽涉「將某物視為某物」、「將某物闡釋為某物」這個詮釋學關係。在「即」字標誌「詮釋學差距」的同時，「即」字也發揮「意味著」這個連結作用。故此，「即」字應當被看成華嚴宗詮釋學哲學上的關鍵字。[45]

41　T45，1867，513a29。

42　T45，1867，513c5-513c6。

43　T45，1867，513b24-513c2。

44　T45，1867，513b24-26。

45　迄今為止，「即」字揭露中國思想固有的詮釋學導向以及對於闡釋諸種現象的濃厚經驗。「即」字可以做連結詞用，它卻也扮演猶如印歐語文上的「繫詞」（copula）一般的角色。雖然一般學者習慣將「A 即 B」直接翻成 A is B，但此翻譯並不正確，中文原義其實為：「從正在進行詮釋的視角來看，A 臨近 B，A 就是 B，A 過渡至 B，看來 A 彷彿是 B」。可簡略地說「A 意味著 B」。由此觀之，中文「即」字仍然保存「繫詞」本來所標記的動態特色，「即」字標誌詮釋的「發生」，即「以過渡來連繫」這種思考

由此觀之，「重重無盡」這種彼此相互臨近、進入的發生究竟如何顯露出來？作者借助鏡影的反射現象，來比喻諸「法」相容相通。然而，此反射光景並不代表一種靜態狀況，此現象等於是一種動態發生，而且此動態發生牽涉到哲學一直以來以「自我」（heautos, ipse, soi-même, selbst, self）的名義在思考的弔詭情形，即「自我反射」或「反思」。仔細一看，隱喻光景所展示的是這樣一個錯綜複雜的交織：「反射者」或「反映者」同時也作為「觀看者」，被當成「反映者」看待的是「觀者」本身，而被當成「觀者」看待的其實就是「反映者」。只有在反射發生、鏡影成形之際，方才可說果真有一個珍珠顯像「入」於另一個珍珠顯像，只有藉由反射的實際發生，受反映者才能投入反映者之中，隨而成為「鏡像」。然而，此鏡像又復歸返至原先受反映者的那個珍珠顯像，並且全然溶入於其中。這樣一來，一切很明顯就取決於「顯現」這種發生。

依照這個比喻所構想，在重疊反射正在發生之際，同時發生的其實是一種「角色轉換」。只有當某一顆珍珠不但顯示自身而且另此也顯示自身上所顯露的鏡像時，此構想才成立。易

過程。言說當中某個意蘊總是經由各式各樣的對照、相反關係逐漸「湧現」、「凝聚」、「生成」、「成形」。與此相反，諸種歐洲語境上的「繫詞」，更不用說當代邏輯學在同一律下應用的 A=B 早已徹底遮蔽此言語情形。因此尤其海德格嚴謹地分析並批判這種根深柢固的同一律思想、其盲點及其後果：Martin Heidegger, "Der Satz der Identität（1957）," M. H., *Identit*ät *und Differenz*（Frankfurt a. M.: Klostermann, 2006 [GA 11]）, pp. 31-50.

言之，每顆珍珠的顯現必然分成兩個層面：首先它做單純的珍珠顯像而顯示自身。再者，它起「反射」、「反映」這種作用。只有當置於「此處」的、反映於其他珍珠身上的珍珠本身實際開始反映呈現於「彼處」的珍珠時，「此處」珍珠才能在「顯像」加上「反射」、「反映」、「鏡像」的這種另類身分，使得單純的「珍珠顯像」轉成「珍珠鏡子」和「鏡像」。某種意義下這種角色轉換就表示，轉成「反映」、「鏡像」的珍珠顯像其實轉成一種「反映著地凝觀者」。原來被映照的、位在「此處」的珍珠顯像，它現在不但等於在顯露自身，它同時也「反映」於其他珍珠身上即「彼處」呈現的、於彼作為鏡像的自身以及自身在「彼處」所呈顯的整體鏡影。此刻原本是被反映的「此處」珍珠開始轉變成為「以反射的方式在凝觀」，而其所凝觀的就是「彼處」所呈現的整體鏡影。易言之，原來接受反映的已不再是初始的那個單純的珍珠顯像，在受反映的同時它轉成一種「接受反映之凝觀者」的雙重顯像。嚴格來說這就表示，原來在「彼處」透過反射而暴露的自身鏡像不局限於僅只涉及「此處」珍珠顯像本身而已，於「彼處」呈現之自身鏡像所展示的內容勢必業已包含原來受反映的「此處」珍珠顯像以及其同時所標記的「凝觀者」的顯像這兩種內涵。結果，導致單純鏡影情況之重疊的要素在於，「顯現」和「反射」、「反映」之間發生著糾纏關係，使得「反映」成為「反映著地凝觀」。

　　在空間中成形的隱喻光景，即因陀羅網比喻所構想的情況從一開始不局限於僅只有無窮無盡彼此往返的重疊反映這種整體現象。所謂「鏡像」其實並不局限於單純受反映的那個珍珠

顯像本身，所有鏡像早已經包含「顯像中的顯像」。就其內部
構成來說，每個鏡像從一開始勢必隱藏受反映的珍珠顯像本身
以及受反映的珍珠同時所代表的「鏡像」，而由於此「鏡像」
的內容包含自身，因此它不得不被理解為一種「凝視」。歸根
究柢，這種糾纏情況牽涉的無非是時間概念上的悖論狀態，亦
即時間性弔詭。珍珠網絡的構想使得所有空間中的鏡影依照透
視法而在每次反射當中就縮小一程，產生無限重疊反覆折射的
鏡像光景，這些重複折疊達到的無限是我們無法想像的。在我
們的想像中，照理這這是一瞬間完成的、封閉的靜態畫面。然
而，這個在共時脈絡下產成的畫面於內部、細微處卻出現一種
我們無法控制的漏洞，在我們的想像中這個鏡影構想不得不為
自身所吞噬，它不得不轉成一種深不可測而且是敞開的光景，
讓整個瞬間、共時性的構思突然解體，而轉成一種無窮無盡的
動勢，亦即歷時情形。

　　在〈華嚴經旨歸〉一文中法藏如此描寫這種現象：

　　　　如是重重不可窮盡。非是心識思量境界。如帝釋殿天珠
　　　網覆。珠既明徹互相影現。所現之影還能現影。如是重重
　　　不可窮盡。46

「重重不可窮盡」不僅牽涉此光景本身的構造，而且此無限性
也牽涉修行者嘗試想像該光景在心中持續所實行的思念工夫。
一旦有第三顆或更多其他珍珠乃及「一切珠」來參與此反射遊

46　T45，1871，594c2-594c5。

戲時，再敏銳的想像力仍然無法確實掌握此「重重不可窮盡」的光景。然而，如上所述，只有在「受反映者」同時也扮演「在反映」這個角色之際，整個構想方才真正轉成「重重不可窮盡」。「受反映者」在某種意義下同時必須是「以反映著的方式在凝視」的觀者。好比我們照鏡子時，我們不僅看見受反映的自身外觀，而且在「彼處」呈現的自身鏡像中也會發現我們在凝視自身時對自身的感想，甚至將自己體驗到自身鏡像這一件事給自己所帶來的打擊也收入此感想當中，使得面對鏡子時被打擊一事也在自己所面對的鏡像中反映、顯示出來，如此繼續往下推則「重重不可窮盡」。「彼處」呈現之單純的鏡像本身和「凝觀著地受反映者」，亦即我們自身，這兩處發生彼此互相融入，而唯一讓我們能夠想像這個情形的方式在於，我們不得不將這樣的相容相通加以時間化。我們只可能一步又一步地、持續不斷地調整這一整個光景的內容，也就是我們只可能經由「逐次追隨」各個鏡像的方式來嘗試捕捉這一整個變得愈來愈複雜的構想及其彷彿越想就越往深處逝去的內涵。就現實邏輯的原則而言，固定不變的珍珠交織本身似乎足以讓不斷往更複雜、更深層的反射情況邁進的想像停頓在一種或屬共時性或超出時間的整體鏡像光景上。可是，這僅僅是「在原則上」成立的道理，在封閉的有限框架下，我們其實根本無法對此鏡影遊戲產生完整的構思和想像，我們的觀察或想像不得不一直朝無限深遠奔去。為了充分掌握到此光景的內涵，我們必須藉由想像活動不斷地重新形成一幅愈來愈豐富的畫面。故此，華嚴宗思想其實不聚焦在珍珠網所顯示的、「在原則上」是封閉且完美的整全統一這種構想上，這個思想著重的反而是

被這個光景所促動的、無窮無盡的想像過程。關鍵在於，鏡像光景不但包含所有「受反映者」，而且為了成立「重重不可窮盡」的相互反射，這個全面化的鏡影勢必也收納「以反映著的方式在凝視的」觀者本身。因陀羅網構想一定包含觀者、構想者，亦即包含我們自身，研究者務必要留意這個環節。

　　從這一點看來，杜順呼籲修行者或讀者，也就是我們，要實際體認隱喻光景所標誌的、「在原則上」已被看透的結構，這不是沒有道理的。在杜順說「取一顆珠驗之」[47] 時，他要求我們任意選取網絡中的一顆珍珠作為立足點和視角。我們「若於一珠中坐時」，[48] 我們便可以「坐著」不必移動，隨而沿著鏡影反射的組織徑赴網絡中的各處，因為我們在一瞬間便看見：抱圍我們的所有珍珠業已轉成了完美的「鏡像」，藉由鏡影反射全都融成一體。此刻網絡、珍珠本來所在的空間業已轉成另一種空間，亦即處處充盈圓全的、深不可測的鏡影空間。如上所說明，首先這表示原來在我們眼前僅只是單純地「顯現」的光景本身，其內部其實在產生逆轉，意思是這裏根本沒有單純的「顯像」可言，所有「顯像」必須是實質地轉成「既顯現又反映」這種雙重情形。而且，這種雙重情形必須包含「以反映著的方式凝觀」這個維度，否則整個全面化的鏡影構想根本無「重重不可窮盡」的相互反映可言。我們的「看」必須與我們「看見的」融合起來，我們的觀看必須是「以反映著的方式而凝觀」，杜順所謂「驗之」方才成為可能。另外，這

47　T45，1867，513b2。

48　T45，1867，513b6-513b7。

又意味著，此刻「坐於一珠中」的我們自身宛如消失而不再存在，我們也完全被全面化的反射遊戲所吸入，我們本身僅只是大鏡像光景中的一份子，我們自身業已變成「鏡像」，即「以反映著的方式在凝視」的觀者。抱圍著我們的鏡像光景猶如全像攝影一般開闢一種往深遠處一直擴延的影像場域，而且透過鏡像這個身分，我們自身便沿著諸種反射線與周圍光景的整體融合在一起。反過來說，此光景有不可勝數的目光在看著我們。原來由外部所構想的珍珠網絡的反射光景業已發生質變，變成一種內向反射、逆轉反射的情境。於是，我們忽然脫離時間，因為凝觀等於反映，而反映就等於觀看。置身於此全面化的透明影像場之中的我們彷彿漂泊在無限之中，我們的目光似乎包容「重重不可窮盡」的整體統一，介於我們本身所在與那個宛如被拉到無間距之近的無限之間似乎不再有任何動靜可言。

　　隨著杜順的引導，信徒和讀者並不能停留在完美構想之前面、之外，他被逼迫要親身投入此構想的內部，要沉溺於四面八方的反射光景之中才行。凡是曾經在一座鏡子迷宮中體驗過自身存在變得輕鬆這種感覺的人都應該能夠想像吊掛在因陀羅皇宮大門的珠簾之魅力，應該能夠悟察到這場鏡影遊戲所產生的、超越紅塵的夢幻：一切皆融合成一體，不再有任何差異。杜順確實讓我們充分體驗這場人生大夢想的誘惑。「三昧」這場美夢果真可實現嗎？看來唯一的條件在於，單純的「顯現」得要產生一種皺褶，它得要藉由一種自我反射來收納「凝觀」，亦即「以反映著的方式凝觀」這個因素。然而，杜順並不讓修行者與我們徹底欣賞此夢境，因為其整個教學任務其實

位在紅塵這邊，也就是在「此處」與「此刻」。在我們採取某一個視角並且投入大反射交織之際，這一舉會不會逼使我們離棄面對這一整個完美光景的理想眼點，也就是會不會使得我們從昏迷於「統一體」這種構想的陶醉中覺醒，並局限於單一個視角而失去整體畫面嗎？故此，學生似乎有所疑惑，他一直追問：為何此完美的光景還取決於我坐其中的這顆珍珠才成立？作者使得學生一而再、再而三地如此質問乃充分地有道理：杜順並不要學生構思懸掛在宮殿大門、燦爛發光的那張美妙的珍珠帳簾本身，重點在於「反映」即「反射」這件事，也就在於貫穿「顯現」的內部皺褶。學生要專注的是自己對於鏡影所進行的觀照，他要專心思索此觀照的內部結構以及此鏡影遊戲對自己的啟示。可是，唯獨當學生實際投入珍珠網之時，當他認真地採取一顆珠當成自己的立足點並且由此處實質地去看時，這一整個鏡影構想方才完成。為何如此？

　　關鍵在於「反射」、「反映」這種現象所引發的「逆轉收回」。若我們從一個外部立場面對此反射光景來看，我們永遠無法體會這個隱喻構想的核心觀點，亦即「重重不可窮盡」。僅局限於此想像、構思「在原則上」該有的結構來思考它實則不足，這樣一來真正的交錯反射根本尚未開始，而且我們自己也尚未開始真正地在看。任何名實相符的「觀看」、「凝視」都不可或缺的是一個「視角」。故此，我們必須採取視角而由此視角實際去看，否則我們根本尚未開始在看，亦無從體悟到因陀羅網比喻的優點。第一祖令學生體悟的是，對真理僅作猶如海市蜃樓一般的美妙設想實則不足。杜順並不是借助比喻讓學生看到某種「真相」，他意圖凸顯的是有關這個疑問的答

案：由我們看來，整個真理、真相究竟落實於何處？在比喻來說，一整個佛法真理全都凝聚在一顆珍珠之中。易言之，朝向救度之途勢必首先將信徒經由一種逆轉與收回便引入其實質地可置身之地。解脫之是否可行取決於此「處境」，正如我們是否實際凝觀有關整體融合的隱喻光景則取決於一切鏡影皆集中於它的那顆珍珠。然而，更為甚者，也只有如此，整個比喻構想不再僅是個思想，此刻因陀羅網比喻本身就變成了「方便」，以鋪陳實際向救度之道。此刻珍珠網中顯露的「世界觀」轉成一條實際的路途，隨而將修行者引入隱喻光景的決定性環節，激發其實際作關鍵的步驟，即「取一顆珠驗之」。由內在於構想光景的那個視角具體來「凝觀」，就是信徒實際踏入「法界三昧」的「起步」。

　　對於華嚴宗在一整個救度史這條漫長的旅途上，出發第一步則是唯一真正有實行價值的步驟，修行者只要實質地執行這一舉就行。這種初始地「投入」並非局限於某種理論式的「覺悟」，第一步就包含一整條成佛之道。華嚴宗將此「起步」稱為「初心」或「初發心」。「心」字並不僅涉及思維和意識活動，「初發心」就標誌從「解」過渡到「行」的關鍵轉換。雖然法藏在〈華嚴遊心法界記〉中基本上套用杜順有關因陀羅網比喻的陳述，[49] 但至於這一個關鍵點，其闡述比起第一祖來得更明確精準：

49　T45，1877，647a17-647c2。

> 問。此但據義相攝。就彼義〔邊〕便[50]說云一珠即是一
> 切珠。可實一珠是一切珠耶。答。今所說者但在一珠中說
> 一切珠。不離此一珠中說一切珠也。[51]

學生以為只要辨別「實」與「義」這兩個意蘊層面，便可充分
明白因陀羅網比喻的宗旨。他以為即使由光學、邏輯學的觀點
來看可稱為「圖像」、「影像」的層面而讓一切珍珠皆相融為
一體，但每顆珍珠球體本身未動而仍舊處在其各自原來所在的
老位置上。乍看之下，此意見有道理。因此，法藏居然不理會
學生這個疑惑，這種態度令當代讀者驚訝。不過，法藏所討論
的根本不是珍珠網這座思想模型的普遍意旨或抽象意涵。法藏
所回答顯然籠統，他唯一關切的只是觀者務必要採取某一個立
足點，對他而言比喻的整個宗旨就集中於，在凝觀、構想此隱
喻光景之際，我們不得不採取某個具體的視角來看。法藏並不
如學生和當代讀者一般從珍珠網來思考鏡像光景的構造，他根
本不在乎珍珠網光景「在原則上」具備何種結構，他專談的問
題反而是：在觀者從某一顆珍珠為立足點來凝觀一切珍珠時，
他便會取得何種體驗？猶如良好的現象學家一般法藏本身一
樣，從一開始很合理地採取某一顆珍珠為立足點來描寫實際可
被體驗的現象內涵，即「說」此現象體驗本身。我們的確都只
能「在一珠中說一切珠」，根本不能「離此一珠中說一切
珠」，否則我們所說的主題、我們言論的對像則根本不是杜順

50　「邊」大概為錯字，應作「便」。
51　T45，1877，647b16-647b19。

所言之「相影現涉入重重」、[52]「影相攝入」[53] 這個實質的「顯影」情況。

　　由此觀之，杜順與學生之間的問答有何啟發？首先，比喻所設想的是一種超出歷史脈絡的整全統一，我們會將此合統光景歸結至一種具有邏輯共時性的境界。[54] 可是，事實上我們根本無法對此無限情形產生一個適當且完整的觀念，以致比起該整全統一的實情更為重要的是有關通往此統合境界之歷史性途徑的詢問，而且此途徑與該境界的特質自然是密切相關聯的。那麼，作者將統合境界描述為一種既是「反映」又是「凝觀」的全面化反射情境，此統合境界不為空間中數多物件所組成，它不但不是為部分與部分在總體中之相屬所成的統一體，而且它也不奠基於數多個別不同單元本質上彼此的共有「同一性」。因此，該問的是：對於此統合境界本身，有一個實質的觀者正在看，這件事情究竟意味著什麼？然而，在探究此課題時，思考者得要將諸種心理學聯想暫時擱置一旁，因為對此「現象」之顯現及此顯現的內部結構相關的追問，視覺心理學實無幫助。關鍵在於觀看作為觀看則為視角性以及一種不對稱關係所支配。凝觀不無所看見，但一旦凝觀實際連繫到某個凝視對象，這番具體的凝觀活動勢必要立足於某個所在和角度，它勢必歸屬某個視角來看。觀看不落實於對象物本身身上，而且觀看也不是在眼前、在無名空間中發生的。充實的觀看勢必

52　T45，1867，513a29。

53　T45，1867，513c5-513c6。

54　T45，1867，513b1-513b2。

以某個「此處」、「我」為出發點，它是介於「我」和「物」之間發生的。若將觀看僅界定為「與某個對象有意向性關係」則有所不足，因為除此關係之外，這種關係勢必落實於「此處」，而且觀看所隱藏的「此處」永遠不可能成為一個「彼處」。唯獨在某個觀看意向的出發點，唯獨在一個「即時各自」的立足點上，觀看才成其為觀看，只有當觀者採取某個視角，隨而瞧望由「此處」被敞開的視域與位在「彼處」的對象時，觀者才真正地開始看，他這也才能「有所見」。

　　即使杜順的闡述為了簡化偶爾提及空間關係，[55] 但整個討論還是明文關切視覺情況，[56] 整體看來因陀羅網比喻就是將「法界」的統合設想為「反映兼凝觀」這種情境。由此觀之，諸法統合則勢必為一種原本的差距所貫穿，勢必有「立足點」、「視角」與隸屬它之「視域」之間的差距支配著這個構想。於是，此整體統合就預設某個由此處向對立面伸延出來的「視線」，即通往彼處跨越該差距的「凝觀活動」。這意味著，為了引導修行者通往「法界」統合，又為了承援其踏上救度之道的起步，此隱喻構思呈現一種裂縫，亦即修行者的處境、視角及其所凝觀之光景之間的斷裂和間距。似乎是完美的統合構想內部居然暴露一種瑕疵，三昧光景並非處處是一個「整體統一」。此統合構想其實分成兩個層面，而它並非等同於「單一」、「均質」的統一體，並非單純的「一切皆一」。

55　T45，1867，513b6-513b14：「珠中」、「珠內」、「入」、「出」。

56　T45，1867，513a19：「現」；513a22：「普眼境界清淨身」；513a23：「相應頓現」；513a29：「寶明」、「影現」；513b3：「珠影」；513b6：「炳然高現」。

理由在於，反射光景中的單元非對稱，在所有處所彼此互映時，「此處」和「彼處」並非平等，兩處之間的相距未被反映現象所消除，而且此差距並非無意義。內在於「反映」勢必有一種看即「反映著地凝觀」，因此「視角」和「視域」的基本非對稱貫穿一整個「一切皆相屬」的情形。然而，此構想的優點原來不就在於，看與被看雙方密不可分嗎？的確如此，但構想中的鏡影仍然有賴於視覺邏輯，以致被構思的整全統合依然取決於有一個觀者，某種意義下他就必須從整個鏡影光景「落出」而承擔不對稱的視角並且實際凝視整體光景，以致整個完美的統合構想還是免不了為視角性、不對稱、差距、裂隙所支配，否則整個統合光景根本不成形。

　　為了體會「三昧」這種構想，修行者務必要承擔隱藏於隱喻光景的「反映著地凝觀」這個角色，他務必要「於一珠中坐」並親身來驗證此鏡影光景，「一切皆一」這種整體統合方才成立。不過，只要修行者親身投入來看，只要他藉由觀看的基本情況執行此統合，只要他不跳過具體統合的成形與顯露而直接自結論切入，所有鏡像的全面融合並非與桶中熱鐵或大海沖水盡相同，修行者此刻所體驗的這種統一並不表是處處「一切皆成為一」。此刻，觀者經由自身所實行的凝觀活動而親身且具體所產生的全面統合與僅只「在己」而並非「為己」成形的一般「統一」概念則截然不同。難道這不就是因陀羅網比喻勝過其他構思「法界三昧」的深奧所在嗎？此隱喻並不局限於僅將世界萬物設想為「一體」，鏡像光景反而是環繞反射現象為主軸，以展開一種實際的引導效力。在鏡影構想產生重重無盡的「彼此相資相攝相入」之際，這種「彼此互相反映」的情

形勢必業已包含觀看作為其必然因素。隱喻光景所鋪陳的統合情形所標記的是一種為視角與間距所支配的、不對稱的「彼此會合」。關鍵隱藏於此「彼此」之中：當觀者藉由凝觀的方式具體設立整個統合情形時，觀者本身是從其所構思的光景對象被引回到自身所在，即自身處境，而這種效應就等於「逆轉回收」一舉，讓修行者終於就「此處」來投入「法界三昧」，即踏上通往救度、解脫之道。

　　有關因陀羅網比喻，法藏一樣不持一般的統一理念，他也不主張不同空間方位皆會合於某個「一」之中，他反而將統合構想歸結至直觀情境，強調這是有賴於某個視角，是在不對稱、不平等的「主伴」彼此相屬關係下產生的統合。法藏如此說明：

> 六者、主伴互現帝網觀。謂以自為主、望他為伴，或以一法為主、一切法為伴，或以一身為主、一切身為伴，隨舉一法即主伴齊收，重重無盡，此表法性重重影現，一切事中皆悉無盡，亦是悲智重重無盡也。[57]

根據「主伴互現」[58] 一句可得知，法藏有關因陀羅網比喻的解說歸結到「顯現」和「觀看」脈絡。這樣一來，法藏不但從一開始立足於「將某物視為某物」這種帶著意義闡釋的反思情

57　法藏，〈修華嚴奧旨妄盡還源觀〉，T45，1876，640b27-c3。
58　別文中法藏一樣應用「主伴」此說法：法藏，〈華嚴發菩提心章〉，T45，1878，654b25。

境，而且對他來說，鏡像光景勢必預設某個有偏頗的視角以及
此視角與其凝觀對象之間固有的不對稱關係。假如思考者將兩
面鏡子之間產生的反射線都畫在一張紙上，或者假如他從珍珠
網中任意挑一顆珠，隨而由這顆珠為視角來設想它與另一顆珠
之間的互映關係會產生何種鏡像，他便僅獲得一種遲鈍的、盲
目不明的反射構想，但至此他尚未實際掌握到真正的鏡影情
形。嚴格來說，這樣的設想僅涉及光源在反射情況下往返所經
過的路線而已。只有在光線的單純反射轉成「照鏡子而顯示自
身」之際，這個構想才成為名實相符的「反映」。易言之，只
有當一個在看的自我將鏡影活化時，只有在鏡像光景收納一個
將自身反映出來的「觀者」之際，方才實際有「反映」、「鏡
影」可言。「反映」包含並預設「凝觀」，充實的反映情形勢
必有賴於某個立足點和視角，而且也只有當某個凝觀活動實際
採取此視角而在看時，這種實質的情境才值得被稱為「立足
點」。「立足點」指的是「此處」與「此刻」，指的是一個正
在凝觀著的「自我」。無名的、無歸屬的立足點，這種情況根
本不可能。科學和邏輯學均所設想之「站在局外的觀察者」則
根本無「立足點」、「視角」可言，這種自笛卡兒以降支配著
歐美哲學兼科學的「局外主體」（disengaged subject）[59] 從來根
本不能「看」，亦無「所見」。科學與邏輯學的觀察者僅僅能
判斷自己「假設」採取某個特定的立足點和視角，自己便
「會」看到什麼。科學家和邏輯學家的「觀察」只是一種設

---

59 Charles Taylor, *Sources of the Self. The Making of the Modern Identity*
（Cambridge: Harvard UP, 1989）, pp. 145/ 159.

想，他們在看的僅是某種不現身、不顯示自身的、僅為「潛在」甚或「虛擬」的情形。由此觀之，若學者依循邏輯學來分析因陀羅網的鏡像光景，進而將其理解為萬物的全面統一這種情況，他果真看透了這則比喻的原義嗎？這樣的研究者實在無法掌握到此隱喻的內涵，也無從體會其道理。

　　由於杜順曾已明文要求信徒要自身投入珍珠網絡並「取一顆珠驗之」，便可以斷定，對於第一祖以及整個華嚴宗而言，因陀羅網中的鏡影，即反射、反映此情況果真環繞「看」為主軸，此鏡像光景主要所凸顯的是「反映著地凝觀」這種弔詭的雙重情境。杜順特別強調此凝觀情境不是一整個網絡與其中一切鏡像共所構成，此凝觀情境反而僅為某一個單一的珍珠所展開。[60] 唯獨當實際發生的反射、反映被理解為某個特定視角下在發生的「凝觀」時，眼前的鏡影遊戲方才會實質地收容、涵蓋一整個珍珠網絡。換言之，有關整體統合的構想畢竟奠基於凝觀所連帶來的視角性，此構想內部有雙重結構，而且其固有的兩個對立面並不對稱平等。無論思考者自何處來構思此鏡影現象，結果都一樣，其每次所視得的光景必定都包容網絡鏡影的整體，但在即時各自的角度下產生的鏡影現象與其他角度下的鏡影現象卻並不盡相同，因為諸種鏡像都會依照觀者各自所採取的立足點發生演變、更移。觀者依循此整體統合觀念所見的各物，亦即諸種珍珠、諸種鏡像以及自身，就內容而言則都絲毫無變更，但每當觀者換一個角度來看的時候，他便都會獲得稍微不一樣的印象。只有，假如觀者尚未踏入某一個特定視

60　T45，1867，513b17/ b21/ b23。

角，要是他未採取某一個立足點而實際來看，他則根本不會看見因陀羅網比喻所開啟的三昧光景。唯獨當觀者、修行者由某個「此處」來看時，他方才得以實際體證整體統合這個現象。在因陀羅網比喻構想的統一體之中觀看的視角性和能見、所見之間的差距不但並未消失，而且一旦修行者離棄其身處的立足點和視角，一旦他從「此」珠出去，他必然會立刻喪失整個統合境界，也就是說此刻整個鏡影遊戲就瓦解了，所有珍珠鏡像也就消失了。因此，杜順非常合理地強調：「離此珠內無別珠故」，[61] 又解說：「由此一珠獨成網故。若去此珠。全無網故。」[62] 故此，作者要求信徒務必要採取某一個立足點，以便就此處境實質地投入「法界」。

　　目前已可充分明朗的是，因陀羅網比喻並不代表有關存有整體或實物之全面統一這種形上學構想、原理，關鍵在於有關修行者要實際執行凝觀的這個訴求。杜順其實早已經反駁當代佛學上甚為流行的形上學解讀。他叫學生注意，當他凝觀這個理想化的「世界觀」時，其所見的則並非「世界」，這並非現實的「在己真相」，其所獲得的反而只是某種具有視角性的景觀，即某種看法。華嚴宗最所在乎的正好就是對此凝觀情境的體悟：雜多者的統合是否可能取決於修行者是否首先承擔其實際置身的「處境」。與其將因陀羅網比喻當成一種完美的「世界觀」來理解，倒不如說其作用在於在教學上開闢一道方便門。與其說透過比喻的運用，華嚴宗要闡明現實的真相，倒不

61　T45，1867，513b15。

62　T45，1867，513b17-513b18。

如說目標在於要實際引發信徒的「凝觀」，而且要讓此「觀」
自然而然地轉成信徒踏上向解脫之道路的第一個步驟。理由在
於，只有面對反射光景的「看」才使得信徒以逆轉收回的方式
實際與自身會合。此比喻讓信徒體會的是，即使朝向解脫的道
路被視為朝向「法界」作為全面統合的道路，但此道路勢必得
要根植於每一個信徒個人就其個人存在而言業已所身處的歷史
情境。華嚴宗之所以要讓信徒實際「投入」珍珠網並實際來
「看」，其原因在於，只有如此信徒才會確切地體認並承擔自
己所身處的歷史處境，即整個修行努力必然所倚靠的「出發
點」。

　　因陀羅網比喻所構想並不如學界一般所認為的，這根本不
是一種形上學模型，此構想反而歸屬實踐脈絡。統一觀念太容
易引起誤會，彷彿「一切皆一」，但這種無差異的、空洞的同
一性理念其實毫無意義，因為這種設想毫無效應。故此，杜順
闡釋此比喻時，他將重點根本不置於全面化的反射所產生的統
合本身，他反而著重此構想對於實踐所發揮的效力來強調，諸
種差異者勢必得要跨越一種不對稱、不平等的間距，諸種差異
者之間才會產生一種相屬情境。然而，只有經由內部具有不對
稱的差距和視角性的關聯情境，修行者才取得一個機會踏上救
度之道。所有一切的統合，這種設想務必要落實於修行者本身
在輪迴當中業已所在之「此處」，唯一可能的統合勢必是「根
植於此處的統合」。然而，修行者若務必要「由此處來看」而
且他若務必要就一個即時各自的視角實際執行此凝觀工夫，此
比喻根本不在描繪一種超脫時間脈絡的、置於邏輯學的共時性
或形上學的永恆觀下的光景，整個隱喻光景在核心處反而必然

牽涉時間性問題。

第四節　主客統一

　　論至此，「法」的意涵也變得更明確。「法」從一開始被定為因陀羅網比喻所闡明的對象，可是當初研究者尚未能確定的是：可否將比喻中的珍珠這種實物直接視為「法」，而且「法」是否單數，還是「法」猶如數多珍珠一樣標記雜多事物？至於這些疑問現在已充分清楚的答案是，因陀羅網這個構想根本不牽涉數多不同「事物」、「實物」及其彼此之間發生的統合，此構想所關切的反而是在直觀下介於「視角」和「視域」之間形成的相屬情境。至少可以確定，凝觀本身勢必內在於該統合而發揮作用。該統合並非哲學熟悉的那種將不同存有者或思想對象合為一體的客觀統一，這反而是一種落實於「主客」之間，亦即落實在某個自我與其對象之間的統合。易言之，「法界」的整體統合為凝觀主體所包含，也就是說「法界」統合需要一個在凝觀著的自我，否則該統合缺乏立足點，因而亦無法成立。然而，既然此統合只能經由「主客」這種不對稱關係產生即時各自的相屬情境，那麼依然適合將此統合當成雜多者的「客觀統一」看待嗎？

　　依據這種統合構思，所謂「現實」不局限於存有者、實物、對象物等觀念，「現實」不分散於猶如事物一般的雜多「法」，倒不如將「現實」理解為單一的、其內部卻具複重結構的「法」。「法」的現實狀態充實於觀者和對象界之間產生的、具有視角性的相屬情境，「法」此現實不得或缺的也就是

即時各自的、歸屬歷史的視角。再者，依循杜順對因陀羅網比喻所作的闡釋，是我們的觀看才會揭露「法」的現實情形，而且此觀看指的不是某種「理論」，即抽象發想、設想，凝觀必須是由我們自己即時各自所置身的處境實際地被實行，如此「法」才能成立。莫非某個人在達到「覺悟」時，他瞬間中發生的神奇觀照就是這樣的「觀」？或許確實如此，但反正不可以將此觀照理解為這樣的事情：經由一種意識轉換，密契主義下的觀者將正常的世界觀換成另一種世界觀，而且於是他也捨棄了人之觀看所自的視角，進而達到某種普遍性的、邏輯學一般的、專屬神的境界。那麼，要是不採取意識轉換、神祕察覺這種見解，便該如何理解華嚴宗賦予「覺悟」的意義？

　　為了探究這個問題，必須首先將「覺悟」歸結到其所歸屬的生活脈絡。針對此課題，現有的人類學式的意識概念則有所不足。一般將狹義下的「意識」理解為一種人獨有的反思功能，指的就是人對自身存在擁有「自我知識」因而發揮「主體性」。在存有論將世界區分成有心靈與無心靈之存有者這種理論架構為前提之下，一般認為「意識」是主體與客體、思維與存有透過感觀知覺和心理思辨彼此相遇，或者說物質與精神這兩種存有界域在意識中互相交融。然而，針對唐代華嚴宗思想，歐洲這種意識概念果真適用嗎？不然，研究者該如何理解華嚴宗所構思的統合，即統合中有「觀」、「觀」下產生的統合？關鍵在於，應該將有關「統一」觀念的闡釋活動本身理解為通往整體統合的管道。杜順所描繪的統合是一種持續不斷地成形的統合，而且此統合分成二元，它是「顯現」、「凝觀」之二元在觀看活動當中互相交流而產生的複重統合。杜順仔細

描寫「凝觀」的情況，因為他從一開始將「凝觀」當成該統合的組成因素看待。因陀羅網這個整體鏡影構想根本不局限於僅只是一種「比喻」。此構思對於實踐、修行具有決定性作用，它發掘通往「法界」的途徑。換言之，信徒的實行努力與統合觀不僅有類比關係，修行之道的起點在於比喻所牽涉的「凝觀」本身，透過此比喻修行者可以具體體認到自己的「凝觀」意味著什麼。

華嚴宗的統合觀不隸屬存有論脈絡，它不為形上學式的思考架構所可及。只有當研究者從一開始將「顯像」即鏡影的「顯現」與「凝觀」之間的相屬關聯納入考量，只有在「現實」、「萬物」從一開始就被界定為思考者所見的且附帶意義的「現象」這種前提之下，研究者方才可以將該統合視為一種普及的存有情形。易言之，不可以將意識與世界之間的關係歸結到存有客體這種觀點，也不可以將成佛的機會奠建於一種純理論性的假設，即不可以假設「佛性」乃人生的客觀根源和終極目標。於是，當然也不可以將所謂的「凝觀」當成美學觀照看待，或者說「觀看」這種官能亦或意識本身就是存有真理的標準。依循華嚴宗的教義，應該將現實與觀看、思考兩者之間的本質性關聯本身當成涵蓋所有一切的原本情境即「法界」來理解。

華嚴宗有關統合的構想所當成主軸而環繞的「實際在看」與現象學、詮釋學的「將某物視為某物」有著親緣關係。杜順要求信徒要親身實行「凝觀」，此要求牽涉意義闡釋並具有詮釋學結構：「我在看某物」表示「在直觀下某物對我具有如此這般的意義而顯露出來」。任何「觀看」早已具有一個詮釋學

構造。一般「詮釋學」所指是在一種思維上發揮作用的居中諧
調，一種賦予、奠建或演繹意義的思考努力和思考方法。可
是，在意識我或思維起初連繫到某個對象之際，早已開始發揮
作用的是「將某物視為某物」的、原本的「先入之見」，也就
是說詮釋學所謂的「先行理解」（Vorverständnis）事先業已給
意識我與思維敞開充實意義的基本界域。藉由落實於任何知覺
和思維上的「先行理解」，面對現實或在觀察現實時，我們都
不斷地就此現實對象填滿「意義的有餘」。本文是就此廣泛的
意涵應用「詮釋學」、「詮釋活動」、「意義闡釋」等詞，也
就是將「詮釋」本身視為任何意義所自的關聯場域。由此觀
之，華嚴宗所構思的統合必須是從對現實的意義闡釋這種活動
湧現出來的統合，此統合本身具有詮釋學構造。接著延續杜順
的啟發要探究的課題是：在法藏的思想上廣義下的詮釋活動、
意義闡釋扮演何種角色？

第五章

詮釋學的基礎

第一節　華嚴宗思想的詮釋學導向

　　狹義下的「詮釋學」是指文獻解讀的工夫和技術，目的在於要針對當◯◯◯理解能力開啟某個傳統的意蘊。幾乎沒有任何佛教學派是完全不關切對◯◯◯◯言的意義闡釋，即佛教文獻相關的詮釋學解讀，甚至追求「教外別◯◯◯◯禪宗也不例外。文本演繹讓佛僧基於傳統釐清自己的觀點。於是◯◯◯釋工夫也可能變成一種方法，亦即有助於宣傳、講解教義的途◯◯◯這樣一來，詮釋學不再局限於一種準備性的文本解析，意義闡釋◯身反而可能轉成一種法師針對學生、信徒的特殊情況所應用的教學工具，即「方便」，使得自我反思與對他講學這兩個脈絡融合成一種廣泛且敞開的闡釋場域。在這種情況下，詮釋學不再僅只是為了奠定某個教義，詮釋工夫更進一步是以闡明的方式處理所有「見解」，詮釋工夫是對所有可能的「意義理解」都進行深入的探索。這種廣義下從事詮釋學思考的功夫便轉成一種教學方法，甚至最終可能代表一種追求解脫的修行模式。

教義與詮釋學全然融為一體，因為諸種現有學說不再被視為某種特殊「義理」，不同學說都一樣足以在修行過程當中讓修行者「將某事理解為某事」，也就是有助於開闢對「意義」的領會。諸種學說都平等地作為各種可能的意義闡釋，隨而皆流入針對佛法必須持續不斷地被進行的詮釋努力。於是，正如上文已解釋過的「判教」思想，每一種新的意義闡釋、意義理解都是針對現有意義闡釋、意義理解以導出更深刻的體會，讓轉成無窮無盡之思考方法的詮釋學展開一種整體的歷史努力，而且在此整體歷史努力當中，每一種佛法、教義相關的詮釋和理解都只不過代表引發更多詮釋和理解努力的機會和管道。

　　由於華嚴宗講學是以上述闡釋工夫為基本方法，因此若說華嚴宗思想的核心處在於詮釋學，並非言過於實。華嚴宗非常觸目的特點是，詮釋活動本身作為「意義闡釋」被賦予最高上的地位。華嚴宗環繞佛言傳承所代表的「意旨」、「意蘊」為主軸所展開的教學努力並不在追求完整的教義解說，講學過程本身反而就是一直不斷地重新產生「意義轉換」，藉以在修行者身上激發深入的反省工夫。華嚴宗的論文從不直接談論某件事情、某個實物對象，其一律所關切的反而是諸種「義」，[1]即

1　原來佛家常用的「義」字，除了「義涵」以外，也意味著「正義」以及均為「正」的、「正確」的「義理」。相較之下，「意」字偏重主體的意識活動、主體的想像和志氣，而「義」字則包含一種規範向度，指涉詮釋者「應當」賦予某事某物的「正當」理解。「義」字也是人的詮釋工夫和意識活動在某事物上所「應當」專注的核心內涵。由此觀之，「意義闡釋」即持續不斷地被思考者所實行的闡釋和理解工夫，它並非「主觀」，詮釋工夫仍然必須在充盈著「意義」的現實裡遇到某種可稱其為「客觀」的標準，才能經由發揮超越主觀想像、臆測之「義」的方式通往現實。

人所面對的、經由詮釋活動被發揮的「義理」、「意旨」、「義涵」乃及每個人所處其中的「意義情境」本身。光是法藏不少著作的標題，例如〈華嚴經義海百門〉、〈大乘起信論義記〉、〈華嚴一乘教義分齊章〉等，都充分證明這種從意義理解、對某個義理之見解來切入的思考兼談論方式。牟宗三也合理地強調華嚴宗的基本信念在於，修行者要是僅只面對佛法實情，要是僅只關連到、擁有佛法下的現實，是不足夠的，詮釋者務必要對於一切「法」都展開徹底的「解釋」。[2] 唯一遺憾的是，牟宗三與其他學者一樣，也沒有更深入探討的事情是，這種對徹底意義詮釋的訴求其實根植在華嚴宗從「法」之為「法」固有的性質上所爭取到的哲學洞察：每個人所面對的現實與諸「法」從一開始不是「某事」、「某物」，即某件存在狀態下被觸及的實物對象。思考者原本上所面對的對象是「意義」，諸「法」所標誌的，從一開始就是某種透過意義闡釋而業已被敞開的「意蘊」。鑒此，接著要從文獻中取得對華嚴宗的詮釋學工夫、其結構及其意義的說明，進而將法藏思維所呈現的詮釋學構造回溯至其本身或許根本尚未思及的內在前提。只有在此理論基礎上，華嚴宗思想的特質和其歷史意義才會明白地透露出來。

　　為了進行這方面的驗證，不得不暫時先下這樣的假設：華嚴宗思想的核心特徵在於一種全面化的詮釋學，其講學活動是環繞諸種「意義」為主軸而展開的，華嚴宗的教學全部就落實在「文本義涵」相關的詮釋學演繹。對於自己有關佛法所展開

2　牟宗三，《佛性與般若》，頁483。

的言論如何開啟並奠建「意義」，華嚴宗諸祖都抱著特別敏銳的意識。藉由經文詮釋被闡明的現實可稱為「對象層面」，而詮釋學式的言說則代表「意義層面」。那麼，這兩個互相關連的層面之間存在著一種「詮釋學差距」，而且貫穿著華嚴宗所有思想和著作的就是對此詮釋學差距的徹底體認，甚至可以說就是這個詮釋學差距支配著華嚴宗一整個省思努力。

眾所周知，佛家一般認為在推展「法界」之意蘊這種修行課題時，若要僅局限於言論的闡釋活動，這樣的方法基本上有所不足。可是，就華嚴宗的立場而言，這種普遍的想法將導致一種弔詭情境：華嚴宗一方面相信純粹的闡釋努力是不夠的，但有鑒於修行者所在之「處境」勢必被「意義」貫穿，修行努力的出發點不得不在於「意義」、「意蘊」本身，因此修行者還是不可以捨棄經由有關「法界」的詮釋過程，力圖超脫自身所在之處境。易言之，意義闡釋這種工夫儘管不足，但這依然是信徒朝向解脫唯一道路。正是因為詮釋學之必要性的信念標誌著華嚴宗思想的核心，所以有關「言論」與「法界」之相屬關係上法藏便以肯定的語氣反問：「但言以是。言以外何有法乎」。[3] 由於充實意蘊的言論相關詮釋工夫是唯一通往「法界」的管道，因此到某種程度「法界」本身也就屬於詮釋學的闡釋兼言說脈絡。當然，猶如下文將詳論，法藏這句話並不表示，「法界」全部就有可能被「論述」所掌握、涵蓋、包容。

3　法藏，〈華嚴經問答〉，T45，1873，598c12。

第二節　一個詮釋學策略

　　為了釐清詮釋學架構在華嚴宗思想上所具有的基礎性地位，法藏的〈華嚴發菩提心章〉[4] 一文是關鍵根據。這篇文章第二節代表一種詮釋學宣言，這是環繞「解」和「行」，亦即靠言論講學和修行工夫之間的關係為主軸，以揭示詮釋學場域的基本結構，並且說明意義闡釋這種思考工夫對修行具有何種價值。換言之，這段討論主題是理論與實踐之間的糾結關係。於是，「教」指的是佛言傳承及其「意旨」，「教」標記著有關佛法的詮釋、理論思維以及相關傳說活動。根據該文「第二門」[5] 所述，法藏將文獻傳承相關解讀和探析分成五種基本態度與五種觀點進行討論：

（1）傳承所蘊含的佛法整體，即「聖教」、「聖言」、「經　　　典」。
（2）文獻實際呈現的「文句」、「文字」。
（3）文本傳達的意義，即「義」、「意」、「旨」。
（4）實際基礎即「理」、「性」作為整個詮釋與思考的對象。
（5）統通發揮作用的理論思考與實踐、修行之間的交流，亦即　　　「解」、「會」和「行」這兩個大意義維度之間的糾纏關　　　係。
當然，法藏將主題分成五項進行討論這樣的方法，與以上第三

4　T45，1878，651a10-656a10。與此文幾乎相同的是所謂的〈華嚴三昧章〉
　　（石峻，《中國佛教思想資料選編》，第2卷第2冊，頁236-244）。

5　T45，1878，651b28-656a9。

章第六節所闡述的「一乘圓教」、即在統一體之中分出五種教
義的「判教」說密不可分。然而，因為這份論述聚焦於教學和
修行，所以在此處法藏將重點置於這個觀點：在修行工夫上，
文本傳承以及文字相關的詮釋學思考有何意義和價值。

　　透過這段討論，法藏闡明有關「教」即言教、教義的幾種
不同看法，也明確地凸顯其基本詮釋學立場。所謂「教」首先
根植在有關佛言傳承的、奠建意義的闡釋工作，法藏將這個闡
釋場域細分成幾個向度，以這些向度來辨別言論與文字如何經
由不同模式來設立意蘊並引發效應。這個分類法分別牽涉詮釋
學上的「指向」、「指示」、「指引」（Verweis）內部具有的
層次，亦即任何富有意涵的符號就其意涵和指意作用而言都具
有的內部結構。任何「將某事闡釋為某事」的詮釋工夫皆為一
般詮釋學差距所支配，而這五個等級所標記的不異乎就是以兩
種基本模式顯露的詮釋學差距。一方面，法藏提出單純僅為
「符號物」、「意義媒介」的載體本身以及符號作為指意、指
引作用所指向之意涵這兩個層面以及之間固有的差距。基於這
樣的差距，同一個符號可能導出幾種不同意旨。另一方面，作
為負載意義之符號的語詞或文字不僅指向某種「意涵」的同
時，語詞、文字也指向某個藉由被詮釋、被賦予意義的「實
情」，亦即標誌一切意義闡釋之實際對象、目標和準則。由此
觀之，法藏所構思的詮釋學差距等於是雙重差距，或者更正確
地說，它是一個內部有複重構造的差距。詮釋學差距不但把可
讀可聽的言語符號和其所標記的意義拆開，而且也將符號與其
透過意旨所牽涉的現實對象劃分開來。在內部包含這種複重的
詮釋學差距，這不僅是言語的性質，而且這也是任何意蘊情形

所不可或缺的特質。任何意義之為意義必然歸屬複重的詮釋學差距。「具有差距」這種情境標記詮釋學場域的基本特徵。然而，除此之外還有另一種差距是任何「教」就其詮釋學向度都不能捨棄、忽略的差距。「教」之為「教」的關鍵在於，它最終瞄準一種超越「教」這個脈絡本身的可能性。整個追求意義的詮釋學工夫的合法性和存在意義來自於，此思考努力不得不指向並關懷一種超越純理論思維的「實踐」，只有在更廣泛且更原本的實踐脈絡下，開啟意蘊的言說以及奠基在言說上之符號所包含的各個向度，即「教」作為取得智慧之場所以及它的指引作用，才可能發揮其固有的價值。只有「修行」這個實踐脈絡才讓詮釋學下的意義發揮充實的作用，言論所展開的「意蘊」終究必須在人的實際存在上導出效應，對人而言「意義」才真正是「有意義」。個人總是在屬於歷史和行為的這個處境上首先發現到自身存在。不僅有關佛言、佛法的詮釋，而且任何意義闡釋都一樣自始至終隸屬既有所領會亦有所作為的「實踐」這個原本場域。故此，華嚴宗詮釋學確切地揭露在僅求領會、奠建意義的思維與屬歷史的生活世界之間發揮作用的差距。這個差距等於是詮釋學思維的意義場域和思考者本來所身處之存在境遇之間的差距，而且為了徹底明瞭華嚴宗思想真正所關懷的是什麼，「教」和「行」之間裂開的這個差距會是關鍵所在。

　　支配言語活動的有三種不同詮釋學視角，在「教」6 這一觀念的結構上，這三種視角會產生一個錯縱複雜的意義糾纏。標

6　T45，1878，651c1/ 651b28。

記著某個義理的「義」與較有主觀意味的「意」[7] 或「旨」[8] 等字並不是每一處都能夠互相替代，而且這個事實對三重詮釋學差距的糾結情形而言也是佐證。「意」和「志」顯然都隸屬個人的意識活動和行為脈絡。若從認知論來看，詮釋學就文獻、言論這個層面所揭露的「義理」、「意涵」之「義」便與詮釋活動最終牽涉的現實對象和「理」[9] 有密切的聯繫。基本詮釋學概念「義」所標誌的雙重情況是：意義與其所涉及之對象物之間的理論差距自然轉成屬實踐脈絡的另一種差距，一切「義」同時也為詮釋者的思維及其所圖謀之修行工夫之間的差距所貫穿。第九項將「稱性之言教」與「真理」都還原至「行」這個最究極的實踐脈絡，[10] 這對以上所述的是另一種佐證，而其中「實行上的二元情境」於某種意義下，甚至也支配著「教」及其所關注的「義」本身。

　　根據法藏的闡述可以斷定，詮釋學的普遍結構呈現三種差距：其一為言說、語詞、文字等「符號」本身與其具有的「意涵」、「意旨」之間的差距。其二則是言語上的「意蘊」與經由此意蘊被瞄準並闡釋的「對象」，這個對象即現實真理。第三種差距是言教、詮釋學與歷史上被進行的修行努力之間的差距，也就是思索或「理論」層面和「實踐」這個存在境遇之間

7　T45，1878，651c9。

8　T45，1878，651c21。從佛教脈絡看來，尤其是在瞄準修行的華嚴宗詮釋學上，文本猶如活生生的人一樣會發揮各種效力，因此法藏讓讀者在「旨」字上聯想同音字「指」或近音字「志」，大概並非是偶然的。

9　T45，1878，651c8。

10　T45，1878，651c24-27。

的差距。必須注意的是，對法藏而言，歷史上的修行活動，亦即實行維度，它從一開始就是任何經文、言教及教義相關的詮釋學思考所不可或缺的內在成分。整體看來，法藏是以佛言及文本傳承為出發點，將三重差距結構經由其詮釋學思維展開出來。故此，就詮釋學方法來說，法藏這段闡述不僅劃分詮釋學這個場域，而且也推展〈華嚴發菩提心章〉一文是為了「教」或「解」和「行」兩個層面彼此相屬的這種實行式詮釋學立場鋪陳理論基礎的關懷。「教」和「行」相容相通，這就是華嚴宗的詮釋學式修行構思的核心所在。

〈華嚴發菩提心章〉第一至第五項所述不難以理解。第六項闡明的是，信徒不僅要完整地明白「解」與「行」各自所扮演的角色及其平等的協作關係，而且關鍵還在於，只有當信徒在取得某種洞察的同時，對自己正在理解的教義也在其整個存在、行為上採取某種態度時，「解」和「行」這兩種努力之間的呼應互動情況才能具體落實。故此，第七項 11 以「亡筌得實」一句暗示《莊子‧外物》的「得魚忘筌」，12 故意違背《莊子》的原意來強調並便利於更詳細地來陳述「解」、「行」這兩個脈絡中的「解」，亦即有關文本傳承的闡釋。讀者閱讀文本不但要從經文研究中取得有關救度之道的一般體會，13 而且還必須專注這些文本的言語狀態：千萬不可以將文本僅當成通向最終目標的暫時管道看待，千萬不能以為文本猶

11　T45，1878，651c19-21。

12　〔清〕郭慶藩編，王孝魚點校，《莊子集釋》，4冊（北京：中華書局，1961），頁944。

13　T45，1878，651c17-19。

如捕魚獵獸之筌蹄一般，只是為了將某種超越文本而僅只被文本所傳遞的真實情形給捕捉起來。傳承的言論本身以其固有的言語狀態都已經歸屬、踏上修行活動的途路。理由在於，一旦讀者將文本當成「筌」，即當成收納「意義」的容器理解，文本便不再局限於僅只是某種毫無價值的「符號物」，恰好因為文本就是這樣的實物，文本才可能有所指示，言語符號與其意義之間的關聯才密不可分。當人捕到了魚獸之後，筌蹄這個「容器」和「工具」的確可以拋棄。然而，只要筌蹄是所謂「言語符號」，只要「容器」、「工具」其實是促進必須不斷地重新開始之捕捉意義的活動，它就不再全然與筌蹄相同，它就不可以被捨棄，它一被捨棄，捕捉意義的努力立刻會落空失敗。易言之，「言語符號」並非猶如「容器」、「工具」一般，「意義」亦非可「得」之獵物，「意義」反而是一種思考者藉由「言語活動」不斷地開顯、開啟的「發生」。

　　法藏以反諷的方式玩味「得魚忘筌」這則比喻，揭示附帶意涵的言語符號必然處於一種模稜兩可的狀態，因為「符號」不局限於僅只參與其所指涉的抽象意涵，而且此指涉作用必然落實於某個「符號物」。言語符號的弔詭在於，針對「意義」而言，符號既是多餘的，卻又是「意義」為了發揮作用所不可或缺的實質載體。在意義闡釋被執行時，「意義」及其所指向之「對象物」兩者都脫離不了某一個實際開闢意蘊向度的「言語符號」。任何從原來之言語符號被隔離而在某種意義下被界定為「抽象」、「純粹」的「意旨」，這樣的「意旨」還是必須被另一種「符號代表」所標記，才能夠實際發揮「意旨」這種作用，即開啟意義，否則一切思考對象根本不再可能是附帶

特定意涵的「某物」，它只是默默地處在無意蘊、無可闡釋情況下的物。

　　三重詮釋學差距所標誌的是一種支配著意義統合的原本隔閡。任何意義奠建源自某種詮釋學部署，而這個部署必須依賴某種視角，而且詮釋學差距下彼此相隔、相依的「符號」、「意義」、「對象物」、「實行」等環節都不是獨立的，各個環節必須在詮釋學部署、詮釋學關係中才可能湧現。尤其值得留意的是，有關教義的抽象洞察與在救度途徑上落實此義理的修行工夫這兩個相屬環節之間有差距並不表示，信徒要首先體悟，然後憑據已完成之「解」來投入屬於救度史的修行努力本身，此修行實踐反而始終所源自並所隸屬的就是賦予救度史意義的詮釋學工夫。此意義並不可能透過設置一次筌蹄就一網打盡的方式被捉到，它僅能擺在修行者眼前作為既定目標。正如被詮釋的佛法意涵在實行脈絡之外無任何意義，反過來說，救度史上的修行活動若不經由詮釋工夫繼續連繫到為言語符號所開啟的教義，修行工夫本身要是不再執行意義闡釋而承擔此教義，這樣的工夫勢必會喪失方向而變成一種空洞的儀式。由此可見，作為「筌蹄」的言語符號在服務超越符號和言語層面之意義和對象時，也就是符號為了救度史上之修行而在釋放導引時，符號從頭至尾必須保存完善的價值。追求解脫的修行者分秒不可以捨棄凝聚在言語符號上的意蘊，修行工夫分秒不可以離棄詮釋學部署以及意義闡釋這種努力。換言之，信徒即使著重「行」，但還是分秒不可以因此就忽略、放棄「教」，不再面對具體言語符號，即文本和言論傳承。

　　然而，猶如第八項所提示，此立場的風險在於信徒或許會

將詮釋學部署無所不在的這個事實當成一則教條信念來理解，以至於他會如同拜物教者一般，將救度史上的「正行」[14] 全然局限於言教傳承及文獻詮釋。正如詮釋學家中的「純粹主義者」，信徒為了成為佛教上的「經文通」、「神學家」，或許會過度膜拜意義的符號印跡。從法藏對詮釋學部署的全面性講求而言，這類流派之不足在於其顯然忽略符號在作為符號時，始終指向某個超越符號本身的對象。這樣的作風即使不忽視符號與意涵之間的差距，附帶意義之符號與現實對象之間的那個差距也會被遺漏，以致這種立場無法開啟內在於現實本身的意義。不過，法藏之所以不全盤排斥這樣的流派，理由在於這類的立場都已經將詮釋學工夫，即對經文傳承之探究以及根植於教義的言說、思考當成一條通向救度之道對待。易言之，此流派在尚未落實某種完整的「詮釋學式修行」的同時，卻至少都已經將意義闡釋本身當成修行運用。

下一個項目 [15] 所描述的態度是藉由「中道」來糾正上述弊病。信徒或者將「理」作為超越根源或終極意義給絕對化，[16] 抑或他反過來採取同樣歸屬一元論架構的立場，依據某種「內在超越」的理念執著於意蘊單純地僅僅是意蘊這種理念。[17] 針對這兩種錯誤，「中道」形成第三種立場，進而介於超越和內在、有與空、言語活動和超越言語脈絡的意義之間來尋求通往解脫之道。在這個階段上，闡釋者彷彿擺盪於具體言語符號、

14　T45，1878，651c23。
15　T45，1878，651c24-28。
16　T45，1878，651c19-21。
17　T45，1878，651c21-24。

抽象意涵以及最終之實理之間的若干詮釋學差距的正中間，雖然他似乎鄰近文本的「義蘊」、「意旨」，但他又不實際接受、確認此意蘊作為意蘊所連帶的實質啟發。詮釋者這種搖擺不定的心態好像是在詮釋工夫所追求的超越這個舉動當中「停頓」、「停留不進」。法藏在這裡所闡述的是一種佛教式的「懸擱」，也就是一種整個大乘佛教、尤其是中觀派所訴求的「後設平面」。這種後設平面不但離棄一切積極肯定的主張，而且它也脫離一切相對於這些主張、因而並不完整的消極否定。不過，中國佛教史上僧肇、吉藏等思想家早就將後設平面這種理念轉成一種如同歷程一般不斷在發生的「之間」這種理念，將後設平面的絕對消極情形變為一種辯證法式兼否定式的轉化方法。基於自己的詮釋學立場，法藏基本上肯定中觀諸僧對後設平面的構思，但在強調修行者「俱起二行」[18] 之後，法藏實際應用兩條途徑，即「事」和「理」。在「中道」中他明文仍要保存「事」即文本這一面。[19] 法藏看到的是中國中觀派將「之間」自後設平面轉成一種動勢，故他斷定居於中道的詮釋者是「不滯」[20] 的。

　　然而，連「中道」的動勢理念也還有所不足，因為即使此思考模式收納「事」即經文文字，但這一舉也只是為了最終還是將一種根本之「理」從中獨立抽引出來。換言之，「中觀」僅會達到所謂「理事無礙」，亦即關注言語符號與透過意涵為

18　T45，1878，651c26/ c28。

19　T45，1878，651c25-26。

20　T45，1878，651c26。

中介被指涉的真相這兩個詮釋學層面的相容相通，但「中觀」並未體悟到「事事無礙」這則道理。這樣一來，佛言、經文所代表的言語活動畢竟還是只為了其所指涉的「理」服務，「符號」的身分仍舊局限於「有所指」這個作用，而歸根究柢唯一算數的仍舊只是被指示的「意旨」而已。可是，若「指示」一舉本身最後還是可以被捨棄，獨立的「所指」究竟能否成立？由於華嚴宗有決心地立足於輪迴下的現有處境，因此它絕對否定這種將獨立的「意義」和「理」均視為虛假幻想的超脫可能。就法藏而言，甚至在中國中觀派的「中道」與其所構思之動態式的「之間」來看，最終實質的「事」被排除淘汰，而唯一被追求的是有關之後剩餘的、純「精神性」的、獨立的「理」所標記的後設平面。法藏不贊成這種假設。即使中觀諸僧的詮釋學密切關連到言語符號這個層面，但他們最終還是立足於言語符號所實行之「指示」一舉當中湧現出來的抽象意涵本身，也就是最終還是為了「所指」捨棄「能指」、「指引」這個向度，以便誤以為唯獨「意旨」、「意涵」才代表究極的、不可言喻的「法界」。與之不同，華嚴宗的詮釋學並不將言教上的符號即「事」與「意旨」及其指引涉及之「理」切割開來。當法藏特地強調雙重詮釋學差距時，涵蓋「事」和「理」的一整個關聯情境正好全部被此立場保存起來。法藏力圖思考的是：恰好藉由言語符號固有之指引作用，被視為「符號」的文字這種「事」也是必須完全被納入到詮釋學工夫及其對意義的思考。正好由於一切做「事」的現實現象都附帶著、指引著「理」，故整個輪迴現實乃非常關鍵。同理詮釋者也務必集中於文本和言語符號這個同樣屬於「事」的層面上，因為

只有當他看重文獻和言語時，他方才能獲得機會來捉住「意義」。

　　第十項推出總結，主張「理」與「事」有平等關係。21 法藏所批判的是，凡企圖透過一種後設平面或「之間」諧調內在與超越的二元辯證法的努力多半偏重超脫言語活動、言語意義的根源即「理」，因而最終仍是否定了基本關聯情境的場域。這些努力也可能達不到有意義的救度之道該有的圓全匯通，因為類似「中道」的「之間」其實將「事」與「理」拆開，讓意義變成模稜兩可，或者全無意義可言了。僅管法藏激烈地批評「中觀」，但他仍然依賴其所構思的「之間」這種動勢理念。此「之間」既不停止居中的立場，亦不採取一元論逃往某種絕對的後設平面的策略，此理念引向的是時間性問題。至於到何種程度中觀派的構思讓法藏營構自己的詮釋學立場，這個思想史議題於此處無法作進一步討論。

　　最後一項涉及華嚴宗一般命名為「事事無礙」的理念。只有通過置於時間下的「事」，經由屬於人置身之實際處境及其連帶的具體現象，包含修行者的言說和詮釋活動本身，只有藉由這個現實脈絡的全面肯定，信徒才能接觸佛法之「理」。僅只在內在的當前場域，修行者與超越境界的融合才成為可能。理由是，只有在繞道輪迴與諸「事」的邁進當中，超越境界即「理」才能保持其原本具備的身分：「超越」源自內在的視角，僅只在修行者由內在於此處、此刻的立足點向超越的「理」瞻望之際，此「理」才成形。任何停止的、「懸擱」的

後設平面都是虛幻的，任何這類的立場皆未實際收容內在處境及其實質所嚮往的超越境界，都不足以將「此處」與「彼岸」之間的緊張實質地消解，進而落實名實相符的「統合」。可是，由於「中道」的「之間」是模稜兩可的，而這種立場猶如懷疑論一般，畢竟只呈現片面性的消極否定這種傾向，以致「中道」不能滿足對實際現況持徹底肯定態度，以追求一種積極統合的華嚴宗。就華嚴宗而言，信徒與超越境界的統合必須要落實在歷史上，此統合不能不根植在經文與教學所劃分的言論和思考脈絡，即「事」的內在場域本身。故此真正的統合必須時時刻刻能被救度史下的詮釋過程本身所代表，否則的話統合根本不可能。唯獨如此，信徒才能介於「理」和指向「理」的「事」即言語符號之間，介於終極意義和依賴言語活動而導出此意義的「教」、「解」之間，來達成其所圖謀之統合，即達成屬「行」的統合。法藏視為「究竟」的情形在於「理教俱融，合成一觀」，[22] 但這種「觀」所標誌的並不是某種形上學構想，此「觀」仍然內在於致力將「觀」不斷地重新引發出來的闡釋和思考工夫本身。此「觀」既屬於「教」和「解」的意義場域，同時也代表一整個實行脈絡，這個「觀」其實就等於是「行」。

　　法藏對落實於詮釋學工夫本身上的統合之設想與前一章討論的因陀羅網比喻所構思的整體統合是相互吻合的。只有當修行者對「法界」這個義理進行具體的意義闡釋，也就是說只有當他實際「坐入」為詮釋學工夫不斷所敞開的意義網絡，進而

22　T45，1878，652a3-a4。

猶如針對反射光景一般對言教文字即「事」追求意義理解時，他才能實質地連繫到在關聯情境下作為一切意義之根源的「理」。當此之際修行者才能實質地邁向被詮釋之「理」所代表的「法界」，只有這樣，他才能向「法界」爭取名實相符的「觀」，實質地與「法界」本身達成統合。撐托這種有關統合之「觀」的先在條件不異乎透過各種意旨在三重詮釋學差距下間接地連繫到「理」的詮釋學視角。法藏深刻體會的道理是：只有在發揮意義的講學論述當中，也就是在意義闡釋的思考努力當中，真實的「理」才可能扮演關聯情境下的根源的角色，而且此「理」才不再是某種理論構想上的原理，此「理」自始至終已滲透了修行活動，早已轉成了此修行努力的實質源泉和動機。修行者若意圖與「理」達到等於救度、解脫的實質統合，這樣的統合只有在意義情境和詮釋學場域上經由意義闡釋的方式才可能實質地被引發。只有在「教」、「解」藉由詮釋學工夫具體闡釋「理」之時，「理」方才可能實際承載求「理」的思考兼實行工夫，該「理」之引力才可能使得思考努力轉成朝向「法界」的實行活動。在講學和教義詮釋追求「解」的場域之外根本不可能有任何「真實之理」發揮任何作用。換言之，作為修行者所瞄準之真實境界的「法界」始終必須落實在詮釋學的意義視域中，該「境界」只有在不可跨越的原初意義情境上才生效。即使「法界」、「成佛」被視為「超越境界」或「真理」，但此「法界」並不獨立存在，它必然隸屬詮釋學工夫這個實際的處境。在其本質看來，「法界」這個理念假如要附帶救度意義，它就必須根植於意義闡釋以及諸種言語活動，它必須源自諸種詮釋學差距。這裡透露出來的是詮

釋學工夫不僅為修行上之第一階段、步驟的理由，更解釋了為何華嚴宗可以認為詮釋學本身不僅是修行的基礎，而且是修行工夫之整體的理由。當然，法藏之所以體會到包含「法界」本身的一切都勢必歸屬於詮釋學場域，這個突破的原因和理由並不是這段文字能夠充分彰顯的，而且思考者恐怕也不能透過有關意義與言語之關係的思辨抑或現象學省思就對此道理達到理解。

　　然而，一旦法藏所瞄準的「理」處在詮釋學場域本身，它便不再等於是理解的「對象」，即某種「現實的真理或真相」，此「理」將會成為在詮釋學奠建意義這個過程當中發揮屬救度史的引力作用。鑒此，詮釋學本身也不再局限於某種僅有「理論」價值的、準備並支撐「實踐」的輔佐努力，詮釋學工夫本身反而變成在救度史上發揮關鍵作用的修行活動，詮釋學思考本身就等同於「實踐」。因為只有藉由詮釋學所引發的意蘊，修行活動才可能返回到作為一切修行努力之根源和出發點的關聯情境，所以「解」不異乎「行」，「解」本身就是「行」。有關佛法的意義闡釋從一開始涉及救度史，朝向解脫的道路勢必根植於現實的意義向度，使得修行之道與源自佛言的詮釋學途徑這兩者經由詮釋學下之「義」居中諧調而合為一。對華嚴宗而言，信徒只要體會到詮釋學的闡釋活動本身所具有的實行深度，詮釋學自然就會成為通往「法界」和「解脫」的道路。

　　再來，假設因陀羅網比喻讓信徒透過一種具有視角性與差距的統合景觀窺視到「法界」，法藏便可以進一步闡明來自這個統合的實際場域。任何「統一體」只有在某一個視角下才可

能成形，以致「統一體」這種理念必須依賴一個原本的洞察，
而此洞察牽涉詮釋學的普遍性以及意義闡釋對救度目標所固有
的貢獻。易言之，佛教上的究極境界是具有詮釋學構成的，對
此事華嚴宗取得突破性體悟。「法界」脫離不了詮釋學的意義
情境，因為作為「理」的最高境界不是別的，就是內在於意義
闡釋所身處之關聯情境的根源。因陀羅網比喻所展開的統合構
想在內部就已經包含修行者本身，他「坐」在自己所凝視之統
合景觀之正中間，但基於此內在處境所附帶的視角性，他還是
跨不過自己與此「觀」之間固有的基本皺褶或差距。貫穿著整
個統合情景的差距源自奠基在三重詮釋學差距上的「將某物闡
釋為某物」的這種意義理解。由此觀之，內部隱含差距的「法
界」統合情境不異乎落實在詮釋學過程當中的、內部具有差距
的「意義情境」。由於承托著一切詮釋學工夫的是一種「原本
的詮釋處境」，因此接著要將原本處境的結構更詳細地揭顯出
來。只有如此，研究者才能夠理解法藏在所有著作中展開的詮
釋學方法，並且驗證詮釋學思維對於實行目標確實有關鍵地位
的觀點。

第三節　原本的詮釋處境

　　從上述觀察已可推出普遍有效的結論，也就是詮釋學活動
的基礎與特色可以更深刻地被闡述，同時揭示華嚴宗從事的詮
釋學有何種內在前提。雖然華嚴宗並未借助歐洲哲學的問題意
識闡明其詮釋學思想的理論基礎，但只要認真地看待在華嚴宗
文獻中有關詮釋學傾向所包含的啟發，理論憑據的欠缺其實正

好足以證成在華嚴宗思想上詮釋學確實具有優先地位，而且也只有當研究者貼切地掌握詮釋學的特質及其普遍性時，他才有辦法揭露並評估法藏思想上的主要樞機。根本的問題就是：「教」、「解」這兩觀點均所牽涉之「教義」的「義」意味著什麼？「意義」究竟為何？

　　「詮釋學」一般所涉及、關連的是一個被意義、意蘊所劃分出來的現象視域，因此有必要探索「意義」與「現實」之間有何種關係，並界定某則明確的「意涵」、「意旨」為了實質地「有意義」、「發揮意義」，它在性質上必須滿足何種普遍條件。猶如以上所提，任何意蘊現象第一個不可或缺的關鍵特徵是內中所有差距共同組成的結構，任何「意涵」之為「意涵」勢必被各種「詮釋學差距」所支配。例如在名稱和被命名之對象物之間的情況來說，只要「某物作為某物」，亦即只要某物被視為、理解為、命名為某物，「詮釋學差距」就要將此意蘊情形的指示作用從內部撕裂開來。首先，這個差距意味著，在此「意旨」所指向，意義闡釋所瞄準的對象物以及該闡釋賦予此對象物的「意涵」這兩者之間必然有一種差距情況湧現出來。這個差距所標誌的是一般被詮釋的「現實」與詮釋活動當中被分配到該現實對象之「意涵」之間的劃分。若沒有現實對象與意義這兩個層面的分隔、相距，所謂的「詮釋」、「意義」、「意旨」都不可成立，整個詮釋學現象乃環繞著這種差距情形為軸心。再來，與此差距同時出現的是另一種差距，它涵蓋差距的兩端，是在實行連結之「意義意識」（Bewußtsein von Sinn）這個統合處與被統合之間「主客」的差距。最終，任何意義意識面對著現實對象及其意涵也不可或缺

的是具中介作用的「意義符號」（Sinnzeichen）。例如言語這種「能指」，此居中諧調者是獨立的，它既與對象和意涵又與意義意識本身都維持著差距。詮釋者懷抱中必然要有這些差距，而且更一般地來說這表示，在人的存在上總有多重差距貫穿著人所身處的「意義情境」，即「詮釋處境」。

在人發現自身存在時，此存在所在之處業已具意蘊向度，因此哲學要是將被意義和差距所支配的詮釋情況，亦即將意義情境理解為人所在之「原本處境」，是十分合理的。華嚴宗所構思的救度之道從頭至尾預設有關人之「原本處境」的核心信念，對華嚴宗而言佛法從一開始便假設：佛陀是從人對自身存在上無所不在之煩惱所取得的體驗談起，進而對此煩惱進行意義闡釋與意義分析來實際消解此煩惱。由此觀之，佛法本身已充分提示人的存在的「原本處境」就在於意義情境和詮釋之必要。從對煩惱的診斷直至救度報果，一切皆取決於恰當的自我理解，每個人必須對自身存在進行貼切的意義闡釋。易言之，人一生的存在過程不異乎是從人所身處充盈煩惱的原本處境所衍生出來的詮釋過程，對人之存在現況的詮釋活動因而也是唯一引向解脫的路徑。由於華嚴宗思想的根源及其言論的整個架構奠基於此基本設想，故有必要更詳細探索這個內部所隱含複重差距的「原本詮釋處境」。

人類學關切的課題或許是：在人與世界是對峙而立、同時也發生互動時，除了諸種物質因素之外，「意義」還如何作為「客體」與「主體」之間的中介，例如「意義」如何讓人對世界取得客觀認知？在這個方面哲學問題反倒出在：所謂「意義」乃先於任何存有論、人類學架構，也先於「物我」、「主

客」等對立關係。「意義」是任何理論所預設的前提，因此在任何佛學、人類學、意識哲學等進路之前，首先有必要對意義現象本身，即對「意義」究竟意味著什麼，進行現象學省思。只有當思考者就原本層面來探究「意義」之為「意義」之後，華嚴宗有關解脫之道的構想以及其有關詮釋學之普遍性的訴求才可能獲得適當的解析。在華嚴宗言「義」時，此論述有什麼理論基礎和實際根源，此「意義」及相關的「意義闡釋」究竟具有何種本質性構造？特別值得注意的是，此提問並不局限於認知論、邏輯學、語言哲學等範圍，因為華嚴宗原來取自經典諸種「意涵」的意義指引不僅牽涉「理論」上的詮釋、解說，此意義指引同時也標誌華嚴宗對實行、修行之道的構思所環繞之樞機。鑒此，研究者必須首先試圖將「意義」這種基本現象或體驗設想成一種內部具有錯綜複雜之結構的「場域」、「情境」、「處境」，而且此處境不但是救度之道的起源，它甚至也必須被視為任何有關人之存在的哲學詮釋所奠基於其上的原點。

　　凡是「意義」就勢必從一種詮釋處境中湧出，而為了在此處境上發揮「意義指引」這種作用，任何「意義」勢必落實於某種「意義符號」上。猶如繪畫的圖案象徵、音樂的聲響等實物與其所「表達」之內涵不同，語音、文字等詞語符號一樣有別於其所展開的言語意蘊。某種程度上所謂「意旨」、「意涵」等於是一種純理念性、精神性的單元，因此「意義」與它落實於其上的、實現此抽象內涵的「標誌」本身有差別、差距。諸種符號僅為「意義」的載體和媒介，但並不是「意義」本身，「意義」和「意義符號」並非盡是相同的。可是，另一

方面任何「意義符號」自然有雙重身分，它不但指向意涵及對象物，符號本身同時也作為另一種實物、對象物而顯現出來。於是，從同一個詮釋處境浮出的另一個必然環節是「意義意識」或「意義理解」。最終，理解的對面有透過「意義符號」和「意涵」接受詮釋的現實對象本身，而被詮釋的思考對象與詮釋賦予它的意蘊之間自然亦有差距。

　　原本的詮釋處境被四種元素以及這四種元素彼此之間以重疊方式敞開的糾纏關係所組成。這一整個詮釋處境基本上可以被當成在空間中鋪陳幾條交錯線索的「場域」看待，在不同方位之間此場域標誌著一種相互連繫的秩序。介於意向性對象、有關此對象的意旨以及標記著此連結並具體引發著意義指引的符號之間，原本詮釋處境被展開來促進意義理解。[23] 那麼，任何意蘊作為意蘊而從中湧現出來的原本詮釋處境所呈現的幾個「差距」意味著什麼？在此四角形關係下撐托著「意義」發生的「差距狀態」究竟表示什麼？

　　從創造、使用人為言語符號之思考者的用意來看，符號可能局限於純粹只有「指涉」作用，至少在此應用脈絡來看，有關意義與符號的二分法很合理。種種自然語言的文字和語音都「承載」某個與其本身毫無本質關係的意涵。只是，符號與意

---

23 為了盡量避免從一開始應用歐洲哲學的學說當成研究華嚴宗思想的架構，本文盡量不用現象學術語。即使特別是胡塞爾在《邏輯研究》（*Logische Untersuchungen*）一書中曾進行的省思與概念界定對本文有關意義現象所追求的探索提供了基礎性範疇，即使難以否認法藏的思維與現象學運動的確有相似性甚至有某種跨文化與跨時代的親緣關係，但還是不可以將法藏直接視為現象學家。

涵之象徵性連繫的鬆緊是否可能發生變化等問題，則眾說紛紜且意見不一。然而，這種工具理論有所不足。值得注意的是，附帶意旨的符號與被詮釋的現實對象之間其實有作用上的相似性，使得任何「符號物」本身又復可能被當成思考對象看待。從十九世紀末以降根據詩人和藝術家不斷地致力證成的情況已可得知，任何人為的符號本身可能轉成再透過其他意義符號被闡釋的思考對象，以致它不再是媒介、意義的載體而已。對本研究至關重要的是，務必要在同一個符號現象上將作為意義的「媒介」與轉成獨立詮釋對象的「符號對象物」這兩個層面之間的差異清楚地凸顯出來。只有當「意義符號」為意義載體時，即只有在符號本質上隱蔽於指向現實以及指向意蘊這雙重連結底下之時，才可以說該符號「具有意義」、「發揮意義」。一旦思考者聚焦於「符號物」本身身上，一旦他關注該符號物本身如何轉成受闡釋的「對象」時，該符號便不再充實「指引」這種連結功能，原則上轉成「符號物」的符號根本不再是「符號」。此刻它喪失了「發揮意義」的功能，而它可能殘餘的意義只能經由另一個闡釋而且依賴另一個符號媒介而被展開出來。這些新的符號賦予已變成獨立對象的那個原來的符號之新的意蘊。基本上，言語以反射的方式反思自身，反思某些語詞符號本身，抑或現、當代藝術一直在玩弄的轉換遊戲，都是基於符號、象徵可能發生這種質變。

　　更為甚者，另一種從符號、象徵的模稜兩可或辯證法性質衍生出來的玩法也是藝術、詩學和哲學思維自古以來採取的策略。若由另一種後設平面來看某個言語符號，即語音或文字，便可以推出這種更為神妙的詮釋學思索：某個語詞原來扮演

「附帶意蘊並指向某對象之符號」這種角色，但語詞在雙重差距下展開的意義組織又可以被設想為一個新的詮釋對象，也就是說思考者可以將原來的符號物與其在發揮意義此作用下所建立的一整個關聯當成新專題來對待，再針對「該符號附帶意蘊並指向某對象」這個整體情形，也就是對前一番意義闡釋本身，去重新進行意義闡釋。用哲學術語來言之，上一層次的意義闡釋可以被當成下一層次的闡釋對象來對待，上一層的判斷可變成下一個判斷的主題。這種思索遊戲與因陀羅網光景下諸種珍珠鏡影彼此重疊相互映攝的情況相似。總之，某種原樸的文本演繹首先是藉由文字符號來闡釋其附帶的意蘊及此意旨所指向的現實對象。然後，立足於後設平面的另一種詮釋便可以專門針對該字句或文字符號本身，抑或針對原來的命題之意涵、意味，構建新的「意義指引」。精緻的詮釋學思索體會到的就是：符號、意涵及對象這個三角形關聯，即任何一番闡釋活動環繞意義所導出的「詮釋學主張」可以猶如哲學命題一般被當成新的闡釋專題和出發點來應用，以產生出一種無窮無盡的重疊式詮釋過程，而且這種無限情境不異乎「意義情境」本身。

　　對於華嚴宗，「符號」這種概念所標記的模稜兩可或辯證法狀態乃非常關鍵。一方面符號的雙重性質讓思考者從執著於「符號物」的態度過渡到符號作為「意義媒介」所能發揮的無限意義指引本身。換言之，透過意蘊維度有限之「事物世界」可以將人導引至一種無限的敞開，「意義媒介」與「符號物」雖然標誌同一件「事」，但兩者的內部皺褶猶如有限和無限之間的隔閡一樣大。故此思考者務必要清楚地辨別符號之為符號

所發揮的、無限的「意義指引」這種功能本身以及某個符號在某個上下文脈絡中所標記的特殊「意涵」。另一方面，「符號」的雙重身分讓開放的、無限的符號與某個意義下可被認為即時各自都是單一個的「意涵」有所不同。此差距導致任何「現實物」可能轉成「符號」即「意義媒介」以收納某個「意蘊」來發揮意義。只要思考者讓一件「事」給轉成符號，而富有意義的「事」帶出意義，任何「事」都可能成為詮釋對象。全世界因此成為無盡重疊的意義媒介。這就是「事事無礙」經由「理事無礙」所產生的全面鏡影遊戲。然而，由此觀之，唯獨不再可轉成意義符號的情境才會是真正可稱其為「現實」的情境。然而，整個救度、解脫問題就出在這裡：人有沒有可能脫離為「意義媒介」所劃分的現況，以達到不再產生「無限地符號化」這種遊戲的境界？人可否超脫「事事無礙」這個處境？

　　論至此，佛教的否定方法是多麼厲害的思考機制，這件事情已經充分明白。由於凡可積極被肯定之思考對象均可能成為符號，因而這些對象不但都不符合最終被尋求的、實質可倚靠的「現實」或「真理」該有的單一性質，而且針對思考者，所有詞語或觀念所指向的任何一個究極境界的構想，即「理」，立刻而且必然會轉成另一個符號，亦即轉成「事」而已。故此，「不可言喻者」，即「言絕」的真實境界並不代表某種先在的、只不過言語不足以指示的境界。由符號、意蘊脈絡來看，「不可言喻者」反倒標誌一種在意義的形成過程當中不再可能轉成詞語、附帶意義之符號的絕對超越。華嚴宗思想所構思的「不可言喻者」之所以不可被言說，理由並不在於言語脈

絡缺乏適當的表達方式，該超越之所以為言語所不可及，其原因在於這個超越嚴苛地超脫一切符號和一整個意義範圍，它必須是「毫無意義的」。華嚴宗的詮釋學是借助意義的引力指向「不可言喻者」，而且嚴格來說這個「不可言喻者」超脫任何意義。救度、成佛、解脫等理念所瞄準的成果其實是：修行者得要經由意義相關的詮釋學工夫來消解、破除意義本身。

　　華嚴宗思想顛覆形上學常識下的等級排序，將詮釋學的視角置在意蘊脈絡以內，即在思考者原來所置身的、為意義所支配的「此處」。華嚴宗不但不再尋求某種真實、究極的「意義」，而且於原本的意義情境之外也不再構思任何崇高的、超越的「在己現實」。即使華嚴宗最終描準的是一種「由此處」來「超越一切意義的彼岸」，但其一整個思考、修行努力的出發點和原點還是被定在充盈煩惱的、無窮無盡地重複「轉成符號、形成意義」這種循環遊戲的處境本身。無論「彼岸」、「超越」之可能性被安放在針對意義的否定、離棄和越界也好，或是倒不如說信徒就得要在「此處」的內部，經由意義情境的內在敞開，來追求該「超越」也罷，關鍵還是在於，信徒千萬不可遺忘自己暫時仍然所身處的、歸屬意義情境的「視角」。華嚴宗之所以不抉擇中觀派或禪宗的否定方法，理由在於華嚴宗相信，修行者根本不可能藉由任何「有意義」的方式實質地離棄自己所身處之意義情境，連否定所有現有意蘊的這種彷彿是絕對化的操作方式亦有所不足。透過判教思想華嚴宗批評禪宗的引導理念，即修行者只有在詮釋學與「言教」之外才可能達到「頓悟」的這種信念。華嚴宗不滿離棄整個意蘊脈絡這種幻想，並對此幻想進行嚴厲的反駁，這個態度可印證其

原本的質疑：佛陀的「彼岸」必然等於是一種超越任何意義的境界。然而，只要信徒是「人」，無論透過什麼管道他都不可能捨棄為「意義」所鋪陳、支配的「原本詮釋處境」。針對佛教所有「超越論者」乃及廣義下的「形上學者」，華嚴宗堅持的是，對信徒、修行者至關重要的事情在於，他務必要實行這樣一種「視角對換」，他務必要將其一整個努力的焦點自「彼岸」、「超越」這種目標挽回到自身業已所在之處，即意義情境以內的原本詮釋處境。此「視角對換」將修行者以非常嚴肅的方式逆向引回至其自身業已且依然所在之原本處境，也就是將其逆轉引回至意義情境以及不斷地推展此意義的言論兼思考場域。華嚴宗強烈地排斥一般思辨方式，嚴厲地拒絕近乎密契主義的這種幻想：信徒希望自己還是將會有辦法渡過詮釋者、思考者無論如何都跨越不過的鴻溝，進而將地位較低、只有派生價值的「意義符號」直接連結到某種超越的「在己現實」。

　　那麼，就此框架來看，詮釋學經由意義所歸屬的連結場域有哪些特徵？若將透過意義闡釋從某個視角取得有關「理解」的問題暫時先擱置一旁，意義現象主要為兩種差距所貫穿，即某個「現實對象」和其「意旨」之間的差距以及此「意旨」和承載它的「符號媒介」之間的差距。「將某物視為某物」的意義闡釋所涉及的對象內部分成「某個對象物本身」以及「某意義下呈現的對象物」這兩個層面。再來，「附帶意義的符號」這種特殊對象與其所指向的現實對象本身亦截然不同。原來似乎單獨可代表「意義連結」的媒介居然露出幾種差異，特別是「具有某個特殊意涵的現實」與「現實之為現實」之間的差異。即使符號本身可以被當成某個對象物與其意旨之間的連結

看待，即使某種意義下符號這樣的特殊現實讓思考者跨越、囊括這些差距，可是一旦不再有任何意義媒介，一旦思考者全盤捨棄符號這個層面，這時不僅一切差距皆消失，而且甚至一切「現實」也一樣被消滅，連「佛」或「涅槃」這種超越境界也將不再，因為「佛」、「涅槃」等理念畢竟只是在意義情境下成形的「意旨」。這表示，違背著常識意義現象的原本貢獻在於，是「意義」本身作為根源而產生並奠建所有「現實」。可是，「意義」的指引功能本身根植於一種錯綜複雜的關聯情境，而此關聯情境內部為無從跨越的差距所支配，故此可得斷定，「差距情形」乃是最原本的「現實」或「真理」。

　　以上藉由空間觀念被勾勒的情況重點在於，務必要將此情況理解為意義現象本身所蘊含的構造。意義經由差距產生的統合必然有賴於詮釋活動。需要進一步探究的是，詮釋學關聯作為若干差距下充實意義的統合另外還呈現哪些特徵。「意義」究竟意味著什麼？既然是「意義指引」才讓詮釋學關聯發揮「意義」，那麼與其他關聯模式相較，「意義指引」這種連繫模式具有何種構造？僅只提出原本詮釋處境作為意義指引的場域和條件是不足的。此現象必然意味著，「關係」、「連結」作用先於關聯下各自被提示的端倪。理由在於，只有在詮釋者經由意義闡釋執行此意義連結之後，被連繫的各端才充實其各自所標記的內涵，各端這才可能被界定為詮釋學關聯下負責如此這般之作用的「一端」。只有負責居中諧調的「意義」本身才足以基奠關聯中的各端，因為只有針對此「意義」並且源自此「意義」，諸端之間的相屬情形才成立，才讓這些項目轉成關係下的「端倪」。

　　詮釋學關聯是不可以如下述來解釋：詮釋者是在兩個現有之獨立單元之間加上聯繫，彷彿詮釋者事後而且從外部在某個先定詮釋對象套上意義、標記此意義之符號以及對此意義的領會等因素。實情剛好相反：在詮釋尚未起作用之前根本無「詮釋對象」可言，可能受詮釋的對象早已經潛在於「意義」的運作脈絡即意義情境之中，方才成為可能的「詮釋對象」，任何「詮釋對象」都必然從「意義」這個視域湧現出來，在意義視域之外根本無任何「對象」可言。整個詮釋學情境的核心在於「意義」本身所實行的指引連結，也就是在於「意義」之實際「發揮意義」這種發生。詮釋學關聯在其本質上標誌意義的「發揮」、「運作」。

　　在某則意蘊實際執行指引作用之際，落實在這種發生上的首先是對象、意旨、符號及領會之間的詮釋學關聯，也是在此詮釋學關聯中發揮作用的多重差距。在意義指引的統合當中，「連結」是一種發生，而且「連結」本身總是必須先行於互相被連結的諸端之前業已發揮作用。因此，思考者務必要將意義連結這個「發生」藉由「關聯情境」這一理念來與一般「關係」概念辨別開來，務必要將「充實意義」這件事與獨立的單元從外部連繫這件事區分開來。關聯情境一詞所意味的是：承載著被連結之諸端的，是在意義指引當中透露出來的「關係」本身，而「關係」本身就是意義指引的根源。那麼，所有意義所自的關聯情境有何特質？在此關聯情境當中，「差距」除了空間觀念下的「距離」之外還標記著諸端在彼此相互連繫當中各自所代表的性質上的差異。「差距」不但將關聯情境中各端彼此相互拆開，而且它也劃分諸端各自所屬的類型皆為不同。

例如意義與現實之間的差距會讓「對象」成為「對象」，也就是說針對整個意蘊脈絡，「對象」必然是「超越者」。由此觀之，空間下的「間隔」其實提示一種性質上的差異，而且只有透過於關聯情境上發生的意義指引這種獨特的連結模式，這樣的性質差異才暴露並且被跨越。有極端化差異的各端，即有徹底不相容的「對象」、「符號」、「意旨」、「領會」等環節，它們正好是在詮釋關聯這種原初統合之下，經由意義闡釋得以彼此相攝相通。在詮釋處境以及關聯情境下產生之意義統合的內部卻仍會存留著各種差異。無論「真實存有」這種總體統一的構想也好，還是意義下的統合這種構思也罷，這類想像都無法全然消解差異性。所有形上學想像都錯過、忽視的是任何意義指引基於關聯情境必然所具備的內部結構。恰好是藉由原本的不同，在意義指引的發生當中各端才充實其各自的功能，而只有當意義這個關聯情境經由闡釋活動實質地被展開時，該性質差別所產生的緊張關係才可能發揮作用。

　　詮釋學的關聯情境是敞開的，它本質上妨礙關係中各端互相融合而凝聚成封閉且靜止的統一體。意義在關聯下所產生的統合是一種開放的、吊詭的統合。沒有任何概念框架足以涵蓋此統合的全部內容，關聯情境下諸端的相屬並不仰賴某種作為根源的同一性單元。意義指引彼此互相連結的，絕對是「非同一者」。假如各端有可能原則上與其他端對換，假設諸端都可以被彙整於單一個共同的類別概念中，這種差異則只是相對於大統一而出現的內部分隔，因而諸端的相遇根本不需要「意義指引」在諸端之間發揮居中諧調這種作用，那麼諸端之間的他異性就不是徹底的。假設如此，該「統合」觀會雷同於存有上

的「統一」，而且這種「統一」早已完整地潛在於諸端的性質中，以致它根本不可能是「透過意義指引而產生」的，不可能是關聯情境下的統合。意義指引並不導出一種統一體，也不讓受連結的各端在封閉狀態下被關聯全然接收並替代。就形式而言，意義指引並不表示有某種獨立的「總體」作為全面化框架，並透過一種邏輯學、存有論式總結來囊括非獨立的「部分」。「部分」與「部分」之間的同類相屬這種構想讓所有「部分」從一開始共同歸屬於「整體」，以致置於意義這個關聯情境下的各端相對於其他各端固有的他異性從一開始就被否認。有需要釐清的是「指引」之為「指引」的特質，要明白本質上的同一性以及在幾個現有之獨立環節上事後由外部並透過「第三者」被加上的「總合」的這兩種理念與意義指引有何不同。

　　若說從意義的關聯情境當中湧現的諸端彼此之間並無辯證法關係，毋寧可說意義關聯的特質在於，意義指引將幾個類型不一致的環節收納到讓其彼此相屬的情境。這種連繫模式與黑格爾式的辯證法對立不同，可以將其命名為「內部具有差距的統合」。「內部具有差距的統合」不允許思考者將各端歸納到一種純粹只是「概念」式的整體，從一開始便須避免依循黑格爾式的揚棄整合這種典範來思考「原本詮釋處境」。雖然將非辯證法式的關係視為「統合」的這種主張彷彿很弔詭，但此悖論還是要盡量維持住，才能更深入探索其特質及思索意義現象中的「差距」。

　　重點在於，思考者務必要嘗試將包含諸種差距的意義闡釋徹底回溯到「意義」本身，然後思考這個關聯情境。即便這番

探究還是借助空間中各段端頭彼此相互被連繫這種設想，但千萬不可以將此構想中的「空間」當成一種猶如「框架」一般有整合作用的先在環節看待，不可以將「差距」的形式理解為僅是外部方位上的「差別」，不可以假設在空間差距下的諸端基本上均為同類、均質單元。一旦意義闡釋由外部被加在某個現有之現實對象上，這樣的普遍設想已經徹底錯過了「意義指引」這個發生。關鍵在於，「意義」之為「意義」這種現象本身是在其內部構造呈現該「差距」的。只有自「意義」來看，意義闡釋所涉及的對象物才可能代表一種超越的「在己現實」，甚至「在己現實」這種理念還是不可缺少「針對意義」這個「為他」向度，因為它僅為「針對意義的現實」，在意義情境之外根本無「現實」可得。「現實」觀念是頗為弔詭的：在作為超越、外在於意蘊之環節的同時，「現實」正好僅可能在意蘊以內湧現而成為「現實」。只有當「現實」在詮釋學差距下做「對面而立之物」、「對象物」之時，它才可能跨越「意蘊」這個範圍。儘管現實對象與理解、意旨、符號等環節都有差距，但現實物畢竟只有在意蘊脈絡以內並且根植於意蘊才成為所謂的「現實」。思考者務必要深刻地掛酌意義現象本身的弔詭組成，千萬不可以依照認知論模式將意義僅只當成純思維甚或溝通工具看待，不可以認為意義僅為客觀存有與主觀思維之間的「中介」。本質上隱藏在「意義指引」中的諸種差距及其所連帶來的視角性，也就是說任何「意義指引」勢必都歸屬某一個立足點這種基本情況，才可能獲得恰當的專注。

　　「意義」之為「意義」從一開始就包含某一個承擔它的視角，又包含某個超越的「現實」作為意義指引所連結到的對立

面和視域。反過來這也表示，所謂「現實」從來不是獨立的，它不是某種「在己存有者」，任何「現實」從一開始必然「具有」某個意蘊，因而意義不僅為現實的「替身」或「代表」。只有在意義闡釋下的「現實」才能是「現實」，「現實」就是內在於意義之視角所瞄準的意向性導向。再來，詮釋關聯為視角性所支配這件事意味著，意義指引並不等於是將關係中諸端均連繫成一種匯通整體，意義指引這種「連結」其實僅有類似「眺望」、「凝視」、「拉近」、「收納到視線中」這樣的作用。觀看、凝視實行一種跨越隔閡、差距的連繫模式，而意義指引的特質就與「凝觀」相似：置於意義意識之視角下的意義指引讓意義意識藉以「瞄準」某個對象。詮釋關聯的統合並不落實於某個在此關聯情境之外、之上的整體單元，意義下的統合並不猶如理性主義的絕對精神，它不將意義與存有兩端全然融合起來，詮釋關聯的統合反倒必然保存原來的差距情況。意義指引所執行的「連結」只有在意義實際發生之際才成立，而且唯獨在某個視角下並貫通視角下的差距，意義指引才可能發揮作用。意義現象上透露出來的「視角性」預設「差距」做必然前提，也預設此「差距」無從被消解。思考者只好以「觀看」所隱含的「視角情形」為範例，解析詮釋學上意義指引的內部構造，唯獨如此，意義所歸屬的關聯情境及其獨特的連結模式才可能明確地透露出來。[24] 要是思考者不將「意義闡

---

24 在應用「視角」這種觀念時，請僅只將此觀念當成有助於看透意義指引獨有之差距情形的輔佐者看待，並不要進一步地暗示文藝復興時期繪畫技術所依賴的、將某個視野的內容全部依照某種規律整理起來的「透視法」那種觀點。繪畫藉由透視法所構想的「世界觀」使得某種世界空間的整體中

釋」、受詮釋的「現實」、「意旨」、「附帶意義的符號」等
觀點回溯到「發揮意義」的、內部有差距的那種特殊的統合情
形，思考者便會在有關意義現象的解釋上陷入無限後退的困
境。例如說，如果思考者將某個「意旨」如同「標籤」、「名
稱」一般地「貼」在現成物上，他預設另一個意義指引先行就
已鋪陳通往該現成物及其所身置其中之一整個視域的聯結。更
為甚者，思考者不但是透過在第一層面上給某物貼上「標籤」
或「名稱」的方式來掌握該物，而且為了在第二層面上來思考
「貼上」這一舉本身，思考者又復需要新的一組「標籤」或
「名稱」，以標誌該物與該「標籤」或「名稱」之間的差距。
因此可得知，「名稱」並不是某種「貼」在對象上的屬性，
「名稱」必須跨越詮釋差距而被連繫到該對象，「名稱」才可
能標記該對象的「意味」。無論某物與某個意旨被連結起來的
這件事所根據的是某個理型也好，或是僅僅源自某個約定也
罷，總之都是「連結」這一舉動實現了「意義指引」，「連
結」一舉不異乎就是「意義指引」。「意義」之為「意義」的
本質妨礙思考者將意義闡釋與被瞄準並受闡釋之對象之間的關
係看成如同將兩件現成物彼此相連繫的這種外部的、機械性的
關係一般。

任何可見的區塊在它被投射到一張平面時都獲得規定位置和尺寸比例，以
致透視法自然使得世界萬物均有賴於觀看主體，進而組成一種全面性的整
體統一。與這樣的統一觀不同，在思考「原本詮釋處境」時，應用「視
角」這個名目則僅是為了讓思考者明確「觀看」之為「觀看」在觀者與視
覺對象之間所建立的聯結模式以及視覺情況所不可或缺的差距狀態，藉以
揭露詮釋學關係的構造。

　　再來，意義指引標記的不是單純的連繫。與其說意義連結一旦成立，它便猶如自然法則一樣生效，倒不如說在幾個方面來看，詮釋學關聯是一種開放的動勢。換句話說，意義指引在對象與意旨之間所營構的連結並不為附帶意義的意義符號所永遠紀錄、標誌，意涵並非銘刻於符號上。唯獨能落實這種連結的是「指示」一舉的意蘊維度，即「指引」的實際發生。只有在意義指引針對意義理解實際被執行時，某個符號才暫時獲得意旨、意涵。然而，對象與意旨之間的連結並不局限於這次的意義指引之中，由於此連結內部呈現一種裂縫、皺褶，由於它彷彿「有所缺」，這次的意義統合就不是封閉的，在這其中意蘊維度反而是「開放」且有「餘裕」的。空間上的「距離」這種比喻以及「量」這個範疇不足以充分彰顯意義指引每次重新必須跨越的那種「差距」。此「差距」標誌的是一種「質」上的出入、相隔。經由符號和領會在意義與現實之間產生的連結，這種「統合」並不雷同理性所構想的「均質統一」，在意義這種關聯下，兩端仍然各自歸屬彼此不相容相通的範疇脈絡。假設意義闡釋直接並且毫無保留地提供現實本身，人根本不會對詮釋活動與現實之間的連結感覺不滿，根本不會對某種超越「意義」的「現實」懷抱強烈的渴求，促使人進行詮釋的動機也根本不會出現。假設現實是直接可及的，人根本不會對從詮釋脈絡之外來激發詮釋活動的現實取得經驗，而且有關真與假的質疑和追問也都根本不會發生。鑒此思考者不得不承認，意義闡釋、意義理解、意義指引這些環節都是敞開且流動的，「意義」等於是一種「發生」。那麼剩下的問題在於，該如何從視角性為出發點來思考意義現象上的內部差距？這個提

問所涉及的是「意義理解」這種活動。

　　以上已經將有關對象和其意旨之關聯情境的陳述推論得夠深入，但是意義現象已經被充分掌握到了嗎？難道隸屬於意義、意蘊的構造只有這一種關係和這一種差距嗎？「意義」之成為「意義」取決於對此意義的領會實質地在發生。首先，詮釋活動內部隱含著透過意義符號朝向受詮釋之現實對象瞻望的視角，而且此視角等於是一種內在於意義闡釋本身發揮作用的、「相互」之間的、不對稱的差距。可是，意義闡釋不但與受詮釋的對象有差距，同時它又與其必然需要的「意義載體」亦有距離、隔閡。意義闡釋表示一種去中心化的情境，因為它不得不依賴某種附帶意義的符號。「現實」不但只有在「意義闡釋」之中才出現，而且「現實」也只能藉由「符號」為中介，它對思考者才「有意義」。在這幾個環節之間各有一種原則上的相隔、差距在發揮作用，以致意義闡釋所執行的「連結」不可能由某種涵蓋一切的單元或規則被演推出來，意義指引這種連結模式所包含的幾則環節根本不完全相融合。意義關聯的分層情況並不像外部觀察者將幾枚不同顏色的鏡片重疊起來凝視單一個原始模型時所見到的現象那樣。一般認為意義闡釋是這樣的情況：某個具有意義的知覺對象或「客體」只是透過替代其實情即替代「真相」的幾個「面相」、「側顯」（Abschattungen）被「主體」知覺到，該對象物或「客體」本身反而是「主體」所不可及的。同理，各種「解讀方式」永遠不足以提供被闡釋的「原義」，所有闡釋努力唯一所提供的只不過是替代甚至隱蔽「原義」的若干「側顯」而已。這種常識構想與「原本詮釋處境」的情形便完全不吻合了。意義關聯究

竟如何成立？

　　除了指向某個受詮釋的對象並導出某個意旨之外，附帶意義的符號是透過其意蘊維度又再指向某個充實此意蘊的闡釋活動，亦即「意義理解」。「意義」之為「意義」必然蘊含與詮釋者的關係，即「人」面對「現實」的關係，也就是「精神」、「思維」與「存有」的相遇。詮釋學似乎就是「主體」和「客體」在意識活動當中彼此相成的場域。然而，在對詮釋工夫作出人類學或心理學解釋之前，有必要首先關注的是，意義現象必然包含對象、意旨、符號等元素與實際發揮意義闡釋這番「活動」之間的差距和不對稱關聯。所謂「意義」並不是一件「事物」，「意義」不是在空間中介於世界對象和意識或名稱之間的某個存有物。不但所謂「事物」是如此，而且「理念」也一樣：這些名稱只能標記某個實物一般的單元，可是這樣一來，思考者僅能捕捉「意義」的「載體」和「媒介」而已，藉由這類的實物觀念思考者永遠無法掌握「意義」之為「意義」這種現象本身。思考者務必要將純粹的「意蘊情形」，即「意義」之為「意義」與實物層面區分開來。只有經由實際執行闡釋活動的方式，「意義」才會落實「發揮意義」，而且「意義」僅於此刻才會成形。這表示，「意義」只有在一番闡釋的實際發生當中才會湧現生效，所以「意義」本身與充實意義的「意義理解」這兩個環節之間有一個在視角和差距下都是不對稱的關係在發揮作用。只有針對某個即時各自的意義理解，某個意蘊才「充實意義」。

　　然而，另一方面意義又不能被視為理解的「所有物」，理解並不猶如意識擁有自己的體驗內容一般「擁有」意義。意義

湧現的位置介於諸種「意識體驗」、「意識內容」之間，意義
似乎是從一種內在於理解的縫隙、皺摺之中湧現出來。若「意
識」標誌包含所有體驗內容的流動本身，即胡塞爾所謂「意識
流」（Bewußtseinsstrom），「理解」與「意識流」便有所不
同，「理解」並非與其所依賴的「意義」融為一體，「理解」
不是「意義」。思考者務必要注意「意義」之為「意義」所連
帶的去中心化狀態，千萬不可以忽略意義闡釋本身。當理解活
動經過時間發生之際，此理解活動與其所理解、領會的意義兩
者之間仍舊有一個在視角下是不對稱的差距在發揮作用，即使
這種差距一樣屬於意義現象本身，即使它一樣為意義所開闢。
一旦思考者將此不對稱差距解釋為「意義」和「同一性的意識
我」之間的差別，在核心問題上這樣的解釋便會導致無限後
退。這樣一來，思考者無法解釋，某個「意識我」究竟如何並
且為何可能將某個意識內容、意識體驗「視為意義」，然後去
「理解」它，而不僅僅只是「擁有」該內容。這整個問題出
在，「意義」作為意識內容如何轉成「充實意義」、「發揮意
義」，進而連結到其他意識內容。某個「意識內容」如何能夠
「發揮意義」？在某個意旨成為意識內容、被意識所體驗或擁
有之後，它如何藉由「理解」並且又超越此「理解」本身來做
純粹的意識活動，來執行「指引」這樣的功能？關鍵在於：
「理解」究竟是什麼？總之，意義現象的弔詭和大謎團在於：
假設意義情境包含不可跨越的差距以及與此相關聯的視角性，
即不對稱關係，則似乎只有藉由此差距和視角性，「意義」才
可能成為「意義」，也就是這樣它才可能「充實意義」、「發
揮意義」。可是如此一來，「意義」在某種程度上居然讓思考

者跨越不可跨越的不對稱差距，成立了一個不對稱的連結。

　　「原本詮釋處境」隱藏的差距情況乃內在於意義，而且意義一旦脫離這個不對稱的差距情境時，無差距下的內容就不再足以起「意義」這種指引作用。只有在某個具體意蘊鑲嵌於為多重差距所支配的情境之際，該意蘊才「充實意義」、「發揮意義」。假如思考者相反地將「意涵」、「意旨」、「意蘊」當成某種附帶意義或處在意義模態下的、單純的「意識內容」看待，假設他將「意涵」、「意旨」、「意蘊」這些都視為從意識流中湧現出來的「具有意義的體驗」，被忽略的就恰好會是「意義」做「意義指引」必然所展開的內在差距，即不對稱情形。依據普遍的誤解，思考者將牽涉某個詮釋對象的詮釋學連結從外部套在「意蘊」這種體驗內容上。可是，這樣一來思考者無法解釋意義的實際運作，也無法解析「意義體驗」與其他類型的「意識內容」差別何在，更無法明瞭為何只有這一種獨特的意識內容才適合開啟意義獨有的「意義視域」。

　　同理，領會這種體驗本身不可能猶如胡塞爾所說的「充實化」、「實現」（Erfüllung）一般，在事後才被加在業已隱藏一個潛在差距的原本處境之上。若認為實際發生的理解只不過是將關聯情境裡的「可能性」、「可能的意義」釋放出來的實際成果，這樣的設想根本不合理。這樣一來，思考者就無法釐清意義的「意義性」本身，「意義」究竟為何會有「充實」的趨勢並不清楚，而且由此觀之，「意義理解」似乎也只不過是藉由某種「當前化」（Vergegenwärtigung）作用將現有的、早已成形的意義加以「實現」或「確認」。假設理解活動僅從事這種「當前化」，理解活動就無從說明為何其當前化的內涵能獲

得意蘊這種維度。或許思考者將「理解」與「意蘊維度」視為一致，以致整個意義現象落入意志論和行動理論的暗昧之中：當理解者有意願領會並且實際執行此領會時，意義便會自然就暴露出來。然而，這樣的「意義意願」如何誕生，憑何產生則又不明。因此思考者倒不如承認，「意義」就是一種原本現象，而且「意義」根植於原本詮釋處境的弔詭中，「意義」依賴於支配著這個處境的視角性和不對稱差距。

　　總結以上，內在的不對稱差距標誌著詮釋學、意義統合就其本質而言所呈現的去中心化狀態和敞開狀態。「意義」根本不可能類如「觀念」、「概念」、「理念」、「字詞」、「名稱」、「意識內容」、「意識體驗」甚至「實物」等單元被掌握，因為「意義」總是在這類環節之前、之間業已發揮作用的先在條件。再來，將「意義」視為主、客兩體之間的中介亦不妥當。「意義」本身總是以去中心化的敞開方式從視角和諸種相屬差距共同組成之交織中湧現出來。鑒此，多重詮釋學差距及不對稱情形乃是意義現象的核心特徵。在此原本處境為思考架構來看，視角性與去中心化狀態這兩特質意味著什麼？思考者必須探析某個「立場」和相屬「視域」之間固有的不對稱聯繫。當闡釋活動在視角下向其對象「瞻望」時，這種凝觀便關連到一種「視域」。帶有意義的詮釋對象即思考專題從一開始歸屬這種視域，個別對象就是在其他對象中顯現出來。因此，即時各自的詮釋活動總是以隱昧的模式牽涉一整個不被專題化的對象視域，就被這種視域所烘托。然而，在此對象脈絡代表一般現實的同時，它也標誌著一般性且原本的「意義情境」本身。

　　另外，來自詮釋之關聯情境的視角性還有幾個特徵：詮釋活動瞻望著一個視域，從中挑選個別的詮釋對象，卻不排除其他對象，彷彿詮釋者的眼光基本上維持向一整個對象脈絡的敞開。在這之下不得不局限於偏頗視角的眼光不可能對被闡釋之對象的整體、對其「在己」狀態取得充分的掌握，即時各自的闡釋每次僅可能舉出關注對象上的一個「側顯」，即該對象整體在固定視角下顯現的單一個代表整體的面相。故此，詮釋活動經由意義所專注的「對象」和該對象的「在己」狀態兩者不可能是一致的、相合的。比起從某個視角來專注一個對象的詮釋眼光所能夠掌握的即時各自的面相，對象本身的整體意蘊則更濃厚、豐富。若就被瞄準的那個側顯意涵來說，每次被瞄準的對象都不是「意向性對象」的整體，都不是對象內含的全部。對於「原本詮釋處境」來說這便表示，在透露意義的意向性視域整體以及這個視域藉由詮釋活動被瞄準、專注的即時各自的整體樣態之間裂開著一種不可彌補的、本質性的縫隙。「視角」這個觀點就更清楚地凸顯「差距」及其關鍵性，並凸顯意義情境的無限敞開。

　　除此之外，「視角」這個觀點意味著，任何意義關聯即任何發揮意義的關係都勢必歸結到一個立足點，它有所歸屬的特定意義視域。在原本詮釋處境上，任何意義闡釋都歸屬某個即時各自地有效的立場，而且此立場使得連繫到一般對象視域的即時各自的意義指引都包含一種即時各自地起作用而且必然是不對稱的「視線」。詮釋關聯只是單向的，它由此處往彼處瞻望。立足點、視角這種不對稱情形必然是內在於即時各自的意義指引本身在發揮作用。思考者若將意義指引與詮釋學情境理

解為：有一個觀察者外在於此原本處境、外在於意義關聯，他
會觀察到在詮釋對象和其意蘊之間發生一種連結。可是，這樣
的理解是不貼切的。思考者若設想「意義」與「對象」為兩件
獨立物，又設想於「意義」與「對象」之間產生物和物之間的
「關係」，這種想法尚未充分專注「意義」這種現象的特色。
關鍵在於，在詮釋學工夫進行「瞄準」時，這一舉本身就已經
等於是「連結」，在詮釋者的關注和瞄準實際發生之際，意義
指引這種「連結」必須早已成立，而上述「客觀化」設想所預
設的此「關注」、「瞄準」依賴的是有一個原初連結。詮釋活
動上首先落實連繫的「關注」已經是「發揮意義的關注」、
「透過意義而關注」，「意義指引」也就如同任何外部關係一
樣，它勢必預設這個原初的連結業已成立。只有以某一個即時
各自的立足點、視角與視域的不對稱關係為基礎，即時各自地
發揮作用的「指引」才成為可能，也只有針對某一個即時各自
的視角，這個「指引」才可能落實即時各自的「意旨」。

　　思考者由內部分析原本詮釋處境時，他不但關注差距這種
結構，而且也發掘整個詮釋活動的「立場歸屬」。「立場歸
屬」、「內在差距」及「不對稱關係」其實都標記同一個現
象。思考者必須將自己一整個意向性視域歸結到固定的立場，
即自身所在，意義才有可能從此視域中湧現出來。若由此對峙
關係的內部來實行意義指引，原來被設想相隔兩端的空間差距
便是視角下的凝視、闡釋本身所收容的內在差距，因此空間下
的「距離」、「差距」便會轉成「由此處向彼處」的不平衡、
不對稱情況。這種不對稱的「內在差距」並不等於「主體」和
「客體」彼此相距這種抽象設想，而是在任何關注、凝視、闡

釋內裏發揮作用。簡言之，只有在我實際投入詮釋處境並且由其內部來關注並連繫到我的意義視域之際，意義闡釋的關聯情境才成立，意義指引這個特殊的「連結」模式也才成形。

另外，在現象學角度下透露出來的還有理解者所實行之意義闡釋和意義本身之間的差距。只有基於這種內在於意義的差距，意義指引的意蘊維度才可能生效。內在於意義的這個視角性似乎與通往意義視域的外在視角有所不同，意義理解彷彿又在另一個層面上開啟「意義視域」。任何實際被執行的意義闡釋必然向一個充盈其他闡釋方式的、屬於理解本身而不屬於對象的「意義視域」敞開。「意義視域」牽涉的不是其他可能的詮釋對象，此觀點反而牽涉同一個詮釋對象相關之其他可能的意義闡釋。任何意義闡釋總是為一種包含已完成之舊的意義闡釋以及尚未實現之另類闡釋的視域所烘托。數多過去已被思考，未來可被思考的意蘊共同形成一種伴隨著即時各自地被意義闡釋的、不被專題化的背景或視域。這樣一來，被理解的不僅是個別的詮釋對象本身，還會有一個不被專題化的意蘊整體也共同落入理解範圍內。可是，思考者要是將這個包含過去與未來其他可能的「意義視域」當成「備分」、「資料庫」看待，或者將其視為根植於即時各自地被專題化的詮釋當中的一種涵蓋所有「可能」之闡釋方式的整體，這樣的見解正是會將實情遮蔽的嚴重誤解。理由是，在任何個別意涵相關的闡釋都僅可能針對這個意義視域並且透過與此視域作連繫的方式的同時，此意義闡釋必得落實其中的某一個意涵，隨而暫時排除所有其他的闡釋方式，以致其他意涵暫時落入「都不可能」的狀態。任何即時各自的意義理解都不得不實現意義的片面性、側

顯性與單向狀態。即時各自的意蘊與一般意義視域之間發揮作
用的關聯情境還是必然呈現視角性以及不對稱的差距情形。這
意味著，在理解者執行一番意義闡釋之際，他所面對的只是這
個即時各自的意涵，至於意義視域中的其他「可能」的闡釋方
式則暫時都以「不可能」的狀態暗藏在即時各自的現時視角下
的闡釋中，這些「不可能」的「可能性」僅只是沉默的「背
景」。這是意義理解中發揮作用之視角以及意義理解與意義視
域之關係的連繫模式，也可以說「視域」這個現象所指的是：
不對稱差距下進行消極的肯定。總之，「意義視域」所指的不
是所有即時各自之意義闡釋的「整體」，但若沒有此意義視
域，任何即時各自的意義闡釋都不會成立。

　　依據「詮釋學循環」[25] 這個理念可得知，在思維上無所不
在的意蘊維度使思維呈現一種循環式結構，因為任何即時各自
地被定下的意蘊都不但預設而且牽涉到一般意義視域中的其他
意義闡釋。沒有任何一個個別意旨足以孤立、獨立地發揮意
義，所有的意旨勢必都關連到更大的意義脈絡，才可能藉由意
義理解獲得其獨有的內涵。置在「詮釋學前掌握」
（hermeneutischer Vorgriff）下的闡釋脈絡早已經被闡釋，被賦
予意義，而只有針對這個「事前掌握」，透過與「事前掌握」
產生對照的方式，所有即時各自的意義理解才可能成立，這樣
任何意義闡釋、意義理解才可能「獲得意義」、「充實意
義」。先行於任何個別的意義闡釋，整個對象視域以及整個意
義視域早已經為一般的意義理解所開闢。有鑒於意義現象上透

---

25 Gadamer, *Wahrheit und Methode*, pp. 298-300.

露的這種自相反射式的構造，不可能有任何可稱為「第一次闡釋」作為整個意義組織的基源。可是，意義雖然落入這種弔詭的自我反射與循環模式，但意義還是具有一種特殊的確定性。在自相反射的闡釋當中，意義理解仍然落實於某個即時各自的「意旨」、「意涵」上，而且它同時也就必然落實於即時各自的視角及其不對稱差距之上。這表示，任何個別意蘊都不是在有秩序的整體組織中標記某種確定不變的位置，任何個別意蘊反而必須從某個立足點並且透過某種關注模樣實際地被舉出、被「領會」，這樣個別意蘊和意義視域之間的關係才成立。故此，此關係必然為一種不對稱情形所貫穿。即時各自的意義闡釋和涉及意義一般的「事前掌握」這兩層在「詮釋學循環」下彼此互相指示，互容相通，所以任何「意涵」都不可能完全被確定下來，「意義」都留著不可解除的模糊度與邊界上的無限敞開。原則上雖然如此，但似乎還是有「相當」確定的意蘊隨時從此模糊的意義情境中湧現出來，不然的話思維從一開始就會落入「毫無意義可言」的這種虛無情況。由於任何意蘊都歸結到某一個立足點和某一個視角下的意義理解，因此它都是「不獨立」的意旨。然而，務必要注意的是：即使歸屬某個即時各自之視角的各別意蘊在某種意義下呈現「相對性」，這並不意味著個別意蘊猶如部分和全部的關係一般，只為某個意蘊整體所包含。「詮釋學循環」與意義現象上透露的視角性密不可分是毋容質疑的，但與其說個別意義闡釋、意義理解因此都只是「相對的」，倒不如說個別意蘊和個別闡釋均是「非完整」的、「尚未完成」的。「詮釋學循環」牽涉到的是時間性的問題。

在意義的無限後退下，該如何理解即時各自所建立的意蘊維度？如果不對於「詮釋學循環」採取懷疑論、相對主義式的立場，也不將此洞察轉成結構主義以便切入利用，下述謎團便仍舊會存在：在相對情形與視角下的連結為前提之下，某個意涵似乎能具有確定性究竟如何可能？需要更深入探問的是：「充實意義」究竟意味著什麼？

　　然而，以上是以華嚴宗思想上的「原本詮釋處境」為出發點，環繞意義指引所隸屬的關聯情境為主軸，將伽達默爾的理路往下推進一步。本書所構想的是以一種「匿名詮釋學發生」為樞機，企圖解釋法藏的詮釋學哲學與伽達默爾的「屬效應史的意識」這兩種介入有何不同。伽達默爾好像還是假設一種進行詮釋活動的「意識」或「主體」，而此「意識」、「主體」先行於詮釋活動並且先行於意蘊之開展而業已在場。26 然而，與其將「原本詮釋處境」視為某一個實行詮釋的「意識」所身處之情境，倒不如將其理解為意義現象本身所具有的內部結構。「原本詮釋處境」意味著，「意義」本身是一種境遇，而且「意義的發生」自行展開視域、視角、不對稱差距等環節。那麼，意義發生上暴露的去中心化情形與歷史演變有何種關係？於是，究竟是「誰」採取某個立足點，是「誰」來理解？意義闡釋所立足的視角在何處？在詮釋者？還是在意義本身？

　　思索至此，凝觀比喻似乎有不足之處，因為就詮釋處境而言，所有視角下的連結都集中在意義本身，以致意義理解的視角性與視覺的情況產生差異，此視角性不讓詮釋者採取猶如觀

---

26 Gadamer, *Wahrheit und Methode*, pp. 305-312.

者一樣位在外部的後設立場，詮釋者反而被其所詮釋的意義安放於某個立場。易言之，詮釋學活動的匿名情況導致「詮釋主體」的立足點勢必在意義情境以內。思考者若主張詮釋者在與對象打交道時，如同標籤一般的「意蘊」是額外引入、加上去的，這個主張不合理的理由在於，若將意義理解在認知論架構下看成主、客體之間的關聯，此時意義情境必須被預設為前提，「意義」作為「意義」所發揮的連結功能必須是先行條件，否則其「理解」會局限於一種外部連繫而遺漏「意義內涵」這個關鍵面相。為了貼切地辨別一般外部連繫與「充實意義」的連結模式，思考者不得不以意義的關聯情境本身為出發點。必須承認的是，在為意義被展開的、內部具有差距的「意義情境」上，即時各自的闡釋活動僅只充實業已潛在的「意義指引」而已，以致「詮釋主體」無從選擇任何位在意義尚未發生之前的立足點和存在點。若假設設置在意義理解之外的出發點乃是所謂的「意識」根本不是合理的，因為任何「意識」必然只能是「意識活動」，而任何「意識活動」又必然具有「意向性」，它必然是「有所意識到的意識」。易言之，任何「意識」從一開始不得不是「進行意義理解的意識」。任何「意識」畢竟都是從「意義情境」中湧現出來的，而不是某個意識「擁有」意義。總之，即時各自的意義闡釋所歸屬的視角勢必內在於業已發揮意義的關聯情境。

　　再來，「意義」也不可能透過「實物」、「媒介」被掌握到，不可以假設原來毫無意義的「名稱」、「符號」或「理念」足以是被冠上「意義」的「載體」。從某個名稱或理念身上意蘊維度根本不可能被抽走，否則該名稱、理念立刻喪失其

身分，變成空殼。因此，名稱、符號、理念等這些環節一樣不適合在詮釋活動當中擁有「立足點」這種作用，不可以將名稱、符號、理念等似乎具「承載」意義的環節當成意義關聯裡可以倚靠的「實體」看待。在意義與附帶意義的媒介之間從一開始必須被預設的是「指引」這種連結模式，否則該「媒介」就不是「媒介」而變成空殼。思考者若是將「意義」和「媒介」融合起來，那「意義」之外為何還需要另設所謂「媒介」？但反過來說，「意義」和「媒介」若被拆開，詮釋者憑藉什麼會知道某個「意義」屬於這個「媒介」？除非「意義」早已經讓該「媒介」作為「媒介」而從意義情境中湧現出來，除非「意義」在相關闡釋開始之前業已發揮作用而設置該「媒介」，思考者便無法理解「意義」與「媒介」之間的相屬關係。不但「主體」、「意識」等概念不足以給詮釋活動提供一個立足點和視角，甚至「意義符號」也不可能是「意義」所自的源點。「意義」不像屬性一般貼在某個實體上，反而是「意義」本身才讓所有「媒介」、「符號」、「名稱」、「理念」轉成「媒介」、「符號」、「名稱」、「理念」。「意義」這個範疇是任何思維都無從超越、捨棄的基礎，意義情境因此標誌著人的終極思考條件。那麼，個別的意義闡釋假設還是不能缺乏立足點和視角，那這個立足點究竟在何處？

以上幾次已提及的意義現象所呈現的「去中心化狀態」，而此「去中心化」就標誌著「意義情境」與「詮釋處境」的弔詭：置於視角和不對稱差距下的意義指引無「中心」可言，任何「立足點」彷彿都被視角的對立面即意義視域所吞噬。一旦思考者應用某個特定意涵當成立足點，他便會發現自己無從確

定該意涵，意義既不在符號，又不在對象，它既不在理念也不在意識中。那麼，被執行的意義闡釋本身在此詮釋學組織下會不會就足以提供立足點？「視角」這種現象最早是在因陀羅網比喻上暴露出來的，在這個比喻中整個「鏡影遊戲」的成立與否取決於觀者是否實際「坐入」某一顆珍珠作為視角，從這顆珍珠來觀照整個情景。現在再次參考此隱喻時，可否將每次引導「意義指引」的取向回溯到實際被執行的詮釋過程當中湧現的「觀者──詮釋者」，亦即就某一個特定視角來具體實行闡釋的「意義意識」？

　　因陀羅網比喻很可能會誤導對於「意義情境」的探討。首先，觀者可以閉眼不看，但身處於原本詮釋處境中的人即思考者根本不會因為不看就能暫時捨棄「意義情境」這個超驗式的情況。再來，就比喻而言，關鍵並不在於珍珠網本身在視覺下具有何種空間構造這種問題，而在於鏡影的成形必須預設凝觀者實際採取某個立足點。更何況在目前的探究中，研究者必得維持現象學的思考平面，他應該探索的是「意義現象」，而不是回溯現象、還原現象到某些存有論前提。雖然意義指引的確是藉由意義闡釋才能充實意義，但指引作用本身還是完全隸屬於意義的發生。若不是有某個指引先行業已在發揮作用，所謂「意義意識」也無法將相關的「意識內容」轉成「意義發生」。因陀羅網比喻和意義指引不同，比喻中所有的鏡影還是可以被設想為某一顆珍珠即網絡這種「座標體系」上某一個方位所包含的內容。在目前的討論來說，所有的環節都被歸結到「意義」本身，在意義情境之外已無任何「物」可以用來當成此構想的還原框架，因為任何「物」必然具有「框架」這個意

旨，以致它早已落入意義情境而不可能是其先在條件。即使
「視角」、「立足點」必然是意義現象所包含的本質性特徵，
但思考者還是無法給此立足點指定任何特定位置。由此觀之，
原本詮釋處境的內部差距所標誌的，是自己本身「無所在」這
種弔詭情境。某種程度上即時各自的意義指引都不得不是敞開
的，就「充實意義」一事來說，思考者無法應用相對界定的方
式，藉以將某一個單元還原至另一個單元。「意義」即使意味
著有一種絕對的、最終究的、無從還原的單元在承載所有意
蘊，但此「意義」總是落實於即時各自的、歸屬各別視角的
「充實意義」、「發揮意義」這個實際的發生。此情況導致的
結果是，在關聯情境上思考者雖然為特定視角、立足點所「拘
束」，但甚至這樣他還是與「坐入」反射交織而凝觀具體鏡像
的觀者不同，他還是無法掌握到核心單元即「意義」本身。即
時各自的「意義指引」每次會帶來某個立足點，但就意義的
「運作」而言，「意義情境」卻不接受任何特定的立足點。

　　借助珍珠網這種空間模型來構思「原本詮釋處境」是不妥
的。就詮釋活動實際執行意義闡釋來說，並且在對象和意義雙
方都開啟即時各自的視域這種情況來看，意義現象拓開一種與
視覺場域截然不同的場域，亦即歷史與時間性。與視覺比喻不
同，在某個視角下連繫到意義視域並實行意義理解，就其內部
而言這樣的事情蘊含「即時各自」這種前提，它隱含著歷史性
作為其不可或缺的條件。原本詮釋處境經由即時各自的意義闡
釋所展開的，並不相同於因陀羅網中的光景，「意義」不再是
一種靜態的光景，「意義理解」是一種持續的「發生」，在各
個特別的意蘊背後透露出來的是一種開放的、落入時間性的

「運動」。唯獨時間差距才足以解釋將詮釋活動、意義視域和現實對象連結起來的關聯情境上的這件事情。唯獨依賴著某個視角並呈現不對稱差距的單元才足以獲得「充實的」意義。在即時各自的意義闡釋實際被執行的經過當中，「意義」本身呈現一個時間性構造：即時各自的意蘊源自既已被執行以及尚未被充實的種種意義所共同組成的關聯情境。任何個別的意蘊不等於是一個完整地確定的意涵。毋寧可說，個別的意蘊其實等於為「已不再的意蘊」和「尚未的意蘊」所共同營構的「之間」，「意義」其實是落實於一種「皺褶」、「縫隙」上的「動勢」。

　　然而，甚至在詮釋學所謂的「歷史性」上思考者還是無法確定某個意義指引連帶來的特定立足點，因為即使可以透過外部連結將某一個歷史點與某一個意義理解連結起來，內在於意蘊本身的時間性和歷史性仍不被思考者掌握。「歷史性」這個觀點重點並不在於，某個意義闡釋必須依賴著某個時代，而且也只有「相對」於該時代才能夠成立並有充實的意義。「歷史性」的重點在於，只有在向時間性視域「敞開」為前提之下，任何意義指引才可能獲得充實。每一種即時各自地被界定的意涵歸屬一整個歷史性的意義視域，但這卻不表示，意義情境就雷同一種資料庫，如同一種封閉的總體，它從一開始就包含所有在歷史上曾被提出的以及未來可能被採取的意義闡釋。意義情境的時間性構造指涉一種內在於意義情境發揮作用的「敞開」。每個即時各自所達成的充實意蘊不但收容過去曾已起過作用的視角和意義闡釋，而且也連帶著過往或永遠不被舉出的視角和意蘊。這些暗藏的視角和意蘊恰好讓面對意義視域時即

時各自地被採取的視角在凝聚於某個個別意蘊上的同時，也跨越原本的時間性差距而歸結到整個歷史性視域。在即時各自的意義闡釋引發某個意義指引之際，此闡釋並不等於是在某個固定時間點上從固定角度去面對一種靜止的意義視域並舉出某個特定意涵。假設「意義」是包含所有歷史上出現之意蘊的總體，那麼為何此意義整體還需要落實於歷史上各個個別意蘊才可能達到「充實」？該整體意義為何不就從一開始是「同一個」真理？假設所有個別意義闡釋從一開始都歸結「同一個」真理，為何落實於個別闡釋上的意義在其內部會呈現視角性、不對稱差距及開放的意義視域這三種大特質？「意義」本身隱藏著時間性敞開和時間性差距。只有在某個意蘊經過時間性差距去「瞻望」其他意蘊時，此意蘊才「充實」意義。結果，在個別的意義闡釋中即時各自地發揮作用的立足點仍舊隱蔽在意義動勢的時間性敞開之中。

　　雖然詮釋者將某個意蘊看成幾種視角、視線的焦點，但「意義」本身永遠隱身在後。換言之，「意義」是去中心化式的現象。雖然意義的顯露總有賴於某個立足點，雖然任何意義指引都根植於一個在內部呈現視角和不對稱差距的關聯情境，但思考者還是無法在自身所處的意義情境中確定一個絕對的立足點，任何一個立足點都已經預設其他的立足點，所以任何個別意蘊總源自時間上為開放的「意義發生」即身處歷史的「闡釋運動」。「意義」的去中心化狀態來自於，每一個即時各自地被確定的意涵並不是獨立的，就其「充實意義」而言，任何意涵都向一個歷史性視域敞開。與其說就其內涵而言任何意蘊在某個歷史點上可被確定，倒不如說任何意涵恰好都必須經由

一個不對稱的時間性差距而超越自身，在其達到「意義充實」之際，該意涵的「意義」其實尚未全部地被充實，任何「意義」只不過是「未完成的意義」，任何「意義」其實是「有餘」的。

在意義的關聯情境上暴露著思考者無法解決的悖論：「意義」不可能成為最終被某個有限的「實體」所容納的某物，在「意義」時時刻刻「成立」、「生效」的同時，思考者從來找不到「意義本身」。這個悖論使得思考者在尋覓某一個完整無餘地「充實一切意義」的立足點時，便迫不得已要投入時間性。這就表示，原來在探索所有一切的「終究意義」或「真理」的思考者必須經由一種弔詭的「逆轉收回」將「意義」歸結到「意義動勢」，亦即返回到自身所處的時間性情境來探究意義現象。換言之，意義現象從作為開放的歷史性動勢之闡釋運動中湧出時，甚至「原本詮釋處境」這種理念還是有所不足。思考者面對「意義」時並不定居於某個處境，思考者即時各自所歸屬的「處境」等於是開放的歷史性視域，而且他只可能穿透此歷史性敞開而棲居於意義情境。為了清晰地明瞭「意義發生」，思考者必得將焦點置於支配著自身存在的時間性。

綜論以上，任何思維勢必歸屬「意義情境」，沒有任何思維可以脫離、超越自身所自的「原本詮釋處境」。再來，讓某個內容成為「意蘊」並發揮「意義指引」的「原本詮釋處境」為幾種差距所貫穿：其一在「意旨」和「對象」之間，其二在「意旨」與「符號」之間，其三在「意旨」與「闡釋」、「意義理解」之間。於是，「差距」所標記的一種弔詭情況，既是某個「視角」下成形的「關聯」又是「斷裂」。再來，「視

角」與「視域」、「對象」、「意旨」、「符號」等環節之間
的關聯勢必有片面性，這些差距都是「由此往彼」、「不對
稱」的差距，以致整個意義關聯呈現一種「去中心化狀態」。
最終，這一整個意義交織先行於任何意義充實之前，在意義充
實之前業已開始發揮作用，此「關聯情境」先於各種「關係」
下被連繫起來的單元。此關聯情境下各個環節都不是獨立的，
都彼此互相依賴，而且都從關聯情境本身湧現出來。結果，藉
由這樣的關聯情境達到充實的「意義」是一種敞開的動勢。即
便「意義」勢必落實於即時各自的意義闡釋及其內在的視角和
不對稱差距上，即便這樣一來任何個別意蘊都為其立足點所拘
束、界定，但「意義」之為「意義」並不局限於個別的「意
旨」、「意蘊」，「意義」總是有餘的，「意義」不異乎就是
一種歷史性、時間性的敞開結構。「意義」的視角性不表示
「意義」僅只是相對的、暫時的、有限的，此視角性反而意味
著「意義」的結構接近甚或雷同於時間性。

第六章

華嚴宗的時間觀

第一節　當代歐洲哲學上的時間性問題

　　針對意義現象上暴露的時間性問題，法藏的〈十世章〉[1]提供了非常珍貴的啟發，因此本章節將專門依據這篇文章來探究華嚴宗的時間思想。[2]一旦研究者企圖解析華嚴宗詮釋學的理論基礎，他便不得不將此詮釋學思想設為在前提中預設的時間觀一起納入考量。另一方面，之前第三章第六節已經介紹華嚴宗

1　此文被收入相傳為法藏所撰的《華嚴經明法品內立三寶章》（T45，1874，621c27-622c27）。雖然〈十世章〉屬於七篇對華嚴經追求專題詮釋的短文，但本論文不聚焦在法藏的著作與經文之間的關係這種佛學課題，我的意圖是釐清法藏思想本身推展的哲學貢獻。因此，本章節不會深入討論法藏經文詮釋是否正確，而是直接從哲學角度分析這篇短文的思路。

2　對法藏的時間觀日本佛學早已表現出興趣，可是日本學者多半還是局限於將法藏有關「十世」的論述歸結至更大的佛教思想脈絡，而不進一步探討其哲學內涵。在這方面可參考稻岡智賢，〈「時」について華厳教学を参考として〉，《同朋仏教》24（1989），頁69-92；木村清孝，〈中国仏教における時間論の特質──華厳思想をめぐって〉，木村清孝，《東洋における時間論の総合的研究》（東京，1992），頁24-38。

「一乘」論經由判教方法所追求的導向，說明涵蓋一切時代一切眾生的「普世歷史」這種觀念。從這個角度來看，暗藏於詮釋學脈絡中的時間性問題不僅牽涉詮釋學方法論，在深層上時間性問題反而與華嚴宗思想賦予救度史這一觀念的意涵息息相關。華嚴宗排斥禪宗或其他流派藉由「頓悟」說意圖全然捨棄歷史現實的這種立場，相反地來主張一切努力的最高標準即成圓佛陀、涅槃或「理」，這些目標必須落實在歷史的詮釋學工夫上，而且勢必都具有時間性構造。華嚴宗弔詭的主張的是：一旦修行者脫離原則上隸屬於時間脈絡的原本詮釋處境，一旦他企圖透過某種置於時間脈絡之外的「真理」爭取解脫時，修行者便正好剝奪了自己達到此目標的機會。華嚴宗斷定唯一通向解脫的道路必定是經過持續的詮釋學工夫以及意義的歷史性推展。

　　為了探索華嚴宗這個原本的體悟，研究者必須首先闡明為何立足於原本詮釋處境為出發點的修行者絕對無法離棄、超脫時間性這個情境。這個研究步驟的核心課題在於釐清華嚴宗的「時間觀」與歐洲式時間概念之間的差異。理由是，當今已經被全球化的歐美時間論傾向於掩蔽華嚴宗詮釋學獨有的歷史性維度，而且這種誤解的種種後果非常嚴重。以下試圖分析與詮釋學現象密不可分的時間觀，進而探究這則大課題：此時間觀本身是否適合做整個華嚴宗學說的樞機？還是猶如學界一般所認為，華嚴宗試圖捨棄時間的前後關係，來追求一種置於時間之外的整體統一？茲先參照歐洲當代時間理論，以取得更明確敏銳的問題意識並舖陳恰當的思考架構。

　　從十九世紀末開始陸陸續續出現了針對傳統時間論的各種

批判嘗試，而且特別針對科學、物理學的時間概念。再來，二十世紀後尤其是現象學在意識哲學上已經帶出一系列深刻、充滿啟發性的時間探究，以便讓哲學有決心地從原來被認為僅只是主體上有效的時間性，即從人的存在情境，來切入而重新思考時間這個課題。儘管如此，但將時間這個觀念本身還原到同一性哲學、形上學的基本架構，這樣的理論趨勢其實迄今為止尚未徹底被解除，迄今為止歐美哲學尚未將此問題性歸結至時間之為時間所獨有的關聯情境、不對稱差距以及其獨特的開放性。[3] 時間現象或時間經驗在不可跨越的關聯情境當中呈現的不對稱差距正好就是華嚴宗、尤其是法藏的時間觀對於時間哲學所帶出最珍貴的啟發和貢獻。

　　整體來說，當代諸種時間理論一律都仍舊依賴近代發展出來的物理學時間概念，將時間從一開始設想為一種均質、可度量的普遍經驗形式，或一種虛無空有的、純粹數學的框架。根據普遍的當代共識，諸種時間現象從一開始理所當然地被化約成所謂的「時空連續狀態」，在牛頓（Isaac Newton）與康德之後，所有的理論家也毫無猶豫地讓空間概念引導一整個對時間

3　值得一提的例外是承襲海德格時間論的雅尼考。他試圖將時間視為海德格意義下的「引入屬己情境而發生」（événement），並且專門探討諸種不同「時間成為時間」（temporalisation）的模式皆源自「分隔」（partage）作為一個「不對稱間距」（écart dissymétrique）（Dominique Janicaud, *Chronos. Pour l'intelligence du partage temporel*（Paris: Grasset, 1997），pp. 178-196）。另一個對時間現象追求不比尋常的描寫與問題化的是：Marc Richir, *Fragments phénoménologiques sur le temps et l'espace*（Grenoble: Millon, 2006）。

的探索，4 甚至分析生命所經歷、體驗之「時間綿延」的柏格森
（Henri Bergson），還有從意識哲學的角度來探討「客觀時間」
（objektive Zeit）之結構的胡塞爾在其開拓性著作《內時間意識
現象學》5 中，竟然一樣都受限於此常識。6 比起柏格森，胡氏
更深入地探究我們實際體驗到並活出來之時間的內部構造，並
詳細闡釋「生活此刻」（lebendiges Jetzt）的時間性意味。雖然
胡氏與柏格森相同，基本上都劇烈反對傳統時間概念將時間還
原至一個空間模型這樣的理論習慣，但胡塞爾多少依然是從
「時空連續情形」這個基本假設談起，直至海德格這個思考架
構才試圖將之破解。然而，為了更深入地理解有關時間之為時
間的追問究竟要面對何種問題性，也為了彰顯法藏時間論的特
點和哲學貢獻，胡塞爾與海德格兩人的時間現象學還是具有莫
大的參考價值，因此接著來詳細陳述其研究成果。

4　當代歐美哲學有關時間發表的研究成果或隱或現地全部陷入這種基本信念
　　或假設，而且甚至歸屬觀念論傳統的思考者也不例外。譬如說老特
　　（Reinhard Lauth）的專書《意識中的時間組成》（*Die Konstitution der Zeit
　　im Bewußtsein*〔Hamburg: Meiner, 1981〕）充分印證這種根本的盲點，也印
　　證此介入必然所導致的嚴重後果。老特從一開始完全依照空間圖式分析時
　　間現象，以致他不但無法實際分辨時間和空間在形式上的差別或糾結，而
　　且也無法察覺到時間體驗所連帶來的不對稱情況、視角性及差距下的連結
　　等現象特徵。

5　Edmund Husserl, *Zur Phänomenologie des Inneren Zeitbewusstseins*（*1893-
　　1917*）, ed. Rudolf Boehm（Den Haag: Nijhoff, 1966）[Husserliana X]. 中譯
　　本：〔德〕埃德蒙德・胡塞爾，倪梁康譯，《內時間意識現象學》（北
　　京：商務，2009）。另可參考的資料是：E. Husserl, *Die Bernauer
　　Manuskripte Über das Zeitbewusstsein*（*1917/ 18*）, ed. Rudolf Bernet/ Dieter
　　Lohman（Dortrecht: Kluwer, 2001）[Husserliana XXXIII]。

6　Janicaud, *Chronos*, pp. 29-32.

依照一種全然幾何學化的圖示，胡塞爾將「屬主體的時間」（subjektive Zeit），即「時間經驗」（Zeiterfahrung）或「作為現象的時間」（phänomenale Zeit），設想成一個顛倒三角形的圖案：橫向的「時間線」（Zeitlinie）所標記的是不斷地由「過去」往「未來」相互取代的一系列「當下」。在這條橫線上的任何一點，即任何一個「當下」底下，胡塞爾再劃出另一條縱向連結到顛倒三角形之尖角的線。那麼，在橫向時間線上標記著從某一個「當下」來看已是過去的與尚未到來的其他「當下」，即該「當下」左右兩段的每一點，是藉由四十五度的斜線連結到該「當下」底下往下至三角形尖角的縱向線。這樣一來，三角形沿著縱向線於任何一個「當下」底下重新排列出來的就是屬於該「當下」的「過去」和「未來」這兩個向度，以便標誌任何一個「當下」所涵蓋的一整個時間性範圍，即「原初的時間場域」（originäres Zeitfeld）。換言之，由於橫向的基本時間線有所不足，因此胡塞爾將其擴大成顛倒三角形，以便納入「當下」與「當下」之間的生活聯繫。「原初的時間場域」即縱向線所張開的顛倒三角形才足以合併涵蓋任何「生活此刻」以及其透過時間性所關連到的一系列「已不再」和「尚未」的「當下」。

根據上述時間圖可得知，胡塞爾從一開始假設不但主觀和客觀的「時間」結構是一致的，而且雙方的「時間」所指就是具有連續性的「時間流」（Zeitfluß），亦即「流逝」（Strömen）這種發生。首先，在某個「當下」發生了「原印象」（Urimpression）之後，這個原初的「時間內涵」（zeitlicher Gehalt）接下來會順著橫向的時間軸陸續變成新的

「當下」及其被底下的縱向線所容納的時間深度。這樣一來，「原印象」及其原初的「時間內涵」與所有接下來新的「當下」所包含的諸種「時間內涵」會在「生活此刻」當中不斷地融合並重新組成，也就是說橫向時間軸上諸「當下」的彼此互相取代，原初的那個「時間內涵」會不斷地發生內容更新。易言之，各個作為「生活此刻」的新「當下」便會將「原印象」以及之後各個「當下」的「時間內涵」都彙整起來。如此不斷地更新的「時間內涵」是三角形圖的縱向時間軸所標記的情況，它形成的就是不斷地在橫向時間軸的任何一個「當下點」底下「下墜」（zurücksinken）而源自「原印象」的諸種「持留模態變樣」（retentionale Modifikationen）。透過「持留模態變樣」的方式，各個新「當下」，亦即「生活此刻」不斷地重新連繫到所有已往的「當下點」及其各自藉由「持留」在縱向深度下所累積的一整個「時間內涵」。總之，經由一種動態式且視角式的重組作用，各個「當下點」作為一個「生活此刻」時，它就涵蓋著整個「時間流」及其所有的「時間內涵」。藉由這個方式，在「生活此刻」下形成的其實是我們內時間經驗真正所代表的現象，即「相位連續情形」（Phasenkontinuum）。

　　一方面，結合所有「生活此刻」的「相位連續情形」是藉由累積、整合的「持留」連繫到一整個「過去」。各個「當下」所標誌的「綿延」即「生活此刻」或者透過「持留」的「當前化」（Vergegenwärtigung），抑或透過故意產生的「重複當前化」（Wiedervergegenwärtigung），即「回憶」、「回想」（Erinnerung）的方式，在轉化屬「過去」的一整個「時間內含」。另一方面，藉由預期、期待、慾望、恐懼等「前

持」、「前攝」（Protention）的方式，該「生活此刻」同時也連繫到屬「未來」的諸種「時間內涵」，亦即在橫向時間軸上於該「當下點」的另一邊排列出來的、「尚未」實現的諸種「當下」。「前持」、「前攝」與「留持」一樣，這兩個時間向度中的整體內涵就是被「相位連續情形」不斷地轉化，隨而形成排列於圖示的縱向軸線的、隸屬某個「生活此刻」的整體「時間內涵」。

　　透過以上所述的分析，胡塞爾借助兩軸圖示，來深入分析內時間經驗即時間現象。毋庸置疑，胡氏的探究突破了大多數傳統時間論，進而在宇宙時間、客觀時間、物理學時間等觀點底下嚴謹地發掘其超驗基礎，亦即為人的意識活動所組成的、錯綜複雜的時間性組織。由於胡塞爾的時間研究所牽涉的就是人身處的時間性情境，因此這套理論最有啟發性與參考價值，而對釐清華嚴宗時間觀這份工作當然有莫大的幫助。雖然如此胡氏的時間理論依然呈現幾個必須清楚地揭示批判的瑕疵和盲點，我們方才可以借鏡這個論述來探索法藏的時間論。嚴格來說，胡塞爾的時間分析雖然力圖釐清時間之為「時間」的「組成」（Konstitution），但其整個對時間現象的描寫其實都已經呈現一種循環論證，他是試圖經由一種「套套邏輯」，借助意識我的內在時間性奠建出時間之為「時間」。於是，胡氏的一整個描寫和分析都仍然依賴著傳統形上學和存有論的若干重要假設，以致其時間理論既不成功的還原、奠建時間之為「時間」，也未能精準地掌握「時間現象」以及「內時間經驗」。[7]

7　貝耐特（Rudolf Bernet）曾經詳細討論是否可能脫離胡塞爾時間論所暗藏之

　　首先，各個「當下」作為「相位連續情形」當中產生的諸種「時間內涵」若被視為依賴著某各「原印象」的「模態變樣」，此設想顯然歸結到存有論的典範，亦即「現身在場」作為基本存有狀態這種典範。經過「留持」的各種演變，原初的「時間內涵」還是維持一種存有論式的同一性，以便於各個「當下」中重新「現身在場」。可是這樣一來，這個「現身在場」不就必須將胡塞爾正要描寫的「當下」預設為前提，方才可能在此「當下」「在場」？再來，果真有同一個「時間內涵」藉由不同面貌，亦即諸種「模態變樣」，[8] 到各個「當下」來實現其「現身在場」嗎？根據什麼可說其為「同一個」，而又根據什麼可說其發生了「變樣」？存有論的同一性概念不但預設時間性，而且此概念也讓「生活此刻」原來所代表的動態情形基於「原印象」及原初的「時間內涵」仍所包含的存有論

　　「形上學」基礎這則關鍵問題，也特別專注並探究「當前在場的形上學」（Metaphysik der Präsenz）、「原印象」以及「時間流」等項目（Rudolf Bernet, "Die ungegenwärtige Gegenwart. Anwesenheit und Abwesenheit in Husserls Analyse des Zeitbewußtseins," Ernst Wolfgang Orth（ed.）, *Zeit und Zeitlichkeit bei Husserl und Heidegger*（Freiburg/ München: Alber, 1983）, pp. 16-57）。有關對胡塞爾時間論的批判解讀另可參考：Hans-Joachim Pieper, *Zeitbewußtsein und Zeitlichkeit: Vergleichende Analysen zu Edmund Husserls Vorlesungen zur Phänomenologie des inneren Zeitbewusstseins*（1905）*und Maurice Merleau-Pontys Phänomenologie der Wahrnehmung*（1945）（Frankfurt a. M.: Peter Lang, 1993）; Claude Romano, *L'événement et le temps*（Paris: Quadrige/ PUF, 2012）, pp. 129-135; Richir, *Fragments phénoménologiques sur le temps et l'espace*, pp. 38-84。

8　有關「模態變樣」的意味及其明顯所包含的存有論預設亦可參考：Husserliana XXXIII, [Nr. 16] pp. 289-298。

意味凝聚成了靜態。

依照一種循環式構想，從一開始保證了在現象層面上湧現而被切身體驗之「相位連續情形」的，不異乎就是「原初時間場域」之可計量的擴延狀態及其所包含之時間內容的「對象連續情形」（Objektkontinuum），亦即某個被設定的而且持續存在的「時間性對象」。換言之，胡塞爾隱約假設置於客觀時間下的「對象」具有存有上的連續性，以斷定該對象在轉成意識內容之後，它作為同一個對象不斷地「下墜」並形成「變樣」，即所謂「持留」式的「側顯」。這些「持留式的模態變樣」猶如存有論的實物對象一樣，皆有連續性，也就是說在該對象的核心處其實仍有一種不變的實體來確保其經過所有「模態變樣」後，它依舊是原來的那一個時間對象。「時間性對象」、「對象連續情形」等概念隱藏的就是一個存有論典範，即類如實體一般地承載並統合所有「模態變樣」的「內容」。9這樣一來，胡氏並未解析而且也無法解析介於「當下」與「過去」之間發揮作用的「時間性關聯」本身，他反而從一開始就預設這個關聯作為其時間觀所暗藏的條件，也就是預設這個關聯是前提，在各個「當下」中不斷發生「模態變樣」的「時間內涵」勢必都歸結到同一個「原印象」，即同一個「時間性對象」。10 從胡塞爾的描述看來，「當下」與「過去」之間的「時間性關聯」僅僅猶如我們身上發生的遷移或變更一般，

9　Husserliana X, pp. 27-32（《內時間意識現象學》，頁59-65）。

10　有關「模態變樣」這個概念的意思確實預設存有論下「某物」不可或缺的「同一性」，胡塞爾亦曾提供費城明確的解說：Husserliana XXXIII, [Nr. 8, § 1] pp. 145/ 149。

「時間性關聯」與存有論在實體與屬性變化之間設想的關係簡單的只有類比關係而已。總之，胡塞爾忽略的恰恰是「時間性」特別標誌出的「關係」本身，他並未說明在「過去」或「未來」與「當下」之間，「生活此刻」究竟如何實際上「產生」時間性的關聯，三個時間值的基本落差又如何成形。

再來，胡塞爾無法從立足於「即時各自」之「生活此刻」的內部角度來闡釋由此處才充分透露的視角性差距作為時間性現象的關鍵意涵。不斷地在各個「此刻相位」（Jetztphase）內部對所有屬於過去和未來之「時間內涵」進行彙整和更新，這樣的作用究竟如何可能？除了累積之外，這樣的整合究竟有何種本質性原則？「過去」與「未來」，亦即「留持」與「前攝」之間的性質差異究竟如何而來的這個問題，需要進一步被釐清。各種「留持」與各種「前攝」之間的輕重關係和其互相之間的糾纏，這些課題都必須深入被探究，否則時間性即「內時間經驗」、「時間性現象」的實情仍然會被埋沒。嚴格來說，胡塞爾的時間現象學也並未從「即時各自」之「生活此刻」的內部視角闡明「綿延」現象本身。他只是藉由一種外部的假設，即「原印象」及其未來經由「模態變樣」的「現身在場」，來描述各個「此刻相位」如何累積並重組之前與之後發生的諸種「時間內涵」，但足以確保時間實質地具有連續性的，只不過是由各種「留持」、「前攝」不斷地重組的、垂直的時間軸這條線的統一。易言之，幾何學的模型，即顛倒的三角形圖示，這種空間設想來確保時間的整體性。然而，時間現象，意即我們切身體驗到的「生活時間」，這個實情果真具有這樣的連續性或統一情態，它不異乎是為兩個時間軸所標記的

那種三角形結構的統一秩序嗎？支配著我們存在的時間性果真毫無「斷裂」與「不可及」，毫無「非連續情形」、「非統一情形」可言嗎？[11]

---

11 類似的疑問也見於羅馬諾（Claude Romano）以批判性時間理論作為主軸所環繞的論點，其核心概念涉及「未來」的開放身分。據他所主張，作為「事件──發生」（événement）而「到來」（ad-venir）、「浮出」（surgir）的「徹底嶄新的」（le radicalement nouveau），它不可以被形上學化約成某種「尚未到來的當下」（présent à venir），時間所代表的「事件──發生」不可以被還原至「生成」（devenir）這種思考架構。相反地，從「之間」（entre）當中湧現出而且一直維持「之間」身分之「事件──發生」所標記的是一種「意義斷裂」（rupture de sens），「事件──發生」開拓一個展新的「意義視域」（horizon de sens）和「世界視域」（horizon de monde）：Romano, *L'événement et le temps*, pp. VIII-XI/ 126/ 146-148/ 162-192。然而，羅馬諾的論點其實有些「神祕化」（同上，頁173-174）與自相矛盾的嫌疑，也缺乏說服力。理由在於，假設「事件──發生」這個「徹底嶄新的」事情「拓開」（inaugurer）時間而並不歸屬任何先有的意義脈絡，不源自任何既有的可能性，因而與任何時間以內發生的「事實」（fait）具有本質上的差異，假設「事件──發生」突破所有先有的時間脈絡，隨而給自身建立其從「虛無」（rien）湧現出來的可能性，進而「讓時間成為時間」（temporaliser），那麼，憑什麼這種奠基、拓開式的「事件──發生」可以代表一種「徹底嶄新的」的事情？「事件──發生」雖然脫離任何現有的「處境」（situation）、一整個「世界脈絡」（contexte de monde）以及任何既有「時間成為時間」的模式，但「事件──發生」還是不得不「對」或「至」某一個承擔它的「來臨─被來臨者」（advenant）才能來臨，才足以改變、奠基特殊的「世界脈絡」與「時間成為時間」的模式。然而，這樣的看法果真合理嗎？再來，所謂「新」難道不是源自與「舊」的比較嗎？任何「新」與「舊」的對比不都必然預設時間作為其前提嗎？嚴重的問題恐怕出在，羅馬諾擅自將海德格的「引入屬己情境而發生」理解為「事件──發生」，即一種忽然冒出來的、不可理解的、被絕對化的「事件」。另一個與本論文的觀點和思考策略似乎有交集的是李希爾（Marc Richir）的時間分析。他不但強調時間作

　　其三、一旦胡塞爾將「組成時間的連續情形」當成「時間流」理解，「流逝」這個理念必然預設一座持存不變的框架，只有在「時間流」歸結到一種「不流逝」的「河床」、「河岸」時，時間的「流逝」這種相對現象才可能成形。這表示，只有對於一個外在於意識流的觀察者，意識的「時間流」才可能穿梭於這個框架而實際上「流逝」。胡塞爾提供的是一套有關「時間流」的意識哲學式的模型分析，但此分析仍然根植於傳統時間觀的典範中。他不但假設研究者可以置身於時間以外，以從毫無時間性的外部立場來觀察時間的「流逝」，而且他依舊理所當然地將時間視為一種與客觀、均質、連續性的幾何學空間有類比關係的空盒。胡塞爾顯然如同康德一樣，他也設想「時間」作為某個確保連續性和秩序性的「流逝形式」，以致他無法更深入探究「時間」究竟為何是「時間」這個課題。12 於是，若是為了釐清內時間經驗與時間現象，「時間流」、「流逝」這種意象根本不可能有所幫助。理由在於，這種觀念事先已經斷定了仍待探究的課題，即時間性組織究竟表示什麼並且它如何成立。胡氏的時間觀隱藏著一個循環論證，它預設其所要闡釋的時間性是其必然前提。

為「非連續性」（discontinuité），而且為了掌握時間上的流逝現象他又引入源自「言語現象」（phénomènes de langage）及「形成著之意義」（sense faisant）的「閃爍──轉換」（clignotement）作為時間性的核心「間距」（écart）：Richir, *Fragments phénoménologiques sur le temps et l'espace*, pp. 9-10/ 20-21/ 50-51/ 77-78/ 83/ 89-90/ 113-118/ 179-183/ 205-206/ 214-215。

12　Husserliana X, pp. 73-75/ 100/ 113-114（《內時間意識現象學》，頁107-109/ 133/ 150-152）。

　　其四、在胡塞爾一整個探討來看，不但基本時間概念與時間圖式跟從空間典範，而且在記憶相關的深層闡明當中同樣的偏見又再次浮出。胡氏並未採取嚴謹的現象學態度來解析「時間流」的內部構成，他反而僅只斷定「持留」是原始記憶的「獨特意向性」（eigentümliche Intentionalität），[13] 進而藉由「時間線」或「時間流」為前提，來分析「過去」與「當下」的聯繫如何為記憶所產生。胡氏引入有層次的「側顯」概念，來描寫「當下」如何經由諸種「原印象的模態變樣」來包含所有累積起來的「過去」。根據此構想，他從一開始將屬於「量」範疇的、標記著空間尺寸之模型即「時間線」套在時間現象與時間經驗上，以此來主張「當下」中積累並持續發生更新的「過去」就等於這樣的情況：在橫向的「時間線」上距離某個「當下」越遠的「過去」，該「過去」也就順著縱向的時間軸在「當下」底下「下墜」得越深。[14] 歸咎於這個幾何學圖式，胡塞爾並未釐清的是「持留」在意識中所呈現的差距現象本身以及在「持留」與「持留」之間記憶所產生的諸種錯綜複雜的交錯、糾結、遮蔽等現象。

　　其五、不管「回憶」指的是無意中不斷地「下墜」的「持留」也好，或是故意被叫喚的「回想」，亦即恢復一般的「當前化」也罷，胡氏顯然將一切記憶現象一律都還原到某個感官知覺的實在狀態，以作為原初的「當前」。只有藉由類比空間距離的「相距」和「遠近」，胡氏才能夠辨別藉由記憶對先前

13　Husserliana X, p. 31（《內時間意識現象學》，頁63）。
14　Husserliana X, p. 28（《內時間意識現象學》，頁60）。

的「時間內涵」產生的「當前化」與現時發生的「當前」這兩種不同意識現象。15 在胡塞爾這樣的現象描寫來看，對「距離」的意識從一開始就奠基了甚或取代對「時間內涵」的「時間意識」，也就是取代了對「當下」與「過去」之間發生的差距性「關聯」即「時間性關係」本身的意識。而且，甚至源自知覺的「回憶」，甚至本來該局限於內意識和僅屬時間性之「當前化」這種意向情形居然保留著第一層面上之「當前」和「原印象」所呈現的空間基礎，亦即「現身在場」（Anwesenheit, Gegenwart）這個存有論典範。由此觀之結果一樣，胡氏還是將時間體驗還原至空間，而他所追求的「內時間意識的現象學」仍然無法充分地掌握時間性現象，亦即時間之為時間的原本意涵。

最終，為了烘托或承載並且為了具體組成奠建一整個「內在意識流」（immanenter Bewusstseinsstrom）及其時間結構，胡塞爾非常無所謂地、理所當然地預設一種「超出時間」（überzeitlich）、「無時間」（zeitlos）的「我－端」（Ichpol），即與自身具有完滿同一性的「超驗我」（transzendentales Ich）。這個「我」不具有任何「對象狀態」（Gegenständlichkeit），它只是一種「運作者」（Fungierendes）、「運作中心」（Funktionszentrum），但胡氏竟然言它是一個「停頓、停留」（stehend, bleibend）的「我」。16 胡塞爾所設想的「主體——端」（Subjektpol）「必

---

15 Husserliana X, pp. 37-38（《內時間意識現象學》，頁70）。
16 Husserliana XXXIII, [Nr. 14, § 2] pp. 278-280。

然是單數的」（notwendig numerisch einiziger），它就是作為「隸屬一切時間的個體」（allzeitliches Individuum），以讓「意識流」獲得其「必然的統一」（notwendige Einheit）17 的「『永恆的』我」（"ewiges" Ich）。

　　從上述界定來看，胡塞爾時間現象學的分析不但陷入了最普遍常見的成見，還隱藏了自相矛盾，而且在「超驗」的原點這方面他又再一次同樣地引入了源自形上學、存有論及近代認知論傳統的「我」來作為整個錯綜複雜「時間性」的究極基礎和框架。然而，光就時間現象的實情來看，有鑑於「內時間意識」對現象學家呈現出的「給予」情況，貫穿著不斷地產生「模態變樣」的「時間流」的那個「意識我」果真必然是單一、同一、先在的「主體」嗎？「內時間意識」裡在每一個「生活此刻」當中「運作」的「起源點」（Quellpunkt）果真必須而且也能夠維持這樣一個永恆不變的同一性和統一性嗎？還是毋寧說，穿過整個「時間流」發揮組成作用之「我」的最原本特質在於，它產生或承載時間性的「不對稱差距」？而且，與其說它先在這個關聯性中「存在」，是否不如說它從時間性的「不對稱差距」中獲得自身，將自身「給予」自身？所謂「意識我」這個現象，它其實無法脫離時間性，它僅可能從「不對稱關聯情境」本身中湧現出，只有經由時間性這個「不對稱關聯情境」，它才可能連繫、反思到自身。總之，所謂的「我」本身同樣地落入時間性弔詭的這種「處境」，以致它最多可以被理解成一種產生自身的「自我狀態」（Selbstheit）？

17　Husserliana XXXIII, [Nr. 15, § 2] p. 286。

與其說該「自我狀態」依賴一個「個體我」，倒不如說「自我」是經由時間性這個「不對稱關聯情境」本身獲得一種「自我歸屬」：將「昨天的我」與「今天的我」連繫起來的，並不是一種被設想的、存有論式的「統一」或「同一性」，該關聯性本身反而具有時間性，它等於是時間作為時間所帶出之不對稱的、具有視角性的「彼此相屬」（Zugehörigkeit）。

　　針對這些疑慮，海德格採取的是另類的切入，他導出與一整個哲學傳統截然不同的時間觀。與其以「時間連續情形」為前提來探討某個「原印象」在各個「此刻相位」中如何發生累積、變樣與回憶，海氏反而將順序顛倒過來，他將「未來」或者說向「未來」的敞開這種情境設為整個時間結構的淵源和關鍵。他闡釋人的「存在」（existieren）與其他存有者的「存有」（sein）兩者所指，乃是不同的狀態或充實「有」的模式。我們的存在為海氏所謂「操心結構」（Sorge-Struktur）所支配，也就是說我們對自身存在有所關切，有所為，使得我們不得不以「時間性」（Zeitlichkeit）模式充實、展開我們的存在：[18] 我們必須不斷地離去自身，我們必須藉由「站一出」（Ek-stase）來「投出一籌劃」（entwerfen）我們的存在。這表示我們的存在活動本身不異乎是「能是⋯」（sein können），而且此「能是⋯」先於任何我們所「是」的自我。人的存在一直不斷地「先行於自身」（sich vorauslaufen）並且「讓自身向自身到來」（läßt sich auf sich zukommen）。只有當我們的存在進行這種弔詭地反射至自身的「到來」時，我們才可能發現我們

18　Heidegger, *Sein und Zeit*, pp. 323-331（《存在與時間》，頁398-407）

其實「被拋」（geworfen）入一個存在處境，也就是我們必須承擔自身存在，以「是其所是」。

　　鑒此，「時間性」表示的是：為了讓「未來」這個時間維度能夠標記某種外在於我們存在之「當下」的「尚未」，首先我們勢必藉由我們的存在活動，即經由我們向著自身的「能是……」不斷地「投出一籌劃」的方式，來鋪陳時間的場域，因此「未來」根植於我們的存在結構，亦即我們存在的「將來情境」（Zu-künftigkeit）。這意味著什麼？我們存在所實行的是「先行」與「到來」、「回來」，以便讓我們「向……敞開」以及「能是……」，讓我們是「擁有未來」的存有者。我們存在結構上的關鍵環節是「到來—將來」（Zu-kunft），而且「到來—將來」的原義並不在於「尚未」、「未來」，「將來」首要意指的是「到來」的實際發生。身處於「將來情境」的人一直不斷地「站—出」而「返回到自身來」（auf sich zurückkommen）。再來，基於此「將來情境」我們才可能發現自己業已「被拋」入某種標誌著我們「曾是……」（Gewesen）的「處境」（Situation），以「曾是著」（gewesend）的存在活動將「當前」（Gegenwart）一同活出來。藉由「當前化」（Gegenwärtigen）一舉，我們的存在將自身向一個現時的周圍世界敞開，隨而經由「在世界中存在」（In-der-Welt-sein）、「依寓世界」（Bei-der-Welt-sein）讓萬物「照面來」（begegnen）。只有在我們存在的時間性已奠建並展開了時間維度之後，身處「當下」、「現時」的存有物才可能落實「現身在場」這個存有狀態。

　　總結以上，時間不但不根植於宇宙的時間維度，而且也不

隸屬某種「意識流」，時間之為時間反而源自人的存在活動及其「時間性」。於是，海德格的時間觀顛覆了時間概念的邏輯結構以及時間性現象的理論地位：或者是歸屬存有論以及「現身在場」這個典範的「當下」被設為出發點，或者是記憶所累積、彙整的「過去」被意識哲學設為「時間流」的本源，「當下」和「過去」這兩個時間值都不再扮演關鍵角色，時間的來源反而在於人的時間性，而時間性是環繞「將來情境」為主軸而被展開的。與其說「過去」先於「當下」、「未來」，倒不如說「到來——將來」這個存在方式首先開啟「未來」這種時間向度，以讓「過去」與「當下」從這個維度之中湧現出來。再來，與其說人與世界、萬物都「在時間中」存在，倒不如說「讓時間成為時間」（die Zeit zeitigen）的就是人的存在活動本身。不但「未來」先於「過去」和「現在」，而且「時間性」也先於「存有」。

海德格的時間觀所揭示的是人之存在上的「時間性」所標誌的一整個弔詭和困境：[19] 與其說我們僅只生活於「現時」、「現在」，而「過去」、「未來」都只是相對於某個「當下」才能獲得意義和作用，毋寧可說，藉由「到來——將來」的結構我們不斷地將自身存在向「未來」敞開並向「未來」活出，

---

19 *Günter Figal, Martin Heidegger. Phänomenologie der Freiheit*（Tübingen: Mohr Siebeck, 2013）; Françoise Dastur, *La mort. Essai sur la finitude*（Paris: PUF, 2007）; F. Dastur, *Heidegger et la question du temps*（Paris: PUF, 2011）; F. Dastur, *Heidegger et la pensée à venir*（Paris: Vrin, 2011）; F. Dastur, *La phénoménologie en questions. Langage, altérité, temporalité, finitude*（Paris: Vrin, 2011）.

進而從此結構中釋放「過去」與「當下」。可是，時間性構想最為詭譎之處還不是時間順序的顛倒，而是：人一旦存在，他勢必開始「讓自身向自身到來」，但只有當這種「返回到自身來」業已經開始之後，人的存在才能有所返回之處，才能有它「被跑」入而落實於其上的「處境」。這種循環式的存在活動必須業已經開始發生了，人的存在才可能充實其「存在」，人才可能存在。要是真如海德格所言，要是這個存在結構「即時屬我」（jemeines），還可能有一個「我」嗎？經由時間性活動不斷地重新成形的「自我」會是個怎麼樣的「我」？「返回到自身來」的究竟是誰？誰「被讓到來」，又是誰「讓」他到來？我們需不需要某種「習練」、「工夫」，才能夠承擔如此弔詭的循環式存在方式？

　　根據海德格的突破性時間論可以更深入批判迄今為止所有傳統時間理論均所預設的「時間概念」及「時間的統一性」這種基本觀念，也終於可以發掘出「時間成為時間」這種「引入屬己情境而發生」（Ereignis）本來所呈現的開放性質。與其說時間等於是收納所有經驗內容的「容器」或「虛空框架」，又與其說時間等於一種「純粹的形式」或者一種「關連結構」，它賦予所有事情一種究極統合的元素，倒不如著重肯定：第一、思考者本身勢必立足、根植於其所思考的時間性本身之中。作為人的我們不得不從內在於時間的情境來體驗、觀察、描寫、省思時間。我們從一開始被拋入時間性情境，也只能就此處境並且經由不斷地重新「讓時間成為時間」的存在活動，來「成為自己」。我們的「自我」與我們的存在活動密不可分，我們的「自我」只能歸屬、依賴時間性這個原本的情境。

可是，我們存在的活動，即我們「作為自我而存在」（Selbstsein）這種發生本身反之「讓時間成為時間」。第二、我們的時間性情境並不猶如某種封閉且預設的「統一體」或「起源」一般，時間性情境標誌的反而是一種我們跨越不過亦無法解除的、「由…向…」的不對稱「敞開」。我們的存在原本歸屬的開放處境就是從「將來」與「當前」這個不對稱的、具有視角性的「分隔」、「之間」中湧現的、不對稱的「時間性敞開」。

由此觀之，海德格所凸顯的時間性弔詭與佛教的「修行工夫」以及「菩薩之道」似乎有所交集。時間的問題性所牽涉的並不是哲學的時間觀、時間概念，關鍵反而在於我們的存在情境本身。我們之所以或許會將支配著我們存在的時間性體認為「困境」或「負擔」，原因在於以下這種兩難：基於我存在的時間性，我彷彿根本不實質地「存在」。我的存在本身似乎是向某種不可確知的、總是尚未到來的自我敞開，即使我的存在從未充實一個完整的「存在」，但也只是歸功於這個「將來著」、「到來著」的自我，當今的「我」卻獲得「存在」的機會。於是，我也一直不斷地為了已逝不歸的「過去」喪失自己，而且更為甚者，即使該「過去」乃「已不再」，但這就是「即時屬我」的「曾是…」，我不得不承擔這個我不由自主地「被拋」入其中的、「即時屬我」但卻又「陌異不可及」的存在情境。然而，介於「到來─將來」、「曾是」以及「當前」之間展開自身存在的自我所面臨的不就是一種「時間性斷裂」作為其最原本屬己的「斷裂─跳躍」（德文 Sprung 既指「斷裂」亦指「跳躍」）嗎？難道存在者不必須一直不斷地實行一

種「視角轉換」（Perspektivwechsel），也就是藉由「時間—斷裂—跳躍」（Zeit-Sprung）本身來「跳入」自身存在嗎？

第二節　法藏論「十世」

在以上所彰顯的哲學視域下可以更清楚地理解法藏時間論的突破性和哲學意義在哪裡。首先以法藏對傳統「十世」說提供的詮釋為基礎，來闡明時間為何是一種內部具有差距的關聯情境。在〈十世章〉名為「建立者」第一段中，作者依據「分別命名」的方式界定時間現象的結構。作者關切的問題是：當我們說某事某物有時間性，它「在時間上」的時候，我們究竟在說什麼？就其時間界定而言，諸「法」呈現何種構造？對此，作者提出「十世」即十個構造時間現象的環節。當今一般時間觀 20 著重於前後關係而將時間理解為一種單向而且不可逆轉的流程。可是，對法藏而言這種僅呈現「前」、「後」兩個單元的所謂「二值時間」這種樣態並不重要，在他看來「流變」或「生成」這種時間特徵是以完全不同的模式在起作用。故此，法藏從一開始就採取常見的「三值時間」這種觀念做出發點。21「過去」、「現在」、「未來」這三個「時間值」代表

---

20 對此討論的現況提供了廣泛齊全介紹的有：Gottfried Heinemann（ed.），*Zeitbegriffe. Ergebnisse des interdisziplinären Symposiums* "Zeitbegriff der Naturwissenschaften, Zeiterfahrung und Zeitbewußtsein"（*Kassel 1983*）（Freiburg/ München: Alber, 1986）。

21 正如畢里（Peter Bieri）在其《時間與時間經驗》中強調，標記絕對前後關係的所謂「B 序列」（B-Reihe）在邏輯上其實預設有相對性的「三值時間」，即「A 序列」（A-Reihe）是所謂的前提（Peter Bieri, *Zeit und*

時間現象不可或缺的根源。然而，法藏將這個普遍序列依循同樣的模式再細分。理由是，曾經是「當下」的那個「過去」本身也具有時間構造，因而它作為當時的「現在」也必須附帶屬於它的「過去」和「未來」。[22] 同樣地，「未來」亦細分成三值構造，即「三世」。[23]

　　具有時間構造的事情就其時間性而言會體現一種分成九個層次的關聯結構。為了貼切地掌握某件具有時間構造之事的時間性，思考者必須將時間現象上的三個基本環節各再進一步分成三環，以便經由一種視角轉換將「過去」視為「過去現在」並從中衍生其專有的「過去過去」和「過去未來」。一旦某事附帶時間值而做「現在的」、「未來的」或「過去的」事，這種單項界定根本不足以充分涵蓋該事的時間構造。就其時間構造而言，任何時間界定反倒另外還附帶向「過去」和「未來」雙方的敞開，亦即胡塞爾所謂「時間暈」（Zeithof）。[24] 凡是具有時間性的意識內容便猶如不明確的「月暈」，一般均被「之前」、「之後」組成的「時間暈」所懷抱、烘托。法藏又

Zeiterfahrung. Exposition eines Problembereichs〔Frankfurt a. M.: Suhrkamp, 1972〕, p. 37）。鑒此可得知，甚至歐美時間哲學的介入其實與法藏一致，一樣是經由三值時間即 A 序列來思考時間現象。

22　T45，1874，621c28-622a2。

23　胡塞爾後來也很清楚地描述，在某個「當下」即「此刻相位」中向「未來」的諸種「前攝」與源自「過去」的諸種「留持」如何必然都同時起作用，以將「過去」和「未來」這兩種「視域」全然融合成「生活此刻」：Husserliana XXXIII, [Nr. 2, § 2] pp. 24-27。

24　Husserliana X, p. 35（《內時間意識現象學》，頁68）。

強調，三值時間構造基本上可以無窮無盡地再細分，25 但是三乘三的重疊，即「九層時間圖式」已足以十分精準地界定時間性的基本結構。26 對他接著要推展的觀點而言，關鍵原則是：就其時間構造而言，任何具有時間構造的事情根本不為局限於常識下的三值時間圖式所充分掌握。曾經是「現在」的事除了針對目前的當下扮演「過去」這種角色之外，由於該事具有時間構造，因此它另外也必須以專屬它的模式連繫到屬於它的「過去」和「未來」這兩個脈絡，而且原則上該事專有的「時間量」包含不可勝數的其他「過去之事」與「未來之事」。

　　九層時間圖式的主要啟發在於，凡是附帶時間界定的事情便徹底為時間性所支配。就當下而言，任何「過去之事」不僅只是「過去之事」而已，基於其時間性構造，同一件事情必然也代表其曾經所是的「現在之事」，它必然附帶專屬於它的、向另一個「過去」和另一個「未來」敞開的「時間量」。只有當思考者以此模式理解時間的重疊構造，他才能貼切地掌握某事物的「時間性」作為其存在狀態。「以時間性模式存在」不但表示，某件「現在之事」與被界定為「過去之事」和「未來之事」雙方都有重疊關係，「以時間性模式存在」另外還意味著，在此三值時間關係下的另外兩項，即扮演「過去」和「未來」角色的事情，並不在時間性之外，並不超脫時間只是單純地「在場」，所謂「過去」和「未來」本身一樣各自都具有時

25　T45，1874，622a9-622a12。

26　胡塞爾亦曾強調時間現象所包含的這個無限重疊：Husserliana XXXIII, [Nr. 2, § 3] p. 27。

間構造，一樣是以「當下」的模式存在。就其時間構造而言，不但某個目前的「當下」如此，而且「過去」和「未來」之為「過去」和「未來」其實一樣，各個時間項各自具備複重的時間意涵。思考者若認為任何屬於時間的「有」是僅只局限於單一個時間值，這是不足夠的，時間現象標誌的恰好是：就其時間性而言，任何一個「有」都能被複重界定，其存在都不局限於單一個固定的時間值。

　　總結以上可以斷定，將時間序列分成九項的「九世」這種重疊說超過複製的邏輯原則，它標誌的是這樣的悟察：除了指涉「現在」向「過去」、「未來」延伸的雙重關聯之外，「時間性」另外標誌這兩個基本時間關係為無限重疊這種情況，以致某件事情的時間特徵並無確定的意涵。就其時間性而言，任何屬於時間的事物，勢必都是一種模稜兩可的狀態，任何時間界定都僅在某個關係下才會生效，任何時間界定都是相對的界定。由於本探索專注屬於時間脈絡、具有時間構造之事物，從其時間性來觀察這些事物是什麼的這種課題。因此先行下這樣的存有論假設是不妥的：某個「有」本身是超越時間的，它原先在時間之上或之外「存在」，就其時間性而言它是「中立」的，是任何時間下事物的原始狀態，「有」之後該事物才會進入時間脈絡，亦即「有」之後事物才會進一步在時間組織下被界定。思考者必須正確地並且充分地解析某事物具有的時間性意味著：時間性貫穿該事物的「存在」，它涉及其「有」本身。從一開始身處於時間場域之諸事，也就是在時間脈絡下湧現並被肯定時，它就「存在」，就「有」此事，而除了「以時間性模式存在」之外，此事另無「存在」或「有」可言。針對

時間性這個現象，任何違背此原理的存有論設想是不妥當的。可是，思考者若將時間性描寫為某個「現在點」與兩種均質不變的時間區塊即「過去」、「未來」，雙重連繫便會產生，這樣的描寫就有所不足了。在雙重時間關聯發生無窮無盡地繁生之際，透露出來的是一個有賴於某一個視角而成立的差距交織，而且此差距交織才是時間界定所不可缺少的關鍵特徵。有賴於思考者立足於何處來看某事，此事便既可能是「過去之事」，也亦可能是當時思考時所謂「當下之事」。在同一件事上即同一個思考對象上兩種不同界定並存的這種情況便被暴露出來了。時間性是在同一個意義關聯下逾越差距而成形的「關係」。

　　本探討課題是時間現象的「意涵」，問的是「時間性」為何。思考者從一開始必須關注的主題是「具有時間性質之事物」，而並不是「時間中」的某事物、「在時間內」的存有者。例如就「過去」、「過去之事」而言，唯一需要被專注關切的是其時間性構造，而並不是某種「曾經在場過的事物」。只有經由這種對常識進行轉移的思考模式，三值時間序列下三環之間固有的無限糾結情形才會十分精準地透露出來，而且任何有關時間性之意義的探究都必須專注這個複重糾纏本身，否則整個研究從一開始受限於某種被預設的「時間圖式」，由此就無法在現象學態度下解析此圖式的構造。

　　關鍵在於時間性所標誌的關聯情境與一般空間概念所假設的「均質性」截然不同。對於現象學探索而言，某事的時間界定，即其在時間脈絡所展開的「意涵」是模稜兩可的，它的時間界定本身包含複重意旨。任何時間性意涵從一開始既不獨

立，也不固定，因為它根植於一個具有視角和「由此往彼」之
不對稱差距的「關聯情境」。時間的構造並非均質、對稱的。
一旦法藏將時間理解為一種無限多個不同視角下發揮作用的關
聯情境，時間現象就不被歸結到可測量性，他並不關注「時間
流」，也不設想猶如空盒子空間一般內部分層次而且都是均質
的「連續情形」，時間性從一開始並不標記著某種虛空的框
架。27 法藏的時間觀與歐洲思想史上出現的幾何學化時間觀不
同，法藏著重時間之為「時間」所歸屬的關聯情境，揭示某個
「當下」與屬它的「過去」、「未來」之間固有之視角性和不
對稱差距。在時間性現象上法藏關懷的恰好是時間動勢源自視
角轉換的可能性這個道理，在此「可逆轉」情形為前提之下來
探詢奠基於不對稱差距的多元連結本身如何成立。法藏時間論
的哲學意義在於他探析時間現象的形式構造。

　　要是由前一節所勾勒的哲學背景和問題意識進一步來思考

---

27 若將法藏的切入與開拓歐洲時間論以及有關時間現象、時間體驗之反思的
　奧古斯丁（Augustinus）在其《懺悔錄》（*Confessiones*）第十一卷所進行的
　討論互相對照，重大的差異立刻會暴露出來。奧古斯丁承襲亞里斯多德的
　時間分析，從一開始假設時間和空間有相似性，時間的核心特質在於它可
　被測量，因此奧古斯丁理所當然地引入「時間的伸展」（extensio
　temporis）、「時間的長短」（spatium temporis）以及「度量」（metiri）等
　觀點（Augustinus, *Sancti Augustini Confessionum Libri XIII*, ed. L. Verheijen
　〔Turnhout: Brepols, 1981〕, liber undecimus, XV, p. 20; XVI, p. 21; XXVII, p.
　36. 中譯本：奧古斯丁，周士良譯，《懺悔錄》（台北：商務，1998），頁
　256-257/ 267-268）。對奧古斯丁的時間論可參考的研究成果：Kurt Flasch,
　*Was ist Zeit? Augustinus von Hippo. Das XI. Buch der Confessiones. Historisch-
　philosophische Studie*（Frankfurt a. M.: Klostermann, 1993）; Vincent Giraud,
　Augustin, les signes et la manifestation（Paris: PUF, 2013）。

法藏與華嚴宗的時間論，便能更清楚地被察覺、理解甚或解構的，恰好是如同近代藝術一樣長期以來支配著歐洲思想的空間優先性。華嚴宗思想足以開啟另一種思考模式，亦即「環繞時間性為主軸來思考現實」。為此，首先得要對「時空」之基本的均質狀態相關的成見進行批判思考和解構，甚至必須要將此重要觀念暫時擱置。理由在於，法藏有關時間探討的出發點和關懷與這種歐洲式信念都不吻合。接著在擱置主流概念這個前提下，重新細讀法藏的文章，並彰顯時間性為何是一種有視角性和內部差距的統合模式。

　　作者一提出「十世」，便會令人不禁問，原先勾勒的九層時間結構究竟還缺少什麼環節，竟然可再提出「第十世」？「九世」分別標記彼此互相關連的「過去」、「現在」、「未來」等個別不同的「時間值」，而剩餘的第十個「世」則標誌時間之為時間的「有」這個維度。在第十個「世」當中所有具有時間性之事情都凝聚成實質地存在的現實而真正地「以時間性模式存在」。第十個「世」聚集時間性的整體結構，而此總結現象叫做「一念」：「又此九世總為一念」。[28] 第十個「世」與「九世」中「過去」、「現在」、「未來」等抽象「關聯點」，即與時間性組織中的各個「時間值」不同，第十個「世」不源自「區分」，亦不標記在某個視角和不對稱差距下被展開的關係，它代表的是「結合」。第十個「世」就是一個具體的時間綿延，它長達「一念」。

　　「念」字指涉有意識的「心思」、「思念」，也是記憶的

---

28 T45，1874，622a12-a13。

「回憶」或單純的「想像」，即意識「在思索」。在佛教語境上「一念」意味著單一個的一個發想在意識中湧現時所占據的極短時段。「一念」與僅指收縮得最短且不可再分之單一「時間點」的「剎那」不同，由於「一念」涵蓋若干「剎那」，故可得知「一念」並非「一點」，此觀念標記的反而是一種綿延式的統合。「一念」指「一意念之起」、「極短促之時間」。「一念」是意識活動為了組成單一個觀念所需要的綿延時間。[29]可是，一旦我們有所思，一旦我們產生某個觀念，一切時間關聯的無限推展便全部都集中到此長達「一念」的瞬間、頃刻之中。換言之，這樣一個「意念」本身呈現一個單一的時間性構造。有鑒於「念」字表示意識將某事物以思念、想像的方式「當前化」，因此「一念」僅可能指涉「當下」、「此刻」這種現象。只有在某個意念於當下、當前實際上發生之際，整個時間關聯，也就是分成「九世」的整個時間組織方才落實而成為「有」。當下的一個意念完全地涵蓋時間組織的整個開展，短暫的一個瞬間包含整個時間脈絡無窮無盡的伸展，時間性這種關聯情境被濃縮成一個瞬間。[30]

---

29 參考《中文大辭典》，「一念」條。在蘇慧廉（William Edward Soothill）編輯的《中國佛教詞典》關於「念」和「一念」兩條有這樣的說明：「一個剎那或意念，一分精神的集中，一個瞬間，一次發想的時間」（Soothill, *A Dictionary of Chinese Buddhist Terms*: "a ksana or thought, a concentration of mind, a moment, the time of a thought"）。

30 乍看之下，法藏所謂「一念」與奧古斯丁命名為「心思之意向」或「心思的緊張」（intentio animi）這兩種觀點不無相似之處。可是，一方面奧古斯丁的「心思之意向」要解答「記憶」（memoria）之謎，即「過去之事」、「未來之事」既存又不存在這種存有論邏輯所帶來的悖論。而且，「心

　　然而，為何法藏將第十項命名為「一念」而不明文說明第十「世」等於即時各自的「當下」？理由很簡單：就其現象內涵而言，「一念」作為獨立的一「世」與其在「九世」體系中作為自己的立足點、視角所占據的位置，即與「現在現在世」並不一致。雖然在一個瞬間中囊括無限時間值之一整個序列的「一念」原則上占據整個序列的中央位置，但「一念」作為活生生的「此刻」與序列中的「現在」所意味不盡相同，這兩個觀念並不屬於同一個思考平面，兩者也各自歸屬兩個截然不同的思考視角。「現在」指涉時間序列中某個內容，即某種時間性關係和時間性差距，而「一念」則不標記時間序列這個構想內的內容，它不界定某個前後關係，作為「一念」即「總相」的當下瞬間，它不得不是思考者本身所處的「此刻」。這個「此刻」所標記的不再是時間序列、時間結構上某個瞬間，

思的意向」其實根植於信徒向神所展開的心意努力，它其實是一種「心思的緊張」、「心思的意圖」。intentio 一詞與時間性原來所標記的「分開的」、「分散的」（distentus）以及「擴延的」（extentus）這些狀態有著呼應，而根據源自 tendere 即「張開」之 intentio 的原義，奧古斯丁所構想的是人向神的「伸出」。藉由此「伸出」作為一種運作以及一種信仰之力，他要解決時間性聯結上的弔詭（Augustinus, *Confessiones*, liber undecimus, II, p. 2/ XXIX, p. 39. 中譯本：《懺悔錄》，頁269：「專心致志」）。由此觀之，法藏的「一念」與奧古斯丁截然不同，法藏凸顯現象結構本身，「一念」主要是以單純的方式聚焦時間現象上透露出的特質，即時間的「被給予狀態」從「生活此刻」來看時，所標誌的「不對稱差距下的連結」這種意涵。然而，法藏的「一念」似乎與海德格常提的「瞬間一看」（Augenblick）有親緣關係，又與李希爾將「當下作為現象」（présent comme phénomène）即「剎那─當下」（instant-maintenant）視為「閃爍」這種觀點（Richir, *Fragments phénoménologiques sur le temps et l'espace*, p. 75）相近。

「此刻」指向有關時間性之省思這個實際發生本身。或者也可以說「此刻」牽涉的是「作用」的觀點，「此刻」所隸屬的是經由時間性差距實際產生「連結」的這個運作。作為「一念」的「此刻」必須實際有所思，它是因為思而將無限時間序列總括收入即時各自的當下。下文將更仔細地討論這個視角轉換意味著什麼，也將解釋為何法藏會在似乎已經排列完整的「九世」之後，也就是在九層時間序列之外還提出「一念」作為另一個「世代」。在此之前必須先重新詢問：何為時間？時間究竟是「歷時」情形，還是毋寧可說時間其實是一種「持存」、「滯留」？

　　思考者務必要避免將「過去」、「現在」、「未來」等三個基本時間值單純理解為處在「過去」、「當下」、「未來」等三個不同「瞬間」。三個時間值若分開而言，其都不具備完整的時間性。這三個環節僅界定時間組織中某個關聯樣態，相對於純粹當下的「一念」，也就是針對「此刻」，這三個環節標記的是兩種不對稱的差距狀態。唯一具有完整時間性的是這個落實於「此刻」的「一念」，只有「一念」足以代表「時間」，而所有時間關聯都歸結於此。除非對時間關聯的界定都為「此刻」所綜合，否則「過去」、「現在」及「未來」之間根本不會產生任何連繫，所以整個時間結構將解體，根本無時間可言。藉由充實某一個「當下」的方式，「此刻」收納了時間性的關聯組織及其一整個無限重疊的情景。「此刻」產生時間關聯下諸種視角性差距，因此「此刻」就是「時間」。落實於「此刻」的「一念」向「過去」、「未來」雙方敞開，「一念」以開放模式連繫到「過去」和「未來」這個雙重視域。只

有當關聯情境為「三世」、「九世」所組成，為視角性所支
配，被「此刻」實際充實，也只有當「此刻」是奠建整個關聯
情境的立足點時，時間的關聯組織才可能實際被展開，時間性
也才能實際發揮作用。

　　根據法藏，一旦思考者要觀察時間性所包含的視角情況，
此觀察本身務必要「立足於時間以內」，立足於外部的觀察者
根本無法看到「過去」、「當下」、「未來」之間的時間差距
以及支配著這些差距的視角性。例如說，當思考者將時間性差
距當成「前後關係」或「前後序列」理解時，他早已經偷偷地
採取了某個「當下」作為自身視角所歸屬的立足點，以便「由
此處」界定「前」與「後」的位置：「前」是從「後」面來
看，所以是「之前」，而「後」是在「前」處來看才是「之
後」。只有當思考者從這種從一開始隱藏在任何有關時間序列
之觀察、描述的內部來觀察時，只有當思考者從作為實際之
「當下」的「此刻」來觀察、描述的時候，分成「九世」觀念
所預設的「視角性」才會實質地顯露出來。那麼，如果「一
念」組成時間整體，經由關聯情境而產生的糾纏組織「九世」
就會標誌著一種內在差距。即使一整個關聯情境被收入於「一
念」中，「九世」這個關聯組織本身與奠建此整體的「一念」
在性質上還是有差別：前者是形式構想，後者才是具體發生。

　　「此刻」所起的作用在於，它作為絕對連結點替一切時間
界定之間的對照關係提供一個基底，整合了所有時間關係，並
顯露出「時間」這個具有內部差距的統合現象。「具有內部差
距的統合」指的是，在差異者之間有一種本質性的相屬關係，
個別不同環節的差異性都已經瞄準這個統合，只有藉由實質地

發揮作用的統合，差異性才得以暴露出來。可是，顯現出來的統合又復為差異性所吞噬。換言之，整合整個時間的「此刻」根本不實際存在，它是時間性的「之間」，僅為居中差距。作為中介的「此刻」將時間性的諸環節都引入其本質，因此「過去」和「未來」只有在落實於「此刻」的「現在」這個作為中介的視角之下才可能如其所是地顯露，亦即針對「此刻」在不對稱差距下湧現出來。這樣的設想不但排除不同時間值如同獨立的存有物一般事後並且從外部被匯整的這種見解，而且此設想也不意味著不同時間值從一開始都已有某種抽象的共同點或形式上的相似性，例如假設有一種「時間」本身，它如同本質、本體一般涵蓋一切時間值。與其依循康德主張時間性統合代表一種「具有連續性的量」（quantum continuum），[31] 倒不如說時間性統合是一種斷裂、斷續情形，「時間」上正好沒有全部與部分總合的那種「同一性」可言，[32] 因為時間之為「時間」它必然不可依循形上學的方式被理解為如同事物一般「身處於時間以內」（intratemporel）。[33] 這種「統合」彷彿是與自身拉開距離，它是內部包含差異且不對稱差距，但同時它卻又是無從可被分割、切開的整體。借助空間觀念來思考時間性悖論顯然是不適合的。

　　只有經由「現在」的當下境遇，即觀察者、思考者自身所

───────────

31 Immanuel Kant, *Kritik der reinen Vernunft*, B 211（I. Kant, *Werke in zehn Bänden*, ed. Wilhelm Weischedel〔Darmstadt: Wissenschaftliche Buchgemeinschaft, 1968〕, vol. III, p. 211）.

32 Janicaud, *Chronos*, pp. 56-67.

33 Romano, *L'événement et le temps*, pp. 6-7/ 16-22.

處的「此刻」，時間序列在視角和差距下產生的關聯才可能被體驗到，只有立足於「此刻」的思考者才可能體認這個序列其實必然是由他自身為視角而產生出諸種差異和統合，而且也只是藉由某一個實在的「現在」，思考者才可能在時間現象上察覺到三個時間值之間不同關係的差別和所謂「不對稱差距」。「一念」保證種種時間關聯的特質，「一念」奠建透過記憶連繫到「過去」和透過期待連繫到「未來」這兩種不同連結模式以及「過去」、「未來」與這個當下的「現在」即「此刻」各自所產生的不對稱差距。假設思考者將所有「過去」和「未來」均視為具有同樣性質的一般「瞬間」，他便無法理解「過去」和「未來」固有之差別自何而來，也就是無法解析時間現象上歸屬某個視角的這種「不對稱差距」。「時間」作為具有差異性的統合勢必全部都為當下之「一念」所包容，否則思考者會陷入這樣的竊取論點：一方面，某個「瞬間」僅只基於時間關聯才會針對某個「現在」被界定為「過去」或「未來」，但另一方面這個時間關聯和這個時間差距反過來都已經預設「過去」或「未來」和「現在」是有所不同的，否則幾個「瞬間」擺在一起並不會產生「前後」序列，幾個「瞬間」之間的關係也不會被界定為「時間關聯」。有關「十世」的探索所尋求的是時間性上的「關聯」本身，亦即時間關聯之為「時間性連結」的特質。論至此，關鍵特徵已經被揭示出來。只有當時間性被回溯到某個關聯情境而落實在將「此刻」作為視角而經由不對稱差距來展開之特殊的連結模式時，思考者方才充分掌握到時間性這個現象。時間這個關聯情境必須被理解為不同環節於「此刻」上產生彼此相屬這種不對稱差距下的整合模式。

然而，反過來這表示，「此刻」這個視角所展開的不對稱差距必定為「此刻」、「一念」所包圍的「內部不對稱差距」。

　　針對法藏的時間觀，思考者千萬不可以運用空間模型。當然，思考者若要借助直線圖式將各個「時間點」排成序列，隨而構思「九世」，即為「過去過去」、「過去現在」、「過去未來」等等環節組成的九層時間結構，則無可厚非。可是，甚至在這個步驟當中直線圖式並不足夠，因為這樣一來，思考者從一開始就以單純只是「量」上的外部次序取代了時間現象上讓「九世」在「質」上各自有差異的那種視角性差距，亦即「內部的不對稱差距」。該常見的理論手段默默地預設，「量」上的辨別先行設置具有連續性且可分的空間作為一切「時間點」之差異的標準。然而，時間理論的課題恰恰相反，思考者應該將時間性本身當成各個「時間點」的辨別來源理解，也就是應當專注時間現象上「保存差異的統合」，再界定此獨特的統合模式所連帶的「不對稱內部差距」。

　　若要基於空間理念來探索「不對稱內部差距」與「具有差距的統合」，那麼這些觀念將會是無解的悖論。然而，在時間性上暴露的弔詭提醒思考者，類比時間與均質空間這兩種範疇根本不是適當的。分成時間段的直線圖式其實嚴重地誤導有關時間性關聯作為視角性差距下之連結模式的探索。不但不可以將每一個「世」視為時間線上的「某一點」，而且也不可以將「一念」這種瞬間統合誤解為整條時間線的序列全部都為任何一個「當下」收入，不可以誤以為藉由任何一個「當下瞬間」為中心，「一念」就可以十分收容整條線所有的時間點。值得注意的是，法藏所謂「一念」根本不歸屬時間線這個圖式所標

記的「時間流」或「時間綿延」,「一念」根本不是在前後相
對關係下受界定的「瞬間」,「一念」別有一格,它是之外成
立的第十個「世」。法藏另外設置了似乎從整個時間線凸出的
第十個「世代」,他難道不知道這種觀點違背常識嗎?恰好在
此處凸顯法藏敏銳的現象學精神,他嚴謹地否認時間現象可以
被當成歷程或綿延看待,因此嚴苛地反對將「九世」、「時間
線」這類的時間圖式看成充足的時間概念這種常識。

　　〈十世章〉前半部以「十世」這個名義闡明時間現象的基
本環節。然而,第十個「世」與之前的九「世」並不是等同的
概念,第十世不再就時間序列來界定另一個時間關係,它將焦
點從「歷然」現象以及作為「別相」的「九世」遷移到「總
相」。「總別合論」[34] 這個項目不局限於僅談「總相」,「總
別合論」的現象層面是不同的,闡釋角度也不同。第十個
「世」並不提供對「九世」的某種概念性「總合」,第十項並
不提出一種「總體」概念。作者在對時間現象的結構達到完整
掌握之後,第十個「世」導出完全獨立的環節,這一項超越之
前所述的思考平面,進入一個嶄新的觀點。然而,法藏依照其
他「九世」為「一念」取名,稱呼這個環節為第十「世」,這
是意義重大的。若原則上所有世代的無限展開已完整地涵蓋在
「九世」說,那麼為何標記統合的「一念」卻與其所囊括的內
容是同樣的類型?「九世」的統合本身怎麼可能又是一個「世
代」?這個新的觀點是不可或缺的,否則之前的時間分析根本
不能成立,這便是弔詭之處。

34　T45,1874,622a12-a13。

　　透過將第十個環節重複以「世」命名的手段，法藏強調，「一念」既是「九世」序列不可缺少的一環，但在「九世」序列的結構邏輯來看「一念」也是多餘的。第十個「世」與其他九個「世」的差別在於，它從這個序列中脫出，進入並開啟另一個完全不同的維度。第十個「世代」標記的是一種視角轉換：在「九世」鋪陳時間序列的形式結構之後，「一念」就此凸顯此結構所蘊含之諸種關係中實際發揮作用的連結模式本身。只有在「此刻」這個嶄新的「世代」之中，也就是只有在「一念」於其實際立足點和視角所展開的、內部具有不對稱差距的「統合」之中，無限的世代序列下的諸種時間關係方才會實際生效。

　　在有關時間性的詮釋過程當中，「一念」位在常識下的世代序列之外。針對所有世代，「一念」雖然標誌一種截然不同的時間性質，「一念」彷彿隸屬另一個時間，但是「一念」還是「時間」。第十個「世代」標誌觀察、思考時間的思考者本身所身處的「世代」，它開闢思考時間性這番活動本身的時間性處境。法藏從理論角度將時間現象分成九個，界定個別不同的環節之後，也就是法藏在描繪無限時間序列這種光景之後，在第十個「世代」中他進行了一種關鍵轉換，而且這個視角轉換與杜順有關因陀羅網比喻曾所訴求的「坐入」一舉相似：在思考者思索「九世」之後，在第十個「世代」當中他才能「坐於一珠中」，也就是說此刻他才實際投入為一切「世代」所組成的關聯情境。經由「一念」的綜合方式，思考者的視角從面對著「時間線」的外部視點移動至時間以內的時候，思考者就實際採取了此關聯情境中的一個「世代」當做實質的「此

刻」，以便「充實化」整個時間觀，亦即落實自身存在所不可
或缺的時間性。易言之，第十個「世代」是「屬己的世代」，
而且只有在思考者從這個實質的「世代」來思考「九世」之
際，只有在「九世」落實於第十個屬己的「世代」之時，「九
世」這個序列觀念才會轉成實際運作的關聯情境。只有透過
「一念」，「時間」才成為「時間」。原因在於，讓時間性所
不可或缺的「視角性」開始生效的，就是「一念」乃是「屬己
的世代」這一情形。只有在「一念」發生之際，內部具有不對
稱差距的時間性統合才將各個世代與其他世代實際連結起來。
總之，只有由於思考者身處於一個「世代」，他才可能發覺
「九世」序列下一直發揮作用的時間性關聯，亦即體認透過視
角下的內部差距在世代與世代之間湧現的那種特殊的關聯情
境。

　　法藏將三個時段依照一般佛教習慣稱為「世」。根據佐佐
木賢順的考察，「世」源自梵文 advan。在《阿毗達磨俱舍論》
興起的時期，advan 原來指一種「時間綿延」，而且 advan 在更
早時甚至也標記空間的廣袤。即使「瞬間」這個意涵與之後在
中國發揮深刻影響之世親的原意較為吻合，但梵文 advan 在當
時尚未意味著「瞬間」。35 法藏對「世」的應用正好模糊掉了
根本的差異，即「瞬間」與「時間綿延」之間的辨別。理由
是，從法藏對時間的理解來看，這個區分根本不合理。在他看
來，「世」一字顯然有雙重意涵：一個「世代」是一種內部結

---

35 佐佐木現順，《仏教における時間論の研究》（東京：清水弘文堂，
　　1975），頁176-177。

構錯綜複雜的組織，「世代」不但在時間流上標誌「前後」這個基本時間關係下的時段及其等級，而且「世代」這種觀念同時也牽涉歷史上的「歷代相傳」這個關聯脈絡，以及牽涉觀察者、思考者於此脈絡下勢必所有的屬己的立足點這個情況。換言之，「世」一字不僅讓思考者從外部描寫鋪在眼前的歷史，即產生分成「九世」的關聯情境這種「時間觀」，而且「世」字另外還凸顯出的事實是，觀察、思考「時間性」的思考者本身從一開始便不得不屬於其所思考的時間性，他的思考本身不得不落實在歷史脈絡上。一旦法藏應用「世」一字，他其實已經是從內部來思考「時間性」。「九世」中任何一個「世」之所以等於是一個立足點，原因在於原本的詮釋處境，思考時間的詮釋者不得不以「此世」甚至「此刻」為出發點和立足點，來闡明整個時間性組織。在分析時間的九重結構之後又再提出「一念」當成獨立的一個「世」，這一舉將整個時間詮釋的焦點轉至嶄新的視角，也就是說投入第十個「世」的思考者不再是由外部觀察「世世相傳」的序列，他採取的反而是位在關聯情境以內的立足點。

　　論述至此，闡釋時間流的結構以及時間性的思考者已登上新的平面，經由自「別相」過渡到「總相」的視角轉換，思考者將時間現象之構造相關的描寫換成涉及「時間如何成其為時間」這種更深一層的追問。時間相關的思維必然總是憑藉著在「此刻」即屬己之「世代」中被展開的「一念」，這樣的思維才能夠掌握無限時間序列的實況，在探索時間當中思考者總得透過自己即時各自所身處的「此刻」，也就是透過落實於「此刻」、屬己之「世代」的「一念」，實際來組成時間性的關聯

情境。這表示，「九世」序列這種構想彷彿有所遺漏，在其核心處似乎裂開一種空隙，而只有當設想該時間構造的思考者本身經由「一念」具體「投入」此時間性皺摺，將在「九世」序列中占中央位置的「現在」奠建於「此刻」這個實質的「世代」上，一整個時間結構方才能成形。理由在於，「九世」這個構造勢必預設某個具體的視角，否則沒有任何「前後」序列，也就無任何「時間性關係」可言。在「一念」當中發生的是一種「投入」，也就是「一念」作為思考活動，而具體執行的卻是「投入」這一舉，而且也歸功於此「投入」一舉，時間性的「連結」終於獲得完整的界定。即使以「總相」名義發生的視角轉換並不向「九世」序列以外跨出，即使「總相」還是立足於時間序列之內的某一個「當下」來收入一整個無限的時間序列，但由於「一念」這一舉是在「此刻」下具體擔任這個時間性組織中的「當下」，因此相對於「九世」這個時間性組織中的每一個「現在」這種僅被設想的「當下」而言，讓「一念」實際發生的「此刻」這樣的「當下」才是在「一念」的瞬間思索中湧現出來的，也就是另類的「現在」。這甚至是唯一一個真正名實相符的「現在」。「一念」所產生的「當下」不但歸屬整個時間性的關聯情境以及歷史的「世世相傳」，而且此活生生的「當下」其實是唯一真正充實「世代」此意蘊的「當下」，因此法藏不得不將其設置為一個獨立的「世代」，即第十個「世」。由此觀之，法藏之所以引入「十世」這種觀點並不是為了符合將主題分成「十道門」這種常見的論述格式。透過這一舉，他其實將時間觀與有關意義的詮釋學反思這兩個思考場域融合起來。這個融合就是華嚴宗一整個思想的核心關懷

所在。

　　乍看之下，讀者或許認為法藏只要將時間結構分成「九世」即可，這樣的描述已足以完整地掌握到時間現象的全部結構，因此另外又提出第十個「世」根本不合理。然而必須注意的是，這套時間論所追求的不是某種抽象的「時間理論」，法藏從頭至尾所瞄準的是一個實際被給予的「現象」，所以課題在於此：對於一個體驗時間並且闡明此體驗的思考者來說，自身所處的時間性如何顯示自身？即使「時間概念」，即時間的九重構造本身並無不足之處，但在時間作為具體的「現象」時，思考者勢必從某一個視角切入此構思的推展過程，以致整個時間現象「每次」只會以「即時各自」的樣態顯露出來。思考者或者專注當下之「現在」朝「過去」和「未來」雙向聯繫的這種現象，令他掌握「九世」朝向無限而延伸的這種重疊情形。或者他也可以聚焦於時間性的連結所標記之「力」的這個現象，那麼這個焦點上的遷移會讓他將雙重差距下的時間現象整合為「內部具有不對稱差距的統合」，也就是會讓他專注思考「一念」這個絕對的「當下」。然而，在此二選一的情況下，思考者只能或者分析時間構造而形成「九世」序列的構想，或者根據第十「世」所標記的具體效力去揭露在「世」和「世」之間起作用的「連結」本身。然而，思考者無法將這兩種截然不同的構想歸納成單一個概念。換言之，思考者不得不對時間現象分別產生兩種彼此相互不容攝的觀念。差距與統合這兩種相反觀念似乎都各自分別而且完整地表達出時間體驗，兩種看法似乎都充分顯露所謂的「時間」，都標誌著時間現象的真理。

然而，這兩種相反觀念都會實際成立，這讓思考者落入一種難解的困境。思考者若更詳細地思考此時間性弔詭，便會面臨一種在時間性上暴露出來的「陌異」情形：藉由「此刻」與「過去」和「未來」固有的視角性差距，我接觸到自己的時間性，而且該「過去」和「未來」雖然都屬於我，但屬於我的同時對於我而言的「過去」、「未來」卻被埋沒於一種陌異且不可及的境域中。我的時間性就被此陌異狀態所慣穿，我所有的「當下」如同孤子一般永遠有所欠缺。「一念」下產生的「此刻」不足以囊括我一整個時間，甚至集中於「一念」的時間性也仍然呈現某種無以克服之「有餘」，好比每一刻的「當下」中我都不斷地在超脫自身。然而，若從另一個角度來看，每一刻的「當下」總讓我體悟到，確實擁有時間整體的不異乎就是我自身。時間的完整性與時間的不完整狀態之間的這些緊張、衝突或悖論，就是人所置身之時間性處境的大謎。

第三節　時間性聯結的「質」

根據以上所述，貫穿著時間性的內部緊張、弔詭與模稜兩可都十分清楚地透露出來：一方面，對於由外部觀察三個「時間值」及「九世」序列的思考者，「時間」代表一種由無限相互糾纏的「時間值」共同組成的關聯組織，而在此組織當中任何一個環節的界定是流動的，任何一個時間界定都取決於組織以內的原點被設定於哪一個環節上。另一方面，一旦思考者真正採取一個內部觀點即活生生的第十個「世」為原點，並且排除所有其他可能性而由此內部立足點或視角真正地來構想時間

性值的交織時，此刻「時間」便指涉奠建於「一念」的一切時間值的相屬情境。如此一來這個互連關係不再是平衡平等的了，現在所有時間值都凝聚於「一念」及其所標記的「此刻」之上，而且只有當所有時間值與此「當下」之間的互連關係都為一種不可超越的不對稱差距所支配時，時間性統合才可能落實於「一念」上。然而，思考者不能同時採取兩個內外彼此互相排除的視角，他無法將這兩種時間理念合併成為單一的整體概念。於是，三個原本的時間值之差別所標記的，不再是一種本質上的差異，而是一種從其互連關係以內的位置來起作用的差距。同理，「九世」序列與「一念」這兩種基本觀點之間的差別一樣是一種自時間性整體的展開當中浮現出來的差距，或者說這就是一種發生在時間這個關聯情境之內的視角轉換。不過，至於時間性當中相屬與相連究竟如何成形，這個課題仍待更詳細的探析。

　　在「相攝」[36] 一段中法藏討論一下這個問題：在相屬情境下湧現的不同時間值之間的「關係」該如何理解，在這些關係下的諸種「聯結」就其「體驗質」（Erlebnisqualität）而言所呈現的區別又該如何理解？換一個方式來問：該如何解釋將「過去」、「現在」、「未來」區分開來的那個差異？迄今為止，這個問題尚未獲得哲學界的關注。為了思考時間關係的「體驗質」和「差距」，研究者必須先將普遍時間觀擱置一旁，不可以從時間是一種「均質」且「連續」的形式這種理論假設切入，而是必須專注「以時間性模式存在」這種特殊情形，要聚

---

36 T45，1874，622a14。

焦在「不對稱的內部差距」這一觀點，再以時間現象上透露的
「不均質」情形為切入點。

　　「九世」標記著世代和世代之間的關聯。此關聯之所以可
能，條件在於諸世代必須從一開始都隸屬於一種關聯情境，否
則時間性的整體組織根本不可能。就其各自所代表的意義而
言，「過去」、「現在」、「未來」都必須早已經彼此「互相
嵌入」，這些時間值各自在「以時間性模式存在」上所代表的
意涵早已經讓一切世代彼此「相即」。37 就過去、現在及未來
諸事所附帶的時間界定而言，過去、現在及未來諸事必須是
「緣起相由」，38 也就是說任何一件時間性事情勢必從時間性
的整體關聯情境中湧現出來。故此，讓任何一件時間事具備其
各自獨有之特殊內涵的，必定就是該時間事與其他時間事之間
固有的「關係」、「聯結」。假設思考者採取時間組織以內的
任何一個「當下」做其立足點，進而從這個視角來闡釋其所身
處的時間性組織，他便會發現，與此「現在事」共同顯露出來
的，不但是由諸種通過差距被連結起來的「過去事」和「未來
事」，而且另外也同時湧現的，是內部有差距的這個時間性關
係本身。不過，基於時間性關聯獲得各自不同界定的「過去
事」、「未來事」等時間事都非為「有」，雙方面的事情並不
為當下之「有」所實際包含。「過去事」和「未來事」附帶著
「缺席」這種身分，具有「陌異不可及」這個特質，而且這正
好就是處於「當下」的思考者在時間現象上所體驗的雙重「不

37　T45，1874，622a14。
38　T45，1874，622a15。

對稱差距」的意味所在。易言之，「以時間性模式存在」指的
是，「現在事」的含意牽涉「過去事」和「未來事」，而且在
「當下」的「有」之中這兩個陌異者均以「非有」這種樣態共
同發揮作用，以致身處於「當下」的思考者不可說他擁有「過
去事」和「未來事」這兩種內容。與其將「有」、「非有」兩
種並存的顯現模式立刻還原至存有者的「存有」這種範疇，倒
不如盡量維持純屬現象學與時間詮釋這個思考平面，隨而專門
探索「過去事」和「未來事」這兩種時間性意涵本身。思考者
唯一要專注的是「過去事」、「未來事」等現象僅只就其時間
性而言各自所標記的「意涵」或「體驗質」。

　　若思考者以這個方式來探究時間現象以及自身所取得的時
間體驗，所謂「現在事」則為「有」，周圍此「現在事」浮出
的「過去事」和「未來事」反倒為「無」，「過去事」、「未
來事」兩個環節的時間性意涵就在於「該事不在此處」。換言
之，此事若「有」，彼事則「無」，這種界定涉及的是諸時間
事在關係下各自所導出的湧現模式或此時間性關係之顯現的
「質」本身。透過或「有」或「無」這種界定，思考者其實更
加精準掌握的就是在時間性這個關聯情境當中藉由視角發揮作
用的「差距」。時間性這個關聯情境所導出的「有」和「無」
更貼切地標誌著落實於視角上的時間差異，亦即「時間值」和
「時間值」之間這種特殊的「不對稱差距」。源自某個視角的
「不對稱差距」不外乎就是諸種時間關係的「時間性意義」。
由此觀之，若當下「一念」所展開的三重或九重關聯情境等於
是「時間」，時間性就意味著身處於「一念」中的思維是對以
「非有」樣態湧現出來的某事取得「有」這種體驗，也就是說

一種「不對稱內部差距」就此從「有」本身中湧現出來。「以時間性模式存在」意味著：以不完整的狀態、以非整體的模樣實現自身的「有」，此「有」處處為「非有」所貫穿。「以時間性模式存在」的我既存在卻亦不全然存在。對時間性的體驗令人驚奇的其實是，此體驗等於是以模稜兩可的方式回答哈姆雷特的經典疑惑。

　　法藏將時間上的「有」和「無」嚴格地對峙起來，藉以精準地凸顯「以時間性模式存在」連帶出來的差距體驗。就「體驗質」而言，相距的兩個「時間值」之間的差異是時間關聯的「視角性」所連帶來的「不對稱差距」。由於「視角」之為「視角」代表一種不對稱情況，時間性差距不可被消解或超越，它是一個絕對的「內部不對稱差距」。在為時間性所支配的存在上，我不斷地被指派到一個我早已失去而且永遠不可恢復、亦不可及的「過去」作為我存在於「當下」的周圍境域。那麼，我所期待而終究似乎還是可及的「未來」，難道此「未來」足以賠償另外那個損失嗎？可以確定的是，向「未來」的敞開與向「過去」的放開，這兩種時間性維度雖然不同，但是在「過去」似乎是早已確定卻又不再可及的「過去事」的同時，「未來」正好因為不確定，所以此「未來」作為「未來」一樣永遠地停留於「不可及」的狀態中。有鑒於雙向的時間性敞開，「當下」無法全然確切地把握自身，身處「當下」的存在者一方面缺乏諸種支配著此「當下」的「過去事」，而另一方面他又赤裸裸地暴露在一個不可確定的、但他同時卻無從躲避的「未來事」面前。易言之，「當下」並非存在的全部，嚴格來說「當下」根本不等於是「存在」，其「存在」依賴的是

「過去」和「未來」之間的「空隙」，而「當下」的「存在」
卻一直擺盪在「有」和「非有」之間，它一直在等待從「流
變」當中浮出而「生成」。[39] 因此可以確定，「以時間性模式
存在」與存有者的「存有」這兩種概念截然不同。就存有論而
言，「存有」意味著某事物充實地「現時在場」，而且這種界
定其實根植於實物、物體在空間中現身在場這種狀態相關的觀
察。然而，「以時間性模式存在」卻不意味著，有某個「存有
者」猶如物「在空間中」一般，可以「在時間中」被捕捉並維
持。任何處於「當下」之事根本不「現身在場」，它根本不具
有完整的「存有」。故此不可以主張某事呈現的時間性表示，
該事物「在時間性模態下具有存有」，它就是「在某種時間樣
態下」存在。[40] 猶如思考者無法將「流變」概念還原至「存

---

39 奧古斯丁為類似的洞察所煩惱：「〔…〕除非時間走向不存在，否則我們
便不能正確地說時間〔不（加入此「不」字為中譯錯誤）〕存在。」
（《懺悔錄》，頁255；Augustinus, *Confessiones*, liber undecimus, XIV, p. 17:
"[…] non vere dicamus tempus esse, nisi quia tendit non esse?"；cf. XXI, p.
27）。

40 奧古斯丁的思路呈現同樣的盲點，因而一樣引起這個質疑。當他提問「何
為時間？」（Augustinus, *Confessiones*, liber undecimus, XIV, p. 17: «Quid est
enim tempus?» 中譯本：《懺悔錄》，頁254：「時間究竟是什麼？」）時，
他從一開始假設某種「在時間中的」存有者作為思考對象。至於存有者之
存有所代表之純粹的「現身在場」的範例是神的「永恆」（XI, p. 13:
aeternitas；《懺悔錄》，頁252）。結果，奧古斯丁所尋覓的「時間」從一
開始便被界定為某種「在己」的存有狀態，然而這種先定的存有者只在事
後才進入「時間」這個維度，發生模態上的變樣。換言之，奧古斯丁始終
無法脫離傳統存有論架構，以致他無從避免又復將具有時間性之事的存在
方式化約還原至空間中「現身在場」這種「顯現」觀點：「不存在的東
西，誰也看不到。」（《懺悔錄》，頁258，原文：XVII, p. 22: «Neque

有」概念，同理他也不可能自「存有」或「現身在場」的「是」推演出「曾是過」與「將是」。然而，「曾是過」和「將是」這兩個面相確實為任何處於「當下」的事，即為任何「以時間性模式存在」的事所包含。

　　相較於普世時間觀，法藏的時間論與我們原來對時間所取得的體驗更吻合的地方在於，「以時間性模式存在」恰好不意味著「在時間中存在」，不可以將「以時間性模式存在」還原至歐洲存有論的存有概念。為了更深入釐清此論點，可以再次參考胡塞爾對「原初的時間體驗」（originäre Zeiterfahrung）所進行的分析。如上所述，甚至是胡塞爾，他的反思仍然停留在古典存有概念的壟斷下，以致他無法在時間現象即各個時間值的基本差別上看透「不對稱差距」，即各個「時間值」就其「質」而言與排列於「時間線」上的「時間點」固有的不同。胡氏一將源自視角性的差距化約為直線上的一段，也就將時間的「質」還原至可切分並可計量的空間。屬主體的時間與客觀時間彼此「相容相攝」（Deckung）[41] 這種基本主張充分證成的是，胡塞爾從一開始讓「存有物」在連續性時空下所具有之「存有」這種歸屬客觀時間的典範領導有關屬主體之「內時間體驗」的省思和分析。再者，某個「原印象」與其產生諸種

---

enim potest uideri id quod non est»）。因此他又獨斷地肯定存有論的基本信念：「因此，任何存在者，不論它在哪裡，不論它是怎樣的，但它只能是當前存在，它只能是現身在場而存在。」（XVIII, p. 23: «Vbicumque ergo sunt, quaecumque sunt, non sunt nisi praesentia»，中譯本：《懺悔錄》，頁258：「它們不論在哪裡，不論是怎樣，只能是現在。」）。

41　Husserliana X, p. 93（《內時間意識現象學》，頁127）。

「持留」之間的本質性關係又復被稱為「模態變樣」，「持留」被界定為同一個存有者在其狀態上所經歷的諸種變更。落實於「當下」的「印象」即「現時在場」（ist aktuell daseiend），而且在時間圖示上一個「原印象」陸陸續續形成諸種排列在垂直軸上的「持留」，但經過這些「模態變樣」的「原印象」還是維持一種「現時在場」。42 這種「向過去下墜」是「與空間透視法可類比〔…〕的一種時間透視法」：43「持留」的逐漸「下墜」，此時間性現象好比某個視覺對象本身並不變，但當同一個對象物在空間中漸漸離遠的時候，它就變小變模糊。胡氏居然讓有關客觀、均質空間的幾何學概念徹底支配著有關屬主體之時間現象的一整個描寫，以致有各種現成闡釋和構想從一開始就干涉所謂的「現象學描寫」。這樣一來，胡塞爾還是誤解或錯過「有關剛剛曾是之事的意識」（Bewußtsein vom eben Gewesenen）及其獨特的意向性。雖然時間下的意向性對象不斷地發生「模態變樣」，但胡氏依然將這個意向情形還原至連繫到某個知覺對象的那種意向性意識。他忽略的是，涉及「曾是」的意向情形其實牽涉一種「質」為「非有」的意向性對象。更嚴重的是他根本未充分地察覺到「內時間意識」的核心體驗：「當下」、「此刻」連帶著「以時間性模式存在」，即「不完整存在」這種體驗。可是，胡塞爾之所以有這些盲點和誤解，難道不是因為歐洲形上學的、隸屬空間範疇的存有概念

---

42 Husserliana X, p. 29（《內時間意識現象學》，頁61）。

43 Husserliana X, p. 26: "eine Art zeitlicher Perspektive […] als Analogon zur räumlichen Perspektive"（《內時間意識現象學》，頁58）。

嗎？胡塞爾將有關時間現象的另類描寫和闡釋從一開始就以非常根本的方式徹底遮蔽的因素，無非就是因為有存有論以及空間的優先性這兩方面的成見。

　　一旦思考者對於具有時間性的事情、時間狀態、時間值應用空間下存在的「存有者」當成典範，「時」早已轉成「時——間」即「時的空間」。這樣一來，例如在胡塞爾的分析可看到的後果是，某個存有者所具有之積極、實質的「存有」本身不會為時間性所影響。然而，有鑒於時間性這種獨特的「被給予方式」以及這種獨特的「連續情形」或「統合」，而將「存有」當成「現時在場」看待的見識仍然有道理嗎？假如「此刻」僅為「過去」和「未來」這兩端「之間」，假如「此刻」毫無獨立的「持存」可言，而僅為交集點和界限，難道「此刻」這個存有不必然被另外兩端的「非有」所損害嗎？有史以來，歐洲思維為那種純粹處在「當下」且「在場」的「是」或「有」所深刻地迷惑，以致哲學只能依循空間下的「當前在場」、「現身在場」、「現時在場」等模樣思考時間性，但果真有這麼一個純粹僅處在當下、在場的「是」或「有」嗎？屬於時間性的事物一方面從一開始被歸結到「現身在場」這種存有論概念，但另一方面探究時間性或「時間流」這種原本現象的思考者同時也明確地體悟到「當前在場」這種情況從來都無法成立，因為號稱為「當前在場」的「此刻」其實根本沒有內容，它並非「實有」而只是「時間流」上的某個「之間」或「界線」而已。這樣的思考框架難道不會給時間相關的省思從一開始就帶來致命的循環論證與自相矛盾嗎？由此觀之，顯然不可以將「此刻」當成某種「存有者」看待。除了

反駁傳統時間論之外，此質疑甚至也牽涉哲學的整個現實論，即形上學與存有論本身：雖然「存有」這個基礎性概念受時間性干擾而瓦解，但將「事物」與「現實」都還原至「現身在場」這種根本不可能的幻想依然是合理的嗎？

行文至此已可推斷，「此刻」根本不如空間下的實物一樣，「此刻」並不「在時間之中」。「此刻」的湧現從一開始就是「以時間性模式存在」的另類情況，「此刻」的「存在」具有獨特的、弔詭的構造，它標記著一種「內部有不對稱差距的統合」。再者，「時間」並不指如同空間概念一般的「均質連續情形」，「時間」本質上就是一種「非均質性」的關聯情境，「時間」等於是「不對稱內部差距」與「裂隙」。為了對華嚴宗的時間體驗以及其整個思想導出適當的理解，研究者務必要專注這個關鍵洞察，也務必要排除為空間概念所壟斷的時間觀。

以上釐清了所有「時間值」或時間性環節在一個本質性的關聯情境上所呈現的相屬模式。然而，為了能夠完整地觀察到此時間性情況，思考者必須進一步採取時間序列中的某一個「當下」當成自己的立足點和視角。「此刻」與時間序列上的任何「現在」或胡塞爾所謂「此刻相位」截然不同，只有思考者以自身存在活出來而充實的「此刻」才足以營構時間性的統合情形。「此刻」將整個時間序列凝聚成「一念」這種活生生的「總相」，在此際終於顯露出這樣的現象：落實在「一念」當中的「九世」之所以可能共同發揮作用而「俱」為處於「一念」中的思考者所構思，原因在於「有」和「不有」、「無」

之間 44 有一種「質」上的、原本的差異在支配著甚或產生整個時間性的關聯情境。在諸「世」彼此相屬的關聯當中處處起作用的是一種不可跨越、解除的「不對稱內部差距」。然而，這種靜態的整體構想如何轉成根據一般時間體驗而被認為是時間性之關鍵特徵的「流變」、「轉化」這種動勢？

　　「九世」相關分析或許有助於解答此疑問。當思考者關注「九世」序列時，某個「現在事」一方面表示另外還有一個「時間量」與「現在事」一同露出，而且由於此「時間量」是以「非有」、「無」的狀態環繞著「現在事」之「有」，因此「時間量」被視為「非當下」的「過去」和「未來」。可是，這樣的界定仍未完整，「九世」這個觀念在另一方面還蘊含另一種意旨：「過去事」和「未來事」除了處於「非有」、「無」的狀態而共同顯現之外，就其時間性而言，「過去事」和「未來事」本身各自還具備其他面相，「過去事」和「未來事」各自一樣扮演猶如為出發點的「當下」一樣的「現在」和「有」這種角色。對「九世」的分析所凸顯的是，各個「世」之為「世」具有雙重身分，各個「世」既是「有」亦是「無」。某個「世」是否為「有」或「無」，其答案取決於觀察者與思考者本身所採取的時間性視角。當思考者藉由「一念」將自己身所處之「此刻」當成「九世」序列上的核心「現在」來構思「九世」序列的統合時，每個「時間值」或「世」勢必與其他「時間值」發生雙重關係，以致除了「現在現在」之外，任何一個「世」不但附帶「非有」、「無」這種意旨，

44　T45，1874，622a26-622b8。

而且相對於其他「世」，同一個「世」必然同時也各自充實「有」。

　　「九世」序列上各個「時間值」標記著兩種相反界定，而這樣的概念矛盾和悖論顯然妨礙思考者將時間性化約為一種單純僅是「靜態」的結構。在思考時間性時，思考者不可以將「時間」還原到單一種差異性和單一種關係，不可以停留於這樣的構想：有一個由諸種均為「非有」的「過去」和「未來」所構成的「時間量」或「意義視域」，猶如靜態場域一般鋪在唯一的一個做「有」的「當下」周圍，而針對不屬於任何「世代」或「歷史」的「當下」，此靜態的外圍一律維持「有」和「非有」之間的絕對差別。思考者務必要納入考量的因素是，「時間性差距」指的不是中心與外圍之間的單樣差距，而是一種「不對稱內部差距」。環繞著單一一個視角，這個「不對稱內部差距」開闢一種無限重疊的視域。當然此說明尚未解決核心課題，即時間性為何呈現雙向敞開。為何一個「當下有」不但連繫到一個「過去無」，而且另外又連繫到一個「未來無」？這兩種視線及「不對稱內部差距」的區別究竟如何產生？然而，目前至少可以推斷的是，諸種「時間值」都具備雙重身分，而此基本情況在「時間」觀念中產生一種本質性的糾纏與不穩定。這種糾纏情形和不穩定情形不就標誌著時間性弔詭嗎？「以時間性模式存在」的人介於生成和毀滅、「有」與「非有」之間不斷地體驗到所謂的「時間流」，而時間性上透露的糾纏、不穩定似乎就導致人對時間轉變和時間動勢所取得的體驗。

　　為了更深入地理解時間性所包含的「視角」及其「不對稱

內部差距」與「時間流」這種動勢究竟有何種關係，可以先來
設想思考者暫時採取整個時間組織即「九世」序列以外的立足
點。從這個立足點來看時，被觀察的時間現象雖然歸屬原初的
時間性，但它已位在一種後設的詮釋學平面。依據複重時間界
定的原理，思考者可以從此外部立足點來設想「過去事」也是
一個「現在事」，以形成「九世」的重疊組織。時間構造表
示，相對於這個目前為「過去事」來得更早的「過去事」以及
所有之後的「未來事」畢竟都屬於「非有」，以致原來對於目
前的「當下」附帶「非有」界定的「過去事」還是做屬己之時
間序列的出發點，亦即做另一個「當下」，它「同時」也就必
然代表另一個「有」，否則比起該「過去事」排得更早或更晚
的一切「過去事」和「未來事」及其「非有」根本不可能成
立。由此觀之，任何「以時間性模式存在」的事情如何產生時
間界定上的交錯和糾結已經非常清楚：依循時間的構造，任何
一個「當下」是為「有」，而與它連繫的「過去事」和「未來
事」均為「非有」。可是，時間性並不意味著某個「當下事」
單純只為「有」，而「過去」、「未來」的一切事僅為
「無」。更好的說法是，時間性表示，界定某件屬於時間之事
為「有」或「無」取決於進行界定的「當下」即時各自所採取
的立足點。由於分析時間構造的思考者本身透過自身所設想、
想像不得不投入這個時間構造本身，因此時間上的「有」和
「非有」不得不僅為暫時的界定，這些界定都只是即時各自地
生效。法藏時間論提及的「有」和「非有」、「無」等界定的
意涵與存有論上之「有」和「無」是截然不同的。此「有」、
「非有」、「無」僅為某個意義闡釋所導出的「意涵」，而不

等於是存有論判斷。

　　再來，原來立足於外在觀點的思考者若進一步反思自身所在之處，他便不得不發現自身早已經投入其思考對象，即時間序列，並導出有關第十個「世」的省思。統合雙重時間差距的「一念」標記著「此刻」，也就是正在關注時間現象的思考者當成自己的視角而從「九世」交織中所舉出的、所取的這個關鍵的「當下」。「一念」所在的「當下」並非毫無歷史的、孤立的「單一點」或「時間點」。正在思考「九世」序列的「此刻」，即「一念」所在的這個「當下」，它的位置並不在「九世」序列與歷史展開之外，否則原來為「非有」的那個「過去」根本不可能在這番思考正在發生的同一個時間組織「同時」當中，又再附帶「有」這個界定，而「過去過去」這種複重觀念也不可能成立。易言之，設想時間序列的思考者，也就是「一念」的「當下」本身，業已具有時間性而隸屬於其正在思考的對象。正好由於在「一念」本身上時間性的「視角性」及其「不對稱內部差距」才真正發揮作用。因此思考者若局限單獨辨別「前」、「後」這兩個「時間值」或單獨形成「三世」的時間觀，則都是不足夠的，思考者必須將時間序列擴充成「九世」，他才可能充分地掌握到在時間性內部發生的各種視角轉換。結果，思考者體驗為「過去」的內容其實是以弔詭的方式受到兩種相反的意義闡釋，它既為「有」亦為「非有」。唯獨藉由這樣的矛盾和悖論界定，所謂的「過去」這種時間現象才達到適當且充足的理論界定，否則它從一開始就必須是絕對「無」而且從來不可能曾經做過「有」的「往事」。前一個有關「九世」序列的設想揭露諸種「時間值」的不均質

性以及一種原本的差異，即「有」和「非有」這種「質」上的
差別。然而，目前有關「一念」之時間性的省思卻著重關聯情
境下的相屬狀態，也就是專注一切時間環節彼此互相同等的這
個面相。

　　總結以上，時間性的意義附帶的是任何時間界定都無從解
除、脫離的視角性。凡是落實在時間上的事情根本不可能被視
為單純的、全然的「有」，但其又不因此等於是「無」。一旦
某件事的時間性被專注，它其實處在不穩定的存有狀態下，該
事「同時」為「有」亦為「非有」。只有針對某一個即時各自
的「一念」，只有以某個視角下的「望」[45] 為前提，任何一個
時間性之事的存有狀態方才可以被確定。可是，這樣的觀點仍
有所不足，時間界定的流動歸結到被觀察的現象本身，也就是
說時間性本身呈現的「即時各自」的情形與在闡釋時間性即時
各自所歸屬的詮釋處境這兩個環節有本質上的關聯。闡釋活動
必然歸屬即時各自的情境，這在時間現象上揭露另一個特徵。
思考者不得不立足於時間現象本身當中的某一個「當下」做自
己的視角，而且落實於「此刻」的這個「當下」具即時各自的
有效期。除了思考時間現象的詮釋者即時各自立足其上的「此
刻」這個「當下」之外，根本無一般「當下」可言。這表示，
甚至思考者身處的「此刻」本身同樣被既「有」亦「非有」這
種弔詭所支配。一旦闡明時間現象的省思活動在新的一刻更換
另一個即時各自的「當下」為視角時，時間現象的整個結構內
部當然也會發生變遷。時間詮釋和受詮釋的時間這兩個似乎有

45　T45，1874，622b20-622c1。

隔閡的對立場域其實從一開始相攝相容，詮釋的立足點屬於被詮釋的時間現象本身。思考者務必要承認這種互相依賴的情況，否則原本詮釋處境固有的「立足點」、「視角」所指的，根本不可能充分地被理解。時間性上某個現象或顯露「有」或顯露「非有」的意涵，這源自思考時間性的詮釋者本身歸屬時間性，受詮釋的現象是「有」還是「非有」，取決於詮釋者本身最終採取的視角。詮釋學視角的轉換與時間性上發生的意義轉換，即由「當下」過渡到「過去」，自「有」過渡至「非有」的遷移，這雙方面的轉換是平行一致的。關注時間現象的詮釋活動勢必立足於某個即時各自生效的視角。

　　以上表示，詮釋學本身自始至終落實在屬時間性的處境上，所以整個詮釋活動歸屬歷史，任何詮釋學理解都勢必有賴於歷史上的某個即時各自的視角。反過來說，就其意涵而言，任何即時各自的「此刻」並非僅只標記某一個「一般當下」，在詮釋活動當中即時各自生效的詮釋視角「此刻」被詮釋者實際體驗成即時各自地生效的時間性本身。通常思考對象僅被回溯到歷史脈絡與時間流的「此刻」，根本不同於「當下」這種普遍性概念，「此刻」標記的其實是在有關時間現象闡明上每次重新發生的視角轉換。由此觀之，歷史上即時各自地有效的時間性視角可以被還原至詮釋處境所連帶的、即時各自地發揮作用的「意義視角」。在更詳細討論這個問題之前，還得要進一步探究涉及「時間」之形式界定的疑問：「時間」究竟是不是「流變」、「流逝」？

　　由於整個時間現象有賴於某個即時各自生效的詮釋視角，因此「九世」架構中的任何「以時間性模式而存在」的內容彷

彿都「非完整」。某件事物具有時間性，這就意味著該事物「非完整」。屬於「以時間性模式而存在」之事物的雙重「非有」似乎在干擾此事物的「有」，被視為「有」的事物在其即時各自之「有」中隱藏一個「非有」。換言之，正好基於此「有」僅為一種「即時各自地生效之有」，故有雙重「非有」支配著此「有」。此「有」僅為「即時各自」的「有」，判斷「有」這個狀態是否成立，本質上就預設了其他「有」在其他「即時各自」的處境上必須同樣，而且也必須「同時」生效。即使某件時間性事物，相對於環繞它的雙重「非有」所組成的「時間量」可視之為「有」，但這個「有」在其「時間量」當中其實只能以去中心化的狀態被接觸到，這個「有」本身從一開始也一同涵蓋一整個為「非有」所組成的「量」。

由此觀之，時間性事物的「非完整」不僅表示某個「當下」向「過去」、「未來」敞開，也就是任何「以時間性模式存在」之事物「不完整地存在」這一回事。於是，「非完整」也意味著，由不同歷史觀來看，「非完整」的當下事物彷彿圖謀著「將來的圓全」，抑或渴求著對過去之完美情形的「恢復」。即時各自的當下事情，基於其「非完整」狀態，也就是因為就其時間性而言「非有」的「量」一直在干擾其「有」，故它「力圖」朝向「完整」邁進。而這種「力圖」，這種朝向「完整」的動力不就產生了人類自古以來認為是「時間流」的動勢現象？

然而，對於時間體驗上暴露之「流動」，上述的解說只是一則隱喻，恐怕不足以對「過去」和「未來」的區分提供貼切的理由。迄今為止，整個探索局限於思考者從不同角度對時間

現象作一種靜態式的描寫。這番闡釋活動的時間性本身難道能夠讓思考者理解有關雙重差距情形以及時間向未來「邁進」的這種經驗嗎？「以時間性模式而存在」之事物所呈現的「非完整」難道就足以奠建「流變」的動勢？對於這些疑問，法藏的文章不提供答案，甚至還火上加油，以致思考者無可避免地生出這樣的疑惑：將原初時間體驗闡明為「流變」，究竟妥不妥當？「流變」的概念源自「運動」概念，但任何「運動」似乎都必然預設某個「不動」、「持存」、「停留」為基礎。由此觀之，一旦歐洲哲學將時間現象還原至「流變」、「流逝」，它卻早已經將此「流變」又再回溯到穿梭著一個本身不流動且持存之空間的「運動」當成「時間流」的典範。一旦歐洲哲學倚靠這樣的思考框架來分析時間現象，整個時間理論將陷入嚴重的循環推論。這樣說來，「時間」可以不是一種「流變」？

　　以上釐清了兩件事情。其一、時間是為一種奇異的不可超越性所支配的現象，思考者無法先脫離時間性脈絡，再從一種客觀的局外立場闡釋時間現象。其二、一旦研究者企圖揭露某種直覺下獲得明證的或透過超驗式反思可被證成的「原初時間體驗」，傳統時間觀上扮演主角的「流變」確實非常關鍵。然而，或許「時間」所指不僅是「流變」這種歷程，至少華嚴宗思想似乎提示另一種見解。儘管這個另類的時間觀實在很陌生，儘管它讓思考者不知所措，46 但它足以震撼哲學常識。鑒

---

46 歐美學界曾經嘗試透過眾多不同「時間觀」並從不同切入點來探究佛教對時間獨有的見解，但卻都無法破解這個大謎。只要研究者感覺這些努力失敗了，便可以藉此失敗經驗明白歐美研究者皆先入為主引進的哲學成見多麼根深柢固。

此，對以上所提的疑慮本書不能夠提供最終答案，但至少可以
在這個批判性基礎上繼續參考法藏的文章。法藏言論到一半之
後，他並不推展以上所勾勒的論點，他反倒彰顯一個嶄新的觀
點。

第四節　在關聯情境的居中諧調下存在與「以時間性模式存在」

　　首先需要再次強調，法藏所圖謀的顯然是要對時間現象以
及相關概念進行邏輯學式解析，他意圖對於時間性原本上而且
必然所指，來進行可以命名為現象學式的探討。法藏詢問的僅
僅是：從某事物的「有」或「非有」來看，該事物的時間性構
造究竟意味著什麼？第一種答案是：時間性表示，當某事物作
為「當下事」而具「有」之時，它連繫到某些「過去事」和
「未來事」，而且這些事物都處在「非有」這個狀態。原因
是，具有時間性的事物勢必就其內部構造包含雙重差距。時間
性這個意涵可以說是：在屬於「當下」、「有」的「一念」當
中，任何時間性事物便形成「內部具有不對稱差距的統合」，
而此刻時間性作為「內部具有不對稱差距之統合」的結構究竟
呈現何種意涵，這便取決於思考者所立足的視角，只有藉此視
角，具體發揮作用的時間性才會獲得即時各自的界定。故此，
需要再更深入探索法藏如何解析「即時各自」的意味。其策略
與上文對於時間現象的一般邏輯結構所導出的論述不盡相同。
以環繞文章本身的構成所呈現的這個落差和斷裂為主軸，可以
重新來探問一整個討論有何種哲學基礎。

　　以上將同一件時間性事物就其時間性界定而言所標記的複重糾結當成這樣的情況理解：這個事物是「非完整」的。鑒此，有關時間性結構的意味法藏再重新推展另一種考量，將之前以「俱」的名義分成「有」與「不有」、「無」的「三世」，也就是將在某個即時各自的立足點和視角下將共同被關注的「現在」、「過去」、「未來」先擱置一旁，進而以「不俱」的名義重新探索時間性事物的「有」和「不有」問題。47若要將本來是「過去」、因而被視為「非有」之事視為「有」，也不無道理。原因是就某個「當下」而言，經由關聯情境以「緣起」的方式湧現的「過去事」和「未來事」必須與「現在事」毫無差別，因為任何「緣起有」必然皆為「有」。時間性使得所有一切「世」一律均為「有」，因為只有透過關聯情境的居中諧調，即只有在時間性所開闢的關聯情境下，某事物才可能被當成「有」。那麼，假設源自時間性本身之「有」等於是「緣起有」，「以時間性模式存在」就標誌因果關係嗎？

　　假設研究者堅持將這些主張還原到存有論，為了解除兩種相反命題之間的悖論便可說，法藏似乎是在兩個不同層面上斷定這個「有」。「有」牽涉的首先是某件事物於某一個時間點上「現時在場」這種狀態，依據這樣的介入，曾已過去的事、當下的事和未來的事便不可能在同一個時間點上皆「現時在場」。第二個步驟，作者彷彿相反地以絕對的意思應用這個「有」，而並不將任何確定的時空位置分配到處於「有」的事

物。由此觀之，「當下事」所標記之「有」自然可以甚至也必須肯定「當下事」這個意涵連帶來的「過去事」和「未來事」一樣都處於「有」。易言之，時間所標誌的就是，某件事物被引入到「有」這種因果關係之中。唯獨在過去真的「有」某事物的前提下，該「過去事」之「有」才可能作為條件而讓「當下事」成為「有」。這可以透過「時間值」的差異性來奠建因果關係的可能性，也可以將因果關係直接當成時間關係看待。

　　然而，之前已經細論，不但不可以將源自「緣起法」即關聯情境之「有」歸結到支配時空下之「存有」的「因果」理念，而且將其還原至邏輯學的「理由」概念也不可以。即使這種普遍見識讓歐美學者容易理解佛教有關「緣起有」的教義，但千萬不可以將「緣起法」所標誌的關聯情境直接視為「因果原理」。存有論範疇，特別是「在己存有」這種理念，再者存有者的存有源自因果關係為其存有條件等，這種看法都不適合運用在法藏的時間論上，因為這些觀念從一開始就顛覆了緣起觀的原意。研究者務必要致力將業已預設時間性和雙重「時間值」的因果論擱在一旁，進而就一種現象學式層面來思考法藏對於「以時間性模式存在」所作的闡明。法藏的文章顯然不但不斷定由於因果關係的「前後」序列，因此時間性意味著一個不可逆轉的次序，而且他也不反過來將因果關係的不可逆轉性還原到時間序列。這類歸屬存有論因果概念的見解從一開始就掩蔽了「時間現象」和「時間體驗」，以致獨特的時間性構造被推入不可解的隱闇之中。

　　那麼，思考者要是維持在經驗中湧現的時間現象作為研究對象，「有」與「非有」的悖論該如何理解？法藏追問的是：

若某一個被視為「當下事」而另一個被視為「過去事」，就其各自所呈現的時間構造和時間關係本身而言，如何可以將其各自都界定為「有」與「非有」？這番省思在時間構造上揭露出兩種相反面相，而且兩種相反的「有」本身意涵是一致的。只有當思維針對同一個現象分別採取兩個不同視角時，此視角轉換才會產生兩種面相的區別。法藏首先從「俱」這個觀點凸顯的是，基於同一個時間性的相屬情境，分別處於「過去」、「現在」及「未來」的諸事都在「一念」這種內部具有不對稱差距的統合中共存。[48] 可是，若從這個觀點出發，只有「當下事」為「有」，而圍繞著它的「過去事」、「未來事」所組成之「時間量」則等於「非有」。這表示，法藏首先賦予時間關聯一種「體驗質」上的界定，藉由某事物在時間這個關聯情境上屬於「有」而另一件事則屬於「非有」，來區分兩種均為時間性所包含之體驗模式或「質」。

　　第二個步驟，法藏同樣以關聯情境為前提，來解析諸種「時間值」處在「有」還是「非有」狀態的問題。然而，這次他採取一個外在於被對象化的時間組織的立足點。在「不俱」這個名目下焦點不再置於雙重差距下形成的不均質、不對稱的時間統合這種觀點上，作者現在彰顯的是在時間統合內部發揮作用的結合方式本身。[49] 由於時間統合的構造有賴於各種「關係」，因此法藏將這個結合方式回溯到各個時間關係所自的關聯情境，即「緣起法」，來斷定只有當關係的每一「端」即

48　T45，1874，622a26-622b8。

49　T45，1874，622b8-622b17。

「附帶某個時間值之事」作為另一「端」的存在條件時，此關係才成立，故某個時間關係上兩「端」都必然為「有」。50 就被認為是「有」的事物而言，無論該事物被界定為「過去」、「現在」或「未來」的事物，其時間性一律使得這些事物變成被居中諧調的關聯情境引發的「緣起有」。即使此論點或許與某種概念邏輯相似，但其緣由並不在於法藏要將時間現象歸納至貼切的「概念」，而是源自他要以適當的方式描述我們對時間所取得的體驗，他要揭示時間體驗所附帶的模稜兩可這個意旨。由此觀之，借助均質的直線這種意象來掌握時間是可以的嗎？

　　在第一個步驟，時間性差距被理解為「有」或「非有」這兩種「體驗質」的差別，而目前的步驟則以這個差異作為前提。如今可以引進空間模型來解析時間。假設思考者將三個「時間值」排列在一條直線上，空間中標記著「過去」的那一段或那一個環節擺在標記著「現在」一環的「前方」，以便讓觀者從第一環「過渡」到第二環。不但「現在」擺在觀者的眼前，「過去」亦如此。只有在「現在」連繫到同樣擺在眼前的另一環之後，「現在」這一環才可能充實「現在」的意旨。思考者無法構想以「現在」為絕對起點而將時間線往下劃出來，唯獨在與「過去」一環的前後關係下，「現在」這一環才能成形。於是，自「過去」至「現在」的過渡預設，「過去」和「現在」兩環必然同樣為「有」。為了讓「現在事」為「有」，「過去事」必須一樣為「有」，反之亦然。於是，前

50　T45，1874，622b9-b10。

面就時間性的內部差距所彰顯的不同「時間值」在「體驗質」上所呈現的差異就導致直線上三環被設想成一種單向順序，而「質」上的差別可以被理解為在「前後」關係下逐次增加的一種數量。現在，思考者將位在「現在」一環的前一環命名為「過去」，而位在後方的那一環則變成「未來」。

　　然而，這種構想所揭露的是，借助空間的時間觀之不足來幫助想像的方便門，因為這樣的時間觀必然的預設前提是轉成直線序列的時間性差距，否則思考者無法將直線上兩段所占據的「臨近」、「並肩」、「旁邊」視為不可逆轉之「時間」順序下的「先前」和「之後」、「其次」。假設時間現象的雙向關聯尚未被發掘，空間式的時間構想只讓思考者從某一個純屬空間的方位過渡至另一個純屬空間方位，也就是只讓思考者將焦點從毫無時間性的空間點遷移至一樣毫無時間性的另一個「在旁邊」的空間點。甚至這麼一個空間點若使用「現在點」這個名稱也已有名實不符之嫌，因為這種概念必然預設已有一種關聯情境在引導整個思考活動，使得眼前的這一空間位置獲得「現在」這個意旨。一旦思考者要從空間模型中推演「先後」所標記的「不可逆轉」這種「體驗質」，一旦他要衍生獨特的時間關係，即三個「時間值」的排序時，他根本不能僅只局限於空間模型，他不得不從外部引入其他的因素。依據一般時間體驗可以確定的是，「過去」所指的並不局限於僅指空間位置上的「臨近」、「並肩」、「旁邊」這種意涵。在思考者的眼光從空間模型上的一個方位、線段「移動」、「過渡」至另一個方位或線段之際，他其實早已經無意中引進了他正要奠建的時間序列。

　　基本時間性差距不雷同空間下可測量的「距離」，時間性
差距所標記的反而是一種「質」上的差別。周圍做「有」的
「現在事」一起湧現著做「非有」的「過去事」和「未來
事」，這種情況才是時間性事物原本所連帶來的差距。這種差
距與兩個空間點之間的區別截然不同，時間性差距根植於一個
根本的關聯情境。在探究時間體驗時，思考者不可以事後將從
關聯情境中湧現出來的時間性差距分配到某種本來毫無時間性
的、「在己」的存有者，例如某個空間點，彷彿時間架構事後
足以給某個空間點貼上「有」或「無」這種次要界定為其指
標。基於此錯誤，思考者無法掌握到時間性關聯通過不對稱內
部差距所建立的「連結」本身，此錯誤設想反倒從一開始預設
「連結」為前提，它才可能將「有」和「無」這兩種「質」個
別分配到直線上的兩點。空間概念下的量化設想不足以解釋的
是：在「此刻」與「過去」、「未來」三者之間為何有那種獨
特的「連繫」發揮作用？思考者若要將「體驗質」上具有獨特
構造的時間現象還原至量化的空間模型，即空間下的「相距」
這種觀念，則一定會失敗。「一念」上暴露出來的是一種獨特
的「不對稱內部差距」，而此「不對稱內部差距」與兩個空間
方位之間的「間距」截然不同。經由時間性統合顯露的是時間
性獨有之「不對稱差距下的連結」、「不對稱差距下的整
合」。接著有幾項要點需要再進一步說明，然後終於可以凸顯
法藏這篇文章的關鍵論點，亦即這個重大體悟：思考者與修行
者都無從超脫時間性這個原本的處境。
　　大家熟悉的時間觀設想是，「時間」是被套上某個既有單
元的次要存有論屬性，甚或純屬心理學的特徵。然而，這樣的

設想無助於釐清法藏所闡明的情況。存有者的「在己存有」與「以時間性模式而存在」的「法」，這兩種存在狀態乃截然不同。法藏將諸「法」的「存在」與時間性稠密地連結起來。時間性並不等於是某種存有物所呈現的特質或模態。一般假設有某種超越歷史和時間的「…是…」讓「存有者本身」單純地「現身在場」，以便之後由外部被附加某個「時間值」，但這樣的常識其實從一開始就錯過了時間體驗和時間現象的實情。相對於以「現在」或「未來」模式充實其各自所具有之存在的事，以「過去」模式存在的事就其存在情況本身而言，呈現的是另類的「體驗質」。不可以將「過去事」獨有的「存在模式」化約為在具有絕對存有之事物身上發生的「模態變樣」。當法藏應用「過去世中法」、[51]「過去現在法」、[52]「現在現在法」[53] 等說法時，他並不意圖主張，「過去」、「現在」等「時間值」被分配到一個現有的事物。歸根究柢，思考者根本無法一邊只設想某件事物的「存有」，而另一邊只設想該事物「處於時間中」，即具有時間性這種特質。正如法藏所言：「時與法不相離」。[54] 任何「存有」、「存在」概念在本質上必然牽涉時間性，「存在」和時間性乃糾纏在一塊，以致只有藉由「以時間性模式存在」的方式，任何事物或現象才為思考者所接觸、體驗。諸「法」之「有」不但意味著「如是存在」、「作為某物而存在」，而且此「有」同樣也標記著「即

51　T45，1874，621c28。

52　T45，1874，622a16。

53　T45，1874，622a19。

54　法藏，〈華嚴一乘教義分齊章〉，T45，1866，506c18。

時各自地湧現」，即「以時間性模式存在」。

　　在華嚴宗思想上諸「事」從一開始就歸屬詮釋學的場域，介於「以時間性模式存在」與意義闡釋所依賴之「理」這兩種面相之間，諸「事」才能湧現成形。從闡釋事物之思考者的角度來看，置於「九世」組織中的諸「事」不但落入時間性僅為「緣起法上假立」之「事」，而且這些「事」同時也附帶另一種意蘊。「以時間性模式存在」的諸「事」就此狀態都已經充分地透露與「理」的關聯。透過其各自所「是」，即其各自所附帶的意涵，「以時間性模式存在」的諸「事」密切地連繫到詮釋學所瞄準之「理」，使得「緣起理事融通無礙」。[55] 對法藏而言，時間現象歸屬一座詮釋學架構，當詮釋者專注「以時間性模式存在」的諸「事」並且闡釋其各自所發揮之意義時，詮釋者藉此意義闡釋已經充分納入考量的是「以時間性模式存在」。換言之，就原本詮釋處境來說，諸「事」總是「即時各自」地釋放「即時各自」的意蘊，諸「事」總是「即時各自」地，也就是以「即時各自」的方式連繫到「理」。

　　若由哲學與存有論的視角來看，時間性標誌的是「非完整」的這種狀態。現實諸「事」均為「緣起有」，現實僅為關聯情境下之「有」。各個「緣起有」所自的關聯情境為原本的時間關聯所組成，以致這個佛教學說更容易被等同於歐洲的因果關係理念。然而，佛家根本不著重因果的「先後」關係以及因和果之間起作用的成效，佛家更加關切的是關聯情境上之「有」就其時間性所標記的「非完整」這個面相。佛家不追求

55　T45，1874，622c12-c14。

物理學式思維，其思想首要所瞄準的既不是因果論亦不是業報論，佛家首先企圖揭露並實際奠建的，其實是修行者的詮釋處境。只有當研究者從這裡出發，他才能夠體會到，法藏有關時間體驗所從事的省思對於為詮釋佛法的修行工夫所組織的救度史乃具有重大意義。再來，由於時間根本不可能透過只涉及形式的抽象概念從現實本身隔離，有關「時間」是否歸屬宇宙，還是「時間」只不過是在認知主體對世界取得感知當中發揮作用的心理學環節的這個歐洲式疑問，也就是有關「時間」是客觀還是只有屬主體之作用的這種探討，對於立足於原本詮釋處境的華嚴宗思想而言，這類課題根本不重要，甚至是不合理的。只有在詮釋活動下而且針對「理」，「時間」與諸「事」才均為「有」，時間性與詮釋學式之「有」兩者乃密不可分。在詮釋活動介於「理」和「事」之間鋪陳的詮釋學情境之外，根本沒有任何客觀現實可言，在詮釋學的意義情境之外不但無意識或主體性可言，而且亦無「存有本身」可言。

　　對於法藏而言，時間現象根本不分成某種具有客觀「在己存有」之存有者與其時間性地顯現這兩種境界，因而其整個時間論所關懷的，也根本不是實物、對象物的某種「在時間內」的存在方式，其所關切的問題反倒是：由原本詮釋處境來看，時間作為具有某個意旨的「現象」，此現象應該獲得何種意義闡釋，並且對時間的「體驗」意味著什麼？換言之，在觀察「以時間性模式存在」的事物時，假設思考者維持思考對象和該對象藉由意義闡釋「被視為某物」之間的詮釋學差距，法藏探索的問題便是：「以時間性模式存在」的事物就其時間性而言所呈現的諸種樣貌有何「義」？法藏有關時間現象所導出的

描述和分析有賴於其詮釋學立場，而且對於接下來將討論的結論，此詮釋學介入極為關鍵。

第五節　時間體驗的不可跨越性

　　以上已彰顯，在不同時間界定彼此相屬的情況下，對時間現象的分析可以推出兩種相反觀點：時間性不但意味著連續性，而且它也意味著斷續性。一方面，法藏推斷「非有」的「過去事」、「有」的「當下事」以及又「非有」的「未來事」這三個環節之間若有一種獨特的「不對稱內部差距」在發揮作用的話，時間性便代表一種「具有不對稱內部差距的統合」。時間性指的是一種非均質式的統合，而此統合凝聚在即時各自的當下「一念」上。另一方面，法藏專注的現象是，只有當不同時間關係各自藉關聯情境來居中諧調而獲得「有」，因而皆被當成同等、均質之「有」的時候，只有當闡釋者將各個「世」所獨有的意旨就其彼此之間的依賴關係而視為無上下等級時，「一念」方才可能實際確保將「有」和「非有」連結起來的時間統合這種作用。第一項反映著「在時間中」的某個立足點和視角，第二項則執行在第一個觀念原則上已所包含的視角轉換，以便由外部來觀察「九世」共同組織的關聯情境。可是，這樣的觀點就會消解原本的差距情形，它根本不維持時間關係之為「時間性聯結」這種現象狀態。依照因陀羅網中的無限反映模式為例，第二項以頗弔詭的方式主張，原則上諸「世」如同珍珠一樣皆「同時共在」，諸「世」也就藉由互相交織的方式組成整體統合，即「此十世具足別異。同時顯現成

緣起故」。56 諸「世」之所以均為「有」，原因在於諸「世」都同樣是闡釋者所關注的現象，諸「世」針對一個思考者才作為「緣起有」而「同時顯現」。

思考者若採取更高的觀點，來斟酌以上有關不同的時間界定、「時間值」的相屬情況所提出的兩種闡述，便可以發現，一方面這兩種闡述正好相反，因為「過去事」和「未來事」就其時間性而言有時被視為「有」，有時又反倒被視為「非有」，但另一方面思考者也不能否認，若要充分掌握時間現象，這番省思不得捨棄其中任何一個觀點。從一個置於原本詮釋處境的立足點來看是如此，而且時間體驗相關的諸種解說都不可能脫離此原本詮釋處境。可以肯定的是，原則上思考者根本無法超越時間脈絡。法藏一文最終所揭露的道理是：在反思時間現象當中，思考過程導出了即時各自的、彼此相互有差別的觀點，也就是說整番省思勢必為被研究的現象本身所包含，思考者無法將屬於自身的時間性暫時擱在一旁。57 在整個時間探究當中一定會出現一種等次順序，兩種相反時間界定不可能只為單一個同時有效的「時間概念」所涵蓋。「過去事」、「未來事」必然既為「有」亦為「非有」，而且這種悖論破除

---

56 法藏，〈華嚴一乘教義分齊章〉，T45，1866，506c21-c22。

57 在〈華嚴經旨歸〉一文中法藏引述經文來說明，本時間觀的兩個層面或步驟可類比於睡眠中見夢和覺醒後的相反對立：「處夢謂經百年。覺乃須臾故。時雖無量攝在一剎耶等」（T45，1871，595a13-a14）。尚未達到覺悟的信徒以及進行這一整個有關時間性之探索的思考者本身似於夜間「作夢」的人，而對於此人來說，經由「覺醒」終於能夠脫離時間關係上的差距，迄今為此此事仍待實現，目前「脫離」、「超越」這種理念僅只讓信徒、思考者規劃救度史上的實行道路而已。

有關「過去」和「未來」的任何確定性界定，亦即妨礙完整的「時間概念」成形。「時間」之所指怎麼可能是對於同一件事情的正反兩種主張？思考者怎麼可能同時肯定又否定某時間性事物的存在？故此，思考者無法將「以時間性模式存在」還原至存有論的存有概念及其獨有的邏輯法則。[58]

　　為了界定某個思考對象，哲學通常以滿足於邏輯學的「共時性」為標準，因而哲學企圖將時間現象投射到空間模型，以便將「時間」當成一種「時間物」看待。可是，這樣一來，思考者根本無法關注「時間性」的運作本身。「時間」之所以不可能被歸納成單一個概念，理由在於「具有時間性之事」不可能被化約成單一個確定的、不再是模稜兩可的「存有者」。對時間取得符合邏輯學標準的、涵蓋其所有本質性環節的定義，這是根本不可能的，除非界定者已有賴於時間性的實際運作。由於整個時間省思本身處於其研究對象的內部，因此任何對「時間性」的定義必然落入循環論證。「時間性」這個現象暴露兩種相反且不可和諧的情形，而且兩種情形中的任何一個都

---

58 在〈十世章〉一文中法藏彷彿遠遠地超過「三世」、「九世」的教義以及前人的學說，非常嚴厲地凸顯時間理論必然面臨的、無從解除的困境。例如二祖智儼尚未揭示諸「世」在不同視角下介於「有」和「非有」之間的模稜兩可。智儼推出這樣的結論僅只是：「九世各有相入相即。故得成一總句。總別合成十世也」（智儼，〈華嚴五十要問答〉，T45，1869，528b19-b20。法藏亦有類似的說法：「然此九世迭相即入故。成一總句。總別合成十世也。」〔法藏，〈華嚴一乘教義分齊章〉，T45，1866，506c20-c21〕）。由此觀之，最終結論，亦即最完整的「一總句」主張的乃是：歷史不異乎就是為「九世」關聯所組織的整體統一。智儼的時間觀是環繞聚集一切時間關係的「一念」這種共存狀態為主軸，隨而模糊地推斷歸根究柢「時間」就是一種「統一」或「總體」。

不足以單獨囊括時間現象的全部。

時間性一邊呈現「有」和「非有」之間的相反，即一種「不對稱內部差距」。然而，諸「時間值」源自關聯情境，其皆為「緣起有」，以致諸「時間值」另一邊則無異於彼此。這兩種看法之間的「後設差距」在時間體驗上嶄露無遺，而理論通常卻將其化約為連續與斷續的相反。[59] 第一種有關「時間值」和「時間值」之間之落差的看法，應用的是一種靜態模型，第二種見解反倒著重有關時間之整體統合的常識，以藉由關聯情境來設想一切「時間值」之間的均質關係。可是，這兩種看法並不足以解釋原始時間體驗那種不可或缺的、獨特的動勢現象。本來對此問題將有幫助的洞察，即「九世」這種觀念

---

59 基於亞里斯多德與奧古斯丁，呂格爾（Paul Ricœur）選擇「和諧」（concordance）與「衝突」（discordance）這兩種意涵更明確的概念，來闡明在時間構造上透露的無解矛盾（Paul Ricœur, *Temps et récit*, 3 tomes〔Paris: du Seuil, 1983〕, vol. I, pp. 18, 47-49/ 80）。然而，當呂格爾將時間的「組合成形」（configuration）還原至一種「敘事活動」（narration）時（同上，頁107-108），便有一則疑問貫穿其一整個論述：「衝突下的和諧」（同上，頁87：concordance discordante）這種概念究竟適合或可以充分地捕捉每個人對時間所取得的體驗嗎？呂格爾的時間探討是否為某種美學式的判准所誤導，以致呂格爾的時間論還是賦予連續性以優先地位？他是否與前人相同，仍然一樣地忽略、掩蔽對於「斷裂」、「斷續」這個現象的體驗，無論此體驗是超越所有敘事關聯也好，或它是在敘事以內發生也罷？呂格爾似乎並未脫離歐洲的傳統時間觀，透過「敘事的時間」來「深化」時間思想的這種意圖仍有嚴重的瑕疵。即使華嚴宗的詮釋學環繞救度史為軸心所關注的「被敘事的時間性」與呂格爾的關懷有交集，但法藏在〈十世章〉以及底下第七章將詳細參考的〈華嚴發菩提心章〉（T45，1878）兩文中所推展的時間思維所導出的，應該是更徹底且豐富的洞見，更可以讓哲學重新探究「存有與時間」這個經典議題。

下諸「時間值」之間產生彼此相互糾結這個關鍵突破，在法藏的時間論上根本未獲得進一步的推展。法藏僅只強調，由於時間界定發生重疊，即同一件「過去事」既扮演「過去」和「非有」，又扮演「現在」、「有」這個相反角色。鑒此，有關諸種關係如何在時間性中獲得整體統合的理論落入了兩種相反見解，即自相矛盾與悖論。目前看來，某一件關聯情境下具「緣起有」的事物彷彿在確保另一件事物的「緣起有」，例如「過去事」確保「現在事」，以便設立雙重時間統合。可是，在思考者又再省視時，便似乎只有當某件在時間關聯下為「有」之事，即「現在事」，在其本質上呈現獨特的不對稱差距，進而跨越此差距來連繫到共同湧現、卻為「非有」之「過去事」和「未來事」的時候，雙重時間統合方才可能實際成立。此處透露出來的其實不異乎就是「時間概念」和「時間體驗」之間的皺褶和裂縫。

　　法藏的時間論不但具有幾個層次，而且就哲學習以為常所採取的存有論立場而言，其論證歸結至兩個不相干的平面，要以恰當的方式評估這個時間論是不簡單的。在陳述的進展當中，整個思路透露了不少斷裂，彷彿時間現象根本無「統一」可言。再者，法藏似乎並未系統性地探研「九世」組織之結構所隱含的深層。文中第一道「門」提出時間現象的基本環節，第二道「門」則探討時間現象作為「內部具有不對稱差距之統合」這種內在關聯，但在內容方面兩門之間的關係好像只是鬆散地並排。目前第二道「門」從一個絕對的視角來闡述「不俱」這種立場宛如與第一道「門」對「九世」序列進行的分析吻合，而思考者也就聚焦於即時各自地顯露出來的整體時間關

聯。至於第二道「門」以「俱」的名義討論時間現象的內部差距如何藉由一種相對式觀察來合併而成為即時各自地完成的關聯情境，此觀點與第一道「門」在「九世」序列上套上第十個「世」即「一念」彷彿有對應關係。

　　然而，法藏本身並未明文再進一步展開這兩門之間的關係本身，這兩個討論平面之間的關係是讀者自己必須發覺的觀點，而且此關係似乎只是一種聯想，並不屬於談論對象本身。這樣的處理方式也不無道理。法藏提出兩「門」，亦即通往同一個時間現象的兩種不同「視角」，而且整個討論等於是他環繞「十世」為主軸對於時間體驗的「義」[60] 即意涵所進行的闡述。與其說法藏尋求時間的「概念」，倒不如說他意圖讓時間現象從不同角度並且以不同意蘊顯示自身。與其說他要「解說」時間，不如說他試圖將修行者從觀察、省思時間現象的立場引至更深的層面，讓時間以另類模式揭露自身的轉換點。對於法藏，似乎只有這樣來超越或逆轉，思考者才能觸及時間性所意謂。

　　再來，基於語文學考量以及整個論述的具體營構，不難將法藏在第二道「門」下提出的兩個相反觀點分別理解為諸「時間值」或者以「俱」所標記的邏輯式共時出現以及以「不俱」的名義產生的「前後次序」。可是，這樣的解讀再度落入存有論式架構，因為思考者又復試圖透過已附帶「時間性」這個意旨的觀念為基礎，來掌握時間體驗的原本情形，以致他陷入循環論證，踏上無窮無盡的後退理路。所以研究者應該盡可能地

60　T45，1874，621c28。

運用抽象的思考框架來解讀法藏的探索，來發掘這個探索真正
所瞄準的結果，亦即實質地開啟時間體驗固有的時間性維度本
身。法藏如何追求這樣的目標？而且對於時間動勢和導向等體
驗，法藏的策略又意味著什麼？接著本文將以環繞介於兩道
「門」之間暴露出來的「後設差距」為主軸，試圖探問對哲學
或佛學而言，釐清時間現象此任務本身究竟意味著什麼。

　　以上闡述了有關時間之「本質性構造」的兩種相反見解，
即「差距」和「統合」。為了充分掌握時間現象，思考者雖然
務必要引入這兩種相反觀念，但由於這兩者彼此互相排除，故
思考者無法將這兩套時間觀還原至單一個時間概念。思考者這
樣的失敗所揭露的，是思考本身無法超脫時間性這個道理。[61]

---

[61] 修行者不可能超脫時間體驗，這個洞察標誌著法藏經由詮釋學哲學追求
「朝向實行來思考」這種策略的核心處。由此觀之，時間之不可超脫這件
事所導出的結論與歐洲哲學上類似的洞見和論點有重要的不同處。理由在
於，就歐洲哲學而言，時間之不可超脫性相關的洞察總是停留在存有論或
認知論的關懷下，也就是說此不可超脫性僅只當成主體的限制看待（例
如Bieri, *Zeit und Zeiterfahrung*, pp. 14/ 69/ 178）。舉例而言，柏拉圖有關時
間的定義局限於「單一中存留的永恆」（menon aiôn en heni）這種弔詭的觀
念，從此時間樣本中衍生出「依循數字前進之永恆再像」（kat' arithmon
iousa aiônion eikôn）這個與時間流相關的見解。柏拉圖將「時間」化約為
「存留之時間」，即看待為「時間綿延」的序列形式（Platon, *Timaios*, 37d,
Platon, *Werke in acht Bänden*, griechisch/ deutsch, ed. Gunther Eigler
〔Darmstadt: Wissenschaftliche Buchgemeinschaft, 1983〕, vol. VII, p. 54）。
再者，奧古斯丁提示宇宙論下創世紀所開拓的時間是一種不可超脫的框架
（*Confessiones*, liber undecimus, XIII, p. 16；《懺悔錄》，頁257）。至於康
德，眾所週知的是，時間可以作為任何經驗之「可能性條件」，因而時間
也不能被任何超驗立場超脫，以致時間作為某種涵蓋「持存」、「綿
延」、「流動」等情形的框架奠定了一整個認知論的基礎。總之，柏拉

對時間現象下定義，這種思考努力已歸屬一個具有時間性構造的處境，即原本詮釋處境：就此處境來解析時間之思考者的所有見解都必須依賴詮釋學視角，脫離不開的「即時各自」這種為時間性所貫穿的情況。這表示，時間現象所暴露的面貌不得不一時如此，另一時又復如此。

　　依據「俱」的觀點聚焦於整合時間之「一念」的現時當下時，我所身處的當下透露著某種視角下的關係，這使得我察覺到「由此往彼」的不對稱內部差距，也就是在「此刻」的固定視角下我連繫到某個我所不可及的、「非有」的「過去」和「未來」。而當我相反地設想某一個在「一念」這個雙重統合之外的立足點，隨而思考時間的一般構造時，便有三種同類的、均為「有」的「時間值」擺在此絕對的觀察點面前。由此設想來看，我的時間觀念喪失了相對於某個固定立足點的隸屬狀態，以致目前三個「時間值」就其「質」而言本來各自所標記的差別失效了。當我從這個觀點出發時，唯一透露的是，藉由時間這種關聯情境，三種不同時刻都以毫無等級和導向的方式同樣落實在一種相屬情況中，也就是說各個「時間值」一樣

圖、奧古斯丁、康德等哲者都無法不預設思維的時間來界定「時間」，他們皆陷入在「時間以內」的立足點來界定「時間」這種循環辯論。最終，甚至胡塞爾在應用「流逝」這種比喻來描寫「時間」時，也無法脫離兩難的困境，因為此比喻顯然已經預設某種「持存而不流動」的時間性框架作為我們知覺「流逝」的前提。「時間」之為「時間」的特質彷彿不可為任何概念所掌握。至少在哲學試圖將時間現象當成「時間物」並將其放入邏輯學所構想的無時間或共時性這種思考架構時，哲學仍然依循空間實物為模樣，卻在時間性之外思考「時間」時，這種思考策略當然會落入無解的窘境。

都代表一個為關聯情境所產生的「緣起有」。然而，與上一個觀點在關聯情境下揭露的「非有」相似，目前的構想在任何一個時刻上都凸顯一種關聯情境下不可彌補的「敞開」：由於每個時刻的「緣起有」依賴著其他所有時刻的「有」，因此諸刻皆「非完整」。

　　即使某種意義下上述第二種見解依賴於第一種見解，但後者還是不足以單獨掌握一整個時間現象。有關時間性的省思不能停留於第一種看法，即「一念」中成形的時間性統合。思考者另外還需要第二種觀點，否則會遺漏時間關係下不同環節之間產生的那種獨特的互連情況，亦即「九世」觀所標誌的糾纏關係。就此可得知，基本上只有當思考者將這兩種不同觀點合併起來之後，他才能夠充分地掌握到時間性。可是，由於兩種見解的反差根植於思考對象本身所呈現的自相矛盾，因此思考者根本無法將這兩種見解匯整統合而產生一個整體的時間觀。不過，一旦思考者藉由這兩種不同觀點，在時間性上凸顯出實質的悖論時，在這兩種時間觀先後個別被提出之間便會透露出新的、屬「後設平面」的時間落差。正好因為這兩種見解隸屬兩種不同思考角度，因此思考者無法將其融合起來。易言之，探究時間現象的思考者無法爭取單一個立足點，藉以產生一種單純的時間觀。思考者從第一個看法過渡到第二個看法時，這樣的觀念對換本身「需要時間」，它是「在時間中」發生的轉換。易言之，思考者對時間性的探索本身也落入時間性。當法藏從「俱」過渡到「不俱」時，其陳述的展開本身有賴於一個具時間性構造的視角轉換。只有在第一種構想被顛覆而轉成另一種構想之際，時間性的真相才會暴露出來。

　　對時間體驗的省思以及對時間現象的理解都為一種奇特的斷裂、斷續情形所支配。當初僅只企圖嚴肅且嚴謹地探析時間現象的思考者最終面臨的情況是，他不得不體認自己一整個思考活動本身為時間性的雙重構造所吞噬。即使當初界定時間的思考者以為自己可以立足於某種超越時間性的、位在所思對象之對立面的、似乎為「絕對」的著眼點，但一旦思考者將整個省思推至終點，就會發現自己所採取的著眼點內在於自己關注的對象本身。思考活動在這裡所進行的探索，無法避免的必須根植於被當作思考對象而被探索的時間性。法藏一開始專注原始時間體驗上透露的「內部不對稱差距」，就讓思考者將時間理解為「內部具有不對稱差距之統合」這種整體。然而，若從有關時間現象之總結來看，思考者最終面臨的，又再是當初的那種對於時間差距的體驗。思考者無法根據整體性這種原理思考時間。在有關時間的省思過程當中，會發生一種奇異的逆轉。此情況究竟意味著什麼？比起將「時間」視為一種整體情形，將「時間」當成一種「斷裂」，即一種「裂隙」兼「跳躍」看待難道不會更合理嗎？

　　法藏的讀者首先獲得的是有關時間現象的一般領會。在他對此現象追求理解時，此理解本身就有雙重構成。只要思考者斟酌自己思索活動的經過，他便可以十分明白，法藏在時間上凸顯的特質是一般時間觀並不足以描繪的關鍵特質。在時間性這個現象上，思考者取得一種有關自己無法還原或超脫之「落差」的體驗：在被對象化之時間構造所呈現的兩種相反觀點之間，被思考的內容發生了轉換。就思考的實行層面而言，這種相反觀點之間產生的對換類似內容就會依據不同看法而產生翻

轉，因此激發的那種像「跳躍」一般，而且猶如裂開的木頭裂痕紋理一樣，這樣的視角轉換貫通時間性這個現象本身，視角轉換這種「跳躍」就為所思對象本身所隱藏的「裂縫」引發。與其倚靠某種承托「流變」的「存留」，即抽象化的「持存」概念，構思「時間」作為一種「統一體」或「框架」，倒不如依照「跳躍」、「跨越」、「渡過」這種觀點，具體來切身體認時間性，也就是著重於這個實質的轉換現象：所有的發想都猶如眨眼一般，彷彿都是從這一瞬「跳躍」到另一瞬。

　　只有在實行層面上，亦即在實際經由具時間性的思考活動對於時間性執行思索當中，時間現象以及時間性的「不對稱內部差距」才能被完整地揭露其樣貌和意義。與其將「時間」分配到一條直線上的每一個點，而每一個點都有居中諧調作用，以產生「連續情形」，倒不如嚴格地劃分「時間性」與「空間性」來體認「時間性」代表一種不可諧調的「裂縫」兼「跳躍」。「時間」並不是我們一直在其上不斷地進行「跳躍」的基底或框架，「時間」是一種將我們一直地重新引入這種無底情境之「縫隙」。「裂縫」兼「跳躍」乃是「時間」的正名。

　　當然，一旦思考者試圖藉由現實中暴露的「斷續」、「間距」、「裂縫」、「跳躍」等觀念來嚴格地辨別「時間」和「空間」時，這樣的思路還是借助了空間性的聯想脈絡。可是為了省思「時間性」與「存在」之間的相屬情形，「時間—裂縫—跳躍」這個意象仍能有所啟示。此意象不但有助於研究者深入理解本書主要所關切，即華嚴宗的詮釋學哲學，而且此意象也鼓勵思考者對大家熟悉的時間觀進行批判性反思，進而開闢一種嶄新的時間觀。「時間—裂縫—跳躍」一詞標誌著有關

「時間」的闡釋活動本身，此意象所涉及的就是為「不對稱的時間性差距」所支配的理解本身。藉此意象思考者可以發覺：就原本詮釋處境來說，時間性是詮釋者不可超脫的思考條件。因此若依照空間範本將時間設想為諸種同等、均質之「現在點」排列成一條直線，這樣的設想肯定會忽略時間性連帶而來的視角轉換必然性，也會忽視「不對稱內部差距」，以致思考者從一開始就錯過、誤解時間體驗與時間現象的實情。

「時間」作為一條直線這種理念完全無顧於以不同「質」所組成的「不對稱內部差距」。「時間線」、「時間軸」這種觀點僅能掌握到整體和部分之間的或「量」上的關係。這種單純的「統一體」不能代表原始的時間體驗。直線意象只能標記各個「當下」所組成的「時間序列」，將其整體視為局限於形式構造的「時間框架」及其永恆不動的「存留」。這種時間概念只不過便利於描寫「時間以內」發生的物理事件。設想一個有人格的「主體」作為「統合體」和「框架」，並且設想這個統覺主體是倚靠超越時間的「同一性」來感知不同對象內容「在時間以內」發生的變更，這樣的設想所運用的也是同一個概念。可是這種時間觀的重大遺漏是：無論是針對宇宙論、心理學或主體論，為人詬病的點同樣都是將時間投射到空間模型這種根本不能掌握時間現象、時間體驗的全部的設想。這樣的時間觀必須從一開始預設內在於時間性的「不對稱差距」，其才可能將「時間」投射到「時間線」這種具有均質性與連續性的空間整體，也才可能將「時間」設想為存有者一切發生之最原本的框架。

正好由於法藏根本不藉由「統一本質」這種概念來闡明時

間現象，因此他成功地將整個探索引回至此現象原來所屬之場域，亦即對時間的實際體驗。對於法藏而言，時間不僅為存有者的時間，時間不局限於某種在對象上發揮作用的界定形式，「時間」之為「時間」，此原本情境反而滲透到就詮釋處境來闡釋諸種現象的思考活動本身。在時間現象相關之界定最終揭露支配著時間相關之意義闡釋本身、而且是思考者無從解除、超脫的雙重構造之際，「時間」的真相便大白：與其假設「時間」等於是「連續情形」或「統一」，倒不如從一開始借助「裂縫」與「跳躍」這種意象來省思時間性的弔詭。思考者不可以基於諸時間單元之間固有的相屬情況，便忽略或犧牲時間性上的「不對稱內部差距」，不可以先假設有諸種原則上是均質、同等的「時刻」，事後將這些「時刻」投射到共同的關聯秩序。理由在於，這樣一來「時間」早已經被還原到根本不可彼此互相辨別的「時間點」，也就是「時間」從一開始被化約為一個永恆的「當下」。如此一來不但「時間綿延」、「時間流」等體驗全然喪失，這種盲目的時間論同時也必然導致「時間序列」以及「連續性」都被犧牲。換言之，傳統時間論根本尚未真正地體認到「現在」、「此刻」所標誌的情境，哲學尚未發現時間現象的整體性在於「一念」，即「內部具有不對稱差距之統合」。哲學尚未體悟到的是，只有在「當下情境」落實於「不對稱內部差距」之後，時間性以及時間獨有的統合模式才能成立。

第六節　對現實進行歷史性詮釋

　　在前述錯綜複雜的探討後，在這一章將整合歸納推出意義更為重大的結論。我們對時間所取得的體驗，被一種難以確切地掌握的不可超脫性支配。時間不可能全然為範疇性思考所掌握，此事意味著思考者根本無法對於現實形成一種超越時間的、不隸屬歷史脈絡和特定歷史處境的思維。在歷史上以某個即時各自的視角為必然切入點之下，現實的「真理」、「真相」也不能被思考者「一次完整且窮盡地」捕捉到。由於任何「存有真理」從一開始就仰賴某一個歸屬特定歷史處境的反思努力，歐洲哲學所設想的「純粹存有」根本不可能超脫思考者的時間脈絡，任何「存有」其實總意味著「以時間性模式存在」。然而，這並不表示，存有真理雖然即時各自地暴露的樣貌取決於思想史的演變，但真理本身卻是永恆不變的。此處有必要仔細斟酌有關時間之不可超脫性的洞察及其重大的意旨。假如思考活動本身不得不歸屬時間性，以致時間從來不可能完全轉成思考者的「所思對象」，時間就不適合被理解為一種奠建認知論或存有論的「基本範疇」或「直觀形式」，而且也可以斷定，時間和思維兩者之間的聯繫比起哲學通常所設想的，乃更為密切。如果時間體驗和思維都為時間性所支配，如果此情境不可能透過省思時間體驗所追求的抽象化方式被解除或脫離，這便意味著，我們無法藉由完全不附帶任何時間因素的模式來瞄準任何被思索之對象。乍看之下，思考者彷彿可以設想某種處在歷史之外的「在己存有」，他似乎可以設想一個毫無歷史向度的「所思對象」，但這種印象其實不正確。理由是，

時間性本身根本不可能被理解為某種思考者在事後為所思內容套上的次要狀態或「屬性」。思考活動本身從一開始就不得不處處將時間性引入到其所思之所有內容的內部構造，以致所思內容甚至在宛如最為「毫無時間」的情況下依舊落入時間性。

　　再來，要是思維本身在思考時間現象當中根本不可能立足於時間性情境以外，要是思維根本無法立足於某個超越時間的、「超驗」式的絕對著眼點，來將整個歷史世界安放在所思對象這種對立面，整個現實的歷史演變便不可能全部為思維所掌握。結果，將存有、現實整體的「真理」設想為完滿歷史或超越歷史的最終「統一」這種原理，即類似黑格爾式的構思便不合理，亦不切實際。假設「存有」作為思維對象時還是落入歷史，有另一種歷史以「後設歷史」的身分便在此現實對象所歸屬之歷史底下發揮作用。「後設歷史」指的是思維本身立足其中的這個歷史脈絡兼歷史性處境。這表示，當思維去思考存有、現實的時候，這番思考及其所思內容勢必全部為歷史性貫穿，思維本身無法脫離其所思對象，思考者無法以毫無歷史歸屬的方式立足於歷史性現實之外、之上。由此觀之，現實的歷史「需要」身處歷史的思考者，現實「需要」本身為歷史所貫穿的思考活動，現實的歷史方才可能實際發生演變。華嚴宗之所以構思一種處於歷史以內並承擔自身之歷史性的救度道路，原因就在於此。

　　法藏凸顯時間體驗之不可超脫性，亦即思維本身不可脫離自身固有之時間性。此洞察的意義牽涉救度史與修行之道。法藏的時間論以最抽象化的方式彰顯華嚴宗對救度、解脫、成佛這個修行目標所達成的體悟。法藏的發現在於，通往解脫之道

本身勢必落入歷史脈絡，甚至終究「成佛」這種成果亦無法脫離成佛者的歷史歸屬。在時間作為關聯情境而收容一切「世代」時，甚至在這種整體的統合構想中，思考者仍然停留在「以時間性模式存在」的情境上，以致整個統合構思仍舊依賴歷史以內的立足點，而被構思的內涵一樣為此不可脫離的歷史歸屬所拘束。故此，「佛」並不代表一種超越紅塵輪迴即歷史演變的終止，「佛」不標誌毫無時間性之解脫這種原理，但「佛」同時當然也不能被視為僅只是完成或毀壞這個歷史演變中的「現身者」，「佛」終究與輪迴中出現的不休滅「法身」、「佛身」不盡相同。一旦修行者下決心將落入時間性的原本詮釋處境設定為自己之修行工夫的出發點時，所謂「解脫」也必然以神奇的模式落入此時間性，落入輪迴。即使由外部來看整個歷史經由關聯情境的諧調作用彷彿最終可能達到圓全的整體統一，讓信徒終於超脫時間脈絡，但這種猶如科學家一般試圖採取「局外」之立場的構想本身仍然是具體的發生，此思考活動本身還是脫離不了即時各自的「此處此刻」，以致整個完美的統一構想仍然根植於一個詮釋學式的救度途徑及此途徑所離不開的歷史性局面。有關解脫、成佛及歷史終止的「統一之夢」仰賴「時間─裂縫─跳躍」這個敞開情境，一切嚮往某種「統一體」的構想之成立與否取決於該構想是否將自身所隸屬之歷史處境以及「時間─裂縫─跳躍」納入考量。總之，信徒和修行者務必要體會的就是自己所身處的循環、弔詭情境。

　　讓眾生完滿歷史而成佛的這件事情並不超脫意義情境與詮釋學工夫的場域。成佛這種終極的轉化和圓全仍然屬於歷史。

由於一切現實勢必落入「以時間性模式存在」這個情況以及歷史性，某種意義下，甚至「佛」本身亦呈現所有具時間性之事所呈現的特徵，甚至祂必須是「非完整」的。基於意義情境與詮釋處境的不可超脫性，「佛」並不代表某種歷史結束之後的完成，個人覺悟以及隨之而來的成佛一事根本不會讓信徒離棄紅塵輪迴的歷史脈絡。信徒不應當將歷史上現身之釋加牟尼所啟示的佛法真理視為某種超越時間性之真實境界，又不應當將救度理解為對輪迴歷史中之現實的捨棄。「佛法」不代表一種普遍理論，它反而是一種在歷史以內發揮作用的動力和導向。要是「佛」、「成佛」、「解脫」等觀念從一開始都歸屬意義情境，即歸屬具有歷史性的詮釋處境，自華嚴宗來看，這個道理則意味著，不再有任何超脫紅塵輪迴與現實歷史之「佛」可言，這種超越相關的構思根本不可能。信徒唯一可以圖謀的救度方式並不可能在於通過歷史而最終取得從歷史範圍內被解放這種「解脫」。任何「救度」只可能落實於歷史以內，落實於信徒即時各自所身處的歷史處境，而且只有經由一種歷史性努力，任何「救度」也才成為可能的。理由在於，歷史不被理解為一種暫時且有限的「流變生成」，亦即一種朝向未來流逝的「時間流」，華嚴宗思想反倒是在歷史的核心處體會到一種「內部敞開」，而這種敞開被視為原本詮釋處境上的立足點所引發的「意義敞開」。因此，華嚴宗訴求於修行者務必要就其即時各自所身處之歷史處境為出發點，經由其即時各自的闡釋活動，實際承擔為意義現象所連帶來的這個具有視角性和內部不對稱差距的開放情境。

與其將華嚴宗所構想的、歷史性的解脫途徑之目標定在某

種絕對的「解除」、「跳脫」，即定在某種離棄意義情境及其歷史性的「超越」，倒不如這樣理解救度目標：修行者要通過意義闡釋作為修行工夫來逆轉而實際承擔自身業已所處之存在情況，因此修行者應該逆向「跳入」其原來的所在。換言之，修行者應當將自身現實存在「逆轉收回」，來「跳入」即時各自地在支配著自身存在的這個「時間—裂縫—跳躍」。由華嚴宗來看，「歷史」所標誌的不再是存有的或現實的「歷史展開」，「歷史」不再意味著現實萬物所經歷的「演變」。與之相反，法藏在「以時間性模式存在」上揭露的「內部不對稱差距」必須被當成內在於現實本身的「裂縫」兼「跳躍」看待，而且萬物的歷史與萬物的存在本身都凝聚成此「裂縫」、「跳躍」。

　　假設果真如上所述，假設救度史與身處於歷史的思考努力之間基於時間性的確有著密不可分的糾纏關係，便只有經由首先逆轉而投入修行工夫的歷史性，藉由體認並承擔原本詮釋處境的時間性及其獨有的敞開這種管道，修行者才可能實際達到成佛這種成果。成佛一事並不取決於信徒能否對某種超脫一切時代的「在己真理」爭取圓全的覺悟，毋寧可說，信徒得要追求的是，他要對自己作為尚未成佛、尚未覺悟的修行者所身處之歷史性處境，並且對此出發點乃不可超脫這個原本情況本身取得充分的體認，修行者也就是在自身向救度之修行工夫上，而且經由此工夫的執行本身，實際承認並承擔自身的存在情況。為了對華嚴宗有關修行之道的構思，即對於這種具有歷史性的詮釋學工夫推出總結，下一章將更詳細釐清這個課題：修行者該如何引發這種徹底返回到原本詮釋處境的「逆轉收

回」，他如何可以而且也應當經由某種落實於時間性上的、保存意義敞開的「詮釋學之道」朝向解脫邁進？

第七章

作為修行實踐的
詮釋學與歷史性工夫

第一節　意義的動勢與詮釋活動

　　以上釐清了華嚴宗的詮釋學式修行立場。本章以這方面的新見解為出發點，來探究法藏著作的文本構造，目的是要凸顯法藏的詮釋學哲學如何具體地落實在其陳述策略上，也就是要闡明，在關聯情境下原本詮釋處境為何猶如動勢一般地在「發生」。這究竟意味著什麼？這會導出何種結果？在意義現象上暴露的本質性特徵是關聯情境下不斷更新的動勢，而且此意義動勢是法藏之講學方法的核心關懷和基源，因而應該藉此意義動勢揭示內在於詮釋活動的時間性。易言之，要探討法藏如何將內在於意義現象的原本動勢轉化成為自己從事對佛經文本演繹的動力。在這個層面上，時間性和意義動勢這兩個要素就共同代表歸屬學問脈絡的「教義」以及歸屬師生之歷史處境的「教學」。這個糾纏不但在「教義」和「教學」之間產生靈活

的呼應、互補關係，而且在講學活動上這也是開啟整個修行工夫所環繞之軸心的甚為具體的方式，即「實行上的二元情境」。

　　本書第五章曾強調，法藏〈華嚴發菩提心章〉一文的主要內容在第三與第四這兩節，[1] 討論諸種「謬誤」以及佛法在救度史上透過合理的詮釋可能引發的效應。法藏關切的核心問題在於標題所點出的「發菩提心」，即信徒在初始是怎麼興起體悟和決心的。為了解脫而踏上救度之道時，修行者所實行的第一步乃是最為關鍵的步驟。依據華嚴宗的判教式歷史觀，一整個救度史的開展以及解脫的可能性都取決於修行者始初實際投入此途路的時刻，也就是解脫業已落實於此投入一舉上，「初步」就已經涵蓋一整個歷程的終結。在〈華嚴發菩提心章〉一文中法藏釐清這個弔詭的構想，說明修行者的當下處境和其將來解脫這個修行目標後的處境之間，如何發生時間關係的逆轉、顛倒。非常值得注意的是，法藏根本不企圖解除這個弔詭。與其說法藏不企圖消解這個弔詭，毋寧說法藏於該文中僅只應用一個巧妙的方法，便將修行者引導至這個弔詭會瓦解之契機的面前。法藏透過教學所執行的領導工作僅只能引領修行者到初始體悟而已。至於如何實際取得解脫，如何實際承擔時間性弔詭這個大謎團，法藏並不提供而且也不可能提供任何答案。理由在於，救度史上時間關係的顛倒、逆轉所標記的悖論並不具有邏輯學或理論意旨，由於此時間性弔詭所標誌的是每個人均所身處的存在情境本身，故此弔詭只有在修行實踐即實

1　T45，1878，652a5-b8, 652b9-654b29。

行史上，它才可能展開其意義，而且唯一可以「解除」此弔詭的辦法當然也在修行活動的執行本身。文中一切啟發所瞄準的都是這個初始的實行步驟，甚至在法藏賦予此原本就弔詭的各種理論以界定時，也已經如此。對此觀點的一整個理論鋪陳目的只在於，要讓修行者實際「跳入」。但是本論文的關懷在於哲學分析，不在於佛教的修行本身，所以要解析的是落實於該文章的文本結構之思路，即法藏如何經由其陳述的整個鋪陳、前進或循環反轉的方式，力圖在讀者、修行者身上激發「發菩提心」這個效應。有關此成果本身的討論並不屬於哲學的範圍，畢竟這是每一個修行者本身經由其各自所從事的修行工夫才可能體驗、實現之事。

　　就內容來說，〈華嚴發菩提心章〉第三節與第四節都觸及同一個主題，這兩節所闡述是從不同切入點不斷地重新揭露承載輪迴業報與覺悟關係的關聯情境，也就是說明在根本上支配著救度史之「理」與現實中諸「事」之間的關聯。可是，法藏的論述並不單純僅指示關聯情境這一觀念的主要特徵，他再進一步反思的議題是：由於意義現象標記一種詮釋學式的關聯情境，因此所有意義指引最終都指向救度史。於是，法藏描繪內在於關聯情境的、概念不足以充分掌握的動勢。這段討論的策略在於，要解除天真的見解，也就是要阻止信徒對通往涅槃之途產生這樣的錯誤設想：經過所有世代即「劫」的整體歷史，眾生終究會解脫。這種普遍想法所預設的是時間作為一條直線。基於法藏持另類的時間觀，他可以為了另一種涅槃觀作辯解，可以將輪迴與涅槃兩者均容納到每個人業已所在的處境以及引發覺悟的起初步驟。然而，與其說法藏橫直獨斷地主張，

輪迴與涅槃之間有一種可被理論和邏輯學掌握的「同一性」，倒不如注意法藏如何將輪迴和涅槃之間的相屬情況回溯到時間性的、內部有不對稱差距的統合，以便在修行者身上實際引發朝向兩端整合之實行。

　　研究者要是想要理解在華嚴宗的詮釋學式救度論上關聯情境的動勢究竟扮演何種角色，他務必要超過文本所述的內容，進而特別專注法藏在推展其言論時，此言論上各個步驟究竟引發何種實行意旨。換言之，研究者不可以單獨局限在有關「色」與「空」、「理」和「事」的教義相關理論探析。雖然文中被深入討論的，的確就是這兩種對立關係，但經過這一整個談論，作者力圖將介於輪迴和涅槃之間在運作的、概念不可及的關聯情境盡可能地清楚揭露。就這篇文章而言，整個理論思考只是為了服務實行。在法藏闡明關聯情境之際，此觀念其實被消解或升級、「揚棄」（aufheben），使得關聯情境相關的思考活動取代該觀念本身，也就是說作者將其所構思的內容引回到傳遞此構思的意義闡釋這個講學過程所代表的意義動勢和意義發生。這表示，理論方面的解說轉成朝向覺悟的引領工夫，力圖實際引發體悟的闡釋活動脫離局限於「解」、「教」之言論領域而開拓了「行」的實行維度。法藏的闡述和分析其實不在追求某個「理論主張」，他並不「有所解說」。這篇文章所記載的言說從「有所解說」轉成一種具體的啟發力，這段論述代表一種通過陳述的進展而被引發的實質轉化，[2] 而且此發

2　這點歐洲傳統上其實有不謀而合的呼應，類似的結論甚至也可以從奧古斯丁詮釋學及其時間論相關研究得出：Giraud, *Augustin, les signes et la*

生不再為言論的意蘊所籠罩、支配。這種追求實際效應的言說，讀者不再可以將其僅視為某種「思考成果」，即對於超出時間範圍之解脫概念的「解說」。歸根究柢，法藏這段文字不再局限於「有所說」這種引發性的、促使性的言論。故此，讀者應該將該文當成一種「引力發生」來看待並將其吸收到自身之存在處境，修行者應該將此論述收入到自身實行努力的核心處。一旦研究者關注法藏這篇文章所具有的引發性質，便可以試圖在法藏之思考和言說方法上更詳細地揭示幾個特點。為了具體驗證原本詮釋處境對法藏一整個學說的確具有關鍵性的這個主張，可以從此視角來分析〈華嚴發菩提心章〉中「第三顯過者」。[3]

第二節　同一性還是意義的關聯情境？

首先法藏從「實有本即空無」這則教義談起，來探討萬物顯現之「色」和屬於真理層面之「空」究竟是否彼此相容的這個議題。基於一種天真的信念，我們以為我們所知覺到的「顯像」皆為「實有」，但依據佛教共識，其實這個體悟的實際情形是：一切顯像皆一無所有。不過，在華嚴宗看來，思考者根本不可能藉由對整個現象界進行絕對否定的方式，以便達到有關「本空」的體會。只有當修行者仍舊維持現象界一整個豐富的「實有」，他才會就此「實有」，即在萬樣「顯像」本身

---

manifestation, p. 139。

3　T45，1878，652a5。

上，徹底體覺到其本來就空無所有這個道理。如上文所提及，
〈金師子章〉一文訴求信徒必須從金獅子像的野獸面貌本身看
出眼前那個物件本來只是黃金一塊，亦即「獅子」這種顯像就
是幻象，本來無「獅子」可言，眼前的金獅子這件「實有」乃
「本空」。根據這個例證已可充分明白，環繞「色空」這則教
義法藏意圖指示的並不是如下這樣的反思結論：某個思考對象
及其意涵透過辯證法全然換成另一種對象及另一種意涵。法藏
要凸顯的反倒是有關被極端化之「關係」的省思。

　　若以金獅子像為例，關鍵在於信徒被要求「透過」獅子這
種樣貌即「色」，便要具體、切身地凝視「本空」這種面相，
同時又要反過來在「本空」這個視角下具體、切身凝視金獅子
像，也就是要維持這塊黃金有獅子樣貌這種視覺印象。信徒務
必要在自己體會到「空」之際同時堅持眼前所視之「色」，要
維持對顯像的體驗。即使凝觀活動所執行的反覆轉換等於是一
種意義闡釋上的轉換，但此發生並不抽象，整個反轉必須落實
於信徒正在凝視的對象物本身上，也就是該對象物「體現」其
意蘊向度上發生著反轉這件事。每次凝視對象都獲得不一樣的
意義闡釋，但凝觀者卻必須保持在每個闡釋當中指向其相反闡
釋的指引聯繫。換言之，凝視者所掌握的內容本身彷彿是一個
重疊、複重的意象。在經由關聯情境產生的反轉闡釋之外、之
前或之後根本無「凝視對象」可言。在眼前出現「這塊黃金確
實有獅子樣貌」這種畫面之際，同時並且同處出現的就是具有
獅子樣貌的「本空黃金」這種相反畫面，而除了這兩種相互糾
結的「看法」之外，不會有任何其他內涵在眼前顯露出來。

　　「色空」關係並不隸屬存有論，「色空」關係根植於詮釋

學的意義脈絡，此關係是闡釋活動藉由兩種相反的立義方式產
生的關係。有關「色空」關係的學說從一開始就歸結到原本詮
釋處境，它隸屬「將某物詮釋為某物」這種關聯情境。「真
空」與萬物面貌固有的關係只有在意義情境上才可能發揮作用
關係。金獅子像正好是基於其呈現獅子樣貌便業已歸屬某個意
義視域，而且恰恰就是依據相同這個意義視域，闡釋者才能體
悟「本空」這種相反意涵。一旦詮釋者將「本空」絕對化，一
旦他切斷此反轉遊戲，即斷絕詮釋學之關聯情境的運作來主張
某種片面性的「斷空」，他的意義闡釋便發生自相矛盾，這樣
的闡釋違背詮釋之為詮釋的必然條件，亦即關聯情境。如此一
來，「本空」這樣的主張便落入毫無根據的空談。一旦思考者
將某物闡釋為「空」，這種闡釋已經蘊含對同一個對象的相反
闡釋，「本空」這個闡釋方式預設該物本來以某種面貌顯現，
「本空」並非一無所有。

　　即使法藏的構想與黑格爾的辯證法相似，但法藏並不將辯
證法下的關係經由整合正、反兩個基本主張推至更高一層，他
並不藉由一種後設思維方式對原來的主張追求所謂「揚棄」。
華嚴宗思想所瞄準的反倒是意義現象本身所引發的辯證法動
勢，僅企圖將此毫無優劣、是非等級的意義運動本身凸顯出
來。據此，關鍵在於思考者必須將最簡單、原初的意義闡釋、
主張或看法維持在此看法既有的狀態中。某種意義下，與其說
思考者要在原來的看法上尋求另一種更高且更為真實的看法，
倒不如說第二種看法從原初看法的深層中浮出的那個時刻，思
考者必須依然維持原初看法的扁平、無厚度，也就是在第二種
看法之中彷彿又歸回至第一種看法，從第二種看法中又再「看

出」原初看法。即便思考者從原來的主張已經跳入隱藏在其深層的另類、甚至相反的主張，但只有通過這種辯證法構想並且向相反闡釋的跳躍，思考者才爭取機會回顧而察覺到，原先自己所面對的意涵就是一種早已經朝向另一邊去的「顯像」、「媒介」。這種回顧也才讓思考者珍惜並保存原先顯露的樣貌，將其視為通往另一邊的「管道」或「跳板」。若毫無「跳躍」與「回顧」，所謂「顯像」就會是思考者唯一所有之物，以致它連「顯現」、「顯像」這種身分都沒有，它不再有「某物被視為某物」這種雙重身份的對象，而所謂「顯像」其實轉成空無，此刻該對象就失去了意義動勢原本的引導效力。

　　華嚴宗提示到隱藏於現實作為「顯像」這種事態中的意義動勢，藉以揭露這個道理：「事」即「理」、「輪迴」即「涅槃」，也就是輪迴與涅槃全然融合為一。具有諸種樣貌即「色」的現實物，在其所有不同顯現狀態來看，已經全部都歸屬「真空」、「涅槃」，而且這種歸屬並不表示某種存有上的「本來就是」，此歸屬極為具體，此相屬情形始終就是在萬樣「顯像」本身上可能被「凝視」、「看出」的相屬情形，這也就標誌著為凝觀與闡釋活動本身所產生的相屬情形。輪迴與涅槃的相屬、相容相通，並不是絕對的道理，反而是一種每個人所身處的情境，但由於此情境只有在其基礎是原本詮釋處境時才成立，因此修行者也只有經過詮釋活動，透過歸返到任何意義闡釋都附帶的、開放的關聯情境的方式，才可能達到並實際展開輪迴與涅槃之間的相屬關係。在「顯過者」一段中法藏反駁將「色空」關係誤解為一種涉及萬物之「存有」的情況，斷定「色」、「空」不是相反，而是「同一」件事物。

　　由於法藏徹底察覺到任何存有論主張勢必預設意義情境與原本詮釋處境，因此他特別關切「色即是空」一語中的「即」字。法藏排斥將「即是」理解為「不異乎」，而將「即是」當成「被視為、被闡釋為」理解。故此法藏使用減縮的「色即空」一語，而且在提出否定的第二句時，他不言「色非即空」，而是「色不即空」。[4] 上文已討論過，歐美佛學根據此片語通常假設「即是」或「即」僅等於是一種「繫詞」，但法藏這個說法充分證明，他確實不把「即」字當成「繫詞」，反而當成完整的「動詞」應用。因此可得知，法藏的言論根本不依賴「繫詞」所隱含的存有論前提和同一性邏輯，他將「色即是空」的意旨從存有論上的「色本來僅為真空而存在」這種錯誤主張回溯到原本的詮釋學脈絡而強調：對於凝觀者、思考者及修行者而言，任何「色」或「顯像」作為顯現內容都「指向」、「意味著」另一種顯現狀態，也就是說它可以、甚或應當「被看成」、「被理解」為「空」。

　　華嚴宗將「色即空」這則關鍵教義理解為有關詮釋工夫及其關聯情境的學說，而且此關聯情境是一種一直不斷在發生的運動，它不是某種原理。凡是將「色即空」一語解讀為兩種看法之間本來既有「同一性」關係的思考者必然會錯過此命題的原義。法藏凸顯的是：不但不可以將「色」還原至某種「真空」作為「正、反、合」這種辯證法式反思的推斷結論，亦不可以將「色」與「空」視為「同一」件事情，「色」、「空」作為兩種不同「看法」、「意義闡釋」是平等的，在任何言論

4　T45，1878，652a19。

所預設的詮釋學場域上，兩者從一開始就是彼此相屬、彼此互補的闡釋方式。唯獨在意義情境下業已呈現某種樣貌的對象，即以某種意蘊顯現出來的事物，才可能「被視為空無」，而且也只有當思考者針對某個業已具有某個意蘊的現象來推斷它「本空」，這樣的闡釋或判斷才有意義。易言之，「色即空」一句包含「空即色」一句，相反亦然。「色」之為「色」，任何顯現就預設「空」或空白的顯現場域，而反過來「空」之為「空」，這種觀點就預設某個「色」業已顯現作為前提和條件。這意味著，「色」與「空」這兩種相反主張首先必須被歸結到一場共同的意義視域，其各自方才可能充實意義而不是空談。故此，就其意涵而言，「色」、「空」這兩種相反斷定是平等而且合理的，兩者甚至都是必要的意義闡釋。關鍵在於，思考者必須要透過這兩個相反闡釋體悟到兩者均預設的詮釋處境本身，即預設意義情境作為關聯情境這種動勢。不過，即使乍看之下「色」與「空」宛如只是產生反覆交換的「意旨」，彷彿僅是為了讓法藏透露出詮釋活動與意義視域這個關聯情境，但經由這種回歸到原本詮釋處境的思路，法藏真正瞄準的道理當然不局限於詮釋學的方法論問題。法藏真正關切的課題在於，他要讓「涅槃」與「輪迴」這兩個境界實際融為一體。原因是僅只通過原本詮釋處境以及意義闡釋的執行，修行者才能獲得機會實際落實「色」和「空」、輪迴與涅槃的融合這個救度史成果。

凡將「色即空」一語歸結到存有論架構的經文詮釋皆犯同樣的錯誤，這個錯誤就是賦予某件存有物正反互相排斥的性質。這樣的詮釋必然會落入無從解除的悖論。思考者若根據存

有論架構來解讀「色即空」，就會陷入荒謬無意義的空談：在「色」畢竟設想某物即「有」為前提之下，思考者如何又可以主張「色」是一無所有，等於「空」？由此存有論架構來看，「色」、「空」的「同一性」只能被理解為：某物既是它所是，但同時它卻又不是它所是。結果，對於當代學界，尤其對哲學而言，這樣的佛教學說只能被歸類為神祕主義或密契主義。然而，問題並不出在這則佛教命題本身，而是出在研究者無意中引進的存有論、形上學前提。

　　一旦思考者將「色即空」這種彷彿是悖論的命題安放在適當的脈絡，它未必導致荒謬、無意義的困境。思考者只需捨棄「實有」範疇，從原本詮釋處境，即從關聯情境下的意義現象以及意義闡釋的執行視角來探究此命題，「色即空」即使仍然看似弔詭，但由此觀之此命題肯定並非「毫無意義」。由此觀之，「色即空」不再訴說「甲物」等於「非甲物」這種悖論式的同一性，因為此說法涉及的根本不是被命名為「色」或被命名為「空」的某件「實物」，它涉及的只不過是有關某個「思考對象」的意義闡釋。一旦言論不涉及如實體一般的「存有物」這種思考對象，同一律這個邏輯學原則便會立刻失效。歸根究柢這條邏輯學律則本身根植於原本詮釋處境及其視角性的意義敞開，此邏輯學律則本身亦只不過是某種「詮釋」、「看法」所導出的結論。「意義闡釋」或者「意旨」與封閉的、「與自身具有同一性」的「存有者」這兩種思考對象是截然不同的。可是，任何思考對象相關的論述從一開始就必然借助「意旨」這種範疇，否則該論述根本不可能展開、承托任何思維，包含存有論和邏輯學的基礎在於意義情境這個動勢以及原

本詮釋處境。

　　某個對象物和將其「視為某物」的意義闡釋之間固然有一個「視角」及「不對稱差距」在發揮作用，而此差距導致兩種相反詮釋方式還是可能會合，因為兩者從一開始就歸屬共同的意義視域，兩者都是經由開放的關聯情境連結到視角和不對稱差距下被詮釋的那個對象。換言之，任何對象物都不可能直接被給予，它只是藉由其原有的意義向度才被接觸到。任何作為思考對象的「現實」都勢必「作為某物」才會落入意識和思維，任何現象從一開始便身處為意義所開啟的意義情境，它不得不經由不對稱差距下產生連結的「意義指引」被帶出。可是，任何意義指引基於其視角性而向現實和意義雙方都敞開，因此任何即時各自的意義闡釋勢必落入時間性的動勢。若由思考者無從超脫的意義情境來看，歐洲形上學在存有論兼邏輯學架構下分析的那種封閉的、已完成的「存有者」與其「存有」，這兩個概念其實不過只是對於現實對象被導出的某個「意義闡釋」，亦即某種思考假設與哲學建構，但這種假概念並不足以確保絕對可靠的認知基礎。

　　對身處原本詮釋處境的我們而言，我們猶如獨自穿過大沙漠中的旅行者一樣，當地平線那端出現一座城市時，我們無法判斷前方的顯像是否實質存在，無法確知那裡是否真有人住，還是僅是海市蜃樓，在欺騙我們的感知。對於大沙漠中的人而言，他唯一所有的「現實」不過只是這類的「顯像」，唯一真實的是發揮意義指引這種作用的「符號」或「媒介」。他若抱著某種期待來看，他便會將此顯像當成自己所嚮往的鎮城看待。然而，若他早已喪失一切希望，他便不會信任此顯像，並

僅將其視為另一個幻象。在這個旅行者的處境來看，這種顯像都充分合理地可能獲得正反兩種闡釋，而且正好基於其處境，這兩種「看法」是相屬、同等的。直至有一個局外的第三者來觀察，他才可能看透此顯像的實質情況，進而將整個場景當成真假對立、可一刀兩斷的情形處理。然而，正在大沙漠中行走的人根本沒有這樣的選擇，他無法從他的所在來跨越自己與該顯像之間固有的詮釋學差距，以致他只好倚靠眼前所見之顯像來揣測各種是與否。然而，我們每個人就是這個旅行者，不會有哲學所構想的第三者來援救我們。

　　有鑒於任何「看法」都歸屬一個意蘊脈絡，有鑒於任何「意義指引」都在關聯情境下發揮一個動勢，便應該如此理解法藏對「色即空」所作的詮釋：凡被闡釋為「色」的對象同時業已指向「空」這種意蘊。思考者若不盲目地遺忘意義處境，若捨棄的反而是存有論兼邏輯學，不再堅持所有界定都必須是確定不變的「本質」，那麼他便可以將「色即空」當成意義情境必然連帶來的詮釋學差距對待，隨而將此命題視為由「甲意義闡釋」或「立義」過渡至「乙意義闡釋」或「立義」這樣的思考運動兼意義動勢。這樣一來，思考者也可以充分地明瞭「即」字所標誌的不僅為意義上的轉換，而且同時也是時間性「一念」，即「時間─裂縫─跳躍」。於是，似乎是悖論的「色即空」一語在思考活動上足以產生一種不可解除的緊張，而恰好是此弔詭構想的張力促進了觀念上的轉換以及一整個思考活動。由此觀之，這則命題隱含著催動思考工夫的激發力，此語也就標記著內在於原本詮釋處境的關聯情境及意義動勢的「動機」或「能量」。

　　研究者應該將「色空」關係歸結到詮釋活動，進而注意就意義的運作動勢而言，這兩種意旨似乎相反，卻並不互相違背，反而相屬以形成「色即空」這種合乎實情的觀點。藉此可以揭示華嚴宗對詮釋學工夫作為修行途徑的構思。對「色即空」的體悟其實代表一種修行方法，而此修行方法取決於詮釋活動本身。這表示，通往此體悟的道路不異乎此體悟本身，因為修行者對相反意涵唯一可得的「會合」勢必落實於對該意涵的闡釋與思考努力上，那樣的「會合」必然源自意義闡釋本身在關聯情境下展開的動勢。對「色即空」的體悟始終有賴於闡釋的過程，因為此體悟所牽涉的悖論之所以產生，原因在於詮釋處境向意義的敞開，在於意義情境帶來的視角性及內部不對稱差距。在此原本的意義場域之外，任何相反環節的「相反」、「會合」或「一致」等情形必然都會落入「無意義」。易言之，對「色即空」的體悟之所以可能，原因正好在於「色空」關係本來所標記的詮釋學張力及意義的緊張本身。修行者要將「色」和「空」這兩種相反看法的會合設想為一條詮釋學途路，意義闡釋在關聯情境下展開的動勢本身就是「色即空」這種「統合」。除非這種「統合」觀點被安放於詮釋學脈絡和闡釋活動，否則此「統合」毫無所指，而且若「色即空」在同一性邏輯下被看成「色本來雷同於空」的「命題」、「真理」，此觀點便不足以引發任何實行效應。一旦修行者脫離原本詮釋處境以及意義的張力、意義的動勢，他便會立刻喪失修行的機會。凡是推斷「色」、「空」之間有某種單純的等同、同一情形的解讀所主張的其實是：尚未達到覺悟的眾生與佛陀絲毫無差別，凡夫不異乎佛。基於這種否認修行者的處境及其

時間性的「思考短路」，簡直會讓修行者放棄一切修行努力。

　　由哲學來看，對「色即空」的誤解必然導致思考者其實捨棄有意義的言論，因為意義現象是否成立，取決於意義指引能否具體地落實於關聯情境的動勢。任何有意義的斷定必然附帶意義指引在視角、不對稱差距下所開啟的意義視域。而這種不被專題化之「意義有餘」，會導致任何受詮釋之對象的單一性僅為假象。其實任何所思對象根本不可盡然被同一化，任何意涵、意旨都一直開闢一種涵蓋更多其他意涵的「餘地」。兩種意義闡釋之間的差距阻止了某些意涵，例如「色」或「空」全然被同等化、同一化。詮釋者不得不留存並承擔兩種意義闡釋之間的不對稱差距，因為只有藉由這個思考者永遠跨越不過的不對稱差距，任何意旨或斷定，包涵「等同」、「同一」這種後設意旨與後設主張，它方才可能實質地「有意義」。詮釋學差距，即意義就其內部構造所預設的不對稱差距讓任何意義統合是開放的，而且也只有基於此意義敞開，即意義的「有餘」，意義闡釋這個發生才會動起來。以同一律為根據的存有論兼邏輯學為了所追求的合理性將道理簡約作為代價，以致犧牲了上述的開放與動能。站在這樣的哲學立場，根本無法思考、理解言語與意義現象的實情。

　　論述至此，可以斷定法藏在「顯過者」一段中所關懷的是：若思考者直接將「色」和「空」視為全然相同、單一的一回事，他勢必錯過「色即空」的原義和效力。修行者該將此語理解為「色指向空」、「色指示空」，他應當將兩種有關現實「有」的相反闡釋當成意義關聯下的相屬情況兼互連發生看待，並且經由持續的詮釋努力來展開此相屬、互連。「色即

空」隱含的弔詭使得思維擺盪於「實物形態本為空無」和「空無落實於實物形態」之間。唯獨透過承擔此擺盪不穩之情境的方式，思考者才可能藉由「色即空」一語激發起修行效應。任何服從同一性邏輯的解讀引入了一種積極封閉、完畢的統一觀念，「色」、「空」這兩種闡釋方式在關聯情境下各自所展開的「內部不對稱差距」就被廢除了。嚴格來說，服從同一性邏輯的解讀不但在結論上就否認「色即空」本為悖論這個前提，導致論斷的根據被廢除，而且歸根究柢，這樣的解讀方式不管這個命題的哪一個意義都必然被剝奪。服從同一性邏輯的思考者從一開始就違背、摧毀自己的思考、言論條件，即違背、摧毀意義的關聯情境以及意義的動勢。更為甚者，這種佛學界普遍採取的謬誤解讀也阻止「色即空」一語在信徒的實行上興起任何效應。

第三節　介於論斷和引導之間的「四句」

與其說法藏從事哲學思考，倒不如說他真正所關切的是講學的啟發性。故此，法藏力圖在詮釋學式關聯情境的運作上盡量具體地凸顯其基本洞察。修行者若局限於僅確知讓自己避免落入「過錯」的原理是不足夠的，他必須進一步被引入此原理足以催促的思考運動。為此目標，法藏一直重新返回到同樣的原理。然而，與其說此論述方式等於是一種單調的重複，倒不如說此論述策略導出一種旋螺式的鋪陳，透過重疊層次的方式邁進。在每個層次上賦予此方法一個應用對象的是「四句」這

個常見公式，5 而一旦它被應用在「色即空」上，這「四句」則讓法藏從不同視角解構其基本主張。例如說，在黃金獅像被視為獅子樣貌時，這樣的意義闡釋足以衍生獅像「非獅子」，即「真空」的這種看法。在維持獅子樣貌的同時，修行者應該就獅子樣貌本身來「發現」、「看出」其「本空」這個道理，否則他會落入片面性的誤解。6 再來，在修行者將「色」與「空」這兩種相反看法具體「看成」僅只透過詮釋工夫而產生彼此互相會合的「看法」時，也就是當他察覺到「色即空」這種擺盪意蘊時，正好基於這種情形並且在這種「意義會合」下，修行者又可再維持「色」與「空」的差異性，維持這兩種意涵並不合一的相反觀點。7 整個矛盾、弔詭之凝觀遊戲的根源在於，「色」、「空」都歸屬共同的意義情境，但在此共同脈絡下，在兩者之間環繞「即」字發揮作用的意義指引卻一直展開新的不對稱差距。在「四句」公式下第一句的「色即空」之中，第二項，即第二種意義關係業已萌芽。

「四句」以第二句環繞「色不即空」8 為主軸，明文延伸置於意義之關聯情境下的「色」、「空」基於意義指引的內部不對稱差距必然所蘊含的差異性。此項目凸顯第一句「色即空」在原本詮釋處境下業已所牽涉的意旨。支配著這個階段的分析原則與上相同。再來，第一句和第二句之間的意義關聯又復催促另一番思考運動，由於這兩句相反地斷定隸屬意義和詮釋學

5　T45，1878，652a7-8。

6　T45，1878，652a9-11。

7　T45，1878，652a18-20。

8　T45，1878，652a18-19。

的關聯情境，故思考者既不可以將其視為等同，亦無法依循邏輯學要求，將這個矛盾「揚棄」轉成某種綜合道理。第三、四兩句，即「色」、「空」雙方皆「俱」的全面肯定和其「俱非」的絕對否定，[9] 這兩種相反結論便再次凸顯了「色」、「空」之間的意義緊張所產生的意義動勢。

　　透過「四句」這種分析工具暴露出來的是在關聯情境下產生的詮釋學動勢，而且藉由「四句」公式產生的每一則命題都將此關聯情境下的動勢帶到更複雜的視角上去。如同對於某事物提出其或為「色」或為「空」這種單一主張的意義闡釋一般，「色即空」這則綜合判斷可以又再被放入更大的關係、關聯情境中，以便讓思考者依循「四句」公式，在「色即空」與相反判斷「色不即空」這兩者之間重複拓開新的詮釋歷程。由這個思考遊戲可見，「四句」公式可能以任何一個主張或意義闡釋為出發點，釋放此主張所暗藏的意義動勢，以便具體啟動詮釋學的關聯情境。當龍樹應用「四句」句型時，他追求一種邏輯分析來導出對所有可能之主張的絕對否定。[10] 然而，值得

9　T45，1878，652a29/ 652b4。

10　若由歐洲形上學視角來看，龍樹的態度和觀點可以這樣勾勒：沒有任何一件可以確切地界定為「實有」的存有者。因為任何現象都隱含兩種可能性，讓人將其界定為「是如此這般的」，又復將其視為「不是如此這般的」。結果，沒有任何事物僅只是如其所是。對於流變無常、生成與朽滅的經驗足以印證的是萬物都無確定本質。此道理彷彿就是一般佛教持萬物「無性」（梵文 asvabhāva）或僅有「依他性」、「依他起性」（梵文 paratantra-svabhāva）這種教義，即「緣起法」所標誌的。於是，龍樹似乎再邁進一步推斷，基於邏輯矛盾，凡是擺盪於「有」和「無」之間的事物根本不可能「有」，唯一合理的結論是它「既非有亦非無」，這樣的事物也就「不可能」或「不存在」。龍樹體現的邏輯學強制與歐洲存有論兼邏

注意的是，法藏與龍樹各自有不同的策略，法藏將「四句」法僅當成一種條列樣本及一種推動思考工夫的機制運用。法藏並不作辯證法式的推理，他並不要將一切主張推至絕對否定以及究極解除，他使用「四句」公式的目標反倒在於要凸顯詮釋動勢，甚至要藉由一個非平等、穩定的情境實際來促進此動勢。故此，從法藏有時候甚至會將「四句」擴成「十門」這種手段看來，他是在中論者所推出的絕對否定上發現可讓思考者再往下思索的途徑。〈華嚴發菩提心章〉中「顯過者」一段已經讓研究者窺視到此方法上的突破。在法藏的應用下，本來是一階再一階邁進的「四句」公式居然轉成了在不同觀點之間產生無窮無盡之反覆運轉這種開放佈局。易言之，龍樹猶如直線演推一般所形成的構想變成無限的意義動勢，而這種基於意蘊本身產生的運動，就是華嚴宗詮釋學的優點所在。

　　法藏對於同一性哲學所犯的似乎很是簡單的誤解之所以導出如此複雜的探討，原因大概在於，這段討論並不重複解釋一則關鍵教義，它瞄準的反而是實行平面：修行者務必要經歷這

輯學的思考模式非常相似。這種推理方式似乎必須預設：只有如「實物」、「物體」一般與自身具有「同一性」、仰賴獨立實體並且持存不變而「現身在場」的事物才可被稱為「存有者」，亦即做整個演推第一項的「有」。當然龍樹思想本身的起源並不在這類的存有論，況且是傳入中原之後發生流變的佛教，佛教與歐洲的基本信念當然有所不同。在中原發展的佛教運動甚至將印度的「四句」公式轉成一種「積極肯定」的思考模式。尤其是這樣的歷史轉移凸顯了歐洲、印度及中國三地的思維都根植於各自不同的問題意識和思考部署。此處重新浮出的不異乎這樣的疑問：各種特殊思維究竟隸屬於何種「詮釋處境」，它源自何種海德格所謂的「基本決定」（Grundentscheidung）？

麼多有關不同意義闡釋和其各自所引起之反駁的「門」，方才能獲得機會，切身體悟到自己真正該學習的是什麼。法藏並不要提供有關某則教條原理的解說，他反而企圖在修行者身上實際激發獨立的思考運動。整段討論的反轉鋪陳都是為了引發具體的救度效應。由此觀之，已可明白為何法藏首先採用消極、否定的途徑，卻從下一段 11 開始以積極、肯定的方式彰顯該教義。顯然通過信徒的「過錯」這種繞道，法藏便最容易以對照方法將介於諸種意涵之間起作用的關聯情境及其動勢都凸顯出來。正好是錯誤則讓關鍵處更明確地暴露出來。關鍵在於修行者千萬不可以執著任何固定的觀念，修行者不可以停止於任何一個詮釋、領會方式。法藏這種申論策略也讓原本詮釋處境的基本情況變得更加清晰。就理論而言，本文之前已闡述過詮釋處境的構造，但更為重要的是此構想對實行活動所代表的意義。因此，底下必須再更詳細分析法藏的探索方法。特別值得提出的問題就是：就時間性而言，詮釋學運動究竟如何展開？

第四節　一種應用式的視角主義

主題是「色」與「空」這兩種相反看法均所歸屬的關聯情境，而為了釐清此詮釋學場域，法藏闡明了各種對立關係。首先他提及「色」、「空」的相反對立，然後轉到環繞整個詮釋學過程為主軸的關係來說明「聖」與「凡」或「輪迴」和「涅槃」，亦即尚未達成覺悟之眾生與成佛的關係。另一個有助於

11　T45，1878，652b12。

解析這些關係的方便法門是「二諦」說，即「俗諦」和「真諦」的對立關係。最終，透過「人」與「法」的關聯，法藏專注一種非常原本的對立關係，即觀念和擁有此觀念之思考者本身之間的關係。這個觀點也就將讀者、我們自身與整個詮釋學論述結合起來。這樣一來，法藏辨別並連繫的是涵蓋有關各種構想、觀點之「理論」的詮釋學思維以及牽涉更廣泛之實行脈絡的、在救度史上實際發揮作用的「德」。此聯繫涉及的就是「解」與「行」的關係。在討論這個議題之前，先仔細探究法藏如何操作這些對立觀念。

　　法藏倚靠視角轉換為原則來展開整段陳述是不難以發現的，他一直重新從各種對立關係中的兩端作為自己的思考角度來闡述的是，信徒若將諸種對立關係中的相反環節以毫無區別的方式直接當成「相同」、「同一」看待，這種誤解會導致什麼後果。再來，作者說明信徒如何倒不如經由詮釋學的關聯情境以及歷史的修行過程而將相反兩面會合起來。若從邏輯學的角度來看，「相同」觀的結果在所有情況下只能是單一個、統通一致的結果。例如首先將「色」與「空」等同起來的看法會將尚未達到解脫的眾生與圓全成佛這兩種境界直接混淆起來，[12]而且反過來將「空」完全還原至「色」的觀點也產生同樣的謬誤。[13]乍看之下，法藏彷彿是基於基本主張「色即空」導出非常累贅的言論，他似乎局限於一直重複顛倒著先後順序，但反覆都在講同一個整體同一性，以致他這樣做好像毫無好處。可

12　T45，1878，652a9-11。

13　T45，1878，652a11-13。

是，每次從相反對立關係中兩個不同切入點來談，這其中各個立足點居然都透露其獨有的特色。法藏所提出的不是一則邏輯學主張或命題，這些反覆的闡述本身如同刺激一般，每次給修行者的思維重新導出意義上的指引，亦即具體展開「意義」之為「意義」所發揮的效力。

假設「甲」等同於「乙」，反過來「乙」也就等同於「甲」。這是同一律邏輯所設想的基本道理。邏輯學家習慣將謂語邏輯下的命題化約成單純的同一性命題，在邏輯學的共時脈絡下依據排中律推出單純的界定：假設甲物「等同於」、「意味著」乙物，則可以斷定甲物「不異乎」乙物，兩者沒有差異。由此觀之，「色即空」的原義顯然如此：「色不異乎空」，涅槃「就是」輪迴，而且反過來一樣，輪迴「就是」涅槃。原來看似兩個不同單元其實只是單一一個單元。法藏解釋邏輯學家所犯的誤解根源在於，依循同一性主張邏輯學家將「即」字所標記的「相屬」、「貼近乎」、「過渡到」、「意味著」乾脆解讀成「等同於」。[14] 基於歐洲哲學的存有論兼邏輯學的前提，整個當代佛學傾向於陷入同樣的誤解。[15] 然而，

---

14 語言學參考資料上有關「即」字之應用的解說大致相同，而且非常簡略。例如道布森的基礎性字典僅只說明，「即」作為「繫詞」，讓我們表達「甲為乙」（A is B）這種意義（W.A.C.H. Dobson, *A Dictionary of the Chinese Particles*〔Toronto: Toronto UP, 1974〕，*jyi* 條4.1.小款）。

15 例如歐丁，他將「即」字譯為 is identical to（Odin, *Process Metaphysics*, pp. XIX/ 13-14/ 24-25），克利里用 to identify with（Cleary, *Entry into the Unconceivable*, p. 132），而陳榮傑、卜德根據馮友蘭都譯之為（A）is（B）（Chan, *A Source Book in Chinese Philosophy*, p. 410; Fung, *A History of Chinese Philosophy*, vol. II, p. 347）。另外，陳榮傑又說 identification

法藏質疑的正好是這種容易發生、卻過度簡化的偏見。假設古
文語言結構與具有存有論特色的希臘文、拉丁文陳述句一致，
或許可以如此解釋「色即空」的語法：凡是用「即」的說法皆
導出一種「有關什麼的」斷言。鑒此，與其說「色意味著
空」，應該說「凡有色者皆『是』虛空的」更為正確。若將兩
種意涵僅只在謂述上等同，便可以避免將兩個單元本身當成同
一件事物看待。所謂「空間」也是虛空的，但「凡有色者皆
『是』虛空的」未必表示「凡為虛空者皆『是』有色者」，否
則「空間」必然也會等於是「有色」。

　　由此觀之，思考者唯一剩下的課題在於，在謂述式的「等
同化」下要分析整句「色即空」所指的內涵究竟為何。假設這
句要主張的是「凡有色者皆『是』虛空的」，這表示尚未達到
覺悟的主體應該「就是」業已經達到了覺悟那樣的主體，因為
好像在「本空」之外根本無「有色者」實際而且獨立地存在一
樣，在已經達到了覺悟的主體之外根本無其他主體可言。假設
思考者反過來斷定「凡為虛空者皆『是』有色的」，這便表
示，已覺悟者有未覺悟者這種特質，覺悟者與凡夫一樣，已覺
悟成佛者根本不出眾。然而，即使這些論斷可以被回溯至一種
普遍的天真臆測，即使這些論斷彷彿與歐洲哲學以及印歐語系
之語言結構吻合，但這種論斷顯然都荒謬不可信，因為這樣的
理解將導致對成佛、解脫的信仰被廢除，整個修行動機也被摧

（Chan, *A Source Book in Chinese Philosophy*, p. 411）、（mutually）
identified （de Bary, *Sources of Chinese Tradition*, p. 372）。庫克（Cook,
Hua-yen Buddhism, pp. 14-16/ 63）和張澄基（Chang, *The Buddhist Teaching
of Totality*, pp. 112/ 113/ 136/ 145）亦不例外。

毀。

　　況且，若研究者順著法藏的文章試圖繼續進行這個思索遊戲，他可以發現語言的邏輯堵滯不通，中文與印歐語系的語言結構差別太大，不讓他延續上述構思。「色即空」一句中的「色」究竟是名詞還是形容詞，「空」指的是「『空』這件事物」還是「『虛空』這樣的狀態」？針對此關鍵邏輯區分中文的語法則毫無提示，至少在佛教用語來說，不同句法與不同詞類都不明確地表現在文字層面上。當代讀者和譯者都習慣根據字句中的語序推斷每個單字的作用和意思，但這種方便法門其實忽略古代中文的語感以及隱藏在這種語文中的思考模式，況且在佛教慣用的、更複雜的說法來看，這個問題變得更嚴重。特別是現今歐美譯者不得不借助詞類辨別以及相關語法，以致古文原典的陳述樣式被印歐語系的存有論與邏輯學所拘束，所以解讀和翻譯無法貼切地傳達中文的關鍵意旨。特別是從佛教的文言文來看，對翻譯抱持疑問和保留態度確實是正確的。當代學者通常無意中將以拉丁文為標準的語法和思考模式套用在中文上。16 結果，在任何意義闡釋尚未開始之前，中文文獻都已經被埋沒在猶如被面膜掩蓋其所言的「先入之見」中。光語

---

16 這樣的質疑和反駁牽涉的是當代語言學者在解釋中文的語言構造時，都應用歐洲式即存有論式的基本邏輯。除了或許稍微例外的陳漢生（Chad Hansen）之外，不但像翁有理（Ulrich Unger）、沙迪克（Harold Shaddick）、高思曼（Robert Gassmann）等語言學者的重要研究都呈現這種非常初級的瑕疵，而且基於學術權威，甚至當代華語界的語言學多少都一樣落入這種陷阱。現代語言學、文字學等學門毫無保留地全面套用歐美語言學的基本思考樣式和範疇。

文的差異就導致文本詮釋尚未開始之前，面對中文原典的當代學者從一開始就引入一種符合歐洲語言結構的「前理解」。光在語文學層面上，當代佛學都已經將一些非常基本的邏輯學、存有論抉擇強加於中文文獻，以致當代詮釋與文獻的原義顯明是背道而馳的。

　　上文曾已討論過，歐洲對存有者之存有的基本詮釋在巴門尼德斯、柏拉圖、亞里斯多德等人的思想上成形，但這個存有觀念只有以非常粗糙的方式與佛家將現實整體視為「法」這種立場吻合。與歐洲的存有論式形上學相反，法藏著重的並不是「存有者」的本質真理。法藏從一開始關注的就是「富有意蘊之事」以及意義闡釋的動勢。環繞在詮釋活動上發揮引導作用之「理」即「意義」為主軸，法藏展開了一種詮釋學工夫，來肯定並承擔「事」和「理」之間的鴻溝，他並不要透過某種形上學構想來解除或掩蔽此原本的緊張。再來，甚至現代語義學、符號學及邏輯學等有關意義現象及理解所營造的溝通理論與歐洲的存有論則還是維持一個根深柢固的聯繫，以致這些當代思考架構一樣會系統性地埋沒法藏有關「言說」的發現，即原本詮釋處境是不可超脫的，而「意義」乃是一個動勢。法藏著重意義現象本身所呈現的內部不對稱差距及其敞開，也關切人一整個存在因為意義情境而落入一種弔詭的困境，也落入時間性。只要研究者將中文文獻與歐洲的語法兼思考邏輯對照起來，這樣的進路便可能帶出珍貴的新啟發，讓研究者充分明白法藏透過視角轉換所追求的，根本不是某種謂語邏輯式的分析。需要重新考察的，是「四句」中第一句通過模稜兩可的意涵所釋放的張力。

　　依照法藏的解說，「色即空」一句可能引起兩種誤會。其一，由於一切有「色」之事物均屬尚未達成覺悟者的自然環境，即現象界，因此修行者一聽到這句話，他便可能會倚靠自己尋常對諸種顯像所取得的感知經驗，將諸種顯現的事物面貌直接當成現實，而並不加以反省這些顯像僅為暫時且不足之假象。結果，這樣的修行者或許已經將對現實的知覺本身視為完整的覺悟，以致他完全滿足於「色」之現實，而當「色」僅為一種意義面相時，他不再力圖於從中看出「色」的另一種面相，即覺悟的圓全境界。以這個方式理解「色即空」的修行者局限於僅關注帶有「色」的萬物，不會進一步察覺隱藏於「色」中的「空」這種另類意旨。[17] 這個修行者體會不到的是，所謂「色」只是一種意義闡釋，而且此闡釋源自一個詮釋學式的關聯情境，使得「色」這種「看法」從一開始就與相反的意義闡釋即「空」有著緊張關係。這個修行者根本尚未體認到「色」和「空」兩者都僅只是「看法」，而且有緊張關係，才讓呈現萬樣面貌的現實物成為「色」。總之，這個修行者犯的錯誤在於，他直接將「色」當成事物本身，而忽略了詮釋學的意義情境。

　　再者，要是修行者反過來基於常識以覺悟的超越性這種理念為出發點，隨而將帶有萬樣面貌即「色」的現實直接引入這個價值觀，乾脆拋棄只是初級的諸種顯像，他一樣會錯過覺悟的優越性，會被對萬樣現實的一般經驗所欺騙，他就會誤以為

17　T45，1878，652a9-10。

萬物僅是「色」，「真空」反而在別處。[18] 這樣的解讀方式結果還是一樣使修行者犧牲隱藏於正常經驗中的意義張力，一樣讓修行者錯過將正常經驗轉成一種突破，也就是將一般見識轉化成對「覺悟」取得意義體驗的機會。

　　總之，無論讀者在「色即空」一句上置重於「色」字也好，還是置重於「空」字也罷，無論他將這句話聽成「色已經是空的全部」，還是將其意旨理解為「色其實不是色，色只不過是空」，結果都是一樣的。無論信徒根據「色即空」單獨執著「色」也好，還是僅強調「空」而拋棄「色」也罷，這兩種誤解都使修行者忽略同一個緊張關係。這個在意義內部發揮作用的緊張關係源自於任何一個意義闡釋都僅代表「某種」詮釋與「某種」看法。「色即空」這句話真正要展開的是一番思考過程，而不是一種論斷、一則命題。在閱讀、思考「色即空」這句話時，讀者必須透過詮釋學差距與意義指引，在思索當中不斷地從一個意義環節連結到另一個意義環節。

　　那麼，法藏為何繞這麼遠的路去批評似乎都是同樣的誤解？要是思考者依賴正常存有論邏輯，他甚至連以上兩種誤解有何不同也無法掌握到。若「色即空」這句話成立，它的意思與「空即色」則必然一致。然而為何還要辨別這兩種錯誤，堅持其各自的不同？法藏在雙方面的描述和用語幾乎一致，因此這兩種正反謬誤的結果不都一樣？在這段陳述上所發生的，根本不歸屬於「理論」、「推斷」、「結論」這個思考平面。讀者必須從兩種不同切入點將「色即空」一句中「色」和「空」

18　T45，1878，652a10-11。

這兩種觀念與意旨透過兩種各自不同的方式連結起來，以致他不得不每次重新在這兩種觀念之間釋放其所蘊含的意義緊張。這個緊張關係自始至終貫穿兩個觀念各自所標記的意旨。

　　舉例來說，只有在此詮釋學張力下，「凡夫」與「覺者」這兩個觀念才獲得各自所具的意涵。這兩種觀念似乎原是彼此背棄，但其實正好相反，這兩種觀念從一開始就被其意義上的關聯所界定，這兩個意涵在意義關聯情境裡彼此界定，其根本不可能各自獨立。然而，一旦思考者承認意義關聯是前提，這兩種觀念似乎還是可以各自有所指涉，彷彿還是各自標記著一個獨立的對象。結果，每一個思考對象與每一種觀念或意旨都必然是模稜兩可的，也就是說任何一個意義闡釋必然產生一種奇特的矛盾：任何單一的一個觀念彷彿獨立，又彷彿不獨立。任何「意旨」與任何「看法」內部隱藏的就是這種意義張力，而且思考者唯一所面對的對象除了這種「觀念」、「看法」、「意旨」之外，根本無其他「實物」可得。

　　依據華嚴宗的提示，修行者並不可以停頓於這個兩難之前，他應當不斷地力圖將相反觀念與相反意旨以某種方式彙整、融合起來。只不過，一旦他得出觀念的統合，他就會被要求必須維持原來的張力，否則相反觀念會失去其各自固有的內涵，相反觀念會不再是詮釋學連結所倚靠的確定意涵，統合會無所會合，也就是不再可能是真正的「統合」。此假統合立刻轉成一個單純的新意旨，而且這個新觀念與原來相反的兩個觀念已毫無相干。真正的統合必須是自意義的關聯情境中湧現出來的統合，因此只有透過承擔意義緊張與意義差距的詮釋活動本身，修行者才可能實際達到名實相符的「統合」。在詮釋學

架構下華嚴宗所訴求的是，修行者務必要經由維持正反之間意義張力的方式來構思兩者的會合。

例如「凡夫」這個觀念，它既指一般「人生」，卻同時也意味著超脫紅塵歸屬另類境界的「機會」，因此關鍵在於修行者對於「凡夫」必須抱持兩種平等的看法：「凡夫」既意味著具有存在的「人」，「凡夫」亦意味著有所依賴且有所圖謀的、嚮往成佛的「修行者」。鑒此，在構思「凡夫」轉成「佛」之際，思考者千萬不可以簡單的以「佛」這個觀念取代「凡夫」，而犧牲了「凡夫」觀念的內部緊張。在修行者構想「成佛」的同時，其主題還是得要是「凡夫」之為「凡夫」，他就必須仍然是思「成佛」的「凡夫」，也就是說他必須是以歸屬紅塵圖謀成佛的「尚未達到覺悟者」為背景來構想「成佛」。只有如此，「成佛」這種觀念才可能實質地落實在身為「凡夫」之修行者的當下處境，只有如此「色即空」才可能在「色」本身身上凸顯「空」。若修行者落入一種平坦、單調的想像，要是他將這兩個相反簡直地視為單一一個理念，統合的根據便被解除，意義張力被消解，而整個修行工夫就落入了空談。若修行者不在有正反兩面的每一個觀念身上維持其模稜兩可的意義張力，他便喪失了被統合的所有內容而陷入一種虛假的幻想。

一旦將「不同者」簡單地「等同」起來，任何思考者都會犧牲正反觀念在彙整之後產生的弔詭張力，或者僅能保存意義之關聯情境下雙方原本就代表的弔詭的一面，而失去另一面。結果，這樣的思考者將「凡夫」直接視為「業已達成覺悟者」，而這種「覺悟」早已喪失其優越性，因為在「等同」這

個前提下，「覺悟」與「凡夫」就其各自的意涵而言，本來固有的差別於此刻已被消除。「救度」不再是「救度」，它僅是現有人生罷了，而且這個人生其實根本無法被「救度」，甚至它根本也無被「救度」的需要。救度史的可能性和動機恰好源自於修行者絕對不能捨棄的「凡夫」和「覺悟」之間的緊張關係，向救度邁進一事是否可能，取決於修行者能否透過其詮釋工夫承擔起意義弔詭和意義張力。然而，這就是信徒、修行者作為「凡夫」的處境，這就是身處原本詮釋處境的每個人都不能脫離的出發點，即內在於人生的視角。相反地將對立觀念直接等同的看法是一種虛構的外部著眼點。從這種外部眼點來對照並還原諸事，這就是存有論、邏輯學及整個同一性哲學的作法。可是，這種外部立場不但不足以充分解析「意蘊」之為「意蘊」脫離不掉的關聯情境，而且此立場也不能夠讓追求救度的信徒實際踏上朝向解脫之修行道路。

針對同一性邏輯所產生的、毫無效應的誤解，法藏試圖將那個關鍵性的張力以宛如繞道的方式從背後重新引進來，而且這段迂迴不異乎其言說活動本身。就內容而言，修行者或許早已經斷定，尚未達成覺悟和業已達成覺悟、輪迴與涅槃等似乎為相反的情境其實都一樣，是同一個狀況，抑或他也許有些小聰明而斷定兩者只是虛假的一致，實際則當然不是如此。可是，這兩種相反結論皆不是妥善的。思維若局限於這兩種相反論斷、即「四句」中第一跟第二項之下，錯誤都會發生。故此，藉由從某一個觀點衍生兩種觀點的方法，法藏的分析提醒修行者千萬不可以停止於任何這類的論斷。有時修行者被要求自凡夫的角度望向覺悟的方向構思這組模稜兩可的意義關聯，

有時他又必須沿著反方向的視線來展開此構想，於同樣的觀念上反覆不斷地對換視角。由於思維每次轉換視角和主要觀點時，其所思內容，亦即原來那兩個相反觀念，各自所標記的意旨也一直跟著發生轉化，整個佛法意蘊也隨之變得愈來愈深厚。然而，在視角轉換當中，思維本身也逐漸發生轉化，修行者遂逐步邁進。華嚴宗所追求之詮釋學式的修行方法於是便明白地顯露出來。

　　藉由法藏的辯論方法，甚至有疑問的讀者也會不由自主地被逼要面對自己可體驗到的、隱藏於某個意蘊中的視角性差距。透過一直交換立足點的方式，讀者早晚會體悟到自己原來以「理論家」的身分從外部視察時，一直無法辨別的「內部不對稱差距」。此刻讀者體認的是，跟隨著思考過程當中發生的視角轉換時，自己所構思的意義內涵本身也會發生變化，自己所運用的「概念」僅只代表對某對象的暫時性意義闡釋，而且自己迄今為止尚未注意到的是，任何「概念」只是當意義的關聯情境是先在條件時，才可能發揮意義，所謂「概念」只不過是一種透過不斷更新的意義指引而起作用的不對稱差距。倚靠「概念」的理論家不能直接連繫到確定的事物本身，他唯一所有的反而只是諸種發揮意義的說法和看法，而且這些說法與看法都為原本詮釋處境即意義的關聯情境所承載並導出。所有概念式界定都仍然隱含一種無從解除的敞開與張力，也就是說一種內在於概念意涵的緊張，而透過視角下之意義闡釋發生變遷的方式，這個張力於是一直在催促詮釋學活動，即意義動勢的繼續。沒有任何意旨可以是獨立、固定的，就其發揮意義而言，任何意涵都另外還需要一個在某種視角下湧現的「擴充」

和「增補」。所有意涵都超越自身而隸屬一種雖然隱蔽但卻敞開的指引視域，因此任何一個概念意涵只不過是在整個詮釋過程上標記著一個觀點或看法而已。

　　法藏應用似乎很清楚無疑的情況為出發點，進而讓讀者經由持續進行視角轉換的方式練習詮釋學思考的修行運動。整段論述環繞同一則主題為軸心，逐漸凸顯具有「內部不對稱差距」的關聯情境本身。與其說法藏藉此釐清某個概念，倒不如說其言論所呈現的反轉不再依賴某種透過「理論」必須首先被確定的綜合概念當做居中諧調。法藏這段言論是藉由介於前進和重複之間的進展，對原本詮釋處境以及奠建統合的關聯情境來引發體驗，此論述讓讀者直接體會自己身所處之意義情境，並且體認此意義情境就是自己正在進行的詮釋學活動與思考努力的根源。經由這段辯證法式的詮釋學修練，透過錯誤的理解，修行者隨而體悟真實情況，並給自己拓開一條具體的救度之道。法藏所教的並非某種教義，其教導目標是在奠建一條修行者必須實際踏上的思考途徑。法藏的詮釋學式哲學根本不在乎某個「真理」，其重點反而在詮釋工夫的動勢本身。修行者務必要讓自身所在之原本詮釋處境及其動勢在自身身上激發一番隸屬救度史這個實行脈絡的思考努力。由此觀之，介於不同意涵之間發生的視角轉換及跳躍就不異乎是「時間—裂縫—跳躍」。

　　根據這份文獻已可充分明瞭，法藏的修行方法關鍵在於時間性。於整段討論當中他一直不斷地將某一個觀念剖分成屬於不同視角的意涵，而承載這種推展的就是時間。每當詮釋者換到新的立足點並隨而轉換觀念內涵時，他其實都經歷一個「時

間—裂縫—跳躍」。這樣一來，讀者對詮釋學動勢所取得的體驗自然而然連帶著對時間性的體驗。主軸不再是某種理論性的原理，不再是原本詮釋處境的構成問題，現在法藏企圖讓修行者體會的是，自己的處境如何落實於時間性，時間性如何貫穿整個意義脈絡。即使所有意義闡釋都源自透過「色」、「空」之意義而產生的相屬狀態，即使代表不同意涵的觀點皆是在同一場關聯情境下自不同立足點又被展開，但詮釋者透過闡釋方式從一種觀念換換到另一種觀念時，這種轉換就表示，詮釋者重新實行了一次「時間——跳躍」。概念的意義向度所隱含之弔詭張力是透過「時間—裂縫—跳躍」的方式實際起其作用。易言之，詮釋學張力使得詮釋者不得不體驗到時間性，也就是讓詮釋活動上的意義動勢與「以時間性模式存在」糾纏起來。

必須再更詳細探討的是，詮釋學之關聯情境與內部具有不對稱差距的時間性統合這兩環關係僅為偶然的類比關係，還是此連結屬於意義脈絡的本質？尤其尚待考察的是，原本詮釋處境的構造是否是開放的，法藏是否僅只由於某種獨斷的考量來構思這個貫穿詮釋學關聯情境的開放張力，還是引入此開放張力作為其整個方法的核心因素。意義現象和時間現象之間是否真的具有本質性的關聯？

第五節　凡「事」都源自詮釋學的關聯情境

基於以上所釐清的考量，法藏將「四句」公式擴大成「十句」。〈華嚴發菩提心章〉最後一段討論整個學說窮究其力所企圖展開的「德」，即實行上的效應。第五節專注闡析對於華

嚴宗甚為關鍵的「理」、「事」兩環之間的關係，解釋「理事無礙」、「理事圓融」這個核心教義。[19] 以上已說明法藏如何借助辯證法式的觀念轉換，促使信徒以循環方式不斷地推進自己的闡釋和省思。支配著這整個活動的「理」、「事」兩項代表「涅槃」與「輪迴」，同時也連繫到隱和顯之間的凝觀情境。這表示什麼？

其一、關於「理」和「事」的關係，作者將重點置在人間歷史上顯露的「事」，闡明諸「事」如何通過「理」的居中調，或者說藉由萬「事」在原本的關聯情境上與「理」固有的意蘊連繫，讓諸「事」彼此相互貫通。猶如許多學者所強調，此觀點標誌華嚴宗思想的重大特點：有一種所謂「積極肯定」的轉向，使得華嚴宗偏重「輪迴」以及歷史脈絡。由此觀之，「理」這個觀點很明顯地局限於某種思辨、辯論上的作用，「理」僅只為了闡釋諸「事」而提供一種關聯基底，「理」只是修行者在通向救度途上所瞄準之「目標」，但整個實質的內涵全都在對諸「事」及時間性所下的修行工夫上，焦點在於現實世界和輪迴。就法藏而言，「理」根本不等於是一種超越個別現象的、獨立的真實單元，「理」根本不指涉某種「本質」或「真理」。除了在諸「事」這個時間性脈絡以內發揮其效力之外，「理」根本沒有其他意義。

以上表示，「理」所標記的「涅槃」、「解脫」等觀念全然被收納在現實裡，「涅槃」的所在就是「輪迴」，亦即救度史這個時間性過程。關鍵在於，修行者應當將自己實際所身處

19　T45，1878，654c1-656a9。

的「輪迴」當成「解脫」承擔起來，但由於他不可以反過來擴大超越境界即「涅槃」相關的構想，不可以讓此構想收容「輪迴」，因為修行者的立足點、出發點永遠不會在目標那裡，他唯一的一個視角永遠在於原本詮釋處境這裡，修行者不得不「由此處」並且「針對此實際處境」尋求所謂「涅槃」、「解脫」及「救度」。故此法藏採取「輪迴」即尚未覺悟者的「無明」當成自身言論的出發點，他並不是從已達到覺悟的智慧這種幻想假設，來推展自己的言論。法藏本身不是菩薩，他以「眾生」的身份來為「眾生」講學。這樣一來，法藏便落實了華嚴宗的教學策略，也就是上文根據杜順論因陀羅網比喻所推出的實行立場。法藏實際採取某一個觀點和視角，實質地「坐於一珠中」，隨而「就此處」踏入結合一切視角、觀點的救度道路。如同其徒弟一樣，法藏本身也在尚未覺悟之「行」的這個時間性脈絡當中展開其整個講學活動，他並不標榜自己立足於更高的、早已覺悟的洞察、「解」上。法藏之所以應用這種策略，理由在於，任何標榜某種脫離「行」之純粹「解」的立場必然是虛假的。於是，「行」就表示，每個修行者必須首先投入「輪迴」，他必須投入原本詮釋處境及意義的關聯情境，「救度」對他方才成為可能的。故此，當法藏彰顯「理」和「事」均所隸屬的詮釋學式的關聯情境時，第四至第九道「門」20 便聚焦於支配著「輪迴」即「事」的關聯情境，而且此觀點其實標誌了整篇文章的頂峰。

其二、至於詮釋學與「顯現」、「凝觀」的關係，值得注

20　T45，1878，655a1-655c16。

意的是，對於法藏而言，「隱」和「顯」並不互相排除，這兩個相反面向反而具有一種互補關係。在第二、五、六項 21 中法藏借助視覺比喻來闡明這個辯證法關係。法藏一方面設想某個理念就其意涵而實際被掌握的這個情形，另一方面又設想該理念只是以非專題化的方式與其他意涵共同顯露這種情形，進而將這兩種顯現狀態對立起來。基本上，當思考者針對某個主題而要下最一般的辯證法界義時，他可應用「有」和「無」的對立關係。若他想要再更仔細分析此關係，他便可應用「攝」和「入」、「收」或「容」和「在…中／內」、「存」和「泯」、「實」與「虛」或「空」以及「主」和「伴」等呼應關係。這些關係都有賴於視角對換。然而，凡是空間性隱喻當然都很可能會引起誤解，讓讀者以為法藏這裡討論的，是涉及某物在存有論脈絡下或是存在或是不存在的這種問題，抑或誤以為法藏談的是有關部分和全部的集合論邏輯。然而，法藏這些說法錯綜複繁，而且一旦研究者將華嚴宗其他文獻中常見觀看隱喻的這回事納入考量，他就可以不再將視覺情況理解為一種局限於光學和空間概念的情形，而脫離上述存有論偏見。以上第四章解釋因陀羅網時已深入探究與視覺有關的構想，現在可以將此討論再往下推展。

　　就華嚴宗思想而言，「隱」和「現」或「顯」的對立關係並不牽涉存有論下肯定或否定某事物的存在這種情況。若說華嚴宗認真地看待「觀看」是一番實際被執行的活動，而且觀看所涉及的是某件事物是否在場這個問題，毋寧可說視覺比喻之

21　T45，1878，654c10/ 655a15/ 655a27。

關鍵在於，對於在原本詮釋處境上的立足點，某個「意蘊」如
何發揮意義指引而顯露出來的這個課題。環繞「隱現」為主軸
的言論意圖說明諸種意涵如何從詮釋學動勢中實際湧現出來。
「隱現」所標誌的不是某件事物的可見或不可見，而是在救度
途上修行者如何藉由執行詮釋活動的方式，如何讓意義於各種
視角下不斷地重新成形的這個問題。這牽涉的即是本章的主
題，詮釋學作為修行方法的這個問題。

　　〈華嚴發菩提心章〉第五節分成十道「門」，而各道
「門」又復細分成十種「義」，即意義闡釋上的十種不同觀
點。透過這種方式，法藏將「四句」公式依循其內在邏輯擴充
成「十門」公式。同樣以非常系統性的方法對「四句」公式展
開擴大的，是〈華嚴經義海百門〉[22] 這一篇。上文已強調，對
經文的演繹工作被分成一百種看法，這種神奇的講學方法其實
加強詮釋過程的動態面相，目標是要給修行者提供一條通往無
窮無盡救度史運動的修練道途。以下根據第九道「門」[23] 討論
這個主張以及法藏如何從古典「四句」公式衍生出「十門」公
式。

　　這段的主題是「事事無礙」。依據華嚴宗的基本信念，基
於現實世界中諸「事」在原本的關聯情境下均處於彼此相屬狀
態中，除了諸「事」與「理」相通「無礙」以外，甚至所有
「事」一樣彼此相通「無礙」。針對此學說，法藏舉出某一件
事情為出發點，重複闡明其與其他事情的關係。於是，第四至

22　T45, 1875, 627a27-636c15.

23　T45，1878，655c4-c16。

第九道「門」的分析除了應用「四句」公式之外，大概也反映「六相」說，即對某件事情可有六種範疇性看法。然而，目前重點在於某事和其他事之間發生的視角對換。詮釋學的關聯情境有時落實於這個立足點上，有時它又落實於另一個立足點上。思考者每次當成視角所採用的觀點本身及其個別內涵並不重要，需要關注的只是這種視角轉換作為方法所具備的形式構造，而且第九道「門」非常明顯地凸出這個形式構造。

　　在第九道「門」中法藏採取現實事物的雜多為出發點，隨而探討就其意蘊而言諸「事」與其中任何一件「事」固有的關聯。然而，在整段討論的末段中，諸「事」之所指與當初第五、六道「門」[24] 中此觀點所標記的內容不同。那個時候單一一件「事」與諸「事」的關係被擺在由外部而來的讀者眼前，而在第七道「門」中 [25] 讀者接觸到的是這個觀點：「一」、「多」這兩個對象完全可以彼此相互對換。這意味著，在關聯情境下所有立足點、視角就其個別所開啟的意義內涵而言都彼此互相等同，而且在這種支配著關聯情境的普及相屬情況下，甚至「視角」、「立足點」這種特殊觀點似乎也變得多餘而可以被省略。許多學者好像正好認為因陀羅網比喻所描繪的是毫無差別和等級的，在某種意義下可說是「反權威」的普及交織，因而將這種構想當成法藏世界觀的頂峰和終結看待。可是，在第七道「門」之後法藏顯然再繼續推行，文章之後另外還鋪陳了三道「門」，提出三種更深入的觀點。

24　T45，1878，655a15/ 655a27。

25　T45，1878，655b8。

　　在第七道「門」之後讀者務必要記得杜順有關因陀羅網比喻的提示。法藏文中第八、九兩道「門」所闡述的是，在思考者本身實際投入自身正在思考的那個對象脈絡時，他所投入的諸「事」所組成之現實交織是什麼，他對於關聯情境下的普及交織所取得的體會就會是什麼。原先自外部來構思僅為「理論」下之統一原理的思考者，他現在必須實質地進入這個統合情形，並且由內部來構思此統合。這表示，思考者此刻才採取真正屬於自己在思考之關聯情境以內的立足點，來重新觀察整個統合場景。就其意蘊而言，這才是實質地標記了一個「視角」的立足點，這個觀察點才能充實「內部不對稱差距」，即「由此望彼」這個構造。現在個別不同的意義闡釋，就其個別所展開之意涵而言就都必然的連繫到其意義視域中的對立面，並且不同意義闡釋都根植於這種向對立面之意涵的「望」之中。個別不同意義闡釋此刻不再是在某個構思體系中「在己」生效，而是個別不同觀點都「針對」另一個立足點和視角才會生效。藉此，立足點、視角本身變成富有意蘊的單元，每個立足點本身也就代表該視角下產生的意涵。首先法藏將此內在於意蘊的立足點定位於單一件「事」上，[26] 然後他反過來從「事」的雜多為視角來回顧單一件「事」。[27]

　　目前諸「事」若都隸屬單一一件「事」，這表示思考者必須從單一一件「事」為實質的視角來看時，他方才能實際看見諸「事」。此情況並不等同於一邊有諸多「事」而另一邊有單

26　T45，1878，655b23。
27　T45，1878，655c4。

一一件「事」這種單純的對立局面。正如「坐於一珠中」的凝觀者所見的反射鏡影一般，現在「諸多事」標誌著這樣的情況：置於發揮意義的關聯情境下的「諸多事」這個思考單元從一開始就與每單一一件「事」有關聯，而「諸多事」這個囊括式觀點則是藉由任何單一「事」為中介來將自身收容到自身內部來。由此觀之，「諸多事」指的不但是某種被對象化的「雜多」，而且目前這種內部發生無限反射的重疊情形正如真珠網絡中思維無法被全部掌握的無限鏡影遊戲一樣。易言之，於任何一個當下形成的任何一個意義闡釋乃如無窮無盡的反射遊戲一般，任一個意義闡釋勢必呈現一種敞開，這個敞開就是內部是開放的「某一種」看法而已。「諸多事」這種觀點只有在針對單一件「事」時才成立，[28] 以致「諸多事」這個觀點同時必須被看成是「不成立」的，以讓單一一件「事」成立。任何一個當下成形的闡釋方式是否成立，取決於所有其他的闡釋方式是否成立，但這些成立與否又復取決於單一個闡釋方式能不能成立。以此推論下來，所有源自關連情境之意義闡釋立刻就會落入「不成立」這種弔詭的困境。每一個環節是否成立不但取決於其對立面的成立，而且只有在自身同時消滅為前題之下，該對立面才可能成立，消滅的自身也才可能成立。

　　針對法藏之前經由不同構思階段所鋪陳的各種「相對」而有效的意涵，第八、九兩道「門」的進展所導出的，竟然如此弔詭，這使得一切意涵轉成開放、卻根本無法獨立成形。原因是，由之前的靜態構想來看，每種思考對象各自都仍然停頓於

28　T45，1878，655c5-c6。

某種穩定意涵下，但現在法藏思考的反而是思考者自身於每個
當下各自所採取的立足點都依賴於意義動勢，自己的任何意義
視角都完全流入詮釋過程本身。這個構想不再是靜止的，現在
的畫面反而是流動具有時間性的。在此動勢當中思考者根本不
再可能指定任何立足點作為穩定的、絕對的出發點和視角。思
考者藉由思維本身的流動，經由思考活動必然所引發的視角轉
換來領會詮釋學「內部不對稱差距」的實質意味：任何意義都
僅是「去中心化的」、「暫時的」意義指引這種發生而已。

　　華嚴宗思想最高突破在於體悟：思考者和修行者不得不實
際採取一個立足點和視角，以致任何意蘊僅為對此視角「顯
現」的意蘊。一旦思考者、修行者實際投入意義動勢，任何意
涵必然是開放的，任何意涵勢必開啟無限多其他意義指引。可
是，只有透過思考者、修行者實際投入意義動勢這一舉，任何
統合方才成為可能。關鍵在於，思考者、修行者務必要明瞭
「投入」這一個名為「初發心」的步驟。這個初始的步驟不但
業已包含「覺悟」的可能性，而且也只有它才會將修行者實質
地引導至「覺悟」的機會，因為只有這個初始的「投入」才讓
一切構想中的「視角」轉成唯一一個實質有效的視角，亦即展
開「內部不對稱差距」的視角。然而，雖然這個實質的視角總
是局限於「單一一個」視角，但同時其敞開狀態還是涵蓋所有
其他視角，而且它也不是某個固定的視角，只有「初發心」才
能充實這個視角而且讓它由內部流動起來，它落實於時間性和
歷史脈絡。經由第九道「門」所導出的十種詮釋方式，法藏將
讀者與修行者盡可能具體並有效地帶到這個關鍵步驟的門檻
上。為了理解法藏如何構思這個關鍵步驟，必須追問：在最高

思考階段上整個意義闡釋如何能再邁進？要回答這個問題，便有必要更深入探索「四句」、「否定」以及「實行上的二元情境」這三個環節之間的關聯。

　　藉由關聯情境，諸多「事」一層復一層與每件單一之「事」產生聯結。當法藏採取「諸多事」當視角時，他首先斷定這個視角就其「存」、「亡」兩種意義固有的情況。[29] 由於每一件「事」都只是在關聯情境下於一切「事」的互相倚賴，它才可能出現，因此每一件「事」就其個別意涵而言，不是它本身就是其所是的，而是每一件「事」都就其意涵連繫到一切對立面，即與它相對立的「諸多事」。依據「四句」邏輯，第三項推斷「存」、「亡」這兩義並無差別，看似相反但其實是一體兩面，「存」、「亡」只是將「諸多事」就其內涵本來所隱藏的模稜兩可分析出來。[30] 這裡的「諸多」與那裡的「單一」，就其各自所有之意涵而言，這兩種觀點彼此相容，但另一方面來說，「諸多」仍然必須是「諸多」，否則整個意義關聯就不成立，因此「諸多」既「存」亦「亡」。然而，由於這樣的構想無法解除內在於「諸多」的矛盾界定，第四項彷彿釋放這個意義張力而推出相反的、消極的斷定說，基於邏輯學

29　T45，1878，655c6-c7。

30　T45，1878，655c7-c8

的、形式上的理由，[31]「諸多」乃不可「存」亦不可「亡」。[32] 這樣一來，「諸多」這個弔詭之觀念中的緊張被消解，只不過這樣一來，「諸多」本身以及思考者這裡所採取的視角雙方也會一同消失。

論述至此，重點已萌生：「二義」[33] 即兩種闡釋方式都被消解，同時整個構想所歸屬的立足點和視角以及構想內容一樣消失，唯一仍在的是思考者本身，是所思內容彷彿全被清空的思考處境本身。原因在於，甚至不可設想的或業已被消解的構想仍然在發揮作用，甚至針對任何意蘊進行不可再更嚴刻的否定，甚至這種極端化的思考方法也不足以徹底離棄原本詮釋處境以及意義情境。因此法藏在第五項提出一種超驗論考量，來反駁龍樹的邏輯學式的懷疑論。[34] 法藏似乎是憑據第四個階段而重新引入第三項，進而追問：在任何關聯下的、基於「四句」而終究會被推翻的界定究竟預設了何種條件，而這樣的主張可能成立所依賴的是何種前提？

「諸多事」基於其內含的關聯情境被剝奪實在，可是「諸多事」畢竟是一種模稜兩可的觀念。即使從邏輯學觀點來看，「諸多事」概念只有在關聯情境下才可能成立，所以這種概念

---

31 乍看之下，光就形式考量而言，「四句」圖式與奠基於存有論架構上的歐洲同一論邏輯的相似令人驚訝。可是，若學者因此推斷歐洲邏輯學在古代中國思想上一樣有效，這並不適當。彼此「相似」的邏輯論證仍可能各自附帶不同存有論意涵。

32 T45，1878，655c6-7。

33 T45，1878，655c7。

34 T45，1878，655c8-655c9。

的實質有效的這件事必須被否定，而至於此概念所指的內涵，即將「諸多事」當成一種獨立單元看待這種構想本身，它並不會為此否定所影響。第五項推出的複雜論證可以如此解釋：即便只有在關聯情境下「諸多事」這個意涵才成立，但假設根本沒有這個獨立的意涵，「諸多事」便可以全然消解於「單一事」之中，所以除了「單一事」之外根本無他「事」可言，亦無「諸多事」。可是，若果真如此，前提的四個階段的意旨也根本不能成立，因而上述推論是不合理的，思考者還是可以肯定，「單一一件事」和「諸多事」這兩種觀點必定都成立。法藏是從辯證法下的否定、消極情況中，經由一種積極轉向，衍生一切原先被設置之單元都實質有效這種結論：只有當「他異者」作為絕對之「他異者」時，某一件事情與其所屬之他者的關聯情境方才成為可能。即使關聯情境導致自相矛盾及對關聯情境下各自獨立之意涵的邏輯否定，但兩種主張基於其各自所展開之意涵，也正好基於兩者之間有著一種絕對的「他異性」這種情況，因此這兩種主張仍各自具有獨立的存在。依照法藏賦予「四句」公式的闡釋，藉由「四句」公式被廢除的是一切概念，但此方法卻同時又產生一個新的概念。理由在於，任何關聯情境下的概念具有模稜兩可的意涵，而且任何個別化的意涵都源自意義現象內部所呈現的開放性和不對稱差距，而這些意旨也就從在任何邏輯思考中都無法超脫與解除的詮釋學活動這樣動勢裡湧現出來。

　　龍樹所導出的絕對否定可能會被當成一種有關普遍性統一體的理論看待，在虛無中彷彿所有差異都消失而「一切皆一」甚或「一切皆無」。然而，作為理論主張或理論洞見的「統一

體」仍然歸屬某一個懷抱著附帶這種意旨、產生此「空無」觀念的設想者。由於這種絕對否定中的「統一體」依然勢必隸屬於某個不對稱差距下的視角及其詮釋學敞開，因而這種設想仍然預設的是，相關的意義理解確實在發生。故此，法藏根本不承認「四句」足以導出徹底的否定。對他而言，「四句」公式僅只讓思考者設想一種擺盪、不確定的「之間」。當僧肇與吉藏應用「四句」公式時，都曾將其轉成一種開放的、流動的，而且意義上涵蓋萬物的統合模式，讓思考一層復一層地前進，卻既不落入絕對肯定亦不落入絕對否定。就此可得知，「四句」公式最終所產生的否定觀點顯然一樣只是一種「看法」，第四句同樣地僅推出有關某個思考對象的意義闡釋而已。即使這樣一來法藏或許對龍樹的立場並沒有設下適當的評估，但龍樹也不能否認，消極否定這個方法仍然必須是一種「具有意義」的論述，此言論本身仍然是從所有意義這個關聯情境中湧現出來的某一個特殊之「義」。故此，由詮釋學家法藏來看，理所當然的結果就在於，龍樹的消極否定法仍然隸屬原本詮釋處境。甚至在「絕對否定」之下、之後，內部具有不對稱差距的詮釋處境仍然生效，意義情境依舊發揮作用，也就是說意義還是繼續滋生新的意義，而第四句的意義闡釋仍舊要求新的意義闡釋。總之，以「四句」公式來思考的人是無法離棄原本詮釋學動勢的。

倚靠「四句」公式並全然局限於「四句」的推理思維尚未猶如傳說中的閔希豪森男爵（Freiherr von Münchhausen）一般成功地「抓住自己的頭髮並抬起自身」。原因在於，即使這套理論再三地強調思考者務必要自身投入某一個實際的立足點，但

歸根究柢此訴求本身仍然只是一個理論性的環節，它只不過是否定方法的「原則」，由於整個構想本身尚未落實在思考者的立足點上，構思者與其所構思之間的實質融合尚未成立，因此構想所設想的「統一觀」和設想者本身這兩個平面仍舊不能二合為一。在整體統一之理論和思考者之間暴露出的根本隔閡，本文之前已將之命名為「實行上的二元」。「實行」指的是構思理論的思考者所立足的實質處境，而且這是一種超脫理論構想所能夠涵蓋的境遇。然而，恐怕只有通過持續不斷地順著一條「思路」一層復一層邁進的反思方式，任何有關整體統一的理論才可能將該理論的設想者及其處境也都收入到理論所構想的範圍以內。換言之，某一套理論不可能藉由某種原則或先驗條件，一下子就將思考者本身充分溶入到理論構想的內部。理由在於，這種對包容、整合的努力必須又源自某一個理論作為意義體系所不可或缺的、置於經驗之後的「立足點」和「視角」。即便該理論構想假設自己歸屬一種先驗式立場，但此設想還是一樣地落入的惡性循環是：為了奠建這個理論的先驗式基礎，思考者悄然地業已有賴於此基礎，而且猶如康德指出，從一開始就必須被預設的基礎，這個基礎其實僅可能是超驗式反思事後才演推出來的基礎，以致有關任何「先驗基礎」的假設不過只是一種無根據的理想而已。然而，這種惡性循環難道是由於原本詮釋處境內部所隱含的不對稱差距而無法避免的詮釋學循環嗎？在基本意義脈絡下任何意旨勢必是開放的，從一開始任何意旨業已經先行於自身，以致沒有任何意旨或觀念能讓思考者藉由意義和其闡釋的方式來「趕上」、「收回」那個總是先行於自身而運作的意義。唯獨在思考者假設意義現象上

這種「去中心化狀態」有可能從開放的動勢被逆轉收回至某種定止不動的「中心」，只有在這種假設是前提，某個理論構想方才可能爭取一個究極的意義起源，即一種「天均」一般的「泰初」。可是，對人的現有存在情況而言，僅能經由一番經驗之後被具體推展的過程，思考者才可能將作為自己所設想之出發點的那個最原本的處境本身也收入自己的構想之中，而且這似乎也只可能是一種「靠近」的努力，思考者的原本處境本身不可能完整地溶入「由此處」被設想的構想。然而，這種質疑和保留之所以有效，理由正好在於將時間設為直線的時間概念。在此時間概念為前提之下，要充分被收納到所思內容的「思考過程」顯然是一個單向且開放的無限流逝，以致它不可能全然被收納。這個癥結看來是在時間性的問題上。但另類的時間觀就有辦法解除這個難題嗎？

　　法藏不但訴求讀者要採取自身處境當成一整個思考過程的起點，甚至法藏本身同樣必須逆轉返回至自己的原本詮釋處境作為其一整個講學活動的基源。由於這個處境標記著一切意義指引所歸屬的理解場域，因此這個處境從一開始就就呈現「實行上的二元情境」這種雙層構造。意義現象連帶的是「意旨」或「意義指引」以及「意義理解」之間的詮釋學差距。即使所有特定意涵都被消解，這種雙重構造卻讓意義理解本身還是留下來。正好對「實行上的二元情境」的洞察讓華嚴宗思想發生學界時常提及的「向積極肯定」的轉向。一旦思考者將原本詮釋處境當成思考架構看待，甚至在他透過徹底否定的方式消除一切意旨之後，依然存留的便是思考者在實行層面上所歸屬的原本詮釋處境本身，亦即「可能的意旨」、「意義的可能性」

這個原本的意義情境。介於從某一個視角來進行思考的立足點與其所設想的意義內涵之間裂開的縫隙，就是「實行上的二元情境」，而基於此雙層情況，甚至在否定之後思考者仍不由自主地在形成新的意涵。問題是，修行者能否甚至也超脫「實行上的二元情境」？他能否從原本詮釋處境去斷絕、截止一直在產生新意義的詮釋學動勢？針對此課題可以分析法藏如何設想下一個步驟，詳細探究無限意義動勢與歸屬某一個即時各自起作用之立足點的時間性這兩個環節的關係究竟為何。

　　「四句」中最後一個階段 35 導出的結論是，就其形式而言原來的觀念被消解，但這一舉其實也透露一種無從解除的張力。甚至在諸種觀念被消解之際，這些觀念仍有所指引，觀念被否定但意蘊卻仍被保存的殘餘也就產生了第五個階段。36 理由是，由於「一」、「多」等基本觀念甚至在其彼此相互關連而成立時都停留於其各自所具有的絕對差異下，故在關聯情境下「諸多事」或「存」或「亡」，但此「存」、「亡」卻不可能是相反的意味。法藏賦予「諸多事」這個基本觀念模稜兩可的闡釋，表示獨立的「諸多事」以及關係下的「諸多事」，亦即「諸多事」的「存」、「亡」這兩種觀點和意旨不可能被拆開，在詮釋學的關聯情境下這兩種意旨反而是相互連繫的。第一階段上「一」、「多」這兩個觀念之間原來固有的關聯情境在第五個階段有關「諸多事」所進行的闡釋上重新湧現出來。現在法藏將第三階段上出現的「既是…亦是…」進一步確認為

35　T45，1878，655c7-c8。

36　T45，1878，655c7-c8。

某一種意義闡釋內部所蘊含的詮釋學關聯情境。有賴於「既是…亦是…」而被推出的次要觀念,即「既存亦亡」則實現這個詮釋學關聯情境,它將這兩個相反的觀念經過時間落差而互相交換,而這種次序轉換便成為內部具有不對稱差距之詮釋學關聯情境本身的統合:「『存在』就意味著『滅亡』」。於是,第六個階段就能夠開始闡述同一個關聯情境於相反視角下所呈現的對應情況。

　　此處首次透露的道理是,二值時間概念上的前後序列藉由詮釋過程便在三值時間概念下衍生內部具有不對稱差距的意義統合。首先,「四句」中第一跟第二個意旨之間的順序在毫無等級觀念之間產生了一種詮釋學往返,而且這兩種觀念只是就其各自預設的視角和立足點彼此互相關連,使得兩者各自都呈現其相反作為一種「內在趨勢」。第三「句」即「既是…亦是…」是以一種「內在秩序」取代前後這種外部排序,這一個階段也就是在空間下二值時間線的等值無差別上強加立足點和視角這兩種因素,產生了「或是…或是」、「此刻是…,然後又復是…」這種闡釋情況。換言之,第三「句」引進來的是「即時各自」這個觀點。

　　直至第七道「門」,思考者仍然都站在所觀看情形的外部,因此前後時間序列以及第四個階段上有關相反觀點同時並存而透露出來的弔詭暫時都尚未牽涉到詮釋活動本身。一直到第七道「門」,思考者僅透過想像聚焦於一個悖論情況上。然而,從第八道「門」開始,時間關係便被逆向收入到思考活動本身,也就是說一整個時間序列被收納到思考者所身處的「此刻」。在第九道「門」下讀者不再需要將所有意旨當成觀念擺

在自己的心前面或對面，他現在反而被要求想像自己所設身的立足點就是其中任何一個意涵，自己就是「在此處」經歷所有上述觀念轉換。思考者現在必須在其想像中進行由「此刻」往前一刻、又往後一刻的「跳越」。這屬於想像活動、「意識流」本身的前後次序產生思考運動的往返，而且此往返運動奠基於各個時刻與其他時刻在視角下藉由內部不對稱的差距所產生的相屬關聯。這樣一來，第五項形成的就是上述模稜兩可觀念下的時間性統合。思考者不再僅只對此弔詭有所想像，現在他必須通過想像活動本身正在發生的「此刻」，將自己所思的雙重情形具體「承擔」起來。讓思考者實現這種事情的條件在於，不能將想像活動的當下視為單一個、毫無差距的「時間點」，而要將支配著想像活動的時間性當成內部有不對稱差距的統合看待，也就是將「當下」及其所連帶來的一整個時間性組織全部集中在「此刻」和活生生的「一念」上，以具體來執行這一整個想像活動。

　　為了描述第五項的「既…亦…」這種觀念所造成的弔詭，可以應用「亡中存」、「持存著地滅亡」等說法。這等同於時間性弔詭，因為時間性弔詭與詮釋學上「即」字所標記的樞機息息相關。環繞「即」字而內在於某一個觀念發生的轉換等於是意義上的「指引」向度，也就是一個有賴於視角並且透過不對稱差距才可能具體運作的詮釋學的關聯情境本身。在這個階段上「存」這個意涵指向「亡」這個意涵，這兩種觀念產生內在連結，兩者在意義上發生統合。不過統合的關鍵在：為了思考這個意義弔詭和意義發生，思考者還是得要借助時間流的先後順序，因為他只能任選其中一個做自己的立足點，他只能或

於此刻將「這個『存』」設想為「乃是『滅亡』」這種意旨，
或他在另一個時刻當中再來思考同樣的關係，以便由「亡」看
「存」，亦即將「亡」看成「存」。思考者的視角、立足點自
然所設立的等級次序標記著時間性所連帶來的不對稱差距，內
在於這兩種相反觀念及此意義指引發揮作用的詮釋學差距也就
轉成「此刻⋯，又復此刻」之間的時間性差距。易言之，藉由
意義現象上的「視角」及「指引」為管道，這個詮釋遊戲揭露
時間性的內部不對稱差距及落實於此差距上的相屬關係。具體
凸顯「以時間性模式存在」這個觀念所隱藏的「內部不對稱差
距」與僅對不同時間值之間有差別這種概念表達不滿足，這兩
種立場乃截然不同。透過「存」、「亡」之間往返被展開的詮
釋學遊戲，法藏將奠建意義的關聯情境以及時間性經由內部不
對稱差距產生的統合這兩個平面實質地融合起來。由此觀之，
原本詮釋處境與「以時間性模式存在」這兩個觀點所指的根本
不再是兩種分別不同的現象，這兩種說法分別所標記的其實是
同一個情況：透過視角下的不對稱差距，也就是經由某個立足
點被引發的意義敞開，以及即時各自的「此刻」所歸屬的時間
性組織都涉及同一個「即時各自」的意義發生。在此基礎上，
法藏究竟如何借助「十句」公式來構思，並具體促進無窮無盡
的思考運動？

　　依照「四句」公式，第七、八項[37] 對之前的討論導出的意
義闡釋重複第三與第四種闡釋。現在思考對象被放置在詮釋學
關聯情境與時間性差距的綜合下。第一、二項涉及的是

37　T45，1878，655c10-c13。

「存」、「亡」兩義，第七、八項討論的則是不相同的「存即泯」、「泯即存」這兩種藉由反向糾纏而形成的新觀念。於是，原來「存」、「亡」兩個相反的差異被移到即時各自的闡釋視域，而且要是思考者又再次試圖將「存」、「亡」這兩種相反視角看成同等觀點，便僅會陷入新的悖論，也就是類似「存即泯意味著泯即存」這種弔詭中。第七項將此弔詭分成雙方面來肯定它。可是，由於兩者並存並不合理，因此第八項必須否定並且破除第五、六項所設立的、具有關聯性質的觀念。此處的否定重新透露「實行上的二元情境」。整個進展是一步復一步經由諸種意義闡釋的交換，將思考者引入一種浮盪不定的情況，通過這整個詮釋學過程思考者承認必須重新被思考的現實對象，即「法體」。[38] 再明確不過地被法藏凸顯出的，是有關諸「法」的基本道理：整個現實全部只由詮釋學動勢本身所組成，除了對意義的闡釋努力之外，沒有其他任何因素足以奠建所謂的「現實」。這表示，一旦修行者離棄原本詮釋處境，他就立刻喪失一切「法」，失去自己整個修行努力一定需要的現實倚靠。

在此已經可以推斷，法藏原則上肯定原本詮釋處境，承認修行者無從脫離「實行上的二元情境」。這表示，其詮釋學方法不但不追求龍樹對一切意旨所進行的那種絕對否定，而且法藏的方法也不讓他透過一種歸謬法模式來否認任何意蘊之可能性。基於「實行上的二元情境」，詮釋活動根本無法超脫原本詮釋處境，而且此處境正好基於「實行上的二元情境」要求詮

---

38 T45，1878，655c13。

釋活動無窮無盡地繼續運作。由於意義現象就其構造而言是一個開放的動勢，因此任何停止於弔詭、矛盾下的立場根本不合理，這種虛假的立場其實等於是「毫無意義」的空談。由於原本詮釋處境標記著一整條向救度之途的唯一可能的起點，因此修行者也不能捨棄這個處境，不能捨棄意義情境而選擇「無意義」。為了通往解脫與成佛，修行者不得不實質地「承擔」自身所處的原本詮釋處境，他必須在詮釋學範圍、意義視域以內尋求涅槃。在此基礎上，可以根據法藏最後所提出的兩個步驟，來完成有關詮釋活動與時間性之聯繫的探析。

　　將法藏的文章閱讀到這裡的讀者是經過時間次序而經歷了有關現實的不同看法，這些看法都闡明「單一事」與「諸多事」之間就其各自固有之意涵而發揮作用的那個關聯情境。於是，每個新的看法是以辯證法模式從前一步而衍生出來的，以致有貫穿前八種觀念的相屬情形。讀者在回顧時，之前八個項目沒有等級次序，八項全部都平等而且彼此互相「圓通」，[39]全都被同一個意義關聯所包容。理由在於，這八種不同看法都根植於一個弔詭的基本觀念，亦即關係下由「諸多事」望「一事」的這個基本意旨。[40] 只不過，此觀念在其意義上所發揮的統合是一個敞開的統合，以致此統合觀念其實轉成了一場意義動勢。這種統合的觀念僅可能被思考認為是經由內部具有不對稱差距的統合而逐步邁進的過程，以致統合觀念本身的「統一」這個情況必然是被思考活動落實於其中的時間性統合所產

39　T45，1878，655c14。
40　T45，1878，655c4。

生。這意味著，內在於悖論的指引作用就等同於時間上的視角轉換，每當詮釋者擷取一個新的立足點時，透過這個即時各自的視角轉換，詮釋者便可以再次催動意義動勢而落實意義的關聯情境。迄今為止時間統合與時間差異是分開並存的兩種觀點，前八種意義闡釋也從不同面向瞄準同一個悖論觀念，而導出既為整合亦為分殊的意旨，讓思考者一直維持觀念中發揮作用的弔詭和緊張。然而，思考者現在必須將八項的相屬與八項的分殊這兩種基本狀態進一步融為一體。法藏的解說仍然尚未解除意義現象的開放情形，尚未達到終極的觀點。

　　上面「四句」公式下第四項曾已達到的，並不是終結。由於介於被構思的意涵與執行相關意義理解的思考活動本身之間暴露「實行上的二元情境」這種裂縫，故在達到第四項之後，詮釋活動仍然必須繼續下去。現在第九項再次以相同的方式讓詮釋活動繼續，而且原則上整個詮釋活動是一個無窮無盡的努力在此已經十分清楚。例如之前七個項目既然一方面經由時間上的次序是從第一項中的意義闡釋衍生而得出的，而另一方面之前七項卻與第一個意旨同時並存。因此，第十項可以作為「可以互相取代亦能夠並存」這種兩難的新起點，照理來推斷前八種意涵其實都根本不能顯露出來。這可能讓思考者補充第十一項而提出與第十項相反的主張：前八項既然生效卻又不成立，以致他不得不再拓開延續下去的新的一輪辯證法過程。一旦思考者對「實行上的二元情境」取得洞察，他便可以擴充「四句」公式，也就是讓這個「四句」公式轉成依循辯證法被展開、而且是無限開放的原本意義動勢。據此可知，法藏經過十個階段所推展的理路基本上是為了具體凸顯詮釋活動乃是在

無窮無盡的敞開下執行的修行工夫。然而，法藏所關懷的並不止於此，透過「十句」公式他進一步要揭露的是時間性。

如前一章所述，〈十世章〉的作者不但將「以時間性模式存在」分成十個環節作說明，而且他也賦予第十個項目，即第十個「世」別具一格的地位。據此現在不難斷定，「十句」公式中第十個步驟應該另有標誌。〈十世章〉將三值時間觀中的前後關係編結成九重，而〈華嚴發菩提心章〉也用類似的方式來擴充「四句」公式所導出的辯證法關聯。嚴格來說，至第九個階段為止，這種思考策略早就足以勾勒整個構想無窮無盡的延續。〈十世章〉是將在第十個階段上所產生的「一念」作為統合，亦即將原則上是無限的時間關係的重疊情形整個收入「一念」這個即時各自的綜合。「此刻」是在某一個視角下將整個無限重疊的時間性凝聚於「一念」上，然後將無限的時間延伸轉成內在的不對稱差距，並且在「以時間性模式存在」上揭露一個內部敞開。現在可以據此斷定，〈華嚴發菩提心章〉凸顯時間性與原本詮釋處境之間的親緣關係，進而推展與第十「世」即「一念」相似的觀點。意義現象的無限敞開這種情況應該被理解為原本詮釋處境本身所呈現的一種「內部敞開」。將某個構想分成十個階段這種論述模式雖然在華嚴宗的著作上是常見的，而且它彷彿在很多地方都局限於講學方法這種作用上，但有鑒於上文在時間性和意義情境這兩個思考脈絡之間曾已揭露的相似性，便可以解析〈華嚴發菩提心章〉末段第十道「門」的作用和意義。

第十項似乎凸顯整段討論最終想達到的觀點，亦即整個悖論所產生的消極結果：一切意義闡釋彼此互相消解，沒有任何

確定性界定可言，整個構思最終落入一種毫無內涵的空洞懸盪。[41] 可是，如上所述，思考者所身處「實行上的二元情境」卻依然保存著一種「殘餘的緊張」，這個張力使得整個構思不得不以無窮無盡的重疊模式繼續下去。然而，現在法藏聚焦於這種懸盪不穩的情境本身身上，並將詮釋工夫的動勢逆轉收回到一種「之間」，以儘量維持這個懸盪不穩的處境。為了從第九項過渡到第十項，思考者其實要進行一種視角轉換及平面轉換，整個論述將發生一種「裂縫─跳躍」。研究者務必清楚這點，否則會將第十個項目誤解為猶如密契主義一般的結論，也就是會將其視為意義闡釋的終止與意義弔詭的究極消解。由於法藏透過辯證法所展開的諸種觀點彷彿只是追求無限重複，而之外無其他目的，因此許多研究者至此便直截簡單地如此推斷。可是，當法藏終於達到第十項時，他果真是透過神祕的結論超脫、捨棄自己一整段論述和思考過程所歸屬的原本詮釋處境嗎？

　　為了描述修行者如何體驗最高情境，第十項說：「無不超絕。挺然無寄，唯證相應也」。[42]「超絕」、「無寄」似乎意味著超越、超脫。不過，不明確的地方還是在於，究竟誰或何物在彼此「相應」？乍看之下讀者或許首先考慮的答案是：此處法藏是針對前幾項意義闡釋以及整個詮釋學歷程來築建一種後設平面，讓思考者捨棄任何個別的詮釋立場而單純地斟酌「意蘊」之為「意蘊」藉由關聯情境所產生的往返遊戲，亦即斟酌

41　T45，1878，655c14-c15。
42　T45，1878，655c15-c16。

諸種意涵彼此相屬並且相互交換這個發生本身。由此觀之，「相應」所指涉的是原本詮釋處境上以重疊模式起作用之意義指引的動勢，只不過「相應」所強調的不再是意義指引附帶的差距現象，反而是統合這個面相。只是，此統合與單純的同一狀態是不同的，因為這個統合是借助視角下的關聯和相屬情況來整合諸種分別的環節。為了使根植於某個立足點而發揮意義指引的意義敞開和意義理解這兩個平面實際地合為一體，思考者還是要依賴不對稱差距下的「相應」，因為只有在此視角性差距為前提之下，「意義」才可能實際導出統合。視角下之意義闡釋所呈現的敞開源自任何實現意蘊的闡釋勢必都局限於即時各自的立場和視角這一情況。甚至第十項所導出的「超絕」、「無寄」、「相應」也不會是例外。意義理解一旦實際採取第十項為立足點，此情況也就產生關聯情境下之「相應」及此「相應」所代表的懸盪式統合。思考者務必實際投入「之間」產生的統合處境，否則他絕無意義可得，而「超絕」、「無寄」、「相應」等洞見亦無從成立。

　　除了這種以華嚴宗詮釋學思維為主軸的解讀方式之外，另一種解讀可以合理地應用一個在佛教裡甚為普遍的理念。時常標誌最高體悟的「證」字用於加強一般佛家應用之「悟」、「覺」等術語的意旨。再來，整篇文章主題是「發菩提心」。鑒此，「相應」或許另外可能涉及修行者致志「證」及「解脫」，也就是說在修行者的「心」直接面對著最高「法界」時所發生的單純心、境彼此「相應」。若「相應」所指亦可這樣理解，法藏也許最終要彰顯的是人與「法界」之間的相屬情境。然而，這種心與境之間產生的統合，其實依然奠基於原本

詮釋處境，修行者只能倚靠此處境來「超絕」一切個別不同的意旨，「超絕」任何固定且片面性的、因而朝著無限意義敞開的意義指引。在此觀點透露出來的「統合」，亦即「相應」所產生的「統合」與原來的詮釋學關聯情境仍然具有親緣關係：任何心、境之「相應」還是必須落實於該心思所歸屬的視角上。

　　以上兩種解釋「相應」之所指的方式都預設第十項提出的觀點仍然有意義，因而此觀點與前述觀點一樣都仰賴原本詮釋處境，一樣歸屬某一個視角。唯一違背此主張的地方似乎在於法藏言「無寄」，也就是說整個「相應」情形彷彿根本不再有任何特定立足點。不過，一旦研究者將這個觀點與第九項所言的「八義同位相順，法體方立，是故圓通無礙，俱現前也」[43]連結起來，以考慮法藏也斷定詮釋活動上一切視角其實都即時各自地臨時被確定，便可以順利地解釋「挺然無寄」之義。「挺然無寄」牽涉的是具有視角性的處境本身，只不過，身處於「挺然無寄」之情境的修行者不再關注某個特定對象。目前焦點被置於承載整個詮釋學活動的關聯情境的動勢，重點在此動勢從某一個意義闡釋「跳入」另一個意義闡釋這種「過渡」或「之間」。第十項專注的是介於所有視角之間而「挺然無寄」地懸盪於中的意義發生本身。意義情境及詮釋學之關聯情境的核心處在此「之間」，但意義動勢的「懸盪」並不取消或超越任何意義闡釋都不可或缺的視角性。在法藏之前，三論宗曾經就以「中道」的名義提出類似的「懸盪」構想，在中國佛

43　T45，1878，655c13-c14。

教的發展中這是非常關鍵的突破。然而，問題在於，在原本詮釋處境為前提之下，這種「之間」究竟可以實現嗎？思考者有辦法將任何特定觀點和特定視角都「懸擱」起來，並且基於「實行上的二元情境」依然維持一般具有視角性的意義動勢嗎？至少在歐洲存有論架構以內，思考者肯定無法掌握到這種根植於關聯情境作為動勢的「之間」。法藏第十個觀點下的敞開及其時間性恐怕就有必要以嶄新的方式構思，要徹底脫離存有論成見，進而證成從一開始就根本就沒有任何個別化的觀點或視角可言的這個關鍵。由於任何觀點與任何視角僅局限於即時各自的發生，因此所有特定觀點和視角根本都不獨立，從一開始所有觀點和視角都彼此互相關連，所有特定觀點和視角皆從意義情境這種關聯情境兼動勢中湧現出來並立刻又再為此觀聯情境所吞噬。

第六節　就處境來闡釋

上一節對第九道「門」下第十個項目所提出的兩種文本演繹核心觀點是一致的，兩者都聚焦於在某個視角下成立的統合觀念。在之前諸項經由各種辯證法轉換揭露出在關聯情境上能無窮無盡延續下去的動勢之後，第十項便將此動勢收入到一種懸盪情況，而此懸盪才標誌著一切視角和意義闡釋的終極統合。「相應」這個觀點作為特定觀念必然預設一個特定的視角，重新肯定整個詮釋過程曾所經歷過的所有立足點、視角以及內部不對稱差距。只是，支配著之前意義流動朝向意義視域的無限敞開的，現在似乎還是被完整且封閉的統合這種觀念所

覆蓋。鑒此，有沒有可能將上述基本敞開看成「內在敞開」，隨而將其收回到原本處境之視角下實際成形的這個最終極的統合內部裡來？思考者是否應該將此敞開從所思對象那個意義平面逆轉收回到自身在實際產生此統合發想時所身處的實踐平面來？

　　歸根究柢，基於「實行上的二元情境」整個意義動勢透過其內在的視角性必然歸屬實行平面上的某個特定的、實質的詮釋處境。那麼，假設「十句」公式最終導出的意義視角和最終在意義方面被完成的統合跟從另一個「十句」公式中浮出的「一念」，也就是跟從「此刻」中浮出的時間性統合確實有親緣關係，此處的意義統合則並不表示，思考者可以捨棄他迄今為止所經歷的、第一至第九項的諸種詮釋觀點，也不表示思考者現在已經超脫了在即時各自的立足點上發揮作用的、無限的意義敞開。相反地，如同第十「世」的「一念」透過「九世」序列囊括一切「世」，收納一整個內部具有不對稱差距的世間性組織一樣，在任何充實意義的理解當中，包含第十項，意義的開放性動勢依然繼續發揮作用。正好因為如此，詮釋活動本身除了一般意味著有立足點的關聯情境以及敞開下的內部不對稱差距之外，在第十項法藏將整個詮釋過程設想為一種「在即時各自之處境上成形的統合」。換言之，只有於「一念」中產生的意義統合才是真正的意義統合，但恰好此意義統合內部一定有「一念」的時間性敞開，也就是被不對稱差距所貫穿。落實於實行平面、落實於思考者的原本詮釋處境本身上的意義統合便處處被時間性所支配。

　　在第十項終於透露出來的實行平面以及原本詮釋處境呈現

的「以時間性模式存在」的特徵，與「一念」一樣，修行者的
詮釋處境本身也標記著一個內部具有不對稱差距的、但卻是實
質地發生的統合。原本詮釋處境的敞開是時間性構造下的敞
開。思考者在第十項中原來從某個視角和立足點在意義現象上
體驗到的那種敞開原則上已經被整個詮釋過程所達成的終極意
義統合這個觀點所消解，但由於這個消解依然有賴於思考者必
須採取某個視角才能具體掌握這個最高綜合，也由於第十項的
「統合」觀依然根植於內部具有不對稱差距的詮釋處境，因此
當意義現象上的敞開彷彿已於全面性統合之際消失時，恰好此
時意義上的敞開被實際在發生的意義理解和思考者之詮釋處境
所收容，而轉成不可超越的時間性敞開。

　　「意義」概念是一種悖論式概念，因為思考者僅可能經由
自己逐漸所推展之詮釋活動這個開放性動勢的方式來與意義打
交道。所有視角下的意義指引必然隸屬某個特定的立足點，而
任何立足點都等於是一種去中心式的、即時各自的視角和起點
而已。所有意義闡釋正如時間性結構下的任何「時間點」或
「當下」一樣，任何意涵亦都必須落實於某一個「此刻」這種
處境上，整個意義組織方才可能成立。然而「此刻」指的就是
「一念」，即「時間─裂縫─跳躍」這種敞開的、內部具有不
對稱差距的發生。這表示，思考與意義闡釋所實現的任何意義
指引必須仰賴「一念」的時間性構成才可能實際發生。落實於
原本詮釋處境及其不對稱差距上的闡釋過程被時間性敞開所支
配，而此時間性敞開與意義的內部構造所呈現的敞開，透過時
間性的「時間─裂縫─跳躍」方式，這兩種敞開最終融為一
體。意義本身是一種「裂縫」和一種「跳躍」。

　　詮釋學動勢之所以呈現時間性，理由並不在於辯證法下的思考和闡釋活動「經歷時間」，「在時間中」逐步展開諸種意旨。在原本詮釋處境上充實意義理解的這種情形相仿於「以時間性模式存在」。故此，取得時間性體驗等同於取得意義體驗，而任何從意義情境中湧現的特定意涵不異乎就是自我充實其時間性的所在。意義和時間這兩種觀念其實在同一個「現實」上各自標誌著一個向度。第三個向度可能就在於倫理學所關切的向他人及絕對他異性之敞開。可是，在此處無法更深入探尋這個觀點。44

　　研究者若想要由此角度直接融合時間性與詮釋活動這兩個觀點，或許還是有一些勉強。因為華嚴宗本身並不是在哲學抽象化的場域上省思這個課題，而是不斷地具體凸顯時間性和意義之間的關聯。經歷諸種「門」的整個闡釋過程其實處處實現時間性結構，即「時間—裂縫—跳躍」的視角性和不對稱差距。儘管如此，一般哲者所理解的難道就不正確嗎？一切詮釋學努力豈不是為了最終推出歸謬法式的結論，讓辯證法解除並超脫意義情境嗎？華嚴宗借道眾生一整個歷史脈絡要推展的詮釋學工夫，不就是為了讓修行者最終徹底離棄一切概念與意蘊嗎？華嚴宗的立場若是這樣解釋，時間性架構與詮釋學、意義現象兩者便未必能夠融為一體，兩者之間的類比關係反而變成只是偶然的，時間性和意義現象之間的親緣關係是虛假的，因

---

44 有關倫理學與意義現象之間的關聯可參考列維納斯的著作，特別是：Emmanuel Levinas, *Totalité et infini*（La Haye: Nijhoff, 1971）; E. Levinas, *Autrement qu'être ou au-delà de l'essence*（La Haye: Nijhoff, 1974）。

為救度史的時間脈絡超過意義情境。法藏在第十項不就明顯如
此斷言「超絕」？法藏的討論最終難道不就是要導出在覺悟之
際到達的神祕觀照，解除所有之前被展開的詮釋學問題？

　　即使這樣的結論非常單純而且也合乎常識，但有鑑於法藏
的詮釋歷程繞得如此遙遠，這條理路如此冗長，詞贅言多，同
時卻在概念上的工夫體現獨一無二的細膩精神，因此學界一般
所採取的歸謬法及意義之終究消解這種結論其實並不合理。再
說，反對此方便解讀方式的理由和根據並不缺乏。法藏一直不
斷地重新彰顯基本關聯情境的不可超脫，也主張「法界」中一
切「有」皆仍有賴於關聯情境才成為「有」，反駁修行者在
「法界」上對於一切意蘊追求某種神祕的解除。法藏鋪陳出這
麼敏銳繁雜的思路和論述，難道不足以證明他激烈地反對任何
密契主義式的救度策略嗎？同理，分析時間性的〈十世章〉與
凸顯原本詮釋處境的〈發菩提心章〉這兩篇文獻的相關研究已
十分明確地揭露了時間性與意義這兩環的內部構造的確一致。
最終，法藏不斷地重複強調「法界」與意義現象的關係乃密不
可分。若法藏最終還是構思一種超越詮釋學與意義情境、離棄
一切了然的觀念，單純只依賴「冥想」的修行工夫，這實在令
研究者難以相信。法藏為何要像因陀羅網珍珠鏡影遊戲一般借
助融合一切的神祕觀照，突然間來終止並掩蔽其本來不厭其煩
地一直重新鋪陳的、的確可無窮無盡地延續的這一整個詮釋學
工夫？假設法藏只想說明一種修行者可能在歷史以內達到的覺
悟，他有必要繞道到這麼複雜且令人厭煩的迂迴嗎？他為何不
直接闡明這種神祕的觀照本身，反而寧願選擇將讀者通過十乘
十道「門」不斷地引到新的闡釋立場上？法藏所有的文章都重

新推出如此無窮反覆的閱讀、詮釋及思考歷程，難道這都只是為了最終推出每次都是一模一樣的結論嗎？難道各道「門」下的第十項都只是意圖驗證詮釋活動失敗了嗎？研究者之所以會起這麼多疑問，似乎來自他未適當地釐清歷史性與意義情境之間的親緣關係。

論述至此，〈華嚴發菩提心章〉一整篇的思路和結構應該予以重新斟酌，以便以宏觀的方式探析法藏在對佛法進行的意義闡釋當中所運用的方法如何囊括並著重「實行」問題。通過一道又復一道的眾多「門」，最終似乎對整個詮釋脈絡追求「超絕」的進展，這樣的邁進方式依然處處有賴於即時各自的立足點和視角。在讀者和思考者被逼經過不同角度逐步前進時，他能夠將結論一步復一步地具體化。然而，落實於這樣一個漫長歷程上的「結論」，這個結論還適合稱為超脫時間的「原理」嗎？法藏的佛法詮釋之所以不斷地將這許多門與路重疊起來，理由難道僅在於某種教義相關的考量？難道他僅只是對辯證法遊戲有偏好？對相關豐富且複雜的文本結構的疑問似乎只有一種答案：經由眾多不同視角被築構起來的諸多觀點一樣都錯綜複雜，而且這種理解上的多元性應該是整個詮釋學方法實際成效與否的關鍵條件。思考角度和切入點的繁雜眾多，這應該是修行者能否實際達到覺悟這個救度史成果的決定性因素。所謂「覺悟」顯然僅可能是通過各種視角轉換而即時各自地被激發出來。只有通過一直轉換視角而即時各自地發揮引導作用這種方式，「覺悟」才可能落實。這表示，與其將所謂的覺悟視為不同思考努力均所瞄準的單一個終極成果，倒不如將覺悟當成在詮釋學工夫的經過當中，一直不斷地重新浮出的實

行效果理解。

　　詮釋學進程不但經過時間，而且它完全為時間性這個關聯情境所支配。故此，原來或許被認為處於未來的「覺悟」，它其實從一開始業已棲居於詮釋學工夫的每一個當下之中，而基於時間性，詮釋過程本身不異乎是走向覺悟的實行所不可捨棄的場域。由此觀之，詮釋學工夫不再代表某種「理論思考」，即不再代表某種準備工作，詮釋學工夫不再僅只局限於不同角度下一直不斷地重新展開探索的這種努力。詮釋學工夫並不企圖藉由一套理論來解釋在形上學上超脫一切詮釋學工夫的「覺悟」如何可能。相反地，詮釋學持續探索，這個努力本身就已經是「覺悟」，「覺悟」業已為各個歷史性的詮釋視角所包含，「覺悟」被即時各自地起作用的詮釋處境導出。華嚴宗的詮釋學是一種「隸屬處境並考慮到處境」的詮釋學。意義闡釋這種似乎僅涉及理論思考的工夫其實在意義情境中會引發朝向實行平面的逆轉收回，讓「覺悟」隨時成為可能。由於有一種敏銳的自我意識在貫穿這種詮釋學思想，由於思考者不斷專注在附帶意義之言論本身所倚靠的視角和處境，所以一整個意義闡釋的關鍵在於，藉由闡釋來作逆轉收回的管道，詮釋學工夫本身體認而且也實質地承擔起詮釋者、思考者及修行者自身即時各自地具體身處的這個原本的詮釋處境。法藏所有教義詮釋皆是針對修行者的具體處境發言，為了此具體處境而進行意義闡釋。即便華嚴宗的詮釋學看似非常抽象，但其實這種「教」還是處處落實佛家最在乎的「方便」以及實行上的效應。華嚴宗的詮釋學最終目標還是在於，要將修行者引回到他自身即時各自地業已所在的歷史處境，進而在此具體處境上實際激發

「覺悟」，引發實行上的成果。

　　假如華嚴宗主張「涅槃」落實於「輪迴」當中，假如「輪迴」又復為原本詮釋處境、意義動勢以及「以時間性模式存在」等因素所支配，牽涉實行向度的「覺悟」本身勢必具有詮釋學構造，「覺悟」也就落入歷史上的修行過程。華嚴宗將「覺悟」構思成一種引發並囊括意義闡釋作為實行工夫的發生。故此，經過十道「門」即十個思考階段被推出的最終觀點並不等於是頂峰或終結。猶如「以時間性模式存在」落實於「十世」即十重結構上，詮釋學過程上第十項仍然與其他九項都維持聯繫，只有當它與其他九項合為一體之後，最後一種看法才生效。換言之，在修行者達成總括一切思考兼修行努力之最終目標之際，此目標並不捨棄之前的整個經過。

　　為了對以上所主張提出另一個論證，可以再次回到文章第五節第九道「門」。根據作者一開始說明這道「門」下的陳述將分成十「義」，[45] 便可得知他將彰顯十種看法或詮釋方式，而這十種看法涉及的主題是：藉由關聯情境，在「一事」與「多事」之間，而且就其各自固有的意涵而言，如何發生糾纏關係。鑒此，研究者不得不將這道「門」下第十項的觀點又復理解為與所有其他觀點是平等的。故此，第十項仍然歸屬原本詮釋處境作為其前提，只不過相對於之前所列之九種項目均作為主軸所環繞的「事事無礙」這個詮釋處境，現在這個處境截然不同。在第九項和第十項之間起作用的是「實行上的二元情境」這種斷裂和跳躍，它使第九道「門」下整個思考過程經由

一種「裂縫—跳躍」被開闢並擴大。根據上文賦予這段的兩種文本演繹便可得知，在第十項中思考者彷彿捨棄原來的議題，將焦點逆轉返回至自身。由此觀之，第十個階段上思維的成功似乎在於以原本詮釋處境為出發點來掌握到自身，在此觀點下思維所學習到的是：思考自我應該將自身所在之處境理解為一種內部是敞開的統合情境，思維也就從之前九項所鋪陳的諸種立足點以及其即時各自的視角踏出來，以由外部來觀察自身目前正所在之處。

　　然而，這種似乎源自外部的觀察仍然有賴於另一個隱隱中還是生效的視角及某種即時各自的處境，所以之前將各式各樣的意涵專題化的那個詮釋立場與現下暴露出的這個「外部處境」之間又復裂開，造成了另一個「實行上的二元情境」。易言之，第十項中的看法依然承載某種更廣的原本詮釋處境，使第十項與前九種觀點又再經由共同的關聯情境與共同的意義動勢融合起來，因為充實第十個詮釋構想的意義必須借助前九項下各個構想分別所展開的意涵來作為其不可或缺的對照面。之前九項經過時間而逐步展開的差距似乎「超絕」一切視角而直接與這項會合，但當思考者試圖將前九項與第十項合併時，他便不得不落入一種困境。敞開的視角本身以及貫穿所有視角的意義統合這兩種特質所形成的原本詮釋處境的內部緊張也標誌「以時間性模式存在」的這種弔詭情況，它也只有透過「裂縫—跳躍—時間」的方式才可能收納救度史。可是，在此轉換中詮釋學和意義情境的基本張力繼續發揮作用，讓已登上第十個階段的詮釋者仍舊處於弔詭情境中，而不得不繼續往下執行其意義闡釋。現在讀者不得不二選一，他或者必須從敞開的立

場，即從內在於整個意義視域的視角並且透過自己跨越不過的不對稱差距來思考目前的詮釋處境，或者他可以從囊括整個處境，而且原則上是封閉的「統合」觀念來設想自身目前所在的原本詮釋處境以作為思考對象。然而，就此「或者…或者…」已可得知，讀者這樣的構思與理解不得不又再隸屬另一個原本詮釋處境。只有作者本身可以暫時應用十種看法，藉由「理論」式的構思來推測，諸種看法如何被超越，也就是以開放方式逐步邁進的詮釋動勢最終如何可能是一種整體情境。可是，在法藏的理論構思與讀者的思考之間又透露了讀者本身不得不落入的另一個「實行上的二元情境」。

現在若再次探討法藏如何從第九道「門」第十項將討論帶到下一道「門」，便可以充分解析詮釋者身處的實行情境的確超過僅局限於理論構思的詮釋內容本身。在第九道「門」下讀者是從某一個立足點來體認到「覺悟」的可能性，而且只要他順從法藏透過辯證法構思所鋪陳的所有結論，並且在整個詮釋歷程中至始至終都成功地維持觀念上的弔詭和緊張，順著這個方向他就業已走入了詮釋學工夫的第一個步驟。由於讀者自身所處的情況以及支配著這個情況的基本張力並不雷同於整個陳述所彰顯的、而且第十項引入到其內部是敞開的懸盪式統合的那個處境，因此在第九道「門」最後被達到的觀點上自然又有新一道「門」在讀者面前被推開。總之，因為一直不斷地有更原本的處境從詮釋學工夫中湧現出來，所以處境轉換能以詮釋學的方式將讀者引向救度之道。詮釋學過程具有歷史性結構，詮釋工夫的這個形式構造已經十分明朗。那麼，如果研究者現在將本文前述有關詮釋學、時間性和歷史之關聯所導出的結論

與這一節在詮釋學方法的實行向度上所揭示的情況合併思考，可以推出什麼結論？

　　首先會透露出的是原本詮釋處境上意義指引所標誌的意義敞開與緊張，而此基本敞開會促使詮釋活動通過辯證法歷程運動起來。此詮釋學動勢代表「以時間性模式存在」。於是，個別的意義闡釋也就表示某個時間性統合所不可或缺的即時各自的立足點。根據前一章推出的結論，「以時間性模式存在」雖然總是在某個視角下維持一種不可超脫的敞開和緊張，也就是說時間性雖然應該被理解為「時間—裂縫—跳躍」，但它還是達成一種統合情形，亦即「內部具有不對稱差距的統合」。「時間—裂縫—跳躍」的敞開內在於時間性統合，因而此敞開並不讓具有時間性之存在者向外超脫時間性。之前有關原本詮釋處境的討論也已經說明，詮釋處境、意義情境與時間性統合相同地都等於是內部敞開的「統合」，否則在意義指引實際產生意義理解之際，這個指引即時各自的「充實」根本不會是可能的，任何意義指引反而只會以開放方式一直不斷地在詮釋學思維上依賴更多其他意義指引，以致「意義」之為「意義」即「意義」的實際有所指這個情況無限後退。可是，實際上即使意義落入一種原則性的相對主義，即便它落入一種不斷地指向他處的轉運，但充實意義的「理解」還是在發生。換言之，意義指引內部透露出的就是時間性，意義理解猶如「一念」一樣，它產生視角與不對稱差距下即時各自的「意義統合」。透過視角下的不對稱差距，詮釋學所環繞的主軸是一種敞開的「意義—裂縫—跳躍」，而此情況與「時間—裂縫—跳躍」相同無異。這兩種「跳躍」與其說其不平行而且僅僅結構相似，

毋寧說思考者只能透過詮釋學的「意義—裂縫—跳躍」來扣緊「時間—裂縫—跳躍」，反之亦然，只有借助「時間—裂縫—跳躍」這個觀念，思考者才得以思考「意義—裂縫—跳躍」，即意義的實質發生。對於明白救度之道如何落入歷史這則課題，此洞察意味著什麼？

第七節　詮釋學工夫與修行目標之間的時間關係

依循以上所推斷，在理論上至少已可解析海內曼在「修行活動與修行目標之間的時間關係」上揭露的悖論情況。問題就是：起始的「發菩提心」如何可能業已代表一整個覺悟及圓全成佛這個成果，讓任何在歷史上需要時間的修行工夫彷彿變成是多餘的？問題也可以是：該如何解除常識歷史概念下修行活動和修行目標之間固有的時間關係？在「發菩提心」等於是覺悟、成佛這種弔詭的主張為前提之下，該如何解釋這兩觀點之間仍然存在著的時間落差？經由詮釋學途徑信徒在歷史上展開修行活動，在這其中「發菩提心」和「覺悟」這兩個修行目標都業已內在於此詮釋學工夫本身。可是，假如意義闡釋一直無窮無盡的向前走，這時該如何將「覺悟」理解為早已落實於即時各自的意義闡釋上的成果？

在凡夫看來，修行目標彷彿遙不可及，而且修行者還必須首先進行「超越」、「跳躍」，他最終方才可能達到這個遙遠的目標。關鍵似乎在於：修行者如何可能在當下即投入未來？可是就這種「跳躍」所牽涉的實情而言，這個「跳躍」表示修行者得要逆向後轉跳入「此刻」，以便於「此刻」中與內在於

「此刻」的「未來世」結合起來。對身處意義情境下的凡夫來
說，此事又復意味著，他得要跳入意義指引這個敞開，來與意
義指引所指向的「那邊」結合起來。關鍵的「跳躍」彷彿將修
行者引到某個終極意旨，或者說該「跳躍」讓修行者從原本詮
釋處境為出發點「跳出」，也讓其「超脫」自身所在的「實行
上的二元情境」。然而，由於目前依然歸屬原本詮釋處境的修
行者尚未脫離意義情境，在此脈絡以內連設想這樣的「跳躍」
都是根本不可能的事情。由此觀之，整個疑惑出在於，究竟該
如何實行跨越一切意蘊的「跳躍」？莫非此「跳躍」之所以可
能，原因仍在於意義現象的時間性構造？

　　原則上，研究者只要將原本詮釋處境這一理念與時間性理
念合併來思考這個謎團，已可從中衍生合理的答案。「以時間
性模式存在」表示，即時各自的「一念」，即「此刻」這個實
際的「當下」，藉由「時間―裂縫―跳躍」，即藉由在即時各
自的立足點來開闢不對稱差距的方式，就會產生時間性統合。
同理，透過即時各自的視角所開啟的視域，每次的意義指引時
時刻刻都包含整個意義動勢，一次又一次的意義闡釋、即時各
自實際發生的意義理解都將思考者引入意義的整體。

　　修行目標內在於經過歷史被展開的修行活動，因為修行在
時間上即時各自的邁進從一開始就根植於時間性統合，使得修
行者在他就自身所棲居的原本詮釋處境上來執行各種意義闡釋
時，時時刻刻都在進行原本的「時間―裂縫―跳躍」。易言
之，透過內部的不對稱差距，人處於即時各自之當下即「此
刻」與「一念」，這個處境從一開始與「歷史終結」有相屬關
聯。經由此歷史性的相屬，修行活動在歷史上的邁進時時刻刻

業已包含歷史終結，亦即圓全的修行目標。故此，起始的決心，即實質的「初發心」業已落實「覺悟」、「成佛」。然而，這種將修行努力與成果彙整起來的看法不就是消除決定性的「跳躍」以及持續的修行努力嗎？不，不是的！研究者只是必須對「跳躍」的所在進行遷移，他必須將「跳躍」安放在修行者之處境和業已是完成之救度史之圓全統合這兩點之關聯情境的內部。「跳躍」位在修行者的意義導向的內部，也就是在貫穿意義闡釋與「初發心」的時間性構造裡。關鍵性「跳躍」不異乎「時間─裂縫─跳躍」本身。只是，基於自己「以時間性模式存在」的情境讓凡夫誤以為原本詮釋處境的敞開意味著充實意義的那種歷史動勢尚未完成，該「跳躍」彷彿一直尚未發生，而且從凡夫的存在情境來看，他確實不可能應用任何概念來掌握到這個「跳躍」。

　　在此處可以發現兩種相反觀點：一方面，歷史和意義理解似乎業已達成完畢狀態，即完整的統合。另一方面，歷史與意義理解都處在某個視角的敞開下，因而修行者似乎面臨不可跨越的不對稱差距。然而，目前這兩種觀點的差異不再屬於某個理論構想。只要修行者以逆轉收回的方式將自身引回到原本詮釋處境以及自身的原本時間性，他便可能突破這個兩難困境。原因在於，無從解除、超脫的兩個相反，就實情而言，這個差異是貫穿著修行者的整個修行活動本身的內部不對稱差距而已。修行的實質處境不異乎就是這個差距、矛盾、無解本身。

　　法藏言論至此，其構思已揭示最為關鍵之「實行上的二元情境」。他將讀者引回到自身業已所在之處，要求他實際承擔自身所在的處境。以上有關救度之道所勾勒的兩種相反觀點之

間的差異，就是為了引發這種視角轉換，此差異也就標記「跳躍」之前和「跳躍」之後這兩個立足點的相屬關係。此刻，修行者體悟到的是「實行上的二元情境」。基於自身所在之處境的敞開，修行者唯一可能落實的是救度之道無限長久的歷史推展，他不得不投入歷史脈絡並從事修行活動直至「跳躍」發生。而與之不同的是菩薩處在「跳躍」之後的立場，其修行業已達到了目的，對他來說歷史已經轉成了完整且毫無視角和敞開的統合。可是，「跳躍」之前與「跳躍」之後的聯結，即凡夫和菩薩之間的聯結就在於這個歷史性本身。修行者為了成佛唯一獲得的機會在於自身所在之原本詮釋處境，也就是在於支配著自身存在的意義動勢及時間性。只有從凡夫與一般讀者和思考者來看，修行活動與修行目標之間的時間性弔詭，亦即不可跨越的不對稱差距，才是無解之謎，而且此弔詭歸咎於一般時間觀之不足。然而，一旦研究者以「以時間性模式存在」這種更為敏銳札實的時間觀取代常識下的時間概念，不再將時間依照空間典範當成均質且連續卻具有時間落差的一般情形看待，研究者便擁有適當的理論架構以探索華嚴宗有關救度史的構想。在討論最終瞻望之前，有必要再次回顧法藏所鋪出的理路。有必要釐清的問題還是在於：法藏究竟如何使得修行者將自己的修行工夫逆轉收回到原本詮釋處境這個實行場域？

　　以上描述尚未達到覺悟的修行者或詮釋學思考者所面臨的情況。由此立場來看，意義的關聯情境為視角與不對稱差距下的敞開所貫穿，逼使闡釋過程無窮無盡地繼續下去。可是，甚至在這個意義動勢即時各自所隸屬的處境上，實質發生的意義理解讓詮釋學脈絡業已落實一種完整的統合。在即時各自的

意義指引被修行者的理解充實之際，在其闡釋活動當中修行者隨時都已可能體會到自身之所在與終究覺悟之間既已具有的關聯情境。這表示，修行者其實可以隨時將詮釋學活動本身當成先行業已落實覺悟的場域看待。即使尚未達成覺悟的修行者對自身所處的意義敞開感覺不安，但這種不安卻時時刻刻被實際在發生的闡釋活動解除，即時各自的意義指引也就承擔了這個不安。即便落實於即時各自之視角下的意義理解是暫時的和開放的，它是無窮無盡被下一個闡釋牽引的動勢，但正好這個實際在發生的理解能充分保證詮釋者、修行者從一開始已經連繫到了救度，從一開始就與究極救度有相屬關係。所謂「覺悟」不得不是一種為關聯情境上之詮釋學工夫做居中諧調所促進的發生。任何覺悟勢必根植於展開意義的詮釋學關聯情境作為「大緣起」，[46] 覺悟之所以成為可能乃源自修行者的原本詮釋處境及其開闢的意義情境本身。易言之，通往覺悟之道不得不在於各個視角下重新被實行的詮釋學工夫本身。法藏一整個詮釋學式的講學努力首要所關懷的是，要讓修行者踏實地體認自己固有之救度機會，要讓他體會到自身在歷史上進行的意義理解所立足之處，因為此處從一開始就被救度史這個「大緣起」所包容。修行者的信仰要肯定的就是這種有關救度的承諾。修行者要信賴這樣的洞察，進而藉由自身存在所固有的實行向度來落實救度成果。華嚴宗之詮釋學式修行工夫的關鍵在於，修行者可以經由具體的詮釋活動即「行」超越一切局限於理論思維之「解」，來爭取救度。

46　T45，1878，655c17。

　　華嚴宗的講學似乎從事佛法相關的、錯綜複雜的意義演繹，但其實這種詮釋學方法真正關切的只有為了去引起「初發心」，將修行者一直重新引回到自己原來業已所在的那個原本的詮釋處境。此詮釋學式的教學方法要讓修行者將自身徹底逆轉收回到自己無從超越的原本詮釋處境以及此處境在時間性下所開闢的意義情境。由此觀之，華嚴宗的詮釋學根本不追求對於佛法或經文的解說，此詮釋學根本不等於是一般學界所假設的一套教義或哲學論述，它不是一種與所謂「冥想實踐」對峙的「形上學」、「理論」或「學說」。華嚴宗的詮釋學作用是教學上的「方便門」，而此方法唯一所在乎的就是實行上的效應，它力圖將修行者引入「初發心」。這門「詮釋學」不僅是一種「對實踐也抱著關懷」的學問，就其核心構造而言，這門「詮釋學」始終都在落實實行向度。對於華嚴宗，詮釋過程本身便足以在救度史架構下將覺悟、解脫引回至修行者的身邊。

　　此處詳細討論這種詮釋學的佛教意旨是沒有必要的，但從哲學的角度來看，尚未有答案的課題是，思考者該如何理解在詮釋學工夫內部暴露出來之「實行上的二元情境」。依據華嚴宗的說法，此雙重情境牽涉「解」和「行」之間的落差，或者說這涉及本研究從一開始就當成軸心所環繞的問題，即思維和行為之間有著何種關係。根據本研究終於完成的理察，華嚴宗的詮釋學立場在「理論」與「實踐」之間企圖奠建的效應關係究竟意味著什麼？屬於「教」、「理論」的詮釋學難道真的必須被佛家通常藉由「冥想」所追求的「實踐」所超脫或收容嗎？華嚴宗的詮釋學最終還是圖謀對整個意義情境及言論場域進行捨棄嗎？它仍然倚靠禪宗只求「行」的修行工夫？

第八節　「解」與「行」的關係

　　基本上甚至華嚴宗也懷抱一般佛教理念，訴求修行者最終還是應當離棄純為「解」所鋪陳的思考立場，投入「行」這個決定性的實行平面。例如杜順依據宗密〈注華嚴法界觀門序〉所傳，呼籲信徒務必要「絕解為真解也」，因為「若守解不捨無以入茲正行」。[47] 宗密又如此解釋這則主張：「捨解成行。是故行由解成〔。〕行起解絕。」。[48] 乍看之下，有關教義的闡釋與理會，即「解」僅局限於為了關鍵步驟「行」做準備。可是，在之前一段杜順卻說：「若不解此行法絕於前解無以成其正解」，而宗密又如此說明：「絕解為真解也。由此成前。」[49] 有鑒於最後一句將前文的「由前成此」[50] 顛倒再用，故解讀其義為：修行者只能由此「行」，即由自己目前已所採取的實行立場為前提和出發點來完成其「解」，只有由此實行處修行者才可能成立自己為了落實實行所需要的「真解」。宗密顯然強調「解」與「行」彼此互相支撐，甚至彼此相互糾纏。即使這段文字於先引述的、作者隨而提出的那一段出入似乎不大，但這段還是含有重要啟發。杜順、宗密兩位大師主張的難道不是實行之道必然影響屬於思考脈絡之理解努力嗎？唯獨在「解」與「行」兩者皆隸屬共同的關聯情境為前提之下，「真解」方才成為可能。在修行者充分體會「實行」作為「實

47　T45，1884，687a29-68b。

48　T45，1884，687b1-b3。

49　T45，1884，687a29-687b1。

50　T45，1884，687a28。

行」所指涉之際，他便可以落實關鍵環節，但此關鍵環節居然
不是「行」，重點反而是原來被認為僅具理論身分與準備作用
的「解」。宗密的弔詭說法更加明確地凸顯的道理如此：在
「解」結束而轉成「行」之際，這種實行平面上的發生、導出
或者它本身就代表所謂的「真解」。此刻實行居然等於是一種
「解」，「真解」不異於實行，在最終被達到的實行，透露的
並不是單純的「行」，而是與意義理解這種詮釋工夫有共同性
質的「真解」。在「解」與「行」的轉換點上，兩者並非互相
取代，在此處兩者反而歸屬共同的關聯情境，以便讓兩個基本
步驟彼此相互糾結。這樣一來，將「解」與「行」以前後順序
分成兩個階段或步驟的見解仍舊合理嗎？根據這段文獻，
「此」與「前」指的已不再必然是不可逆向的前後時間序列，
若將此關係依照本文在詮釋處境的動勢上所分析的模式，即將
之當成是一種視角轉換來理解，則更為適當。

　　被收入《華嚴經明法品內立三寶章》的〈流轉章〉一文
中，法藏對於「解」、「行」彼此相互糾纏的關係隨著杜順的
構思提供了更詳細明確的闡釋。[51] 在「二成觀」這一項末段
中，法藏質問：「若爾則此一門無念便足。何須如上廣分別
耶」。[52] 這個疑惑出在假如最後目標是修行者應當捨棄一切源
自「解」的「觀」，以追求一種單純之「行」，那麼修行者為
何在之前依然要經歷這麼多對「解」的努力，他為何依然必須
進行其如此繁雜的詮釋學工夫及其「分別」式的反思？為何他

51　T45，1874，619c2-c20。
52　T45，1874，619c2-c20。

不能乾脆停留在單一一個立場，亦即直接投入「無念」，也就是無所思、無意蘊可言的空白情境？對此疑問法藏如此回答：

> 若不如前尋思彼義者。即見不伏生。若不解知解行別者。即妄以解為行情謂不破也。設總無知但強伏心而作諸觀。並是謂中作非是真行。究竟增惡見入於魔網。[53] 不能成益故。[54]

這段引文與上所引吻合，關鍵在於修行者應當以恰當的方式將屬於「理論」的體悟與作為最終目標的實行區分開來。局限於「教」以內之「解」與在實際的救度脈絡下追求成果之「行」這兩種場域是有差別的，這兩個「步驟」有上下等級之分。原則上此事根本不成問題，但是法藏還是瞄準因為「惡見」所產生的亂想而發出警戒。一旦修行者輕易地捨棄奠基於詮釋學的思考，聽從諸種天真意見即「情謂」，便會陷入這樣的危險：若他不再憑據「解」來準備「真行」，若他不再經由環繞諸種意蘊為主軸的、令人生厭的、彷彿是無窮無盡的意義闡釋這種工夫來準備踏入實行之途，此修行者所從事的一切「行」則都僅只等於是毫無根據的「作一作」。弊病並不在這種「行」的方式不對，不在修行者對修行方法作出錯誤的選擇，弊病根源的出處反倒在之前的階段。「真行」勢必根植於意義情境，因

---

53 可以或者以具體的方式理解「魔網」一詞，所指的就是充滿誘惑的邪惡情況，或者也可以將「魔」解讀為梵文mara即「殺死」、「殺死者」的音譯（Soothill, *A Dictionary of Chinese Buddhist Terms*,「魔」條）。

54 T45，1874，619c12-c16。

此危機源自眾生從一開始就被拋入其中的意義闡釋這個原本處境本身。尚未達到覺悟的凡夫為了追求救度成果所從事之「行」務必要為諸種意旨即「義」所承載並激發，此「行」才可能是紮實有效的「真行」。尋求救度的修行者勢必要承擔起並立足於自身所在的原本詮釋處境，朝向救度之途唯一的起點必然在充實意義的場域這裡。只有當修行者採取詮釋學工夫為路途之時，他才獲得實際向救度邁進的機會。

　　法藏很明確地強調，詮釋學所著重的「解」並不足以代表一整個「行」，因此本研究並不要將「真行」直接還原或化約為與教義相關的演繹及詮釋學思考。這樣的看法原則上會是嚴重的誤解，因為上文透過「實行上的二元情境」一直試圖提示的是，透過一種本質性的差距，實行維度從一開始就超出意義脈絡。儘管如此，但由眾生暫時所身處的情境來看，將詮釋學工夫當成實行看待這種謬誤的「一致化」方式確實不無道理。對於華嚴宗思想上「原本詮釋處境」以及「以時間性模式存在」這兩個觀點所扮演的關鍵角色，本研究之前已經深入導理解出，而藉此可確知的是：除非修行者已經超脫出眾生的存在脈絡，否則他勢必仍然立足於意義這個範圍以內的處境，而當他由此視角來從事修行時，他便不得不暫時將意義闡釋當成唯一通往救度的實行途徑、實行場域看待。換言之，從這個視角來看，修行者仍然不得不暫時將「解」和「真行」畫上等號。研究者非要確認不可的就是：法藏尤其應用一種非常厲害的方法，力圖從不同角度將眾生、修行者所在的出發點和原本處境不斷地引入反思、反省的視野，而且法藏另外也堅持自己一定要落實一種正好顧及這個即時各自之處境的講學方式才行。由

此觀之，研究者不得不將詮釋學場域以及詮釋學工夫視為唯一
讓眾生於其現有的存在情境下追求向救度成果之路。凡是修行
者都暫時仍然必須將自己所身處的意義情境當成一切修行努力
的出發點和條件看待，以致對修行者而言，詮釋活動代表唯一
實際開啟覺悟、解脫的機會。依據大乘佛教，普遍涵蓋所有時
代以及所有眾生的救度史標記著所謂「大緣起」，它是最廣泛
的修行框架，而華嚴宗思想依賴這個基本信念而推展的立場
是：修行者唯一可能參與此救度史的管道在於詮釋學，唯一可
行的途徑在於，修行者必須通過持續不斷地從事意義闡釋的方
式，來投入「大緣起」這個歷史動勢。華嚴宗所構思的修行模
式是，修行者要將自身徹底且具體地逆轉收回到自己從一開始
便所在的原本詮釋處境。

　　論述至此，可重新參照法藏於〈華嚴發菩提心章〉第五節
「第十圓融具德門」[55] 下導出的結論。對於以上的推斷，這段
文字提供了非常有說服力的論證根據。有鑒於文章前一段即
「第九多事存泯門」最後一項彰顯的步驟，讀者現在或許會期
待，第十道「門」將更深入闡明作者在前一段以「超絕」、
「無寄」、「相應」[56] 等名目所標記的境界，也就是將詳細說
明詮釋活動最終會導出的那個懸盪式「之間」。猶如本研究第
二章所述，當今學界一般將華嚴宗思想當成一種全面化之「同
一性」的理論看待，也就是將此佛教立場界定為「總體論」。
特別是由這些研究者看來，〈發菩提心章〉末段本來應該提供

55　T45，1878，655c17-656a9。
56　T45，1878，655c15-c16。

的是超脫一切概念與意蘊之覺悟，及其終於所達到的「圓融」
觀相關的描述才合理。然而，作者讓這些研究者所抱的期待徹
底地落空。

〈發菩提心章〉最後一段雖然非常單純，但並不捨棄之前
一直在運用的詮釋學方法，又復展開十個「義」，[57] 即十種闡
釋方式或看法。只不過，在此視角下作者所詮釋的對象不再是
教義上的某個項目，現在作者專注的反而是這篇文章以及整個
討論迄今為止所鋪陳的闡釋經過本身。現在受到詮釋的是落實
成形於整篇論述各個部分所提出之意義闡釋的詮釋情況本身。
為了這個探討，作者現在當成範疇性架構應用的，是任何關聯
情境就其形式均所呈現的「六相」，他特地將整個闡述曾已導
出的諸種觀點彼此相互具有的關係引入考量。展開意義的關聯
情境這種基本理念仍然是關鍵，也就是說，透過即時各自的立
足點和視角，整篇文章個別列出的諸種觀點都被意義的關聯情
境連繫起來。在個別不同視角下，各個不同觀點與所有其他觀
點皆發生關係。在眼前這個討論平面上，有哪種因素保證這個
整體關聯？除了「法界」的意義分成「理」與「事」並就「理
事無礙」、「事事無礙」這兩種觀點形成特殊統合之外，還有
為原本詮釋處境所承載的一般意義統合本身。可是，這就是讀
者和研究者自身針對文章的教義詮釋所採取的立足點，亦即內
在於閱讀、思考努力的「此處」，亦即讀者、思考者本身所歸
屬的原本詮釋處境。

第十道「門」下第一則項目首先肯定的是，整篇文章迄今

57　T45，1878，655c18。

為止所列出的諸種觀點確實足以實際奠建救度之途，整個詮釋學過程在任何一個立足點上的確都一樣足以引發實行脈絡下的效應。在每一道「門」下的每一個觀點，即每一個即時各自地被讀者、思考者及修行者所充實的意義理解當中，於此處每次分別落實的，處處都是通往救度的詮釋學道路。58 這一項也就解析了最後一道「門」的標題，它在說明為整個詮釋過程所囊括的所有觀點如何環繞著救度成效這個「德」為主軸而都落實於詮釋學過程這個議題上。根據作者言「上法門並同大緣起無障礙，圓明自在」，59 便可得知，詮釋學努力與一般佛教將其歸結至「大緣起」這個關聯情境的業報實行這兩個脈絡其實是平等的，也就是說透過意義理解發揮作用之詮釋學式的「成效」其實與大乘佛教所構思之普遍救度史上起作用的救度效應竭然一致。若要一言以蔽，華嚴宗詮釋學思想的綱要在於，闡釋努力等同於修行工夫，思考不異乎實行。

　　法藏明文指示，「解」與「行」之間的界線早已經模糊，因而他最後強調「此上法義中，各有解、行境」。60 易言之，經過「一一門中各有十、百、千等十、百、千」61 的推展，這篇文章分別提及各種意義闡釋與各種視角下的觀點，而就這些項目各自所揭示的意旨而言，所有觀點其實不但牽涉對意義的理解，而且從一開始所有觀點業已在實行平面上激發一個具體的運動。換言之，落實在詮釋活動所導出之諸種意蘊上的不僅

58　T45，1878，655c18-c19。

59　T45，1878，655c17-c18。

60　T45，1878，656a6-a7。

61　T45，1878，656a5-a6。

是「解」，修行者之「行」同時一樣業已從中取得即時各自的機會和導向。由此觀之，「理論」與「實踐」之間的聯繫從一開始就落實於詮釋學工夫及其所從事的「理論式實踐」上。

那麼，「實踐」終於融入了「理論」後，這解除了「實行上的二元情境」這種困境嗎？恐怕並非如此，頂多可說，原則上以及從「理論」來看或許如此。法藏唯一所要主張的是：修行者應當將詮釋學過程當中湧現的每一個意旨想成既是一種有關佛法的領會、亦是對實行救度成果這個目標有價值的一個步驟。意義理解和思維以及修行工夫這兩種場域之間固有的關聯，其實是一種內在於每一個意義觀點、內在於每次的意義闡釋業已實際成立並且發揮效應的關聯。可是，這樣一來，「解」、「行」這二個境界的連結仍舊僅局限於思考者所構思的連結。在詮釋者、修行者專注某一則意義觀點和意蘊時，他其實都已經必須設想該理念和意涵同時所涉及的既是教義，卻亦是自己的修行努力本身才行。可是，這樣的設想僅為設想，修行者在此並未將兩個意義層面實際融合為一體，他還得要等待初始發生的覺悟之後，這種融合才會實質地生效於他的自身存在上。若由尚未達到覺悟的修行者甚至凡夫暫時所立足之處來看，這樣的融合構想仍然落入「實行上的二元情境」。一方面此構想確實牽涉詮釋活動與修行工夫兩者達成融合，但另一方面修行者本身依然立足於將兩個平面或場域拆開來的詮釋處境上，以致構想與處境兩者仍然分為二處。貫穿著整個詮釋學式之救度途徑的雙重情境，即「解」、「行」之間的實質的差距不異乎修行者從一開始所隸屬的、視角下為敞開的原本處境，即他始終最難以脫離的那個「實行上的二元情境」。

「解」、「行」之間的差距始終不得不依舊是一個「內部不對
稱差距」。

　　華嚴宗的詮釋學努力將修行者從「理論」上的意義理解這
個出發點引向超脫、解除雙重情境的可能性和機會。詮釋學工
夫本身只能為這種「跳躍」鋪陳一個途徑，但詮釋學的角色和
貢獻依然在於揭示從意義現象所自的關聯情境及其敞開動勢中
所決定的「跳躍」的可能性是什麼。詮釋學思維所凸顯的就
是，每個人皆存在於其中的情境為某種敞開與不安所貫穿，而
此敞開與不安表示，藉由一種視角下的內部不對稱差距，任何
意蘊業已超越自身而將從事意義闡釋的人不由自主地引至他
處。環繞意義為主軸，每個人都不得不一直不斷地從事詮釋學
式的思考工夫，可是正好是這個詮釋學思維，它時時刻刻業已
連帶來的就是實際從敞開、不安這種原本處境中「跳出」、
「超越」的機會。鑒此，即便詮釋學的努力目前尚未能夠將這
種敞開逆轉收回，但作為救度之機會的詮釋學場域以及闡釋活
動本身是可以合理地被看成救度之道的。基於意義現象的本質
性構造以及歷史作為「以時間性模式存在」這兩個核心環節，
在原本詮釋處境上修行者隨時可能跳入「發菩提心」，亦即朝
向解脫「跳躍」。換言之，正好是原本的敞開與原本的不對稱
差距，正好是「實行上的二元情境」，即每個人所身處的雙重
存在情境本身，讓「解脫」成為事實。不過，思考者若暫時停
留於詮釋學思維的立場，他唯一必須關切的就是以下這個道
理：基於自己的原本詮釋處境，同時作為「時間─裂縫─跳
躍」、亦作為「意義─裂縫─跳躍」的「跳躍」，即將修行者
引入救度和解脫的「跳躍」，這個「跳躍」從一開始就於每個

人可及之處業已在發生。經由意義現象所釋放之無窮無盡的動勢，思考者其實任何時候都業已鄰近於那次決定性的「初始跳躍」。從哲學的角度來看，當然不可否認，華嚴宗這種構思，特別是其所連帶來的歷史觀，依然代表一個莫大的謎團。

　　在本研究對落實於詮釋學工夫上的歷史這種理念進行錯綜複雜的分析之後，最終透露出來的疑問是：華嚴宗是否根本不滿足於一般救度理念，甚至違背一般對佛教之解脫理念固有的共識，所以它構思一種全然停留於歷史性脈絡和意義動勢以內的「跳躍」？華嚴宗所構思的救度和解脫乍看之下似乎根本不讓人超越到別處去，莫非他是將關鍵置於透過歷史性運動引發「靠近」的努力，而究極融合這個成果的實現本身根本不是被關切範圍內之事？法藏將重點放在透過嚴謹的引導工夫讓修行者將自身逆轉收回至自身在輪迴中實際所在的出發點，由此終極解脫的信念就不重要了？或許華嚴宗思想將「菩薩」僅視為每個人以原本詮釋處境為視角來構想的模範，卻根本不將「菩薩」當成歷史上的事實看待，是這樣嗎？最終的「解脫」有可能嗎？「解脫」真能讓修行者跳入「歷史的終結」，超越至某個「彼岸」嗎？[62] 與其這樣想，毋寧可說對於華嚴宗而言，每個人透過內部不對稱差距，自於從自己各自所在的原本處境及即時各自的視角具體地來「承擔」名為「初發心」這樣的心

---

62 木村清孝對「果報」觀念所作的闡明彷彿曾已暗示到這種有別於一般佛學共識的積極立場。雖然木村氏嚴格地排斥將輪迴中的妄謬情境毫無保留地接受（木村清孝，《中國華嚴思想史》，頁142-143），但他還是將業報脈絡下的「果」理解為一種「相對的絕對」（同上，頁136），也就是說他將「因果」脈絡下的「果」收入暫時立足於「因」的這個瞻望視角之中。

志，已經很充實，並已取代「菩薩」、「成佛」、「解脫」等理念？

　　無論研究者如何回答這些疑問，可以斷定的至少是：修行者應該將把自己引回至原本之意義敞開的那種「跳躍」理解為關鍵環節。只有仰賴於這樣的「跳躍」，自己才可以將自身逆轉收回至自身業已所在之處境，隨而經由意義動勢實際連繫到救度成果，實際承擔每個人於自己之存在上既有的機會。對此看法提供佐證的是如此錯綜複雜且精緻的華嚴宗詮釋學最所關切著重的觀點：修行者務必要首先實際投入自己整個有關佛法之思考兼理解努力從一開始所預設的立足點、視角及不對稱差距。再來，似乎只有藉由這樣的解讀方式，研究者才可能解除介於大乘佛教對普遍化救度史的統一所懷抱的構想與本研究在時間性上凸顯的不可超脫性之間的緊張和衝突。華嚴宗主張的是，「涅槃」落實於「輪迴」中，「超越」也就意味著一種「內在超越」，而且意義現象與原本詮釋處境，這是唯一會將人實際向此內在超越開闢的場域。假設如是，唯一能讓這樣的主張成為合理辦法的構想應該是：從輪迴跳入涅槃的這種「跳躍」必須是持續不斷地重新發生，而且此「跳躍」不異乎一種弔詭，亦即透過視角轉換的循環動勢，我們得要一直不斷地重新承擔原本詮釋處境的敞開及其不可跨越的不對稱差距。由此觀之，即使歷史是一種內部是敞開的、循環式的意義動勢，此立場與尼采所謂「同樣者永恆回歸」（Wiederkunft des Gleichen）這種理念截然不同。差別在於，在救度史的循環動勢當中，任何即時各自的立足點，透過關聯情境及其視角下的不對稱差距，都是向一個極端化的他異者之敞開。

　　由於本研究以哲學為基本架構，並不關懷宗教信仰，故此處對以上所提的諸種疑慮和議題不論導出明確的答案。毋庸置疑，本有關華嚴宗詮釋學的研究從哲學的角度所發掘的若干論點都有待進一步的研究，本書的研究成果應該再更進一步地被歸結到佛學脈絡以及佛教對菩薩之道一般所持的救度史構想，這些哲學見解才可能獲得最終評估。然而，以上所提出的疑問遲早會浮現，這就足以證明華嚴宗思想對哲學畢竟有重大的啟發。凡是環繞詮釋學為主軸的哲學思維讓我們深入體會到，我們自身在一整個現實之中所身處的、最為屬己的情境有何種構造，它隱藏何種存在可能性。

第八章

結 論
意義即解脫

以上對唐代華嚴宗的思想進行了哲學探究,揭露了此思想的哲學基礎及其對當代思維固有的啟發性。本研究不順從一般佛學與華嚴宗研究迄今為止所採取的進路,尤其不將該思想歸結到存有論或形上學理論等基本架構,而是要闡明華嚴宗思想所追求是一種引發實踐效應的「詮釋學哲學」。為了驗證這個核心主張,本研究根據取自第一祖杜順與第三祖法藏的主要文章,對該文獻進行了深入的哲學探析。出發點為「緣起」理念,而若從哲學的角度來看,此基本理念所標誌的是一種「關聯情境」,即將所有現實現象全部連結起來的顯現場域兼意義組織。為了解釋並驗證此論點,不可以將華嚴宗的「緣起」說當成一種宇宙論和因果論的體系看待,也就是必須先解構,甚至捨棄學界普遍所採取的存有論式理解。如此一來「緣起」說真正導出、開啟的觀點是:每個人在其存在上從一開始設身而棲居於「意義情境」下,透過環繞意義闡釋為主軸的詮釋學式的思考工夫來對自身和世界取得領會。華嚴宗思想的軸心觀點

在於，就其存在而言每個人都脫離不開「原本的詮釋處境」，因而信徒一整個修行努力也不得不根植於意義情境和詮釋學式的思考活動。修行者首要任務在於，他務必要經由詮釋學工夫尋覓並且具體承擔自己實際所歸屬的原本詮釋處境，而且除此之外無他路可走。華嚴宗的修行方法關鍵在於，修行者必須經由不斷地對現實從事闡釋意義的方式，來反省自身原來業已所立足之處，隨而將自身存在逆轉收回到自己的意義闡釋業已連繫到的、基本上是無限敞開的歷史脈絡。

為了加以印證這種運用詮釋學作為向救度之道的構思，本書針對「事事無礙」說進行了探究，說明了為何此關鍵教義並不指某種存有論情況，為何它反而標誌詮釋學的基本構造與運作條件：基於其各自所標記的意涵，一切事情、萬千現象皆為承載任何意蘊的意義情境所關連起來。經由意義指引實際發揮作用的方式，諸種現象都業已經彼此相融相通。於是，通過針對現實的萬千意蘊被進行的詮釋活動，這個關聯情境便導出作為一切意義闡釋之基源的「理」，以環繞主軸「理事無礙」，讓諸種現象即時各自所具有的意旨彼此互相糾結起來。換言之，華嚴宗思想上的「理」所意味的，不是某種永恆不變的「存有原理」或「真實存有」，「理」反而僅只標誌著一種詮釋學所不可或缺的介面或觀點，「理」就在確保一切個別的意義闡釋都歸結至共同的關聯情境。對於詮釋者、思考者而言，某件「事」或現象若附帶如此這般的「意涵」，此事是否可能取決於介於意蘊和意蘊之間的「理」這種觀點？詮釋層面是否營構一個關聯場域？反過來這也表示，只有藉由「事事」各自所標記的諸種意涵做居中諧調，隱藏於「事事無礙」這個關聯

情境中的「理」方才得以引導詮釋學工夫，讓思考者對各個現象進行意義闡釋。換言之，針對傳統的價值觀華嚴宗帶出重大的顛覆，他將關注點與切入點從「理事無礙」完全遷到「事事無礙」，某種程度可說「事事無礙」並不是為了彌補「理事無礙」說，前者反而被當成後者的根源和基礎看待。在「緣起法界」的基本思考架構裡，華嚴宗不但體悟了「理事無礙」，而且還進一步揭示了「事事無礙」觀作為圓教的哲學意義，嚴謹地凸顯了修行活動的視角性和處境性。透過對「理」的意義闡釋，修行者務必要在自身業已存在的這個場域上產生「事事無礙」這種思考兼修行動勢。經由將「理」逆轉收回到「事」的思考工夫，最終落實在修行者存在實況上的便是一種非超越式的「解脫」。

　　為了釐清這個議題，本研究從第一祖杜順對「因陀羅網」所作的闡述取得主要啟發，進而批判並解構學界對此鏡影隱喻習以為常所採取的解讀方式。可以充分證成的論點在於，與其將珍珠網中的反射遊戲所關切的重點放置在與存有整體相關的形上學理論上，倒不如借助此鏡像交織的內部構造，特別是依循此設想所提示的視角情形和差距情形，來釐清華嚴宗有關「統一」理念所導出的突破性反思。「因陀羅網」比喻的核心點在於，在修行者依照這樣的模型設想一切現象全然「合為一體」之時，他不但可以充分體認到「事事無礙」所代表的世界觀，而且此「統合」也蘊涵現象界與面對著一切現象的修行者本身兩者「統合」起來的可能性，藉此構想修行者甚至也可以歸返到自身於整個「統合」之中實際所處的「立足點」，並由此「視角」以及透過一種自己跨越不過的「差距」具體來承擔

整個現實。環繞「視角」、「立足點」及視覺情況所連帶來的「內部不對稱的差距」為主軸，便可以充分地解析華嚴宗思想上最根本、也最有創見的觀點，亦即修行者不可超脫的「原本詮釋處境」。為了深刻理解此環節，本研究思考「將某物詮釋為某物」這種意義情況，也就是對「意義」之為「意義」進行現象學分析，詳細探索意蘊一般如何讓思考者針對諸種現實對象進行意義闡釋。在某個「意義指引」被具體的「意義理解」充實之際，敞開的意義動勢湧現出來，而其上終於透露出的是意義現象與時間現象之間的本質性關聯。

　　透過對法藏的〈十世章〉進行哲學分析的方式，本研究揭露了「時間性」作為一種「內部有不對稱差距」並且是「敞開」的「統合」樣式。透過「以時間性模式存在」這種觀念，法藏賦予了哲學有史以來在省思的時間體驗這個大課題上一種富有哲學意義的新闡釋。法藏的時間觀與當代常識下的「均質性時間」這種統一概念截然不同。在華嚴宗思想上「時間性」所標誌的，正好是一種人所不可超越的不對稱差距以及一種不可解除的意義張力。「時間性」是每個人身處其中的原本弔詭。於是，華嚴宗對詮釋學思考和經文演繹所從事的應用，關鍵在於意義與時間性之間的糾結、融合情形。華嚴宗的經文詮釋企圖藉由某種辯證法式的思辨方法，不但具體地揭示意義情境與時間性這兩個環節共有的弔詭結構和基本敞開，而且同時也要同樣具體地驗證「處在意義之中」與「以時間性模式存在」這兩種基本生活維度的融合。不但基於意義，而且也基於時間性，就其整個存在而言，每個人從一開始所在的情境是一種原本的無限敞開。華嚴宗思想之所以力圖將詮釋學的意蘊與

時間性稠密地結合起來，原因在於要藉此觀點給修行者鋪陳一條他在歷史上經由詮釋學工夫必須實際踏上的修行之道。

　　在此架構下最終浮出的是華嚴宗思想的核心關懷。對於大乘佛教普遍設想之救度史，華嚴宗導出一種頗為獨特的見解。依據華嚴宗，歷史上所有眾生的整體統一這種構想所預設的是，各個尚未達到覺悟的修行者必須力圖將自身存在首先逆轉收回到自身於即時各自的視角下業已隸屬的、為一種不可解除的敞開所貫穿的那個詮釋處境。對於華嚴宗，終極的解脫之可能與否，取決於每個修行者是否持續不斷地進行意義闡釋，藉逆轉而返回到原本的詮釋處境。修行之道不在於佛教信徒通常透過絕對否定與精神體悟或透過打坐、冥想等方法所追求的修養實踐，華嚴宗將一整個修行工夫收入到詮釋學工夫、意義闡釋，以讓信徒的實行努力反而被似乎屬於思考但卻充分引發效應的意義闡釋所吸收。經由各式辯證法思考，也就是通過不斷發生的視角轉換，詮釋活動本身不但展開各種意蘊和見識，而且此闡釋努力同時也就解構各種各別意旨而連繫到普遍的意義情境。介於所思意涵以及能思活動之間，任何意義闡釋必然給闡釋者開闢自己所身處之「實行上的二元情境」。憑據從意義闡釋中湧現的「能所之間的緊張關係」，華嚴宗最終企圖將詮釋者實際上逆轉引回到內在於所有個別意旨的、為內部差距和時間性所支配的那個處境。鑑此，華嚴宗的「詮釋學」不再意圖對佛法和經文傳承從事解說，此「詮釋學」反而不但代表華嚴宗的構思，也具體給修行者鋪陳了實行場域和修行方法。詮釋學工夫本身不異乎佛教徒為了成佛、達到解脫所必須採取的實行道路。

　　由哲學來看，華嚴宗的突破和貢獻在於，理論思考與實踐之間的弔詭不是藉由某種辯證法模式被解消或超越，而是被當成一種動態緊張地展開。只有當實踐者，亦即佛教的修行者或者展開自身存在的人一般，在思考的層面上實際承擔此動態緊張時，只有當實踐者徹底逆轉返回到原本的實踐場域時，他方才獲得機會開啟任何存在活動，包含向解脫的修行努力，都勢必歸結的時間情境。換言之，「理」與「事」之間的「無礙」不但標記某種有關「無礙」的理論觀點，而且「理事無礙」本身必須再更進一步被收回到「事事無礙」中。然而，關鍵在於，此逆轉返回必須落實於思維上。只有透過思考的方式，業已經在思考的存在者才可能將自身逆轉收回到不對稱差距下的視角以及時間情境。凡是圖謀捨棄或超越思維的努力與喪失思維的同時，也錯失實踐的原本處境。必須被收入實踐場域的是思維本身，思考者必須致力通過思考的方式將自身逆轉收回。對理論思考來說，即使理論與實踐的緊張代表無解的弔詭和難題，但一旦理論思維本身被當成實踐進行，該緊張的動勢也就轉成了支配實踐場域的動力和機會，讓存在者與修行者經由思維的展開本身跳入這個動勢縫隙。若這樣來解讀華嚴宗的哲學意涵，透露出來的不僅是華嚴宗思想為何超過先前諸宗的佛法教理，而且華嚴宗與當代歐洲思維不謀而合的親緣關係以及此佛教思想給哲學帶出的重大啟發也就顯而易見了。那麼，在詮釋學工夫成為修行方法的前提下，究竟該如何理解修行活動與修行目標之間的時間關係？在尚未達成覺悟的修行者與已覺悟的菩薩這兩階段之間果真有如同佛教常識一般所設想的前後次序嗎？對於這個疑問，華嚴宗提出一個非常弔詭的主張：修行

者一直不斷地在修行，而且他也必須不厭其煩地一直繼續修行，菩薩之道方才成為可能。於是，持續不斷地被重複的修行努力從一開始業已經包含一整個救度史以及作為修行工夫的效應、成果之「解脫」。易言之，修行者只要實質地落實修行工夫，甚至他只要實質地實行代表「初發心」的單一個步驟，在整個因為落入歷史因而似乎無止無盡的修行途路上的第一個步伐其實已經充分完成了所有眾生的普及解脫。在這樣弔詭、難解的歷史觀上又復透露出來的關鍵在於意義現象和時間現象的糾纏關係。這兩個維度給修行者連帶來的就是一種弔詭的敞開和不可超脫性。每個人都無從超脫的情況源自人之為人所歸屬的意義情境以及時間性。故此，凡有意願超脫並圓全佛性的修行者，都必須以逆轉的方式將自身一整個存在先收回到原本的詮釋處境。但這樣一來，修行者一整個超脫努力本身必然仍舊為任何意義闡釋與時間性均連帶來之視角、不對稱差距及敞開所支配。看來，修行者根本無法破除這個循環，他無從超越其原來所身處的情境。

　　然而，華嚴宗的時間觀與常識下設想的時間作為順著直線「流逝」的時間觀根本不吻合。正好由於時間性讓人無從脫離自身的「處境」，因此華嚴宗將解脫的機會收入到此「處境」的內部中。只不過，此刻從詮釋學工夫中湧現的「處境」不再標記著某個理論體系上的某個環節，此刻詮釋學式修行工夫落實其上的「處境」，是每個修行者就其自身在「實行上的二元情境」下進行的詮釋學思考，也就是即時各自地由自身奠建的實行平面上的「處境」。整個修行工夫是否可能成功，修行者是否有機會達到解脫，關鍵在於修行者有沒有實質地逆向投入

自身業已所在的這個「處境」。唯一一個解脫的機會就在於修行者實際進行的意義闡釋，修行者必須經由即時各自的意義作為「跳板」，逆向來跳入「事事無礙」的場景。換言之，修行者為了爭取解脫，唯一所擁有的機會就是這個悖論情況：華嚴宗要求修行者務必要接受輪迴的煩惱，並返回到諸種妄想意蘊，也務必要承擔自己的時間性敞開，才可能到時間性弔詭與意義動勢本身來，隨而將朝向解脫這個「將來」的努力收回到其業已所包含的「業已」作為解脫的「機會」。當然，哲學討論至此不再有辦法以概念語言掌握此弔詭，此刻哲學理論得要轉成佛教的實行，否則思維只能以沉默無言的方式來承擔此洞察。

　　總之，唐代華嚴宗思想導出兩大突破如下：在「理論」方面來說，意義闡釋轉成了每個人不得不一直重新進行的基本行為，而就「實踐」方面來說，藉由辯證法思維以及各種視角轉換，正好這種詮釋學工夫讓修行者以逆轉收回的方式歸返至自身存在的原點，藉以踏入朝向救度的歷史路途。若由當代歐洲思維來參照華嚴宗思想，最重要的啟發和貢獻在此：意義情境與時間性，或者意義闡釋和時間體驗這兩個存在情境是密切地互相糾纏的，以組成每個人就其存在所歸屬的、最原本的「處境」。此「處境」不但是思維上的本源或終結點，同時它也是所有存在活動與所有行為所環繞的軸心。鑒此，特別是法藏所構思並落實的修行方法值得被理解為一套精彩的詮釋學哲學。

參考文獻

佛教原典

方立天編，《華嚴金獅子章校釋》（北京：中華書局，1983）。

石峻編，《中國佛教思想資料選編》，四卷十冊（北京：中華書局，1983）。

法藏等，《大乘起信論等八種合刊》（台北：新文豐出版公司，1989）。

高楠順次郎等編，《大正新修大藏經》（東京：大正一切經刊行會，1928-〔＝Ｔ〕）。

近人中文資料

〔德〕埃德蒙德‧胡塞爾著，倪梁康譯，《內時間意識現象學》，（北京：商務印書館，2009）。

〔德〕馬丁‧海德格著，孫周興選譯，《路標》（北京：商務印書館，2007）。

〔德〕馬丁・海德格著，孫周興譯，《在通向語言的途中》（北京：商務印書館，2005）。

〔德〕馬丁・海德格著，陳嘉映、王慶節譯，《存在與時間》，修訂譯本第四版（北京：三聯，2012）。

〔德〕馬丁・海德格著，熊偉、王慶節譯，《形而上學導論》（北京：商務印書館，1996）。

〔德〕漢斯－格奧爾格・伽達默爾著，洪漢鼎譯，《真理與方法：哲學詮釋學的基本特徵》，修訂譯本（北京：商務印書館，2007）。

中村元等，《中國佛教發展史》（台北：天華，1984）。

王力，《同源字典》（北京：中華書局，1982）。

牟宗三，《心體與性體》，三冊（台北：學生書局，1968）。

牟宗三，《佛性與般若》，二冊（台北：學生書局，1993）。

宋灝（Mathias Obert），〈歐洲漢學與跨文化思維〉，楊雅惠主編，《垂天之雲：歐洲漢學與東／西人文視域的交映》（高雄：國立中山大學人文研究中心，2018）。

李福臻主編，《中文大辭典》，十冊（台北：文化大學，1985）。

唐君毅，《中國哲學原論》，六冊（台北：學生書局，1993）。

徐復觀，《中國人性論史：先秦篇》（台北：臺灣商務印書館，1990）。

陳一標，〈《大乘莊嚴經論》漢譯作「相」的 lakṣaṇa 和 nimitta 的研究——以三性說和幻喻為中心〉，《正觀》第 99 期（2021 年 12 月）。

湯用彤，《隋唐佛教史稿》（台北：三民書局，1988）。

馮友蘭，《中國哲學史》，二冊（上海：商務印書館，1934）。

黃連忠，《宗密的禪學思想》（台北：新文豐出版公司，1995）。

奧古斯丁，《懺悔錄》，周士良譯（台北：商務印書館，1998）。

近人日文資料

中村元編，《佛教語大辭典》（東京：東京書籍，1982）。

中村元編，《華嚴思想》（京都：法藏館，1960）。

木村清孝編，《東洋における時間論の總合的研究：インド思想と仏教を中心としてー》（東京：東京大學研究成果，1992）。

木村清孝，《中國華嚴思想史》（京都：平樂寺書店，1992）。

木村清孝，《初期中國華嚴思想の研究》（東京：春秋社，1978）。

平川彰博士還暦記念会編，《仏教における法の研究：平川彰博士還暦記念論集》（東京：春秋社，1977）。

石井教道，《華嚴教學成立史》（東京：中央公論社，1964）。

吉津宜英，《法藏：「一即一切」という法界緣起》（東京：佼成出版社，2010）。

吉津宜英，《華嚴一乘思想の研究》（東京：大東出版社，1991）。

吉津宜英，〈法藏の一乘大乘への批判について〉，《印度學佛教學研究》，38:1（1989）。

吉津宜英，《華嚴禪の思想史的研究》（東京：大東出版社，1985）。

佐佐木現順，《仏教における有の形而上学》（東京：弘文堂，1949）。

佐佐木現順，《仏教における時間論の研究》（東京：清水弘文堂，1974）。

坂本幸男，《華嚴教學の研究》（京都：平樂寺書店，1956）。

高峰了州，《華嚴と禪との通路》（奈良：南都佛教言就會，1956）。

鈴木大拙的《華嚴の研究》（京都：法藏館，1955）。

稻岡智賢，〈「時」について華嚴教学を参考として〉，《同朋仏教》24期（1989）。

石井公成，《華嚴思想の研究》（東京：春秋社，1996）。

鍵主良敬、木村清孝，《法藏》（東京：大藏出版社，1991）。

鎌田茂雄，《中國佛教史》（東京：岩波，1980）。

鎌田茂雄、上山春平，《無限の世界觀：「華嚴」》（東京：角川書店，1996）。

鎌田茂雄，《中國華嚴思想史の研究》（東京：東京大學出版社，1965）。

歐洲語文

專書

Augustinus, *Sancti Augustini Confessionum Libri XIII*, ed. L. Verheijen（Turnhout: Brepols, 1981）.

Bieri, Peter, *Zeit und Zeiterfahrung. Exposition eines Problembereichs*（Frankfurt a. M.: Suhrkamp, 1972）.

Chan, Wing-tsit（transl. and compiled by）, *A Source Book in Chinese Philosophy*（Princeton: UP, 1963）.

Chang, Garma C.C., *The Buddhist Teaching of Totality*（Pennsylvania: UP, 1979）.

Chen, Jinhua, *Making and Remaking History. A Study of Tiantai Sectarian Historiography*（Tokyo: The International Institute for Buddhist Studies, 1999）.

Chen, Jinhua, *Philosopher, Practitioner, Politician: the Many Lives of Fazang（643-712）*（Leiden: Brill, 2007）.

Ch'en, Kenneth S., *Buddhism in China. A Historical Survey*（Princeton: UP, 1964）.

Cleary, Thomas, *Entry into the Unconceivable*（Honolulu: UP, 1983）.

Conze, Edward, *Buddhism. Its Essence and Development*（Oxford: Cassirer, 1951）.

Conze, Edward, *Buddhist Thought in India*（Michigan: UP, 1982）.

Cook, Francis H., *Hua-yen Buddhism*（Pennsylvania: UP, 1977）.

de Bary, William Theodore/ Chan, Wing-tsit/ Watson, Burton（eds.）, *Sources of Chinese Tradition*（New York: Columbia UP, 1960）.

Dastur, Françoise, *La mort. Essai sur la finitude*（Paris: PUF, 2007）.

Dastur, Françoise, *Heidegger et la question du temps*（Paris: PUF, 2011）.

Dastur, Françoise, *Heidegger et la pensée à venir*（Paris: Vrin, 2011）.

Dastur, Françoise, *La phénoménologie en questions. Langage, altérité, temporalité, finitude*（Paris : Vrin, 2011）.

Dilthey, Wilhelm, *Der Aufbau der geschichtlichen Welt in den Geisteswissenschaften*（Frankfurt a. Main: Suhrkamp, 1990）.

Dobson, W. A. C. H., *A Dictionary of the Chinese Particles*（Toronto: Toronto UP, 1974）.

Faure, Bernard, *The Rhetoric of Immediacy*（Princeton: UP, 1991）.

Faure, Bernhard, *Chan Insights and Oversights*（Princeton: UP, 1993）.

Figal, Günter, *Martin Heidegger. Phänomenologie der Freiheit*（Tübingen: Mohr Siebeck, 2013）.

Flasch, Kurt, *Was ist Zeit? Augustinus von Hippo. Das XI. Buch der Confessiones. Historisch-philosophische Studie*（Frankfurt a. M.: Klostermann, 1993）.

Forke, Alfred, *Geschichte der mittelalterlichen chinesischen Philosophie*（Hamburg: De Gruyter, 1964）.

Frauwallner, Erich, *Die Philosophie des Buddhismus*（Berlin: de Gruyter, 1994）.

Fung, Yu-lan, *History of Chinese Philosophy. Vol. II, The Period of Classical Learning*, transl. by Derk Bodde（Princeton: UP, 1953）.

Gadamer, Hans-Georg, *Wahrheit und Methode. Grundzüge einer philosophischen Hermeneutik*（Tübingen: Mohr, 1990）.

Geiger, Magdalene/ Geiger, Wilhelm, *Pali Dhamma vornehmlich in der kanonischen Literatur*（München: Verlag der Bayerischen Akademie der Wissenschaften, 1920）.

Gimello, Robert M./ Gregory（ed.）, Peter N., *Studies in Ch'an and Hua-yen*（Honolulu: UP, 1983）.

Girard, Frédéric, *Un moine de la secte Kegon à l'époque de Kamakura, Myoe*（*1173-1232*）（Paris: PEFEO, 1990）.

Giraud, Vincent, *Augustin, les signes et la manifestation*（Paris: PUF, 2013）.

Gregory, Peter N.（ed.）, *Sudden and Gradual. Approaches to Enlightenment in Chinese Thought*（Honolulu: UP, 1987）.

Gregory, Peter N., *Tsung-mi and the Sinification of Buddhism*（Princeton: UP, 1991）.

Heidegger, Martin, *Unterwegs zur Sprache*（Pfullingen: Neske, 1959）.

Heidegger, Martin, *Sein und Zeit*, 16（Tübingen: Niemeyer, 1986）.

Heidegger, Martin, *Einführung in die Metaphysik*, 5（Tübingen: Niemeyer 1987）.

Heidegger, Martin, *Wegmarken*, 2（Frankfurt a. M.: Klostermann, 1996）[GA 9].

Heidegger, Martin, *Phänomenologische Interpretationen ausgewählter Abhandlungen des Aristoteles zur Ontologie und Logik*（Frankfurt a. M.: Klostermann, 2005）[GA 62].

Heidegger, Martin, *Identität und Differenz*（Frankfurt a. M.: Klostermann,

2006）[GA 11].

Heinemann, Gottfried （ed.）, *Zeitbegriffe. Ergebnisse des interdisziplinären Symposiums* "Zeitbegriff der Naturwissenschaften, Zeiterfahrung und Zeitbewußtsein" （*Kassel 1983*）（Freiburg/ München: Alber, 1986）.

Heinemann, Robert Klaus, *Der Weg des Übens im ostasiatischen Mahayana: Grundformen seiner Zeitrelation zum Übungsziel in der Entwicklung bis Dōgen*（Wiesbaden: Harrassowitz, 1979）.

Husserl, Edmund, *Zur Phänomenologie des Inneren Zeitbewusstseins*（*1893-1917*）, ed. Rudolf Boehm.（Den Haag: Nijhoff, 1966）[Husserliana X].

Husserl, Edmund, *Die Bernauer Manuskripte Über das Zeitbewusstsein*（*1917/18*）, ed. Rudolf Bernet/ Dieter Lohman.（Dortrecht: Kluwer, 2001）[Husserliana XXXIII].

Janicaud, Dominique, *Chronos. Pour l'intelligence du partage temporel*（Paris: Grasset, 1997）.

Kant, Immanuel, *Werke in zehn Bänden*, ed. Wilhelm Weischedel（Darmstadt: Wissenschaftliche Buchgemeinschaft, 1968）.

Lai, Whalen W. / Lancaster, Lewis. R. （ed.）, *Early Ch'an in China and Tibet*（Berkeley: UP, 1983）.

Lauth, Reinhard, *Die Konstitution der Zeit im Bewußtsein*（Hamburg: Meiner, 1981）.

Levinas, Emmanuel, *Totalité et infini*（La Haye: Nijhoff, 1971）.

Levinas, Emmanuel, *Autrement qu'être ou au-delà de l'essence*（La Haye: Nijhoff, 1974）.

Liebenthal, Walter, *The Book of Chao. Translation, Introduction, Notes, Appendices*（Peking: Catholic University, 1948）.

Lopez, Donald S. （ed.）, *Buddhist Hermeneutics*（Honolulu: UP, 1988）.

Murti, T.R.V., *The Central Philosophy of Buddhism: A Study of the Madhyāmika System*（London: Allen & Unwin, 1955）.

Nakamura, Hajime, *The Ways of Thinking of Eastern Peoples*（Tokyo: Japanese National Commission for UNESCO, 1960）.

Odin, Steve, *Process Metaphysics and Hua-yen Buddhism. A Critical Study of Cumulative Penetration vs. Interpenetration*（Albany: State of New York UP, 1982）.

Orth, Ernst Wolfgang（ed.）, *Zeit und Zeitlichkeit bei Husserl und Heidegger*（Freiburg/ München: Alber, 1983）.

Paul, Diana, *Philosophy of Mind in Sixth-Century China*（Standford: UP, 1984）.

Pieper, Hans-Joachim, *Zeitbewußtsein und Zeitlichkeit: Vergleichende Analysen zu Edmund Husserls Vorlesungen zur Phänomenologie des inneren Zeitbewusstseins（1905）und Maurice Merleau-Pontys Phänomenologie der Wahrnehmung（1945）*（Frankfurt a. M.: Peter Lang, 1993）.

Platon, *Werke in acht Bänden*, griechisch/ deutsch, ed. Gunther Eigler（Darmstadt: Wissenschaftliche Buchgemeinschaft, 1983）.

Ricœur, Paul, *Temps et récit*, 3 tomes（Paris: du Seuil, 1983）.

Richir, Marc, *Fragments phénoménologiques sur le temps et l'espace*（Grenoble: Millon, 2006）.

Ritter, Joachim（ed.）, *Historisches Wörterbuch der Philosophie*（Basel: Schwabe 1971-2007）.

Robinson, Richard H., *Early Madhyamika in India and China*（Madison: UP, 1967）.

Romano, Claude, *L'événement et le temps*（Paris: Quadrige/ PUF, 2012）.

Rozenberg, Otto, *Die Probleme der buddhistischen Philosophie*（Heidelberg,

1924）.

Schischkoff, Georgi（ed.）, *Philosophisches Wörterbuch*（Stuttgart: Kröner, 1991）.

Schopenhauer, Arthur, *Die Welt als Wille und Vorstellung*（Zürich: Diogenes, 1977）.

Soothill, William Edward, *A Dictionary of Chinese Buddhist Terms*（London: Kegan Paul, 1937）.

Stcherbatsky, Theodore, *The Central Conception of Buddhism and the Meaning of the Word "Dharma"*（London: Royal Asiatic Society, 1923）.

Störig, Hans Joachim, *Kleine Weltgeschichte der Philosophie*（Frankfurt a.M.: Fischer, 1987）.

Taylor, Charles, *Sources of the Self. The Making of the Modern Identity*（Cambridge: Harvard UP, 1989）.

Theunis, Franz（ed.）, *Zeitlichkeit und Entfremdung in Hermeneutik und Theologie*（Hamburg-Bergstedt: H. Reich, 1976）.

Unger, Ulrich, *Glossar des klassischen Chinesisch*（Wiesbaden: Harrassowitz, 1989）.

Zürcher, Erik, *The Buddhist Conquest of China*, 2 vols.（Leiden: Brill, 1959）.

期刊論文與專書論文

Cook, Francis H., "Causation in the Chinese Hua-yen Tradition," *Journal of Chinese Philosophy*, 6（1979）.

Cook, Francis H., "The Dialogue Between Hua-yen and Process Thought," *The Eastern Buddhist* 17/2（1984）.

Gimello, Robert M., "Apophatic and Kataphatic Discourse in Mahayana. A

Chinese View," *Philosophy East and West* 26/2（1976）.

Gregory, Peter N., "Chinese Buddhist Hermeneutics: The Case of Hua-yen," *Journal of the American Academy of Religion* LI, 2（1983）.

Gregory, Peter N., "Finding a Scriptural Basis for Ch'an Practice: Tsung-mi's Commentaries to the Scripture of Perfect Enlightenment," Kamata Shigeo hakase koki kinenkai 鎌田茂雄博士古希紀念会（ed.）, *Kegongaku ronshū* 華嚴學論集, Tokyo（東京）：Daizō shuppansha（大藏出版社）（1997）.

Ichimura, Shohei, "A Determining Factor that differentiated Indian and Chinese Madhyamika Methods or Dialectic as Reductio-ad-absurdum and Paradoxical Argument respectively," *Journal of Indian and Buddhist Studies* 33, 2（1985）.

Ichimura, Shohei, "On the Paradoxical Method of the Chinese Madhyamika Seng-Chao and the Chao-Lun Treatise," *Journal of Chinese Philosophy* 19（1992）.

Kantor, Hans-Rudolf, "Textual Pragmatics in Early Chinese Madhyamaka," *Philosophy East and West* 64, 3（2014）.

King, Winston L., "Hua-yen Mutually Interpenetrative Identity and Whiteheadian Organic Relation," *Journal of Chinese Philosophy*, 6（1979）.

Lai, Whalen W. "The Meaning of 'Mind-only'（wei-hsin）: An Analysis of a sinitic Mahayana Phenomenon," *Philosophy East and West* 27 （1977）.

Lai, Whalen W., "I-ching and Hua-yen Philosophy," *Journal of Chinese Philosophy* 7（1980）.

Lai, Whalen W., "The Defeat of Vijnaptimatrata in China: Fa-tsang on fa-hsing and fa-hsiang," *Journal of Chinese Philosophy* 13（1986）.

Liu, Ming-Wood, "The P'an-chiao System of the Hua-yen School in Chinese Buddhism," *T'oung Pao* 67（1981）.

Liu, Ming-Wood, "The Three-Nature Doctrine and its interpretation in Hua-yen Buddhism," *T'oung Pao* 68（1982）.

Schmithausen, Lambert, "Der Nirvana-Abschnitt in der Viniscayasamgrahani der Yogacarabhumih," *Veröffentlichungen der Kommission für Sprachen und Kulturen Süd- und Ostasiens der Österr. Akad. der Wissensch. Sitzungsber. d. Philosoph. - Historisch. Klasse*, 264. Bd., Heft 8, 2. Abhandl., Wien 1969.

Wright, Dale, "Language and Truth in Hua-yan Buddhism," *Journal of Chinese Philosophy* 13（1986）.

意義闡釋與時間性：華嚴宗詮釋學相關哲學研究

2023年9月初版　　　　　　　　　　　　　　　定價：新臺幣750元
有著作權・翻印必究
Printed in Taiwan.

著　者	宋			灝
叢書主編	沙		淑	芬
校　對	蔡		竣	宇
內文排版	菩		薩	蠻
封面設計	廖		婉	茹

出　版　者	聯經出版事業股份有限公司	副總編輯	陳	逸	華
地　址	新北市汐止區大同路一段369號1樓	總編輯	涂	豐	恩
叢書主編電話	(02)86925588轉5310	總經理	陳	芝	宇
台北聯經書房	台北市新生南路三段94號	社　長	羅	國	俊
電　話	(02)23620308	發行人	林	載	爵
郵政劃撥帳戶第0100559-3號					
郵撥電話	(02)23620308				
印　刷　者	世和印製企業有限公司				
總　經　銷	聯合發行股份有限公司				
發　行　所	新北市新店區寶橋路235巷6弄6號2樓				
電　話	(02)29178022				

行政院新聞局出版事業登記證局版臺業字第0130號

國家圖書館出版品預行編目資料

意義闡釋與時間性：華嚴宗詮釋學相關哲學研究/
宋灝著 . 初版 . 新北市 . 聯經 . 2023年9月 . 472面 . 14.8×21公分
ISBN　978-957-08-7102-9（精裝）

1.CST：哲學　2.CST：詮釋學　3.CST：華嚴宗

100　　　　　　　　　　　　　　　　　　　　112013570